Aneignen, orientieren, auswählen

Üben

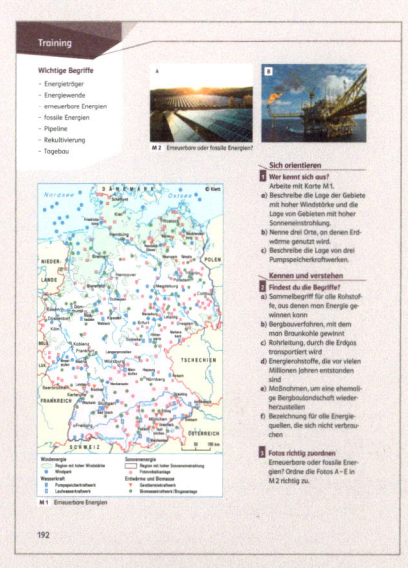

Auf den **Methodenseiten** lernst du Schritt für Schritt wichtige Methoden.

Auf den **Orientierungsseiten** kannst du die Themen mit einem Raum verbinden.

Auf den **Extraseiten** kannst du zusätzliche Themen auswählen.

Mit den **Trainingsseiten** kannst du deine neuen Kenntnisse und Fertigkeiten üben und anwenden.

Symbole im Buch

Symbol	Bedeutung
👥	Partnerarbeit
👥👥	Gruppenarbeit
MK	kennzeichnet Aufgaben und Seiten zum Thema Medienkompetenz
SP	kennzeichnet Aufgaben zur Sprachbildung
AFB I, II, III	kennzeichnen die Anforderungsbereiche, siehe auch Seite 266

Medien zum Schulbuch

- **D** Dokumente, z. B. Kopiervorlagen
- **V** Videos, z. B. Erklärvideos
- **A** Audios, z. B. Hörspiele

Audios, Videos und Dokumente zum Schulbuch online und in der App verfügbar!

1. Auf **schueler.klett.de** anmelden
2. Nutzer-Schlüssel oder QR-Code einlösen
3. Digitale Medien online nutzen oder in die **Klett Lernen App** laden

Nutzer-Schlüssel
U8tx-xf8W-QdAn

1. Auflage   1 5 4 3 2 1 | 28 27 26 25 24

Alle Drucke dieser Auflage sind unverändert und können im Unterricht nebeneinander verwendet werden.
Die letzte Zahl bezeichnet das Jahr des Druckes.
Das Werk und seine Teile sind urheberrechtlich geschützt. Das Gleiche gilt für die Software und das Begleitmaterial.
Jede Nutzung in anderen als den gesetzlich zugelassenen Fällen bedarf der vorherigen schriftlichen Einwilligung des Verlages. Hinweis § 60a UrhG: Weder das Werk noch seine Teile dürfen ohne eine solche Einwilligung eingescannt und/oder in ein Netzwerk eingestellt werden. Dies gilt auch für Intranets von Schulen und sonstigen Bildungseinrichtungen.
Fotomechanische, digitale oder andere Wiedergabeverfahren nur mit Genehmigung des Verlages.
Jede öffentliche Vorführung, Sendung oder sonstige gewerbliche Nutzung oder deren Duldung sowie Vervielfältigung (z. B. Kopieren, Herunterladen oder Streamen) und Verleih und Vermietung ist nur mit ausdrücklicher Genehmigung des Ernst Klett Verlages erlaubt.
Nutzungsvorbehalt: Alle Rechte, auch für Text- und Data-Mining (TDM), Training für künstliche Intelligenz (KI) und ähnliche Technologien, sind vorbehalten.
An verschiedenen Stellen dieses Werkes befinden sich Verweise (Links) auf Internet-Adressen. Haftungshinweis: Trotz sorgfältiger inhaltlicher Kontrolle wird die Haftung für die Inhalte der externen Seiten ausgeschlossen. Für den Inhalt dieser externen Seiten sind ausschließlich die Betreiber verantwortlich. Sollten Sie daher auf kostenpflichtige, illegale oder anstößige Inhalte treffen, so bedauern wir dies ausdrücklich und bitten Sie, uns umgehend per E-Mail an info@klett.support davon in Kenntnis zu setzen, damit bei der Nachproduktion der Verweis gelöscht wird.
Lehrmedien/Lehrprogramm nach § 14 JuSchG

© Ernst Klett Verlag GmbH, Stuttgart 2024. Alle Rechte vorbehalten. www.klett.de
Das vorliegende Material dient ausschließlich gemäß § 60b UrhG dem Einsatz im Unterricht an Schulen.

Beratung: Simone Schappel
Autor: Eberhard Pyritz
Mit Beiträgen von: Andreas Schmid, Anne Schminke, Bernd Haberlag, Britta Klingenburg, Christian Beck, Christian Klotz, Christian Porth, Christina Hala-Lenz, Dietmar Wagener, Dr. Andreas Schöps, Dr. Andreas Thierer, Dr. Joachim Bierwirth, Dr. Thomas Hoffmann, Eberhard Pyritz, Georg Pinter, Hans Lammersen, Herbert Paul, Ilona Kriehn-Olesch, Karin Arndt, Karina Vormittag, Kathrin Eger, Krystyna Herbst, Marion Schauz, Mark Stoltenberg, Matthias Etterich, Paul Palmen, Peter Kraus, Rainer Kalla, Rene Terzic, Ruth Kersting, Sabine Schmidt-Mast, Simone Schappel, Thomas Labusch, Thomas Lenz, Thomas Rosenthal, Tobias Litz

Entstanden in Zusammenarbeit mit dem Projektteam des Verlages.

Gesamtgestaltung: normaldesign, Jens-Peter Becker, Schwäbisch Gmünd
Satz: Schaltwarte, Kilian Plath, Leipzig
Reproduktion: Druckmedienzentrum Gotha GmbH, Gotha; Meyle + Müller GmbH + Co. KG, Pforzheim
Druck: PASSAVIA Druckservice GmbH & Co. KG, Passau

Printed in Germany
ISBN 978-3-12-105015-4

Terra 1

Geographie
Differenzierende Ausgabe

Eberhard Pyritz
Simone Schappel

Ernst Klett Verlag
Stuttgart · Leipzig · Dortmund

Inhalt

1 Geographie – dein neues Fach — 6

Die Erde – unser einzigartiger Planet — 8
Die Erde erforschen und nachhaltig gestalten — 10
Methode Gemeinsam lernen — 12

2 Unsere Erde — 14

Unsere Erde im Weltall — 16
Die Erde – eine Kugel — 18
Tag und Nacht — 20
Orientierung Kontinente und Ozeane — 22
Methode Mit einem virtuellen Globus die Welt entdecken — 24
Training — 26
Extra Rekorde der Erde — 28

3 Sich orientieren — 30

Vom Luftbild zur Karte — 32
Wie du einen Stadtplan liest — 34
Jede Karte hat einen Maßstab — 36
Verschiedene Karten kennenlernen — 38
Methode Wie du mit dem Atlas arbeitest — 40
Sich auf der Erde orientieren — 42
Eine digitale Rallye durch die Stadt — 44
Training — 46
Extra Orientieren anderswo — 48

4 Deutschland im Überblick — 50

Von der Küste zu den Alpen — 52
Methode Eine Kartenskizze zeichnen — 54
Orientierung Orientieren in Deutschland — 56
Die Hauptstadt Berlin — 58
Deutschland und seine Bundesländer — 60
Methode Tabellen und Diagramme auswerten — 62
Training — 64
Extra Unter Nachbarn — 66

5 Leben in der Stadt, Leben auf dem Land — 68

Landeshauptstadt Wiesbaden — 70
Leben in der Stadt — 72
Methode Ein Bild beschreiben — 74
Neu in Breuna — 76
„Einpendlermagnet" Darmstadt — 78
Orientierung Bevölkerung: ungleich verteilt — 80
Training — 82
Extra Lebenswerte Stadt der Zukunft — 84
Extra Lebenswertes Dorf der Zukunft — 86

6 Europa im Überblick — 88

Europa – ein Kontinent — 90
Ein staatenreicher Kontinent — 92
Orientierung Europas Großlandschaften — 94
Methode Eine thematische Karte auswerten — 96
Training — 98
Extra Rekorde in Europa — 100

7 Vielfältige Landwirtschaft — 102

Methode Ein Gruppenpuzzle durchführen — 104
Gruppenpuzzle A Vom Korn zum Brot — 106
Gruppenpuzzle B Frisch vom Feld — 108
Gruppenpuzzle C Viel Fleisch für viele — 110
Gruppenpuzzle D Umweltverträglich und artgerecht — 112
Methode Einen landwirtschaftlichen Betrieb erkunden — 114
Orientierung Landwirtschaft in Deutschland — 116
Saftige Früchte aus trockenem Land — 118
Vom Fisch zum Fischstäbchen — 120
Methode Eine Befragung durchführen: Beispiel Supermarkt — 122
Orientierung Landwirtschaft in Europa — 124
Training — 126
Extra Hightech im Stall — 128

Inhalt

8 Tourismus und Freizeit — 130

- Wohin geht die Reise? — 132
- Urlaub an der Nordsee — 134
- Urlaub an der Ostsee — 136
- **Methode** Lust auf Hamburg? – Mit Apps planen — 138
- **Orientierung** Tourismus in Europa — 140
- Lust auf Gebirge — 142
- Vom Bergdorf zum Ferienzentrum — 144
- Gefahr in den Alpen?! — 146
- Urlaub im Einklang mit der Natur — 148
- Massentourismus auf Mallorca — 150
- **Methode** Ein Rollenspiel durchführen — 152
- Training — 154
- **Extra** Im Hotel über die Meere — 156

9 Industrie und Dienstleistungen — 158

- Vielfältige Arbeitswelt — 160
- Chemische Industrie am Rhein — 162
- Vom Eisenerz zum Stahl — 164
- Automobilproduktion heute und morgen — 166
- **Orientierung** Wirtschaftszentren in Europa — 168
- **Methode** Ein Erklärvideo auswerten — 170
- Dienstleistungszentrum Frankfurt am Main — 172
- **Orientierung** Verkehr in Europa — 174
- Training — 176
- **Extra** Digitalisierung überall — 178

10 Energie — 180

- Energieverbrauch im Alltag — 182
- Woher kommt der Strom? — 184
- Erdöl und Erdgas aus der Nordsee — 186
- Und alles wegen der Kohle! — 188
- Stromerzeugung geht auch anders! — 190
- Training — 192
- **Extra** Landwirte werden Energiewirte — 194

11 Leben in der kalten und in der heißen Zone — 196

Was für ein Wald! — 198
Artenvielfalt und Stockwerkbau — 200
In der Wüste — 202
Die Sahara – Gesichter der Wüste — 204
Oasen – grüne Inseln in der Wüste — 206
Polartag – Polarnacht — 208
Arktis und Antarktis — 210
Methode Eine Computerpräsentation erstellen — 212
Training — 214
Extra Leben in Nunavut — 216

12 Arbeitsanhang — 218

Deutschland in Zahlen — 220
Europa in Zahlen — 221
Klimastationen — 222
Wichtige Begriffe — 224
Sachregister — 230
Lösungshilfen — 232
Methoden im Überblick — 246
Abbildungs- und Textquellenverzeichnis — 250

13 Haack-Kartenteil — 254

Hessen — 256
Deutschland — 257
Deutschland (Nordteil) — 258
Deutschland (Südteil) — 260
Europa — 262
Europa (Staaten) — 264
Erde — 266
Erde (Staaten) — 268
Register Haack-Kartenteil — 270
Mit Operatoren arbeiten — 274

1 Geographie – dein neues Fach

M 1 Stadtansicht Hongkong

M 2 Traktor auf einem Sojabohnenfeld

Geographie – so heißt eines der neuen Fächer in deinem Stundenplan. Im Mittelpunkt des Faches steht unser Planet Erde mit seinen vielfältigen Landschaften, Menschen und Kulturen. Du wirst dabei auch lernen, dass unsere Erde verwundbar ist und wir sorgsam und verantwortungsvoll mit ihr umgehen müssen, um sie für spätere Generationen zu erhalten. Komm mit auf eine spannende Entdeckungstour rund um unseren Planeten.

M 4 Gletscher in Argentinien

M 3 Schnellstraßenkreuzung in China

M 5 Gewitter in den USA

Die Erde – unser einzigartiger Planet

TERRA – der Name deines Schulbuchs kommt aus dem Lateinischen und bedeutet „Erde". Unsere Erde hat viele faszinierende Gesichter, so wie auch wir Menschen, die auf der Erde leben und ein Teil von ihr sind.

M 1

T1 Voraussetzungen für Leben auf der Erde

Die Erde ist im Vergleich zu anderen bekannten Planeten etwas ganz Besonderes. Sie bietet mehrere günstige Voraussetzungen, sodass sich vielfältiges Leben entwickeln konnte.

Ohne die Sonne wäre kein Leben auf der Erde möglich. Sie versorgt uns mit Licht und Wärme. Die Erde ist etwa 150 Millionen Kilometer von der Sonne entfernt. Durch diesen Abstand ist es weder zu kalt noch zu heiß auf der Erde. Es gelangt genau so viel Sonnenenergie zu uns wie nötig. Aus diesem Grund gibt es auf der Erde auch große Mengen an flüssigem Wasser, vor allem in den Ozeanen. Wasser ist notwendig für jede Form von Leben. Lebenswichtig ist auch die Lufthülle unserer Erde, die Atmosphäre. Sie schützt uns gegen Strahlen aus dem Weltall und sorgt für ausgeglichene Temperaturen. Außerdem enthält sie Sauerstoff, den wir zum Atmen brauchen.

Günstige Temperaturen, Licht, Wasser und eine lebensfreundliche Lufthülle sorgen also dafür, dass Leben auf der Erde möglich ist.

T2 Einzigartige Vielfalt

Durch die günstigen Lebensbedingungen konnte sich auf der Erde über einen sehr langen Zeitraum eine erstaunliche Vielfalt entwickeln. Die reiche Tier- und Pflanzenwelt, eine Vielzahl an Landschaften sowie unterschiedliche Kulturen und Lebensweisen machen die Erde so einzigartig. Tauche ein in die Vielfalt des Faches Geographie.

Voraussetzungen für das Leben auf der Erde beschreiben

SP Tipp

Beschreiben, warum die Erde einzigartig ist
→ Aufgabe 2a
- Nur auf der Erde ist …
- Ihre Entfernung zur …
- Auf der Erde gibt es …
- Die Lebensbedingungen sind …

V 01 ▶
Erklärvideo
Faszination Erde – dein neues Fach

Geographie – dein neues Fach 1

M 2 Die Erde aus dem Weltall betrachtet

1
Ihr wisst bestimmt schon einiges über unsere Erde. Berichtet darüber in der Klasse.

2
Die Erde – ein einzigartiger und vielfältiger Lebensraum (M 1, T 2):
a) Beschreibt, warum die Erde einzigartig ist.
b) Tauscht euch über die abgebildeten Landschaften, Pflanzen und Tiere in M 1 aus.

3
Nenne wichtige Voraussetzungen für Leben auf der Erde (T 1).

4
Astronauten sehen unsere Erde aus dem Weltall. Beschreibe, was sie sehen (M 2).

5 EXTRA
Schaut euch das Erklärvideo V 01 ▶ an. Arbeitet heraus, was euch in Geographie erwartet.

3
Erkläre, warum sich auf der Erde Leben entwickeln konnte (T 1).

4
Astronauten sehen unsere Erde aus dem Weltall. Benenne die Kontinente und Meere, die du schon kennst (M 2).

AFB I: 1–5   AFB I: 1–3, 5 II: 2   → Lösungshilfen ab S. 232   9

Inhalte des Faches Geographie beschreiben

Die Erde erforschen und nachhaltig gestalten

Dein neues Fach heißt Geographie. Das Wort kommt aus dem Griechischen und bedeutet „Erdbeschreibung". Du wirst also vieles über unsere Erde erfahren, wie der Mensch die Erde nutzt, verändert und auch gefährdet.

T1 Die Erde erforschen

Das Fach Geographie beantwortet dir viele Fragen zur Welt, in der wir leben: Wie sind Wasser und Landflächen auf der Erde verteilt? Wo liegen hohe Gebirge und lange Flüsse? Wie unterscheiden sich Landschaften voneinander? Wie unterschiedlich leben die Menschen auf der Erde? Wo arbeiten sie, wo verbringen sie ihre Freizeit? Wie kommen die Menschen an verschiedene Bodenschätze wie Erdöl, Eisenerz oder Ton? Was stellen sie daraus her?

Im Fach Geographie kannst du wie ein Forscher vieles selbst herausfinden. Zum Beispiel wertest du Fotos und andere Abbildungen aus und lernst, dich mit Karten zurechtzufinden. Du erstellst eigene Zeichnungen oder Plakate und suchst im Internet nach interessanten Informationen. Aber du führst auch Befragungen durch, fotografierst, experimentierst und beobachtest Ereignisse in der Natur. Freue dich auf spannende Entdeckungen und Forschungen mit Terra!

T2 Die Erde nachhaltig gestalten

In Geographie geht es nicht nur darum, wie die Erde beschaffen ist und was sie einzigartig macht. Es geht auch darum, wie der Mensch die Natur nutzt und dadurch sogar teilweise zerstört. Das Fach Geographie versucht deshalb auch zu beantworten, wie der Mensch die Natur schützen und bewahren kann. Dies kann nur gelingen, wenn wir nachhaltig handeln. **Nachhaltigkeit** bedeutet, dass wir die Natur und ihre Schätze nur in dem Maße nutzen, dass sowohl wir heute als auch die Menschen nach uns, also die nachfolgenden Generationen, gut leben können.

M 1

Das Dreieck der Nachhaltigkeit

Alle Menschen auf der Welt möchten möglichst gut leben. Den gleichen Wunsch haben auch die nachfolgenden Generationen. Dies sollten wir bei unserer Lebensgestaltung berücksichtigen und deshalb nachhaltig leben. Konkret bedeutet das:
– Wir sollten friedlich und gerecht zusammenleben (Soziales).
– Wir müssen uns ernähren, kleiden und wohnen. Deshalb stellen wir Waren her, transportieren sie und handeln mit ihnen (Wirtschaft).
– Wir haben Verantwortung, unsere Umwelt zu schützen und zu erhalten (Ökologie).

Das Dreieck der Nachhaltigkeit macht deutlich, dass wir immer alle drei Bereiche in den Blick nehmen sollten und zwischen diesen einen Ausgleich schaffen müssen.

M 2

V 02 ▶
Erklärvideo
Was bedeutet Nachhaltigkeit?

1 Geographie – dein neues Fach

M 3 Ursprüngliche Landschaft

M 4 Vom Menschen geprägte Landschaft

1 Geographie ist ein vielfältiges Fach. Erläutere anhand von Beispielen (T1, T2).

2 Benenne Unterschiede zwischen M 3 und M 4.

2 Erläutere, wie Landschaften durch den Menschen verändert werden (M 3, M 4).

3 a) Nenne die drei Bereiche der Nachhaltigkeit (M 1, M 2).
b) Beschreibe das Ziel des nachhaltigen Handelns (T 2, M 2).

3 MK
a) Erkläre den Begriff „Nachhaltigkeit" (T 2, M 1, M 2, Erklärvideo V 02 ▶).
b) Erkläre an einem Beispiel aus M 4, wie die drei Bereiche der Nachhaltigkeit ineinandergreifen.

4 Betrachtet noch einmal die Abbildungen M 3 und M 4.
a) Beschreibt, wodurch die Natur beeinträchtigt wird.
b) Nennt Vorschläge, wie Menschen nachhaltiger mit der Natur umgehen könnten.

AFB I: 2–4 II: 1   AFB I: 4 II: 1–3   → Lösungshilfen ab S. 232

Methode

Miteinander und voneinander lernen

Gemeinsam lernen

Viele Inhalte in Geographie wirst du mit anderen aus deiner Klasse selbstständig erarbeiten. Einige Vorschläge, wie ihr miteinander und voneinander lernen könnt, findest du hier.

T1 Zusammen mehr lernen als allein

Partnerarbeit und Gruppenarbeit kennt jeder. Das Besondere an den Arbeitsformen dieser Seite ist das Lernen voneinander. Dafür ist es wichtig, Verantwortung füreinander zu übernehmen. Alle, die zusammenarbeiten, sind aufeinander angewiesen. Du erarbeitest etwas für die anderen, dafür erhältst du auch eine ganze Menge zurück. So bringt ihr euch gegenseitig etwas bei. Alle müssen zielstrebig und sorgfältig arbeiten, damit ihr gemeinsam zu guten Ergebnissen kommt. Das nennt man kooperatives Lernen.

1. Schritt: Allein arbeiten

Bearbeite das Thema oder die Aufgabe zunächst allein und mache dir Notizen.

2. Schritt: Austauschen und verbessern

Suche dir einen Lernpartner oder bilde mit anderen eine kleine Gruppe. Gemeinsam vergleicht ihr eure Ergebnisse und verbessert euch gegenseitig.

Tipp

Wechselt eure Lernformen je nach Aufgabe. Wählt zum Beispiel (M1):
- die Marktplatz-Methode,
- das Lerntempoduett (Bus stop) oder
- das Platzdeckchen-Verfahren (Placemat).

3. Schritt: Mitteilen und festhalten

Nun informiert ihr die anderen Gruppen. Gestaltet dafür zum Beispiel ein Plakat und bereitet einen Galeriegang vor (M2). Wählt einen Gruppensprecher oder eine Gruppensprecherin. Er oder sie präsentiert die Ergebnisse. Fasst die Ergebnisse im Plenum zusammen und besprecht sie gemeinsam.

Verschiedene kooperative Lernformen

1) Marktplatz 
Alle bewegen sich frei im Klassenraum und suchen einen Gesprächspartner. Die Paare tauschen ihre Ergebnisse oder Meinungen aus. Nach ein bis zwei Minuten ertönt ein Signal und ihr wechselt die Gesprächspartner.

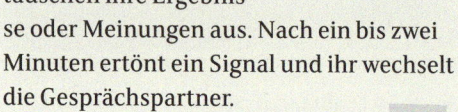

2) Bus stop 
Suche dir bei einem festgelegten Treffpunkt im Klassenraum (bus stop) einen gleich schnellen Lernpartner. Tauscht eure Ergebnisse aus.

3) Placemat 
Bildet eine Vierergruppe und legt ein großes Blatt Papier mit fünf Feldern in die Mitte. Zunächst denkt jeder für sich allein nach und schreibt Notizen in eines der äußeren Felder. Tauscht euch anschließend aus, indem ihr das Blatt dreht und die Notizen der anderen lest. Diskutiert darüber und formuliert gemeinsame Gedanken im Feld in der Mitte.

M1

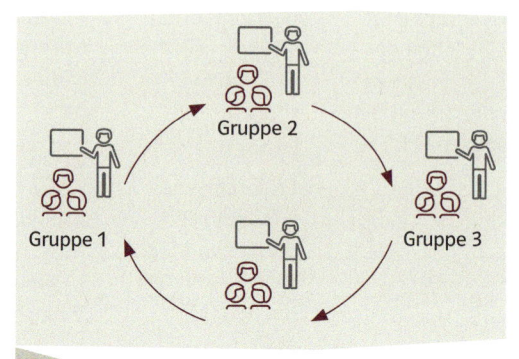

M2 Präsentation als Galeriegang

Geographie – dein neues Fach

Leben in der Kälte

Vieles auf der Erde ist uns unbekannt, zum Beispiel wie die Menschen in anderen Regionen der Erde leben. Anuk gehört zur Volksgruppe der Inuit. Er lebt in Nunavut im Nordosten Kanadas.

E-MAIL von Anuk

Hallo!

Für uns ist das Leben mit der Kälte ganz normal, denn wir wohnen in der Arktis. So heißt das Gebiet um den Nordpol. Meine Vorfahren mussten sich ganz schön anpassen, um hier zu überleben. Sie waren mit Kajaks und Hundeschlitten unterwegs, jagten Robben und Eisbären und lebten vom Fischfang. Die erbeuteten Tiere lieferten ihnen, was sie zum Überleben brauchten: Fleisch, Knochen, Felle – alles wurde verwertet! Meine Vorfahren aßen das Fleisch oft roh, denn es enthält lebenswichtige Vitamine. Gemüse und Obst wachsen hier ja nicht. Heute ist Jagen eher ein Hobby und wir haben Motorschlitten und Motorboote. Unser ganzer Alltag hat sich stark verändert. Wir kaufen unser Essen im Supermarkt. Das ist allerdings teuer, weil alles aus weit entfernten Regionen zu uns gebracht werden muss. Auch Fellkleidung tragen wir kaum noch. Ich bin froh, dass es moderne Jacken und Snowboots gibt.
Vieles, was meine Urgroßeltern noch lernen mussten, beherrsche ich nicht mehr, zum Beispiel wie man ein Iglu baut. Das ist eine Hütte aus Eis oder Schnee, die früher während der Jagd als Unterkunft diente. Ich gehe zur Schule, arbeite dort mit Computern und lerne Englisch. Aber auch unsere alte Sprache Inuktitut steht auf dem Stundenplan.
Früher mussten sich die Inuit an die Kälte anpassen, heute an die modernen Zeiten. Einfach ist beides nicht.

Euer Anuk

>>Anuk_Schule.jpg<<

>>Hundeschlitten.jpg<<

>>Siedlung_Nunavut.jpg<<

M 3

---

1 Bildet zwei Gruppen: Gruppe 1: Leben der Inuit heute; Gruppe 2: Leben der Inuit früher.
Lest zunächst den Text (M 3). Macht euch Notizen.

2 Jedes Mitglied der Gruppe 1 trifft ein Mitglied der Gruppe 2 beim Bus stop: Informiert euch gegenseitig.

3 Veranstaltet einen Marktplatz. Tauscht euch darüber aus, was Anuk mit dem Satz meint: „Einfach ist beides nicht."

4 Sammelt weitere Materialien. Gestaltet ein Plakat zum Leben der Inuit früher und heute. Veranstaltet einen Galeriegang.

AFB I: 1 II: 2, 4 III: 3   → Lösungshilfen ab S. 232

2 Unsere Erde

M 1 Die Internationale Raumstation (ISS) vor der Erde (künstlerische Darstellung)

Eine fantastische Aussicht! In 450 km Höhe umkreist die Internationale Raumstation ISS die Erde und die Astronautinnen und Astronauten können aus dem Weltall unseren Planeten betrachten. Die Erde ist der einzige Himmelskörper mit einer Lufthülle sowie flüssigem Wasser auf der Oberfläche. Dadurch erscheint die Erde im Weltall als der „Blaue Planet".

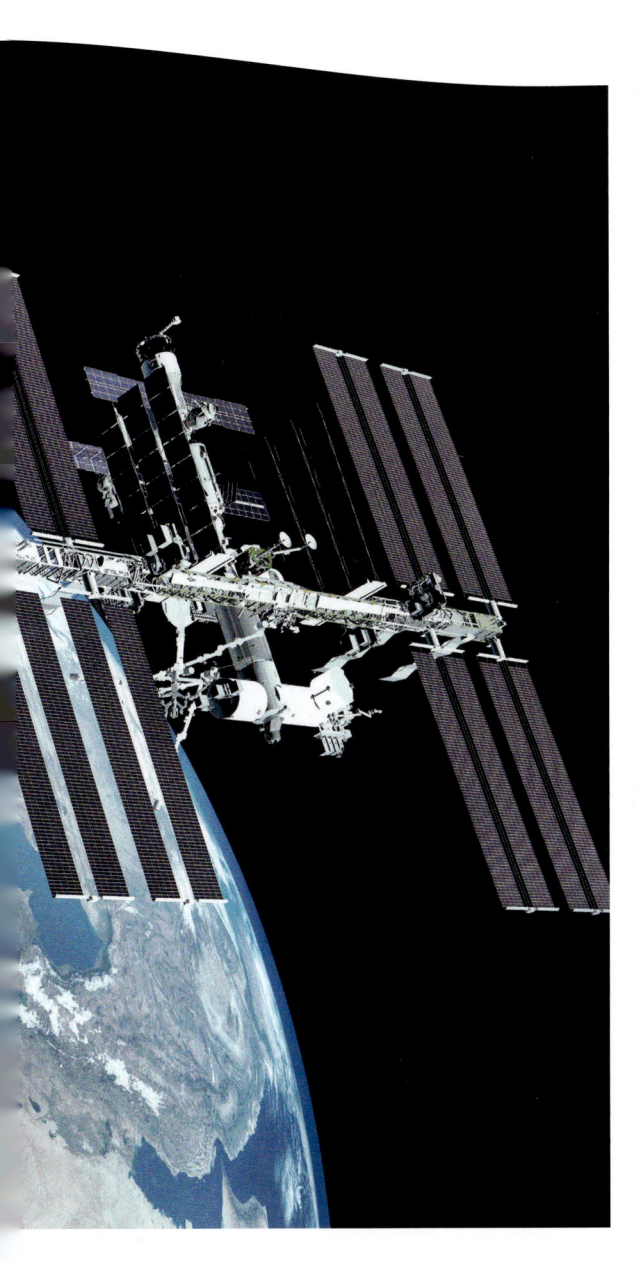

M 2 Der Astronaut Alexander Gerst in der Raumstation …

M 3 … und beim Außeneinsatz im Weltall.

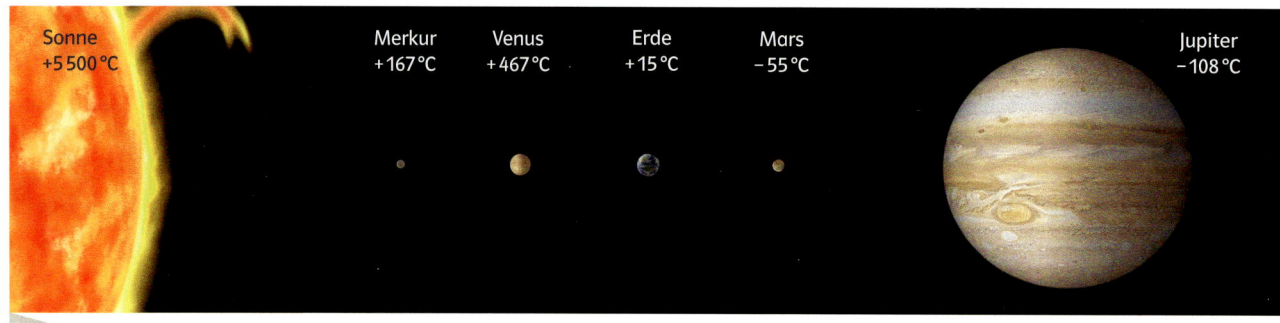

Den Aufbau unseres Sonnensystems beschreiben

Sonne	Merkur	Venus	Erde	Mars	Jupiter
+5 500 °C	+167 °C	+467 °C	+15 °C	−55 °C	−108 °C

M 1 Größenverhältnisse und Oberflächentemperaturen der Sonne und der Planeten (die Entfernungen stimmen nicht)

Unsere Erde im Weltall

Unser Planet Erde kreist in 365 Tagen einmal um die Sonne. Dabei wird die Erde immer begleitet von einem Mond. Doch Sonne, Erde und Mond sind nicht alleine im Weltall. Es gibt noch viele andere Himmelskörper.

Fliehkraft
tritt bei Dreh- oder Kreisbewegungen auf und drückt den Körper nach außen (wie in einem Karussell)

Goldlöckchen-Zone
Position eines Planeten, die nicht zu kalt und nicht zu warm für Leben ist und wo es flüssiges Wasser auf der Oberfläche gibt

Raumsonde
ein Raumflugkörper zur Erforschung des Weltalls

T1 **Sterne, Planeten und Monde**
Die Erde ist einer von acht **Planeten**, die um unsere Sonne kreisen. Die **Sonne** ist eine in Flammen stehende Gaskugel. Einen solchen Himmelskörper nennt man **Stern**. Während Sterne Licht und Wärme ausstrahlen, werfen Planeten das Sonnenlicht nur zurück. Manche Planeten werden von einem **Mond** oder mehreren Monden umkreist. Jeder Planet befindet sich auf einer festen Umlaufbahn um die Sonne. Dafür ist die starke Anziehungskraft der Sonne verantwortlich. Die Fliehkraft wirkt dagegen und verhindert, dass die Planeten in die Sonne stürzen.

T2 **Die richtige Entfernung zur Sonne**
Auf einigen Planeten ist es extrem kalt, auf anderen herrscht lebensfeindliche Hitze. Dies hängt von der Entfernung zur Sonne ab. Lediglich die Erde befindet sich in der „Goldlöckchen-Zone", in der die Temperaturen die Entstehung von Leben zulassen.

T3 **Sonnensysteme und Galaxien**
Planeten bilden zusammen mit ihrem Stern ein **Sonnensystem**. Im Weltall gibt es unzählige Sterne und Sonnensysteme. Eine Ansammlung von Milliarden von Sternen wird als **Galaxie** bezeichnet. Unsere Galaxie heißt Milchstraße, da wir sie am Nachthimmel als milchiges Sternenband sehen. Unser Sonnensystem liegt am Rand der Milchstraße.

An der Grenze unseres Sonnensystems

Die amerikanische Raumfahrtbehörde NASA schickte 1977 die beiden Raumsonden „Voyager 1" und „Voyager 2" auf eine lange Reise an den Rand unseres Sonnensystems. Ihr Auftrag: die Erkundung des Weltalls und die Übermittlung einer Botschaft an außerirdische Lebensformen. Dafür bespielte die NASA goldene Schallplatten mit Grußworten in 55 verschiedenen Sprachen, mit vielen Tiergeräuschen und Musik berühmter Künstlerinnen und Künstler. Nach über 40 Jahren haben die Raumsonden den Rand unseres Sonnensystems erreicht. Was werden sie entdecken, wenn sie unser Sonnensystem verlassen?

M 2

1 Schreibe zu jedem Anfangsbuchstaben der Eselsbrücke im Tipp den richtigen Planeten (M1, M4).

2 Vergleiche die Oberflächentemperaturen der Planeten unseres Sonnensystems. Was fällt dir auf (M1, T2)?

2 Unsere Erde

Saturn	Uranus	Neptun
−139 °C	−147 °C	−201 °C

M 3 Unsere Galaxie – die Milchstraße (Ausdehnung: 100 000 Lichtjahre)

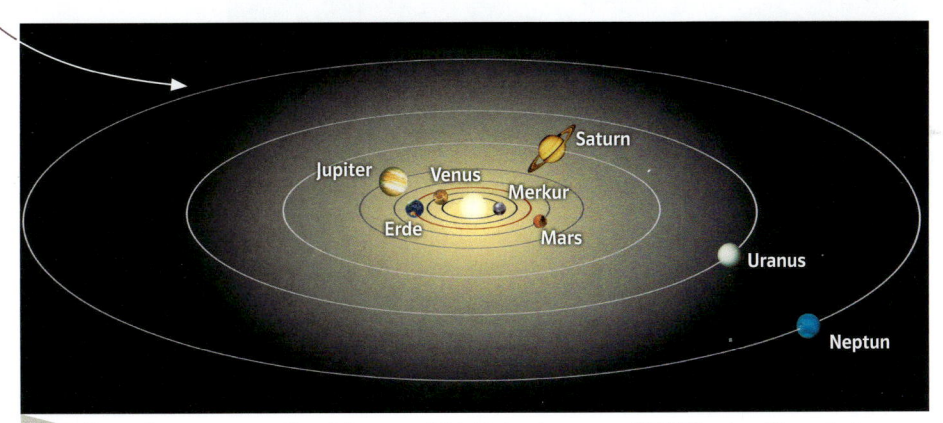

M 4 Unser Sonnensystem (Ausdehnung: elf Lichtstunden, ca. zwölf Milliarden Kilometer)

Lichtjahr

Wegen der unvorstellbaren Weite des Weltalls werden Entfernungen mithilfe der Lichtgeschwindigkeit (300 000 Kilometer pro Sekunde) gemessen. Ein Lichtjahr entspricht der Strecke, die das Licht in einem Jahr zurücklegt. Das sind 9 460,8 Milliarden Kilometer.

Tipp

So merkst du dir die Namen der acht Planeten: „**M**ein **V**ater **e**rklärt **m**ir **j**eden **S**onntag **u**nseren **N**achthimmel."

Schon gewusst?

Stell dir vor, die Sonne wäre so groß wie ein Fußball: Dann wäre die Erde ein Stecknadelkopf und ca. 30 Meter vom Fußball entfernt.

A

3 Erkläre den Unterschied zwischen einem Stern und einem Planeten (T1).

4 Ordne der Größe nach: Galaxie, Mond, Planet Erde, Sonne, Sonnensystem, Weltall (T1, T3 oder M3, M4).

5 EXTRA Welche Botschaft hättest du der Voyager 1 mitgegeben (M 2)? Schreibe sie auf.

B

3 Erkläre die Unterschiede zwischen einem Stern, einem Planeten und einem Mond (T1).

4 Bearbeite Aufgabe A 4. In M 1 stimmen nur die Größenverhältnisse, nicht die Entfernungen. In M 4 ist es umgekehrt. Begründe, warum es schwierig ist, beides in einer Grafik darzustellen.

Die Gestalt der Erde und den Globus als Modell beschreiben

Die Erde – eine Kugel

Satellitenbilder aus dem Weltraum zeigen eindeutig, dass die Erde eine Kugel ist. Aber auch auf der Erde können wir mit einem Blick auf den Horizont die Kugelgestalt erkennen.

M 1 Die Erde aus dem Weltraum fotografiert

Schon gewusst?

Eine Umrundung der Erde dauert mit
- dem Fahrrad ca. 400 Tage,
- dem Segelboot ca. 200 Tage,
- dem Auto ca. 40 Tage,
- dem Flugzeug ca. 40 Stunden,
- der Raumstation ISS ca. 1,5 Stunden.

T1 Ein Boot am Horizont

Am Meer kannst du die Kugelform der Erde sehen. Dort gibt es keine hohen Hindernisse und bei guter Sicht kannst du weit in die Ferne blicken. Am Horizont treffen sich Himmel und Erdoberfläche scheinbar.
Stell dir vor, du stehst am Hafen und ein Boot fährt ab. Bald scheint es am Horizont im Wasser zu versinken. In Wirklichkeit aber verschwindet das Boot hinter der Krümmung des Erdballs.

T2 Der Globus – ein Modell der Erde

Vom Klassenzimmer aus kannst du natürlich nicht die ganze Erde betrachten. Deshalb gibt es die Erde als Modell. Dieses Modell wird **Globus** genannt.
Auf dem Globus siehst du nicht nur die Meere und Landflächen in der exakten Lage und im richtigen Größenverhältnis, sondern auch Ortsnamen oder Kartenelemente, wie den **Äquator**.

M 2 Ein Boot entfernt sich vom Hafen …

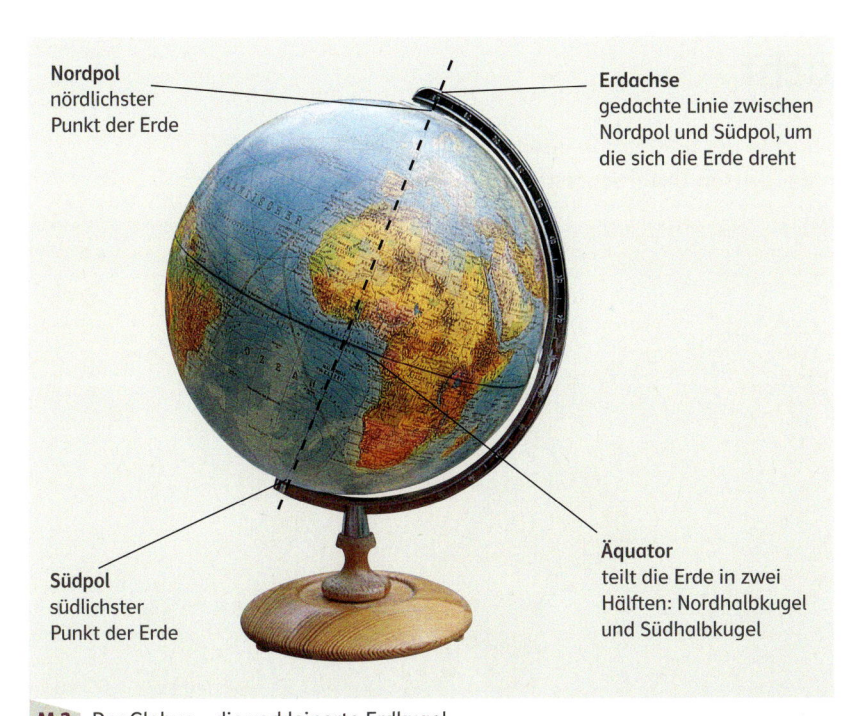

2 Unsere Erde

Nordpol – nördlichster Punkt der Erde

Erdachse – gedachte Linie zwischen Nordpol und Südpol, um die sich die Erde dreht

Südpol – südlichster Punkt der Erde

Äquator – teilt die Erde in zwei Hälften: Nordhalbkugel und Südhalbkugel

SP Tipp

Satellitenbild und Globus vergleichen
→ Aufgabe 3

- Im Vergleich zu …
- Es gibt folgende Gemeinsamkeiten: …
- Ich erkenne auch Unterschiede: …

M 3 Der Globus – die verkleinerte Erdkugel

Eratosthenes war ein Gelehrter im antiken Griechenland. Er sah an einem 21. Juni im heutigen Assuan in Ägypten zur Mittagszeit das Spiegelbild der Sonne in einem tiefen Brunnen. Die Sonnenstrahlen trafen demnach senkrecht auf die Erde. Im weiter nördlich gelegenen Alexandria warf zur selben Zeit ein Stab einen Schatten. Dort trafen die Sonnenstrahlen also nicht senkrecht auf die Erde. Da Sonnenstrahlen nahezu parallel verlaufen, war damit der Beweis für die Kugelgestalt erbracht.

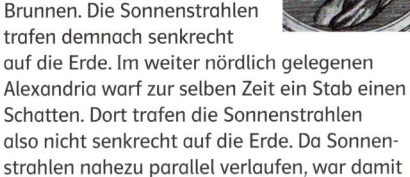

Magellan machte sich im Jahre 1519 mit fünf Schiffen auf den Weg, um den westlichen Seeweg nach Indien zu finden. Nach der Überquerung des Pazifiks wurde der Portugiese auf den Philippinen getötet. Doch eines seiner Schiffe kehrte nach drei Jahren nach Spanien zurück und erbrachte damit den praktischen Beweis, dass die Erde eine Kugel ist.

Juri Gagarin konnte sich als russischer Raumfahrer 1961 als erster Mensch im Weltraum mit eigenen Augen von der Kugelgestalt der Erde überzeugen.

M 4 Verschiedene Personen aus der Geschichte lieferten Beweise für die Kugelgestalt der Erde

---

1 Beschreibe die Erde, wie sie aus dem Weltraum zu sehen ist (M 1).

2 Nenne Beweise für die Kugelgestalt der Erde (M 2, M 4).

2 Begründe, weshalb man am Meer erkennen kann, dass die Erde eine Kugel ist (M 2, T 1).

3 SP
a) Beschreibe die Merkmale eines Globus (M 3, T 2).
b) Welche Unterschiede erkennst du im Vergleich zum Satellitenbild M 1?

3 SP Vergleiche Satellitenbild und Globus (M 1, M 3, T 2). Notiere Gemeinsamkeiten und Unterschiede.

4 Zeichne einen Globus in dein Heft und beschrifte ihn mithilfe von M 3.

5 EXTRA Vergleiche mithilfe des Globus und einer Weltkarte die Größe Afrikas mit der Insel Grönland. Beschreibe, was dir auffällt.

AFB I: 1–4 II: 5   AFB I: 1, 4 II: 2, 3, 5   → Lösungshilfen ab S. 232

Die Entstehung von Tag und Nacht erklären

Tag und Nacht

Während Katharina nachts um 0:00 Uhr in ihrem Bett liegt und tief schläft, lernt Alice bereits in der dritten Unterrichtsstunde am Computer. Wie ist das möglich?

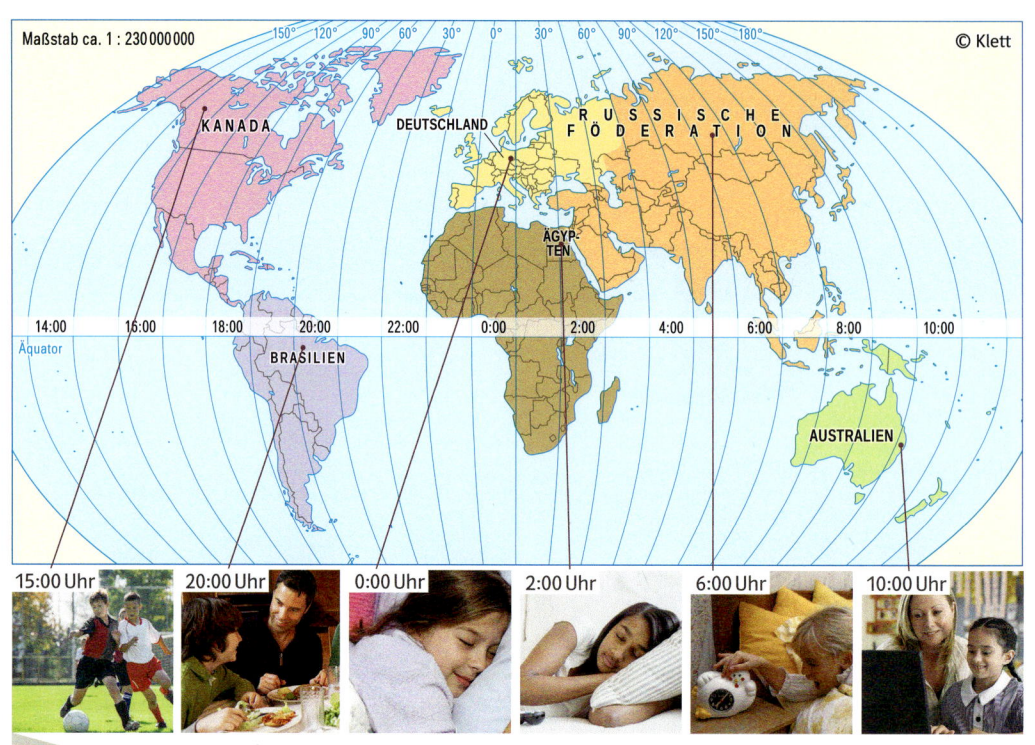

M 1 Zeitzonen der Erde (vereinfachte Darstellung)

Mitteleuropäische Zeit (MEZ)

Früher bestimmte jeder größere Ort seine Uhrzeit nach dem Stand der Sonne. Vor 100 Jahren einigte man sich auf die MEZ, nach der sich heute mehr als 20 Staaten Europas richten.

T1 Wie Tag und Nacht entstehen

Die Erde dreht sich in 24 Stunden einmal um ihre eigene Achse. Diese Drehbewegung um die **Erdachse** wird **Erdrotation** genannt. Dabei wird immer nur eine Hälfte der Erde von der Sonne beleuchtet – hier ist Tag. Auf der anderen Seite ist es zur selben Zeit dunkel – dort ist Nacht. Am Wechsel von Tag und Nacht können wir die Drehbewegung der Erde erkennen.

T2 Die Zeitzonen

Infolge der Erdrotation gibt es rund um die Erde unterschiedliche Tages- und Nachtzeiten. Daher wurden 24 **Zeitzonen** eingeführt. Von einer Zeitzone zur benachbarten ändert sich die Uhrzeit jeweils um eine Stunde. Beim Flug von einer Zeitzone in eine andere musst du also deine Uhr umstellen, zum Beispiel von Berlin nach New York um sechs Stunden zurück.

In Wirklichkeit verlaufen die Zeitzonen nicht so gerade wie in M1. Tatsächlich wurden sie dem Verlauf von Ländern und Kontinenten angepasst (M 2). In vielen Ländern Europas gilt wie bei uns die Mitteleuropäische Zeit.

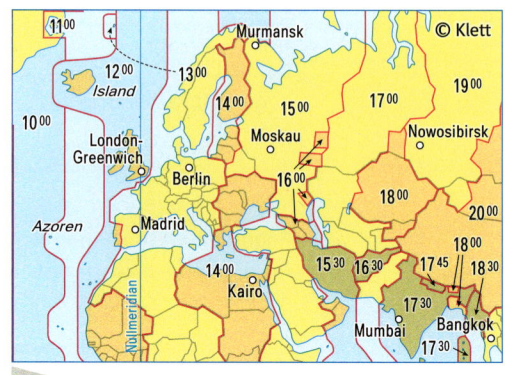

M 2 Tatsächlicher Verlauf der Zeitzonen (Ausschnitt)

V 03 ▶
Erklärvideo
Tag und Nacht

Unsere Erde 2

Tag
eine Drehung der Erde um die eigene Achse

Monat
ein Umlauf des Mondes um die Erde

Jahr
ein Umlauf der Erde um die Sonne

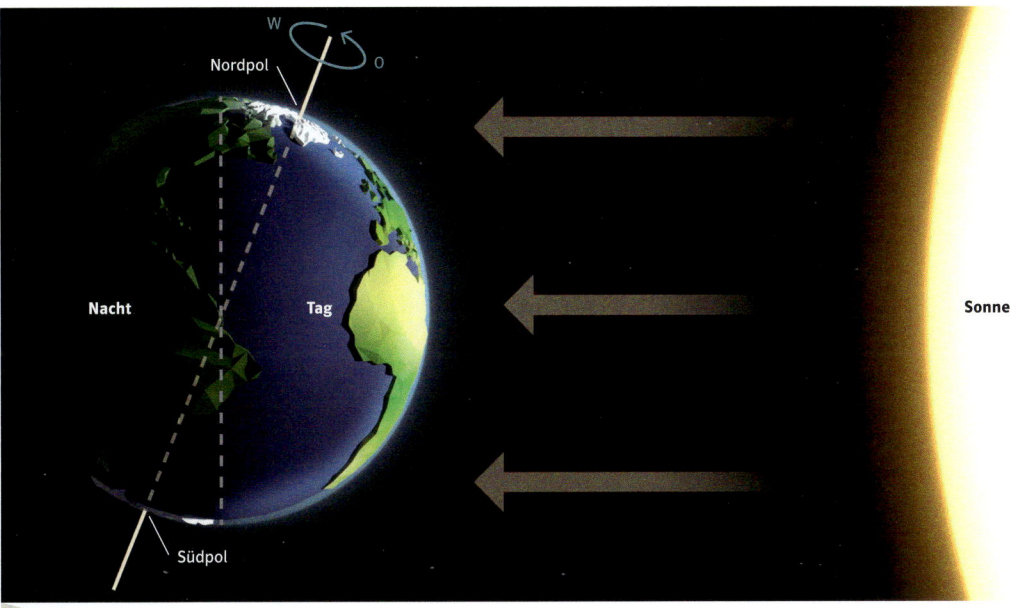

M 3 Tag und Nacht auf der Erde

Versuch

Material: Taschenlampe, Globus

Durchführung:
1. Eine/r von euch nimmt die Taschenlampe als „Sonne" in die Hand.
2. Ein/e andere/r stellt den Globus so in den Lichtstrahl, dass die Erdachse von euch aus schräg nach hinten zeigt.
3. Führt den Versuch in einem abgedunkelten Raum durch.

Auswertung:
1. Beschreibt, wo auf eurem Globus Tag und wo Nacht herrscht.
2. Dreht den Globus entgegen dem Uhrzeigersinn. Vollzieht damit die Erdrotation von West nach Ost nach.

M 4 Die Entstehung von Tag und Nacht erklären

1
a) Beschreibe die Tätigkeiten der Kinder zu den angegebenen Uhrzeiten in Karte M 1.
b) Gib kurz wieder, wie es zu den zeitlichen Unterschieden kommt (T1, T2).

2
Führt den Versuch M 4 zur Entstehung von Tag und Nacht durch.
a) Schreibt eure Beobachtungen auf und berichtet davon in der Klasse.
b) Erklärt die Entstehung von Tag und Nacht (T1, M 3, Erklärvideo V 03 ▶).

3
Arbeite mit Karte M 1 und dem Kartenanhang (S. 268/269). Wenn es in Berlin 7:00 Uhr ist – wie spät ist es dann in
a) Tokyo,
b) Kapstadt,
c) San Francisco?

3
Wenn Menschen lange Flugreisen unternehmen, kommt ihr Schlafrhythmus durcheinander. Begründe das mit den Zeitzonen (Karte M 1).

4
Erkläre mit deinen Worten, was die Mitteleuropäische Zeit (MEZ) ist (T2).

4
Bearbeite Aufgabe A 4. Erkläre, warum die Zeitzonen nicht gerade verlaufen (T2, M 2).

5 EXTRA
Vervollständige die beiden Sätze:
a) Wenn es bei uns morgens langsam hell wird, ist es in Australien …
b) Wenn es bei uns abends dunkel wird, ist es in Kanada …

AFB I: 1 II: 2–5   AFB I: 1 II: 2, 4, 5 III: 3   → Lösungshilfen ab S. 232

Orientierung

Die Lage und Größe der Kontinente und Ozeane beschreiben

Kontinente und Ozeane

Ein Globus ist nicht die einzige Möglichkeit, die Erde darzustellen. Auch auf einer Karte kannst du vieles entdecken und die Erde kennenlernen.

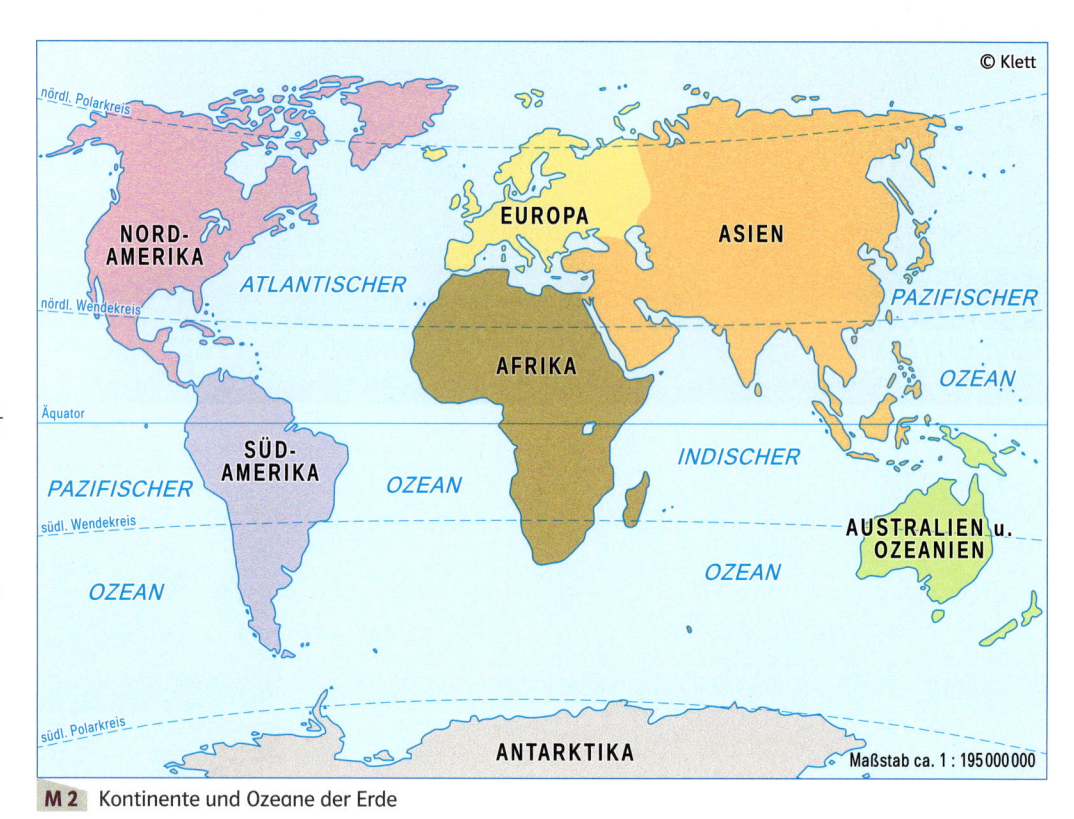

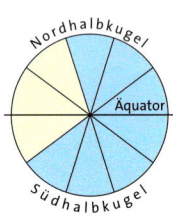

M 1 Vergleich der Wasserflächen und Landflächen auf der Erde

M 2 Kontinente und Ozeane der Erde

Schon gewusst?

Der südlichste Kontinent der Erde heißt Antarktika. Er befindet sich im Südpolargebiet, der Antarktis. Umgangssprachlich wird er oft einfach als Antarktis bezeichnet.

T1 Mehr Wasser als Land

Die Weltkarte M 2 gibt dir einen guten Überblick über die Lage und Größe
– der zusammenhängenden Landflächen (**Kontinente**) und
– der großen Meere (**Ozeane**).
Einen wesentlich größeren Anteil an der Erdoberfläche haben die Ozeane. Ihre Wasserfläche ist etwa doppelt so groß wie die Landfläche (M 1).
Es gibt sieben Kontinente und drei Ozeane. Die meisten Kontinente sind durch Ozeane voneinander getrennt. Eine Ausnahme bilden Asien und Europa. Sie grenzen am Uralgebirge aneinander. Zwischen Nordamerika und Südamerika gibt es nur eine schmale Landbrücke. Antarktika sowie Australien sind vollständig von Wasser umgeben.

Kontinent	Größe
Australien	8
Europa	10
Antarktika	14
Südamerika	18
Nordamerika	24
Afrika	30
Asien	44

Ozean	Größe
Indischer Ozean	75
Atlantischer Ozean	106
Pazifischer Ozean	180

M 3 Flächen der Kontinente und Ozeane, in Millionen Quadratkilometern (km²)

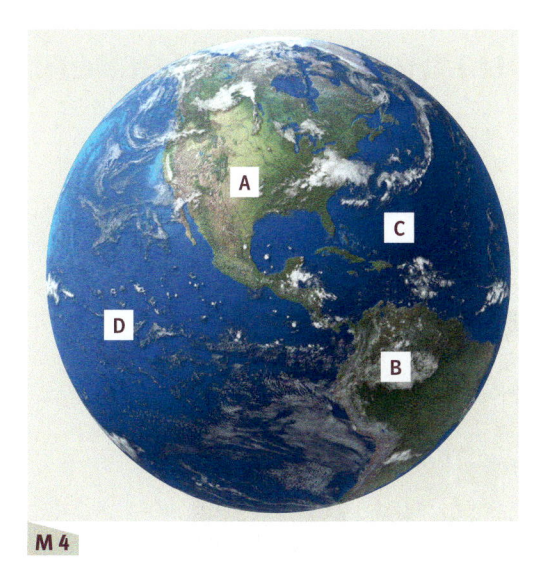

2 Unsere Erde

M 4

Der magnetische Pol liegt fast 1000 Kilometer vom geographischen Nordpol entfernt. Deshalb zeigt die Magnetnadel nicht genau zum geographischen Nordpol.

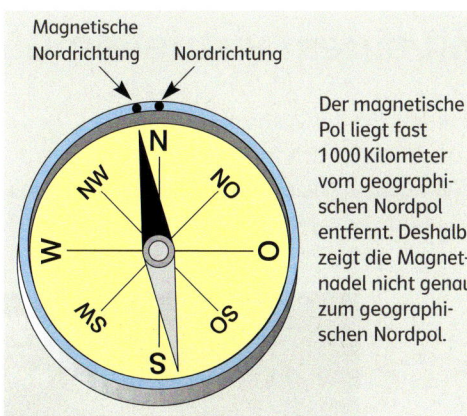

M 6 Kompass

Tipp

So merkst du dir die Reihenfolge der Himmelsrichtungen:
Niemals **o**hne **S**eife **w**aschen!

T2 Die Himmelsrichtungen

Wichtig für die Orientierung auf der Erde sind die **Himmelsrichtungen**: Norden, Osten, Süden und Westen. Ein **Kompass** zeigt dir die Himmelsrichtungen an (M 6). Da die Erde von einem Magnetfeld umgeben ist, zeigt die Kompassnadel immer nach Norden. Dadurch ergeben sich auch die anderen Himmelsrichtungen. Auf einer Karte ist Norden immer oben.

T3 Lage und Lagebeziehungen

Mithilfe der Himmelsrichtungen kannst du die Lage der einzelnen Kontinente, Ozeane, aber auch Städte und Berge auf der Erdoberfläche beschreiben. Eine Lagebeziehung gibt an, wie die einzelnen geographischen Objekte zueinander liegen.

M 5

SP Tipp

Lagebeziehungen beschreiben
→ Aufgabe 4

- … befindet sich nördlich von …
- … liegt östlich von …
- … liegt im Westen von …
- Südlich des Äquators …

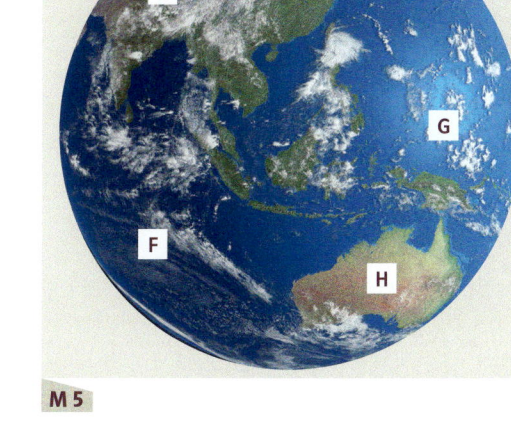

---

1 Nenne mit Karte M 2 Kontinente,
a) durch die der Äquator verläuft,
b) die nur auf der Nordhalbkugel liegen,
c) die nur auf der Südhalbkugel liegen,
d) die vollständig von Wasser umgeben sind.

2 Beschreibe das Verhältnis von Wasser- und Landflächen auf der Erde (M 1, T 1). Gehe auch auf Unterschiede zwischen der Nordhalbkugel und der Südhalbkugel ein.

3 Ordne den Buchstaben in M 4 die Kontinente und Ozeane zu.

3 Ordne den Buchstaben in M 4 und M 5 die Kontinente und Ozeane zu.

4 SP Formuliert fünf Lagebeziehungen der Ozeane und Kontinente (M 2, T 3, Sprachtipp).

4 SP Formuliert zu zweit zehn Fragen zu M 2, z. B.: Welcher Ozean liegt östlich von Afrika? Spielt das Quiz in einer kleinen Gruppe.

5 SP Vergleiche die Flächengrößen der Kontinente und Ozeane in den Tabellen M 3. Schreibe drei Flächenvergleiche auf, z. B.: Der Pazifische Ozean ist größer als …

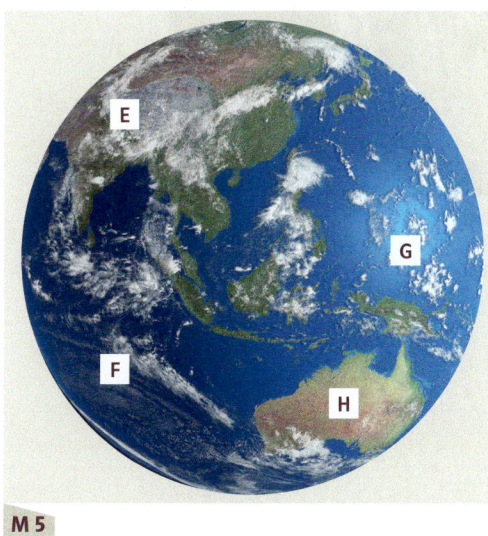

6 EXTRA MK Nutze eine Kompass-App auf dem Smartphone oder Tablet und bestimme die Himmelsrichtungen von Objekten auf dem Schulhof. Bezugspunkt ist deine Position.

AFB I: 1–3 II: 4–6   AFB I: 1–3 II: 4–6   → Lösungshilfen ab S. 232

Methode

MK Mit einem virtuellen Globus die Welt entdecken

An jeden Ort der Welt reisen und die Erde wie ein Astronaut aus dem Weltraum betrachten, ist das möglich?
In Wirklichkeit nicht, aber mit einem virtuellen Globus schon.

M1 Das Hauptfenster des virtuellen Globus

Deinen Schulort oder Wohnort erkunden

1. Schritt: einen Ort suchen
Gib in das Suchfenster deine Adresse oder nur den Ort ein und klicke dann auf <Suche>.

2. Schritt: virtuelle Welt erkunden
Entweder machst du das mit den Navigationsbedienelementen oder mit der Maus:
- Ansicht verschieben: linke Maustaste drücken und gleichzeitig die Maus bewegen.
- Herein- und Herauszoomen: das Mausrad nach vorne und nach hinten drehen.
- Ansicht neigen: Mausrad drücken und Maus zu dir ziehen.

3. Schritt: Ebenen einblenden
Wenn du Häkchen bei den Ebenen setzt, werden Linien (z. B. Ländergrenzen) und Symbole (Icons) mit Informationen eingeblendet.

Was ist ein virtueller Globus?

Ein virtueller Globus ist eigentlich einem echten ganz ähnlich, kann aber als Computerprogramm viel mehr von der Erde zeigen. Dafür wirst du den **virtuellen Globus** niemals in den Händen halten können. Das ist ein wichtiger Unterschied zwischen virtuell und real. Virtuelle Dinge sind nämlich nicht greifbar, sie können aber die Wirklichkeit täuschend echt darstellen. Viele virtuelle Globen zeigen z. B. die Erdoberfläche mithilfe von Satelliten- und Luftbildern. Und je nachdem, was man noch auf dem Globus anschauen möchte, blendet man zusätzliche Ebenen ein, so als würde man Folien darauf legen, auf die etwas gezeichnet oder geschrieben ist. Das Besondere ist, dass du die Erdoberfläche dreidimensional betrachten kannst. Das gilt auch für Gebäude und Bäume.

M2

Unsere Erde 2

M 3 Darstellung von Tag und Nacht

Tipp

Die Veränderungen der Beleuchtungsverhältnisse sind besonders eindrucksvoll, wenn du eine Stadt oder ein Gebirge in der Schrägansicht dreidimensional betrachtest.

Tag und Nacht animieren / simulieren

Du kannst einige virtuelle Globen auch von einer Sonne beleuchten lassen. Indem du die Beleuchtungsverhältnisse auf der Erde veränderst, kannst du gleichzeitig die Stellung der Erde zur Sonne (Erdrotation) und die Position auf ihrer Umlaufbahn (Erdrevolution) nachahmen bzw. simulieren.

1. Schritt: virtuelle Sonne einschalten

Drücke dazu auf das entsprechende Zeichen in der Symbolleiste (Symbol „Den Verlauf der Sonne anzeigen").

2. Schritt: Tageszeit einstellen

Im Betrachtungsfenster erscheint eine Zeitleiste. Damit kannst du die Uhrzeit, aber auch den Tag, den Monat und das Jahr verändern. Bewege dazu den Schieber am Balken von links nach rechts, bis du die gewünschte Uhrzeit oder das gewünschte Datum eingestellt hast. Nun kannst du die Beleuchtungsverhältnisse zu diesem Zeitpunkt auf der Erde sehen.

3. Schritt: Zeit automatisch ablaufen lassen

Durch Drücken auf die rechte Uhr in der Zeitleiste kannst du die Zeit automatisch ablaufen lassen und beobachten, wie sich die Beleuchtungssituation auf der Erde verändert. Die Sonne erscheint dabei auf den verschiedenen Seiten der Erde. Sie umkreist allerdings nicht die Erde, wie es im virtuellen Globus scheint, sondern die Erde bewegt sich selbstverständlich um die Sonne.
Durch Drücken auf die Lupen kannst du den Zeitbereich, in dem der Wechsel von Tag und Nacht ablaufen soll, entweder vergrößern oder verkleinern. Probiere aus, was passiert. Möchtest du wieder etwas anderes machen, klicke auf das Kreuzchen rechts über dem Schieberegler.

← Tag und Nacht Seite 20

1 Arbeite mithilfe eines virtuellen Globus deine Schule, dein Zuhause oder einen Ort heraus, den du im Urlaub besucht hast.

2 Beschreibe, wie sich die Beleuchtungsverhältnisse in Europa beim automatischen Durchlauf der Zeit verändern.

3 Nenne drei Staaten, in denen es in M 3 Nacht ist.

AFB I: 1, 2, 3 → Lösungshilfen ab S. 232

Training

Wichtige Begriffe

- Äquator
- Erdachse
- Erdrotation
- Galaxie
- Globus
- Himmelsrichtung
- Kompass
- Kontinent
- Mond
- Nachhaltigkeit
- Ozean
- Planet
- Sonne
- Sonnensystem
- Stern
- Zeitzonen

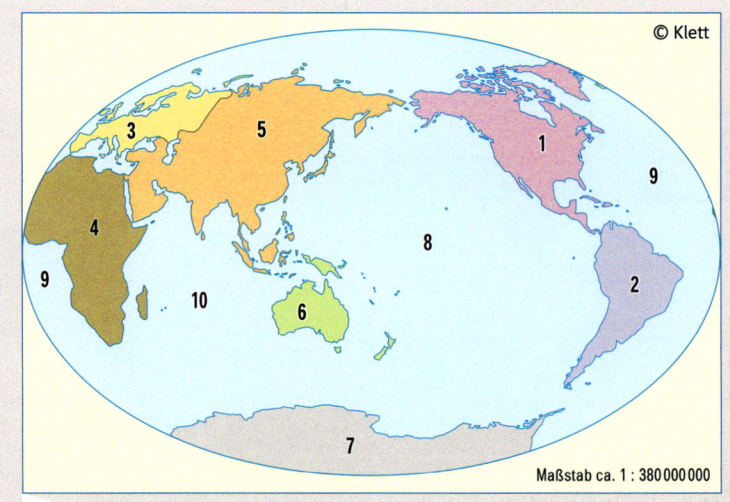

M 1 Die Kontinente und Ozeane der Erde

Maßstab ca. 1 : 380 000 000

Sich orientieren

1 Kontinente und Ozeane

a Benenne die Kontinente und Ozeane in M 2 (Zahlen 1–10).
b Afrika grenzt im Westen an den Atlantik, im Osten an den Indischen Ozean und im Norden an das Mittelmeer. Formuliere ebenso:
– Nordamerika grenzt im Westen …
– Australien …
– Europa …

2 Von West nach Ost
Ordne die Kontinente und Meere von West nach Ost: Asien, Atlantik, Europa, Nordamerika, Pazifik.

Kennen und verstehen

3 Findest du die Begriffe?

a Davon gibt es acht in unserem Sonnensystem.
b eine spiralförmige Ansammlung von Milliarden von Sternen
c manche Planeten werden davon umkreist
d die gedachte Linie, um die sich die Erde dreht
e Er teilt die Erde in eine Nordhalbkugel und eine Südhalbkugel.
f anderes Wort für Weltmeer
g Bezeichnung für eine große zusammenhängende Landmasse
h Davon gibt es 24 auf der Erde.
i Umlauf der Sonne durch die Erde

4 Richtig oder falsch?
Verbessere die falschen Aussagen und schreibe sie auf.

a Es gibt fünf Kontinente.
b Asien und Europa sind miteinander verbunden.
c Der Nordpol liegt in der Antarktis.
d Afrika liegt zwischen dem Atlantischen und dem Pazifischen Ozean.
e Australien ist der flächenmäßig kleinste Kontinent.
f Zwischen Asien und Nordamerika liegt der Atlantische Ozean.
g Asien ist größer als Europa, Australien und Südamerika zusammen.
h Tag und Nacht entstehen durch die Drehung der Erde um ihre eigene Achse.

D 01 Arbeitsblatt Selbsteinschätzung

D 02 Arbeitsblatt Lösungen

Unsere Erde 2

M 2

M 5

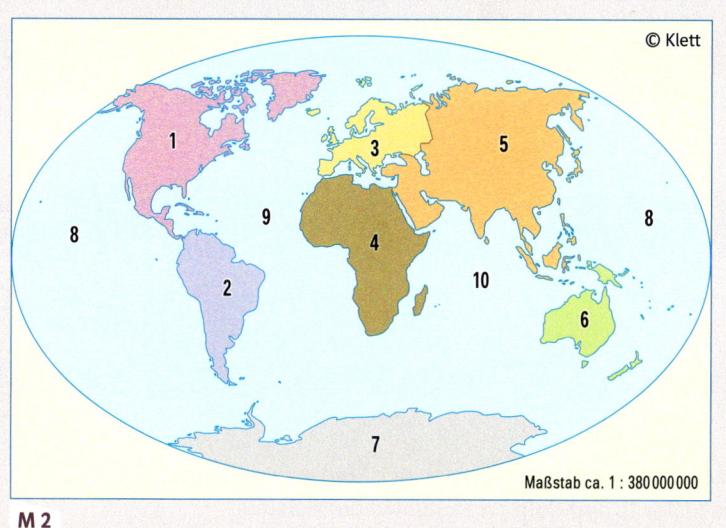

5 Himmelsrichtungen
Nenne die Himmelsrichtungen, welche die Windrosen a – f (M 5) anzeigen.

6 Experten gesucht!
Segelschiffe tauchen am Horizont zuerst mit der Mastspitze auf, wenn sie sich einem Hafen nähern. Erkläre diesen Vorgang mithilfe der Zeichnung M 3.

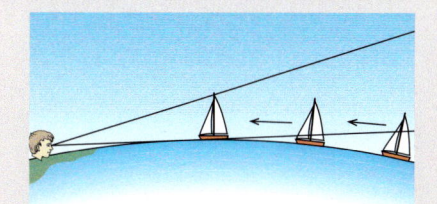

M 3

Beurteilen und bewerten

7 „Verkehrte" Welten
Nicht überall wird die gleiche Weltkarte benutzt.
a Vergleiche die Karte M 1 mit Karte M 2. Beschreibe, was dir auffällt.
b Begründe, warum Lernende in Australien in der Regel eine andere Karte verwenden.
c Erläutere, wie eine Weltkarte für Nord- und Südamerika aussieht.

8 Planet Erde
„Die Erde ist ein Planet wie alle anderen in unserem Sonnensystem." Nimm Stellung zu dieser Aussage.

Vernetzen

9 Sich orientieren
a Übertrage die Tabelle M 4 in dein Heft. Ordne die „Wichtigen Begriffe" den Spalten zu.
Tipps: Nicht alle Begriffe lassen sich sinnvoll zuordnen. Lasse sie weg. Manche Begriffe lassen sich wiederum mehrfach zuordnen.
b 👥 Prüft gegenseitig eure Ergebnisse und tauscht euch dazu aus.

Orientieren im Weltall	Orientieren auf der Erde	Orientieren vor Ort	Orientieren auf Karten
Galaxie	Globus	Himmelsrichtungen	Legende
…	…	…	…

M 4 Wissen vernetzen

Extra

Rekorde der Erde kennen und verorten

1 Betrachte die Bilder A – H. Finde zu den Bildern den passenden Rekord.

2 Arbeite mit dem Atlas. Ordne die Rekorde der Erde den Kontinenten und Ozeanen zu. Lege dazu eine Tabelle wie folgt an:

Rekord	Name	Kontinent/Ozean
tiefste Schlucht	Grand Canyon	Nordamerika

Rekorde der Erde

Auf der Suche nach immer neuen Rekorden begibt sich der Mensch an die entlegensten Orte dieser Welt. Der Grand Canyon Skywalk zum Beispiel ermöglicht einen Blick in die tiefste Schlucht der Welt.

Schon gewusst?

Bereits 1960 erreichten Jacques Piccard und Don Walsh als erste Menschen mit dem U-Boot Trieste den tiefsten Punkt der Erde im Marianengraben in etwa 11 000 Metern Tiefe.

T1 Entdeckung der Rekorde der Erde

Vor mehr als 100 Jahren begann man, den Südpol zu erobern. Die erste Besteigung des höchsten Berges der Erde, des Mount Everest, gelang im Jahre 1953. In einem U-Boot unternahm 2012 der Hollywood-Regisseur James Cameron eine gewagte Tauchfahrt zum tiefsten Punkt der Erde, im Marianengraben. Unter dem Druck, der in elf Kilometern Tiefe herrscht, verkürzte sich sein U-Boot um mehrere Zentimeter. Die Rekorde der Erde sind und bleiben für uns Menschen faszinierend und spornen uns immer wieder zu neuen Expeditionen an. Das Abenteuer beginnt!

M1 Der Grand Canyon Skywalk

D 03
Arbeitsblatt
Lösungen

Unsere Erde **2**

3 MK
Wähle einen Rekord der Erde aus und erstelle einen Steckbrief (Name, Lage, Besonderheit, Besucherzahlen, Kosten für Eintritt, …).

AFB I: 1, 2 II: 3   → Lösungshilfen ab S. 232

🚩 **Höchster Berg**
Mount Everest
Höhe 8 846 m

🚩 **Größte Höhle**
Mammoth-Cave
USA

🚩 **Größte Wüste**
Sahara
9 400 000 km²

🚩 **Höchste Wasserfälle**
Salto Ángel
Venezuela
978 m

🚩 **Tiefster See**
Baikalsee
1 642 m

🚩 **Wasserreichster Fluss**
Amazonas
Abfluss 209 Mio. Liter/Sekunde

🚩 **Längstes Korallenriff**
Great Barrier Reef
2 300 km

🚩 **Aktivster Vulkan**
Kilauea auf Hawaii, seit 1983 ununterbrochen aktiv

A

B

C

D

E

F

G

H

29

3 Sich orientieren

M 1 Sich orientieren mit Karte und Kompass

Ob in einer Stadt oder in der Natur – immer wieder muss man sich orientieren, um den Weg zu einem bestimmten Ziel zu finden. Hierbei helfen dir Karten, Stadtpläne, ein Kompass, ein GPS-Gerät oder ein Smartphone. In diesem Kapitel lernst du, wie du diese Hilfsmittel zur Orientierung anwenden kannst.

M 2 Sich orientieren mit einem Wegweiser

M 3 Sich orientieren mit Smartphone und Karten-App

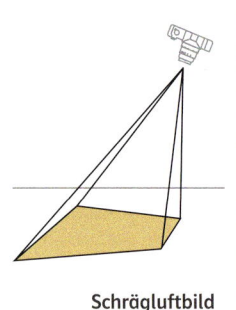

Senkrechtluftbilder als Grundlage von Karten beschreiben

Schrägluftbild

M 2 Schrägluftbild von Fulda

Vom Luftbild zur Karte

Zwei Fotos und eine Karte von Fulda: Sie zeigen alle den gleichen Ausschnitt der Innenstadt. Aber siehst du auch dreimal das Gleiche?

Aufriss
Du stehst vor einem Gebäude und siehst die Fassade von vorne.

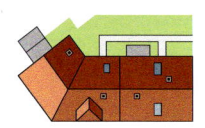

Grundriss
Du schaust senkrecht von oben auf ein Gebäude.

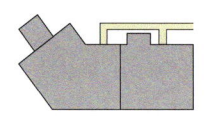

Karte
vereinfachte, verkleinerte und eingeebnete Abbildung der Wirklichkeit

M 1

T1 Luftbilder
Fotografiert man bei klarer Sicht aus einem Flugzeug Fulda, so kann man den Dom, einzelne Häuser, Plätze und Straßen gut erkennen. Solche schräg von oben gemachten Aufnahmen nennt man **Schrägluftbilder**. Beim **Senkrechtluftbild** schaut man dagegen senkrecht von oben auf die Stadt. Weil man die Gebäude nicht mehr von der Seite sieht, sondern nur noch ihren Grundriss, ist es schwieriger, sie zu erkennen.

T2 Karten vereinfachen
Auch in einer **Karte** wird die Stadt so abgebildet, wie man sie senkrecht von oben sehen würde. Es ist aber nicht möglich, jede Einzelheit in der Karte darzustellen. Dazu würde der Platz nicht ausreichen. Deshalb wird nicht jedes Haus abgebildet und Grundrisse werden meist vereinfacht. Wege oder Bäche, die oft nur wenige Meter breit sind, müssen dagegen sehr viel breiter als in Wirklichkeit eingezeichnet werden. Dieses „Übertreiben" ist notwendig, damit man sie in der Karte überhaupt erkennen kann. Die genaue Breite von Häusern, Straßen und Bächen lässt sich daher auf Karten meist nicht abmessen.

T3 Legende einer Karte
Karten sind mithilfe von Farben, Linien, Schrift und Kartensymbolen vereinfacht. Diese sind in der **Legende** erklärt. Mit ihrer Hilfe können wir die Karte „lesen" und beschreiben.

A
B
1

Beschreibe, was du auf dem Schrägluftbild M 2 erkennen kannst.

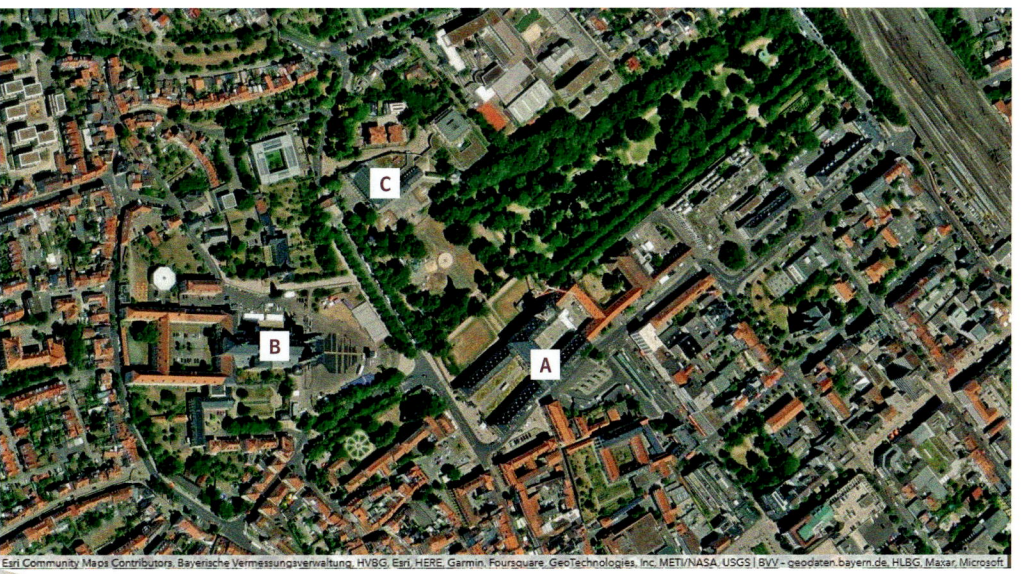

V 04 ▶ Erklärvideo
Vom Luftbild zur Karte

Sich orientieren 3

Senkrechtluftbild

M 3 Senkrechtluftbild von Fulda

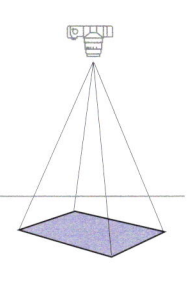

Legende Stadtplan:
- öffentliche und touristisch bedeutsame Gebäude
- bebaute Fläche
- unbebaute Fläche
- Park, Grünfläche
- Bundesstraße
- sonstige Straße
- Postamt
- Polizeiwache
- S Schule
- Dom
- Kirche, Kapelle
- P Parkplatz
- P Parkhaus, Tiefgarage

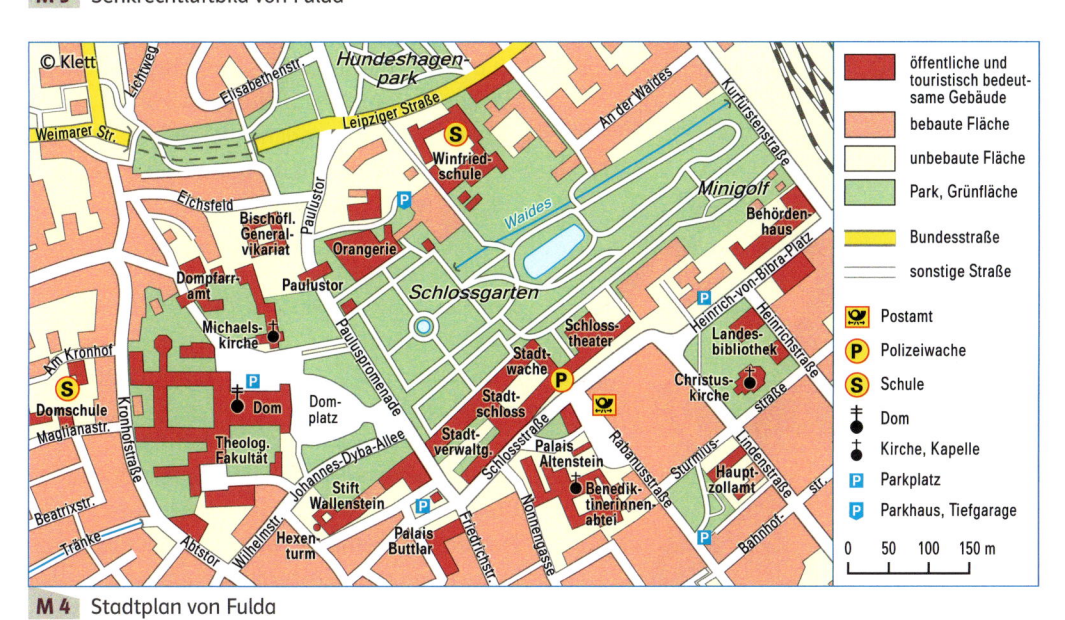

M 4 Stadtplan von Fulda

2
Manches ist auf dem Schrägluftbild M 2 besser zu erkennen, anderes im Senkrechtluftbild M 3. Nenne jeweils zwei Beispiele.

2
Beschreibe Unterschiede zwischen einem Schrägluftbild und einem Senkrechtluftbild (M 2, M 3).

3
Vergleicht das Senkrechtluftbild M 3 mit dem Stadtplan M 4.
a) Erklärt, wofür Linien, Farben und Kartensymbole verwendet werden (T 3).
b) Beschreibt die Vereinfachungen, die der Kartenzeichner vorgenommen hat (T 2).

4
Ordne den Buchstaben A bis C im Senkrechtluftbild M 3 die Orte in der Karte M 4 zu.

4
Bearbeite Aufgabe A 4. Erläutere, was man auf dem Stadtplan besser erkennen kann als auf dem Senkrechtluftbild (M 3, M 4).

5 MK
Erläutere, wie Karten entstehen (T 1–T 3, M 1– M 4, Erklärvideo V 04 ▶).

AFB I: 1, 2, 4 II: 3, 5   AFB I: 1, 2 II: 3–5   → Lösungshilfen ab S. 232

Wie du einen Stadtplan liest

In deinem Heimatort kannst du dich ohne Probleme orientieren. Du weißt, wo der Bäcker oder das Rathaus sind. Du kannst auch deinen neuen Mitschülerinnen und Mitschülern den Schulweg beschreiben. Mithilfe einer Karte oder eines Stadtplans kann man sich aber auch als Ortsfremder leicht zurechtfinden.

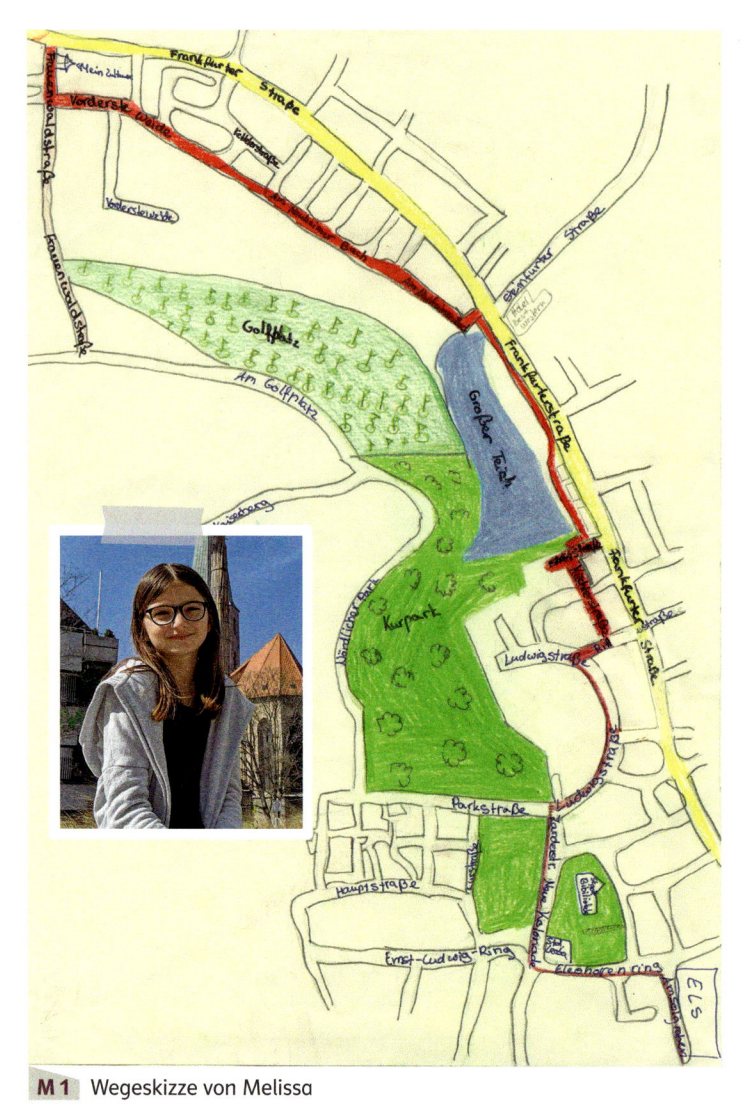

M1 Wegeskizze von Melissa

SP Tipp

Wegbeschreibung
→ Aufgaben 1b, c
- mache genaue Angaben (z.B. die erste Straße links)
- nenne Auffälligkeiten (z.B. ein großes gelbes Haus)
- weise auf mögliche Schwierigkeiten oder Gefahrenstellen hin
- achte auf die Reihenfolge (z.B. zuerst ... dann ... anschließend ... als nächstes ... zuletzt)

T1 Eine Skizze des Schulwegs
Melissa besucht nun schon seit einigen Wochen die Ernst-Ludwig-Schule in Bad Nauheim. Sie wohnt in Nieder-Mörlen, einem Ortsteil Bad Nauheims.
Inzwischen hat sie an der Schule neue Freundinnen und Freunde gefunden, die sie heute das erste Mal zu sich in die Frauenwaldstraße eingeladen hat. „Von der Schule aus folgt ihr dem Solgraben, biegt dann nach links ab in den Eleonorenring und dann an der Kreuzung rechts – oder ihr geht gleich durch die Goethestraße, das ist kürzer ..."
„Vielleicht ist es einfacher, wenn du uns einfach den Weg auf dem Stadtplan zeigst."
„Ja, das ist wohl einfacher ..."

T2 Der Stadtplan
Der **Stadtplan** ist ein wichtiges Hilfsmittel zur Orientierung. Er zeigt
– die Lage und den Verlauf der Straßen,
– die Straßennamen,
– den Standort wichtiger Gebäude,
– die Lage von Grünflächen, Spielplätzen, ...
Die **Legende** erläutert die verwendeten Farben und Symbole. Mit der Maßstabsleiste kann man Entfernungen messen.

T3 Planquadrate
Damit man sich auf dem Stadtplan besser orientieren kann, ist er durch waagrechte und senkrechte Linien in Felder eingeteilt. Diese nennt man **Planquadrate**. Jedes Planquadrat ist durch einen Buchstaben und eine Zahl gekennzeichnet, zum Beispiel B 3. Die Buchstaben geben die senkrechte Spalte, die Zahlen die waagrechte Zeile an. Verläuft eine Straße über mehrere Planquadrate, so werden alle genannt.

Sich orientieren 3

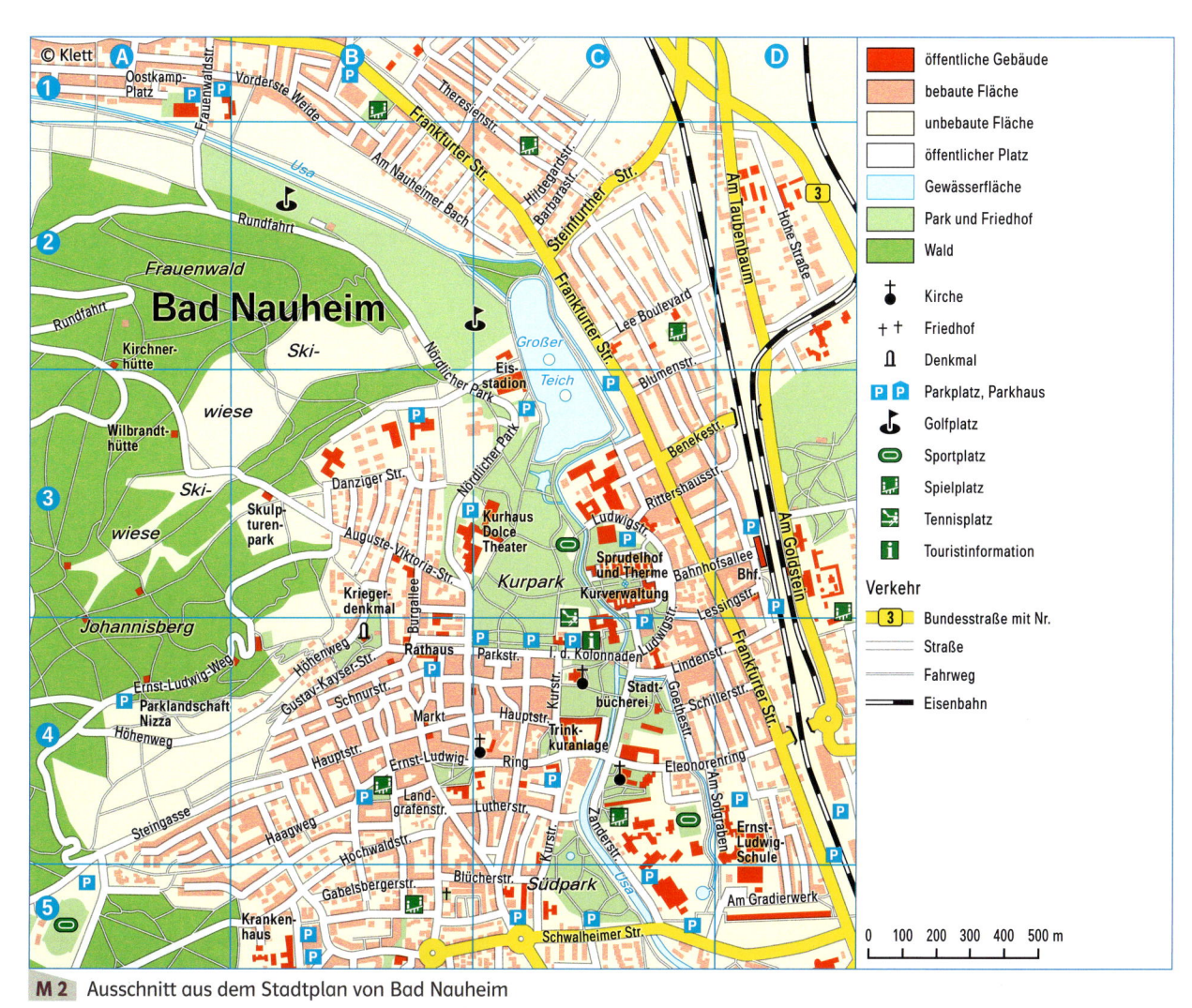

M 2 Ausschnitt aus dem Stadtplan von Bad Nauheim

Kurhaus/Theater	B/C3	Eleonorenring	C/D4	Bahnhof	D3
Parkstraße	C4	Sprudelhof	C3	Hauptstraße	B/C 4

M 3 Auszug aus dem Straßenregister

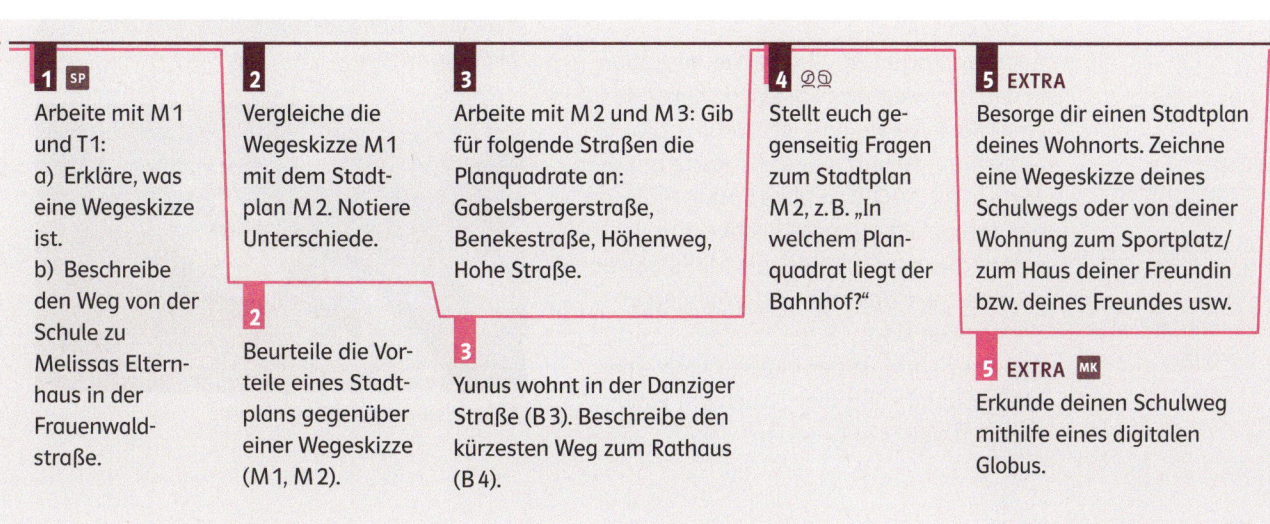

1 SP
Arbeite mit M 1 und T 1:
a) Erkläre, was eine Wegeskizze ist.
b) Beschreibe den Weg von der Schule zu Melissas Elternhaus in der Frauenwaldstraße.

2
Vergleiche die Wegeskizze M 1 mit dem Stadtplan M 2. Notiere Unterschiede.

2
Beurteile die Vorteile eines Stadtplans gegenüber einer Wegeskizze (M 1, M 2).

3
Arbeite mit M 2 und M 3: Gib für folgende Straßen die Planquadrate an: Gabelsbergerstraße, Benekestraße, Höhenweg, Hohe Straße.

3
Yunus wohnt in der Danziger Straße (B 3). Beschreibe den kürzesten Weg zum Rathaus (B 4).

4
Stellt euch gegenseitig Fragen zum Stadtplan M 2, z. B. „In welchem Planquadrat liegt der Bahnhof?"

5 EXTRA
Besorge dir einen Stadtplan deines Wohnorts. Zeichne eine Wegeskizze deines Schulwegs oder von deiner Wohnung zum Sportplatz/ zum Haus deiner Freundin bzw. deines Freundes usw.

5 EXTRA MK
Erkunde deinen Schulweg mithilfe eines digitalen Globus.

AFB II: 1–5   AFB II: 1, 3, 4, 5   III: 2   → Lösungshilfen ab S. 232

Den Maßstab lesen sowie Maßstabszahlen und Maßstabsleisten anwenden

Jede Karte hat einen Maßstab

Einen Sportwagen kann sich jeder leisten – es kommt nur auf den Maßstab an! Doch was ist ein Maßstab und wie kannst du ihn anwenden?

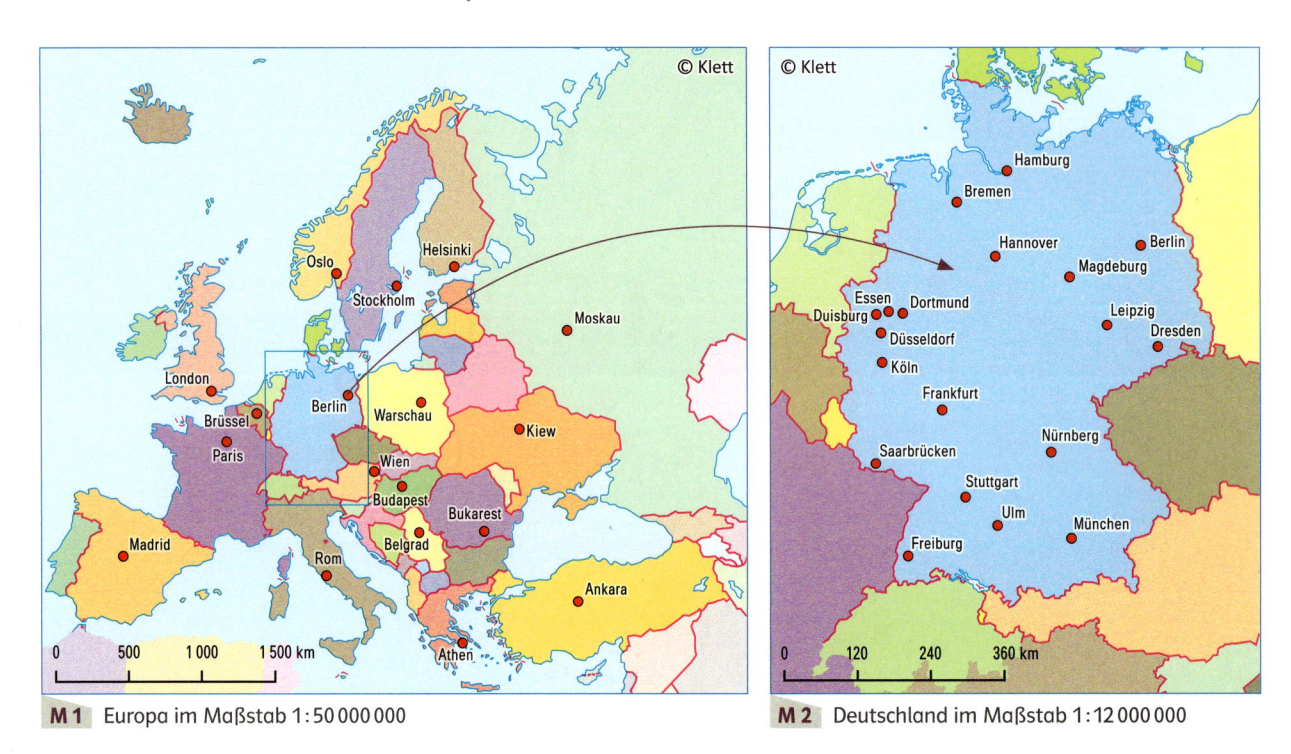

M 1 Europa im Maßstab 1 : 50 000 000

M 2 Deutschland im Maßstab 1 : 12 000 000

T1 **Der Kartenmaßstab**

Autohersteller bieten ihre Fahrzeuge meist als Modellautos an. Das Foto M 4 zeigt einen maßstabsgerecht verkleinerten Kleinwagen im **Maßstab** 1 : 43 (sprich: eins zu dreiundvierzig). Das bedeutet, dass das Modellauto 43-mal kleiner ist als in Wirklichkeit. Wir sagen: Das Modellauto hat den Maßstab 1 : 43.

Auch auf Karten ist alles verkleinert abgebildet. Um wievielmal die Wirklichkeit in einer Karte verkleinert ist, darüber gibt der Maßstab Auskunft. Auf einer Karte mit dem Maßstab 1 : 50 000 ist alles 50 000-mal kleiner dargestellt als in Wirklichkeit. Umgekehrt kann man mithilfe des Maßstabs bestimmen, wie groß die Entfernungen in Wirklichkeit sind.

Auf einer Karte ist der Maßstab mit einer Maßstabszahl und meist auch mit einer Maßstabsleiste angegeben.

Tipp

Je größer die Maßstabszahl ist, desto stärker ist die Verkleinerung der Wirklichkeit in der Karte.

M 3 Kleinwagen

M 4 Kleinwagen als Modellauto

V05 ▶ Erklärvideo
Entfernungen berechnen

Sich orientieren 3

T2 Die Maßstabszahl

Karte M 5 hat den Maßstab 1:5 000 000. Das bedeutet: 1 cm in der Karte entspricht in der Wirklichkeit 5 000 000 cm oder 50 000 m oder 50 km. Miss nun die Entfernung zwischen zwei Punkten, zum Beispiel von Karlsruhe bis Nürnberg.

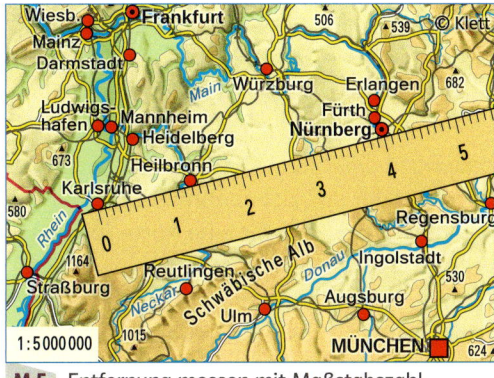

M 5 Entfernung messen mit Maßstabszahl

Die gemessene Entfernung beträgt 4 cm. Nun musst du wie folgt rechnen: 1 cm auf der Karte entspricht 50 km in der Wirklichkeit, also entsprechen 4 cm 4 × 50 km in der Wirklichkeit. Die Entfernung zwischen Karlsruhe und Nürnberg beträgt also 200 km. Beachte, dass du auf der Karte die **Luftlinie** gemessen hast. Die tatsächliche Wegstrecke ist länger.

T3 Die Maßstabsleiste

Sie ist meist ein abwechselnd schwarz und weiß gefärbter schmaler Streifen mit Meter- oder Kilometerangaben.
Miss zuerst mit dem Lineal auf der Karte die Entfernung zwischen zwei Punkten, zum Beispiel von Kaiserslautern bis Mannheim.

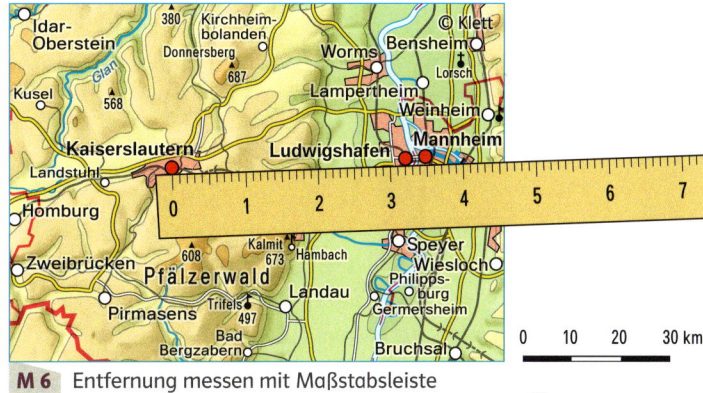

M 6 Entfernung messen mit Maßstabsleiste

Halte dann dein Lineal an die Maßstabsleiste und lies den Wert dort ab. In unserem Beispiel ist Kaiserslautern von Mannheim 3,5 cm auf der Karte und damit etwa 50 km Luftlinie in Wirklichkeit entfernt.

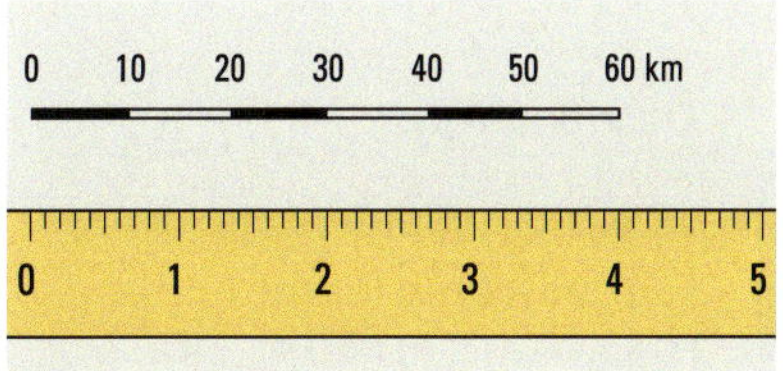

M 7 Maßstabsleiste

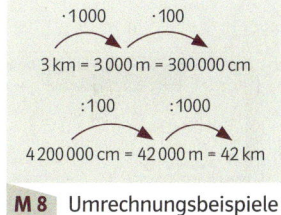

M 8 Umrechnungsbeispiele

Tipp
Lege gekrümmte Strecken mit einem Faden nach und miss dann die Fadenlänge mit dem Lineal ab.

Tipp
Um von cm auf km umzurechnen, kannst du auch einfach fünf Nullen wegstreichen.

A | **B**

1 Betrachte die beiden Fotos M 3 und M 4 und erkläre dann den Begriff Maßstab mithilfe von T1.

2 Übertrage die Tabelle in dein Heft und ergänze sie (T2).

Maßstab der Karte	1 cm auf der Karte sind in Wirklichkeit		
	cm	m	km
1:500 000	500 000	5 000	5
1:25 000			
1:7 500 000			
1:12 000 000			

2 Bearbeite Aufgabe A2. Ermittle für M1 und M2, wie viele Kilometer 1 cm auf den Karten in Wirklichkeit sind.

3 Vergleiche die Karten M1 und M2 und benenne Unterschiede.

4 Arbeite mit der Maßstabsleiste in Karte M1:
a) Lies ab, wie viel 2 cm auf der Karte in Wirklichkeit sind.
b) Miss die Entfernung zwischen Berlin und Kiew. Ermittle die tatsächliche Entfernung in km.

5 EXTRA Verwende die Maßstabszahl von Karte M2.
a) Berechne, welcher Strecke 4 cm in Wirklichkeit entsprechen.
b) Miss die Entfernung zwischen Hamburg und München. Berechne die Entfernung in Wirklichkeit.

Verschiedene Karten kennenlernen

Ob beim Wandern, Radfahren oder Autofahren: Für jede Aktivität gibt es spezielle Karten-Apps auf dem Smartphone. Auch im Geographieunterricht verwendet ihr unterschiedliche Karten. Da fällt es nicht leicht, den Überblick zu behalten.

Digitale Karten

werden am Computer, auf dem Tablet oder auf dem Smartphone verwendet. Sie bestehen in der Regel aus einer Grundkarte, über der dann je nach Bedarf einzelne thematische Schichten (wie z. B. Fahrradwege, Wanderrouten und Sehenswürdigkeiten) eingeblendet werden.
Eine **digitale Karte** hat gegenüber der Papierkarte viele Vorteile. Nützliche Funktionen sind zum Beispiel die Ortssuche, Routenberechnung oder Höhendarstellung.

M 1

Outdoor-Apps

sorgen bei Wanderungen oder Fahrradtouren für die nötige Orientierung. Über Satelliten bestimmen sie die Position und schlagen auf Karten interessante Routen vor (online oder offline). Diese Karten basieren meist auf topografischen Karten, einer Sonderform der thematischen Karte. Sie geben Informationen zur Oberfläche eines Raumes (zum Beispiel Höhenangaben). Outdoor-Apps zeigen somit auch Höhenunterschiede, die Dauer der Tour und die zurückgelegte Entfernung. Mit der Tracking-Funktion kann man seine Tour zu Hause am Computer auswerten.

M 2

T1 Die thematische Karte

In einer **thematischen Karte** (M 5) geht es immer um ein spezielles Thema. Zum Beispiel informiert eine Karte zur Landwirtschaft über Anbaugebiete und die Nutztierhaltung in einer Region. Wenn du etwas über Straßen oder das Eisenbahnnetz wissen möchtest, dann hilft dir eine Karte über den Verkehr.
Thematische Karten sehen immer unterschiedlich aus, da sie jeweils ein anderes Thema darstellen.

T2 Die physische Karte

Eine **physische Karte** (M 4) gibt dir Informationen zu Städten, Flüssen und Seen, Bergen, Staaten und deren Grenzen. Physische Karten haben immer dieselbe Farbgebung, mit der sie die Höhen und Tiefen einer Landschaft anzeigen. Grün bedeutet, dass die Landschaft tief liegt. Gelb und Braun bedeuten, dass sie höher liegt. Je dunkler das Braun ist, desto höher liegt die Landschaft. Dies kannst du auch an einem Modell der Höhenschichten sehen (M 3). Alle Höhen werden vom Meeresspiegel aus gemessen.

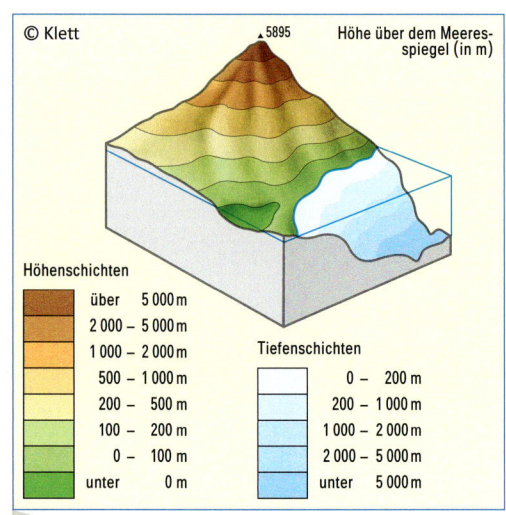

M 3 Höhenschichten-Modell

V06
Erklärvideo
Vom Berg zur Höhenschichtenkarte

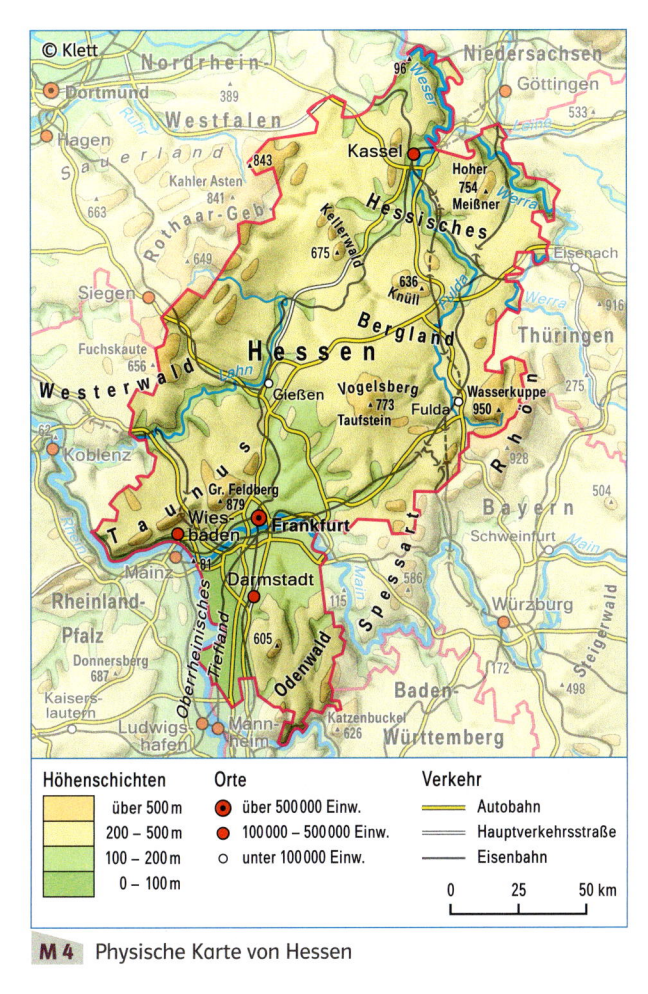

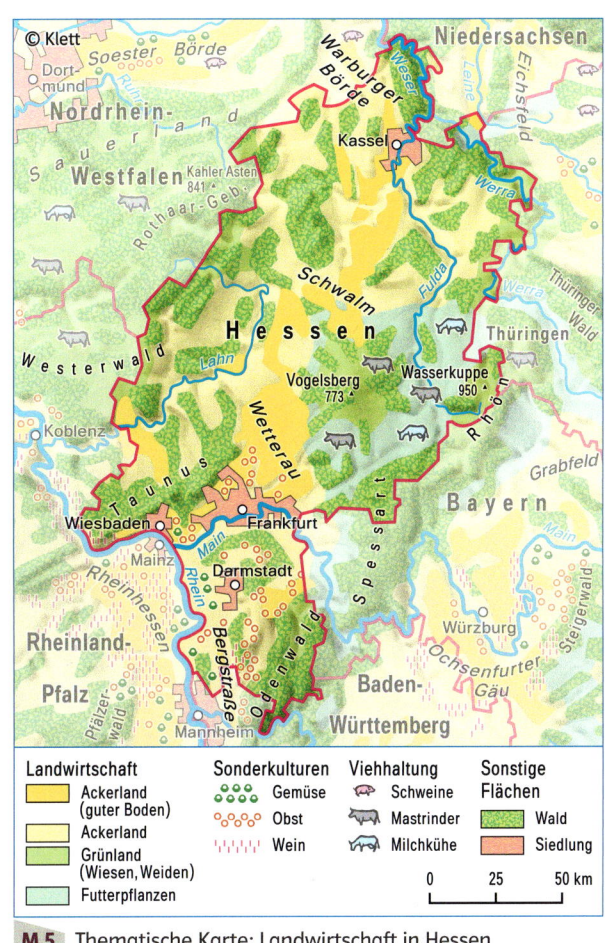

Sich orientieren 3

M 4 Physische Karte von Hessen

M 5 Thematische Karte: Landwirtschaft in Hessen

A
B

1 Verwendet ihr digitale Karten auf dem Smartphone (M1)? Tauscht euch über eure Erfahrungen aus.

2 Lege eine Tabelle an und trage typische Merkmale einer thematischen und einer physischen Karte ein (T1, T2, M4, M5).

3 Schreibe die folgenden Satzanfänge in dein Heft und vervollständige sie (T2, M4).
a) Je dunkler das Grün in einer physischen Karte, desto …
b) Je dunkler das Braun, desto …

4 Arbeite mit T1, T2 und M1. Erkläre, welchen Kartentyp du verwendest, um
a) bedeutende Städte in Hessen zu lokalisieren,
b) eine Route für den Wandertag festzulegen,
c) etwas über die Bodennutzung in Deutschland zu erfahren.

5 EXTRA
a) Beschreibe die Funktionen von Outdoor-Apps (M2).
b) Lade eine kostenlose Wander-App auf dein Handy und suche eine Tour in der Nähe deines Wohnortes.
c) Nenne Informationen, die du über die Tour erhältst.

2 Bearbeite Aufgabe A2. „In bestimmten Karten ist Gelb nicht gleich Gelb." Erkläre diese Aussage mithilfe von M4 und M5.

3 Erkläre die unterschiedlichen Farben einer physischen Karte (T2, M3, M4).

4 Löse Aufgabe A4. Erkläre auch, welchen Kartentyp du verwendest, um die Höhe deines Schulortes zu benennen.

AFB I: 1, 2, 5 II: 3, 4   AFB I: 1, 5 II: 2–4   → Lösungshilfen ab S. 232

Methode

Geographische Namen und bestimmte Karten im Atlas finden

Wie du mit dem Atlas arbeitest

Weihnachten am Strand feiern – mit Weihnachtsbaum und Geschenken? Das ist für uns fast unvorstellbar. In Sydney machen das viele Menschen. Denn bei ihnen ist an Weihnachten Sommer. Doch wo liegt Sydney?

M1 Weihnachten am Bondi Beach von Sydney

Tipp

Wer mit dem Atlas richtig umgehen kann, der wird schnell und sicher einen bestimmten Ort oder eine bestimmte Karte finden. Im Atlas gibt es dazu drei wichtige Hilfen:
1. die Kartenübersicht,
2. das Inhaltsverzeichnis (Kartenverzeichnis),
3. das Register (Verzeichnis geographischer Namen).

T1 Geographische Namen auffinden

Dein **Atlas** versammelt viele unterschiedliche Karten in einem Buch. Er enthält auf den letzten Seiten ein Verzeichnis geographischer Namen wie Orte, Flüsse, Seen, Meere, Berge usw. Diese sind alphabetisch geordnet. Du nutzt dieses Register wie folgt:

1. Schritt: Namen im Register suchen

Suche zuerst den Namen im **Register**, zum Beispiel Sydney. Hinter dem Namen stehen zwei Angaben: die Atlasseite mit Kartennummer und das Feld im Gitternetz, in dem das geographische Objekt zu finden ist.

```
Swir 80.1 G 3
Swobodny 130.1 N 4
Sydney; Stadt in Australien 174.1 J 7
```

M2 Ausschnitt aus dem Register

2. Schritt: Lage in der Karte finden

Schlage die Atlasseite auf und suche das Feld im Gitternetz. Finde den Namen.

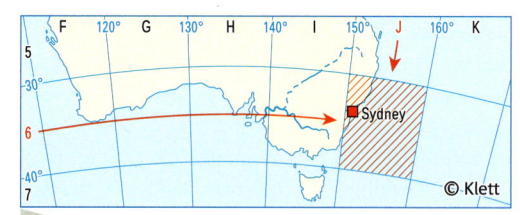

M3 Die Lage Sydneys auf der Karte bestimmen

3. Schritt: Lage beschreiben

Entnimm der Karte Informationen. Nutze dazu die zugehörige Zeichenerklärung.

Sydney liegt an der Südostküste Australiens am Pazifischen Ozean. Sydney hat zwischen … und … Millionen Einwohner.

Sich orientieren 3

M 4 Oase Tinghir

M 6 Siedlung im Osten von Grönland

M 5 Yokohama mit Fuji

M 7 Regenwald bei Manaus

T 2 Bestimmte Karten auffinden
Der Atlas enthält wie dein Schulbuch ein Inhaltsverzeichnis. Darin kannst du verschiedene Karten zu Hessen, Deutschland, den Kontinenten und der Welt finden.

1. Schritt: Karte suchen
Schlage das Inhaltsverzeichnis im Atlas auf und suche nach der gewünschten Karte, zum Beispiel „Europa" und „Staaten". Schlage die Seitenzahl auf.

2. Schritt: Karte prüfen
Prüfe, ob die Karte die benötigten Informationen enthält.

Tipp

Schnellsuche
Die schnellste Möglichkeit, eine Karte zu einem bestimmten Kontinent zu finden, bietet die Kartenübersicht. Diese befindet sich auf der ersten Seite des Atlas. Die Einrahmung des gesuchten Kontinents ist mit einer Seitenzahl versehen, auf der du die gesuchte Karte findest.

1
Arbeite mit den Fotos M 4 – M 7: Weißt du, wo die Orte liegen? Schlage im Atlas nach und lege eine Tabelle an:

Ort bzw. Land	Atlasseite	Feld im Gitternetz	Land/Kontinent
...	...	...	...

2
Lustige Namen und Zungenbrecher: Honolulu, Krk, Mississippi, Ouagadougou, Popocatépetl, Tegucigalpa, Titicaca-See, Vatnajökull.
Suche die Namen im Atlas-Register und vervollständige die Tabelle:

Name	Ist was?	Liegt wo?
...	...	...

3
Suche in deinem Atlas
a) mithilfe der Themenübersicht die Karte „Deutschland Physische Übersicht",
b) mithilfe des Inhaltsverzeichnisses Karten zum Thema „Deutschland Tourismus".

AFB II: 1–3 → Lösungshilfen ab S. 232

Den Aufbau des Gradnetzes beschreiben und dieses zur Lagebestimmung verwenden

Sich auf der Erde orientieren

Allein unterwegs mit einem Segelboot auf den Weltmeeren – das ist faszinierend und zugleich gefährlich. Wie findet man die richtige Route über den Ozean? Woher weiß man, wo man sich gerade befindet?

GPS = Global Positioning System: satellitengesteuertes Navigationssystem zur Positionsbestimmung mithilfe von mindestens drei Satelliten

Laura Dekker allein auf den Weltmeeren

Nach mehr als 500 Tagen auf See hat sich Laura Dekker im Januar 2012 ihren Traum erfüllt. Die damals 16-jährige Niederländerin erreichte den Hafen von Sint Maarten in der Karibik. Damit war sie der jüngste Mensch, der jemals allein um die Welt gesegelt ist. Mit ihrem Schiff, dem zwölf Meter langen Segelboot Guppy, segelte sie von Gibraltar aus über den Atlantik, durch die Karibik und den Panamakanal nach Australien, schließlich südlich an Afrika vorbei wieder zurück in die Karibik. Insgesamt legte sie 27 000 Seemeilen (= 50 000 km) zurück. Mit an Bord waren zur Orientierung ein Kompass, ein Radargerät, spezielle Seekarten und ein **GPS-Navigationssystem** zur genauen Ortsbestimmung. GPS-Geräte empfangen Signale von Satelliten aus dem Weltall. Grundlage dafür ist das Gradnetz der Erde. Wenn Laura ihre aktuellen Koordinaten an ihren Vater durchgab, wusste er immer genau, wo sie sich gerade befand.

Laura Dekker – die jüngste Solo-Weltumseglerin

M1

T1 Lagebestimmung mit dem Gradnetz

Um die Lage eines Ortes oder eine Position auf dem Ozean angeben zu können, benutzt man das **Gradnetz**. Es ist ein Netz gedachter Linien, das die Erde umspannt.
Die längste dieser Linien ist der Äquator. Er teilt die Erde in eine **Nordhalbkugel** und eine **Südhalbkugel**. Den Äquator und die parallel zu ihm verlaufenden Linien bezeichnet man als **Breitenkreise**. Die Breitenkreise werden vom Äquator zu den Polen jeweils von 0 Grad bis 90 Grad nummeriert.

Längenhalbkreise, auch **Meridiane** genannt, verlaufen vom **Nordpol** zum **Südpol**. Sie sind alle gleich lang. Man hat sich international darauf geeinigt, einen der Längenhalbkreise als **Nullmeridian** festzulegen. Er verläuft durch die Sternwarte von Greenwich bei London. Von ihm aus nummeriert man die Meridiane nach Westen und Osten jeweils von 0 Grad bis 180 Grad. Der Nullmeridian und der 180. Meridian teilen die Erde in eine Westhalbkugel und eine Osthalbkugel.

3 Sich orientieren

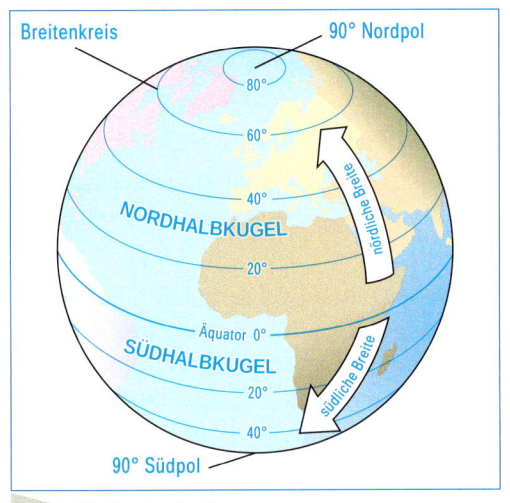

V07 ▶ Erklärvideo
Das Gradnetz

M 2 Die Breitenkreise

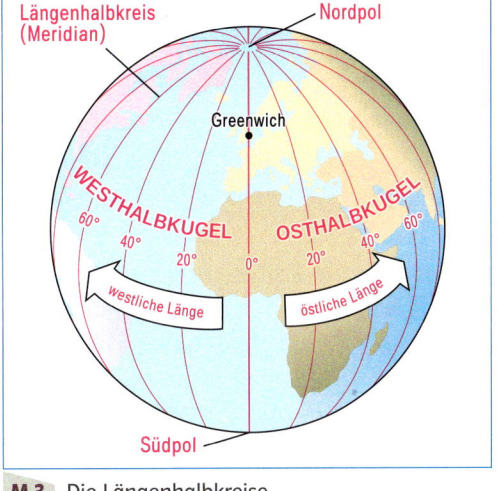

M 3 Die Längenhalbkreise

T2 So bestimmst du die Lage eines Ortes

Mit den Breiten- und Längengraden ist es möglich, die Lage jedes Ortes mithilfe von Koordinaten genau anzugeben. Der Ort A aus M 4 liegt zum Beispiel auf 40 Grad nördlicher Breite und 40 Grad westlicher Länge. Oder kürzer: A liegt auf 40 Grad Nord und 40 Grad West. Oder noch kürzer:
A: 40°N/40°W

M 4 Das Gradnetz

---

1 👥 MK
Laura Dekkers Weltumsegelung (M1)
a) Überlegt, vor welchen Herausforderungen Laura Dekker bei ihrer Weltumsegelung stand.
b) Wie konnte ihr Vater die genaue Position von Laura auf einer Karte finden?
c) Suche im Internet eine geeignete Karte von Laura Dekkers Route. Benenne die Ozeane und Meeresteile, die sie überquert hat.

2
Sind die Aussagen richtig oder falsch? (T1, M2, M3) Schreibe sie richtig auf.
a) Der Äquator teilt die Erde in eine Nord- und Westhalbkugel.
b) Der Nullmeridian teilt die Erde in eine West- und Osthalbkugel.
c) Die Längenhalbkreise verlaufen parallel zum Äquator.
d) Alle Breitenkreise verlaufen durch den Nord- und den Südpol.

2
Beschreibe den Aufbau des Gradnetzes (T1, M2, M3).

3
Bestimme in der Zeichnung M 4 die Lage der Punkte B, C und D im Gradnetz.
Notiere so: A (40°N/40°W).

3
Bearbeite Aufgabe A 3. Erkläre, warum man für die genaue Lage eines Ortes immer zwei Positionsangaben benötigt (T2).

4
Bestimme mithilfe des Kartenanhangs die Position der
a) Galápagosinseln und der
b) Shetlandinseln.

AFB I: 1, 2 II: 3, 4   AFB I: 1, 2 II: 3, 4   → Lösungshilfen ab S. 232   43

Eine digitale Rallye beschreiben und durchführen

MK Eine digitale Rallye durch die Stadt

Mit Apps für Smartphone oder Tablet können spannende, lustige und lehrreiche Smartphone-Rallyes gespielt werden. Einige Apps bieten nicht nur fertige sogenannte Rallyes an, sondern auch die Möglichkeit, eigene Stadt-Rallyes zu erstellen. Hast du Lust dazu?

T1 Eine digitale Rallye, was ist das?

Digitale Rallyes oder Smartphone-Rallyes sind digitale interaktive Abenteuer, die man auf dem Smartphone oder Tablet über eine App spielt. Viele Apps bestehen aus zwei Teilen:
- Mit der App auf dem Smartphone oder einem Tablet kannst du fertige Rallyes spielen. Es gibt zum Beispiel Stadtrallyes zur Schatzsuche, zur Führung durch ein Museum und vieles mehr.
- Bei einigen Apps kannst du mithilfe des Computers oder Tablets aber auch eigene Rallyes erstellen. Um kreative Fragen, Aufgaben, Spiele, Quizze usw. auszuarbeiten, mit bestimmten Orten zu verbinden und untereinander zu verknüpfen, ist in der Regel Teamarbeit gefragt.

Für die Gestaltung der Aufgaben kannst du vorgegebene Bausteine verwenden (z. B. Information, Quiz, Befragung, Ort finden). Zusätzlich kannst du verschiedene Medien (wie Fotos, Filme, Textnachrichten, Karten, GPS-Koordinaten) in die Rallye einbinden und diese dadurch sehr abwechslungsreich gestalten.
Für das Auffinden von Orten brauchst du die GPS-Funktion auf deinem Smartphone oder Tablet. Durch Punktevergabe oder ein Ranking könnt ihr den Wettbewerb der Teilnehmenden erhöhen.

App
Abkürzung für Applikation. Gemeint ist eine Anwendung bzw. ein Computerprogramm, das vor allem für Smartphones oder Tablets entwickelt wurde und bestimmte Aufgaben erledigt.

M1 Schülerinnen und Schüler bei einer digitalen Rallye

M2 Startbildschirm einer Smartphone-Rallye-App

A B 1
a) Erkläre, was eine Smartphone-Rallye ist.

3 Sich orientieren

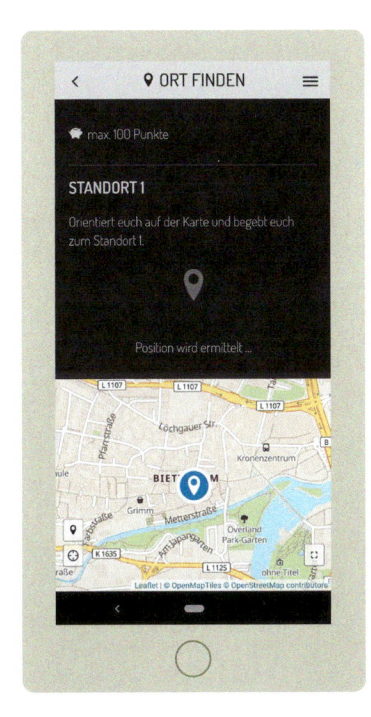

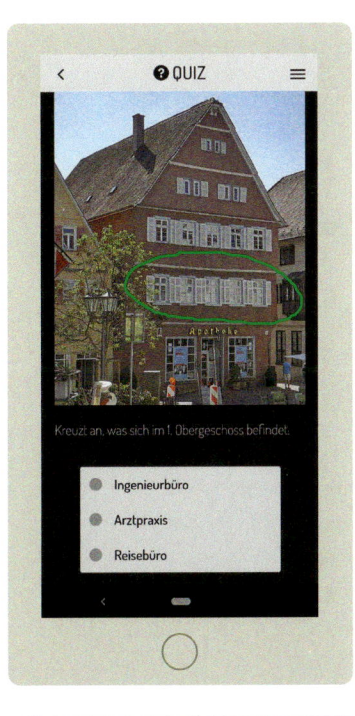

M 3 Ideen für die Gestaltung von Aufträgen bei einer Stadterkundung mit Smartphone-Rallye-App

2 Sucht mithilfe einer Smartphone-App eine Rallye in der Nähe eures Schulorts und spielt diese in Kleingruppen.

2 Bearbeitet Aufgabe A 2 und berichtet den anderen Kleingruppen von euren Erfahrungen.

3 Erstellt in Zweiergruppen für die nächsten Fünftklässler eine eigene Rallye zum Erkunden eures Schulorts. Verwendet die Ideen in M 3.

AFB II: 1, 2 III: 3   AFB II: 2   → Lösungshilfen ab S. 232

Training

Wichtige Begriffe

- Atlas
- Breitenkreis
- digitale Karte
- Gradnetz
- GPS
- Höhenlinie
- Höhenschichten
- Karte
- Längenhalbkreis
- Legende
- Maßstab
- Meridian
- Navigationssystem
- Nordhalbkugel
- Nordpol
- Nullmeridian
- physische Karte
- Planquadrat
- Register
- Schrägluftbild
- Senkrechtluftbild
- Stadtplan
- Südhalbkugel
- Südpol
- thematische Karte

Kennen und verstehen

1 Auf dem Stadtplan orientieren
Arbeite mit M 2 auf S. 35.
a Nenne für folgende Straßen die Planquadrate: Am Taubenbaum, Vorderste Weide, Blücherstraße.
b Anna wohnt in der Lutherstraße (C 4). Beschreibe ihren Schulweg zur Ernst-Ludwig-Schule.

2 Signaturen im Stadtplan
Was bedeuten diese Signaturen im Stadtplan M 2 auf S. 35?
a) ⚓ b) 🅿 c) ⚑
d) ⬤ e) ℹ f) ▭

3 Richtig oder falsch?
Verbessere die falschen Aussagen und schreibe sie richtig auf.
a Mithilfe von Planquadraten kann man Orte in Karten schneller finden.
b Jede Karte hat die gleiche Legende.
c In der physischen Karte steht die Farbe Grün für hoch gelegene Gebiete.
d Auf Karten ist oben meistens Norden.
e Höhenangaben in Karten beziehen sich auf den Meeresspiegel.
f Mit dem Kompass kann man feststellen, wo Westen ist.
g Der Maßstab 1:12 500 000 bedeutet: 1 cm auf der Karte entspricht 12,5 km in Wirklichkeit.

4 Findest du die Begriffe?
a Linien, die alle Punkte gleicher Höhe miteinander verbinden
b Plan, in den Straßen und wichtige Gebäude eingezeichnet sind
c Instrument, mit dem man Himmelsrichtungen bestimmt
d Zeichenerklärung einer Karte
e Felder, die zur Orientierung auf einem Stadtplan dienen

5 Wegweiser in Thailand (M 1)
Die Zahlen bedeuten Kilometer (km). Arbeite mit dem Atlas und suche zu jeder Stadt eine passende Atlaskarte.

Lege eine Tabelle wie folgt an.

Stadt	Atlasseite	Planquadrat
Reykjavík	S. …	…
…	…	…

M 1 Wegweiser in Thailand

6 Der Maßstab
Erkläre die Abbildung M 2

Maßstab 1:1

Maßstab 1:10

M 2

7 Kartentypen erkennen
a Benenne den Kartentyp von M 4.
b Erkläre die Bedeutung der Farben in der Karte.
c Nenne den Fachbegriff für eine Karte mit Informationen zur Landwirtschaft.

D 04 Arbeitsblatt Selbsteinschätzung
D 05 Arbeitsblatt Lösungen

3 Sich orientieren

M 3

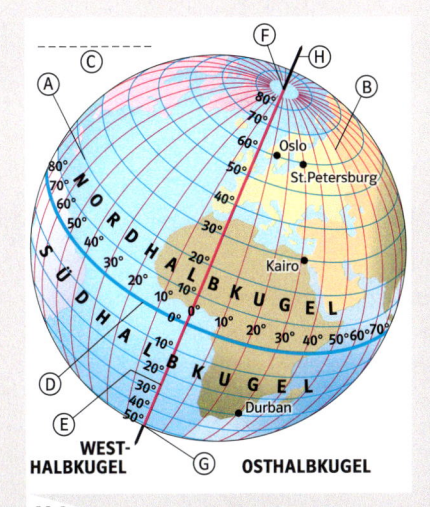

M 5

8 Gradnetz-Begriffe gesucht!
Benenne die Buchstaben A – H in M 3 mit den korrekten Begriffen.

Methoden anwenden

9 Maßstäbe zuordnen
Welcher Maßstab gehört zu welcher Karte? Ordne richtig zu.
1 : 20 000   Deutschlandkarte
1 : 3 000 000   Weltkarte
1 : 60 000 000   Stadtplan

10 Entfernungen bestimmen
Bestimme in Karte M 5 mithilfe der Maßstabsleiste die Entfernung (Luftlinie) zwischen
a Stuttgart – Nürnberg,
b Freiburg – Leipzig,
c Hamburg – München.

11 Entfernungen berechnen
Berechne in Karte M 4 mithilfe des Maßstabs die Entfernung (Luftlinie) zwischen
a Mannheim und Ulm,
b Stuttgart und Karlsruhe.

Beurteilen und bewerten

12 Vom Luftbild zur Karte
Beurteile folgende Aussagen:
a Karten bilden die Wirklichkeit verkleinert ab.
b Nur Senkrechtluftbilder eignen sich als Grundlage für Karten.
c Thematische Karten sehen immer anders aus.
d Die Farben auf einer physischen Karte zeigen die Höhen und Tiefen einer Landschaft.
e Eine Maßstabsleiste eignet sich nicht dafür, die Länge von gekrümmten Strecken zu ermitteln.

13 Kartentyp wählen
Polina will mit einer thematischen Karte Wandern gehen. Beurteile ihre Kartenwahl.

Vernetzen

14 Sich orientieren
a Übertrage die Tabelle M 6 in dein Heft. Ordne die „Wichtigen Begriffe" den Spalten zu.
Tipp: Nicht alle Begriffe lassen sich sinnvoll zuordnen. Manche wiederum lassen sich mehrfach zuordnen.
b Prüft gegenseitig eure Ergebnisse und tauscht euch dazu aus.

M 4

Orientieren auf dem Globus	Orientieren vor Ort	Orientieren auf Karten
Nordhalbkugel	Karte	Maßstab
…	…	…

M 6

47

Extra

Orientierungshilfen in früherer Zeit beschreiben

1 Beschreibe, welche Beobachtungen den Polynesiern die Navigation ermöglichten.

2 Erkläre, warum die Ausbildung zum Navigator bis zu 30 Jahre dauerte.

Orientieren anderswo

Ohne moderne Orientierungshilfen auf dem weiten Ozean – das können wir uns heute kaum noch vorstellen. In Polynesien in der Südsee gab es Seefahrer, die ohne Kompass, Karte und Sextant mit ihren Auslegerbooten von Insel zu Insel fuhren. Wie navigierten sie ihre Schiffe?

M 1 Nachbau der Hōkūle'a in Hawaii

Sextant
ein Messinstrument, mit dem sich Seefahrer früher orientieren konnten

Katamaran
kattu = binden
maram = Baum

M 2 Auf dem „Sternenpfad"

Die Vorfahren der Polynesier waren ausgezeichnete Seefahrer. Von Asien kommend, besiedelten sie schon vor über 2 000 Jahren die Inseln im Polynesischen Dreieck. Aus
5 ihrer Heimat brachten sie Pflanzen, Tiere und Gerätschaften mit. So konnten sie auf den unbewohnten Inseln schnell ansässig werden.
Um Handelsgüter mit ihren Nachbarn zu
10 tauschen, erfanden sie den Katamaran. Dies ist ein bis zu 30 Meter langes Boot mit zwei Rümpfen, das stabiler als die normalen Boote war und mehr Lasten transportieren konnte. Es nahm über 50 Personen auf und
15 legte pro Tag bis zu 200 Kilometer zurück. Wenn genügend Nahrungsmittel mitgenommen wurden, konnten die Boote über einen Monat auf dem Meer bleiben.
Bei ihren langen Seereisen waren die Poly-
20 nesier auf die Beobachtung der Natur angewiesen. Am Verhalten der Tiere am Strand erkannten sie, wann längere Zeit schönes Wetter zu erwarten war. Diese Kenntnis war

D 06
Arbeitsblatt
Lösungen

Sich orientieren 3

3

Arbeite mit der Karte M 3.
a) Bestimme die Länge der Strecke, die die Hōkūle'a zurückgelegt hat.
b) Berechne die Entfernung von Tahiti zu den benachbarten Kontinenten.
c) Benenne die größte Insel im Polynesischen Dreieck.

AFB I: 1 II: 2, 3 → Lösungshilfen ab S. 232

M 3 Polynesisches Dreieck

wichtig, da sie sich tagsüber an der Sonne und nachts an den Sternen orientierten. Sie wussten genau, wann und an welcher Stelle bestimmte Sterne am Horizont zu sehen waren. Sie orientierten sich aber auch an der Richtung und Stärke der Meeresströmungen, am Wellengang, an der Farbe der Wolken und des Wassers und an den vorherrschenden Winden. Sie beobachteten die Seevögel und wussten, welche nur küstennah und welche zwischen den Inseln auf dem Meer unterwegs waren.
Alle diese Beobachtungen mussten sie während einer Seereise stets zusammenfügen und im Gedächtnis behalten, um daraus eine jeweils gültige Ortsbestimmung und einen Kurs ableiten zu können. Wer all das beherrschte, war ein angesehener Navigator. Die Ausbildung dauerte bis zu dreißig Jahre. Das erlernte Wissen war geheim und wurde nur an die eigenen Nachkommen weitergegeben.
Im Jahre 1976 wurde der Versuch unternommen, die alte Tradition der polynesischen Seefahrerkunst wieder aufleben zu lassen. In diesem Jahr verließ die Hōkūle'a den Hafen und legte die Strecke von Hawaii nach Tahiti ohne Hilfe von Seekarten und ohne Sextant zurück. Mit dieser Fahrt gelang der Nachweis, dass eine solche Art von Navigation tatsächlich über weite Entfernungen möglich ist.

4 Deutschland im Überblick

M1 Dünen an der Nordseeküste

M2 Hochgebirge Alpen

Wie gut kennst du Deutschland? Von der Nord- und Ostsee bis zu den Alpen gibt es eine große Vielfalt an Landschaften. Dazu gehören weite Ebenen, hügelige Mittelgebirge mit bewaldeten Bergen und die felsigen Gipfel der Alpen. Du lebst in Hessen, einem von 16 Bundesländern. In diesem Kapitel kannst du dir einen Überblick über die landschaftliche Vielfalt und die politische Gliederung Deutschlands verschaffen. Darüber hinaus lernst du die deutsche Bundeshauptstadt Berlin kennen.

M 3 Nationalpark Eifel

M 4 Berlin – Brandenburger Tor

Deutschlands Großlandschaften nennen und beschreiben

Von der Küste zu den Alpen

Bei einer Reise von Norden nach Süden kann man in Deutschland vier große Landschaften unterscheiden. Erfahre, welche Merkmale jeweils typisch sind.

M 1

M 2 A

B

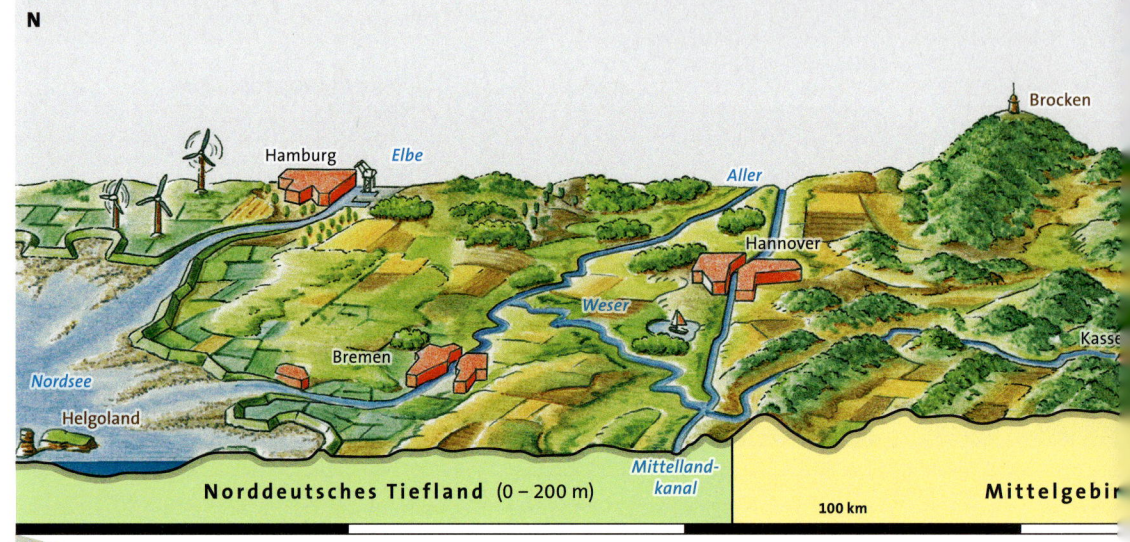

M 3 Die Großlandschaften: von der Nordsee bis zu den Alpen

Großlandschaften in Deutschland

dazu gehören das **Norddeutsche Tiefland**, das **Mittelgebirgsland**, das **Alpenvorland** und die **Alpen**

T1 Deutschland von Norden nach Süden

Fliegt man vom Norden Deutschlands in den Süden, so kann man bei klarer Sicht unterschiedliche Landschaften sehen. Diese lassen sich vier **Großlandschaften** zuordnen. Jede Großlandschaft hat ihre eigenen Merkmale. Sie unterscheiden sich zum Beispiel durch unterschiedliche Oberflächenformen. Die Landschaft kann flach, hügelig oder gebirgig sein. Ein weiterer Unterschied ist die Höhenlage über dem Meer. Auf einer physischen Karte kannst du sie anhand der Farben unterscheiden – von Nord nach Süd: Grün, Gelb, Hellbraun und Dunkelbraun.

a) Beschreibe die Landschaften in M 2.
b) Ordne die Fotos A–D in den Landschaftsquerschnitt M 3 ein. Begründe deine Entscheidung.
c) Übertrage die Tabelle in dein Heft und ergänze die Spalten 1 und 2 (M 1, M 3).

Großlandschaft	Höhenlage	Landschaftsbeschreibung
Norddeutsches Tiefland	0–200 m	…
Mittelgebirgsland	…	…

52

D 07
Arbeitsblatt
Lernkarte Deutschland

Deutschland im Überblick 4

C

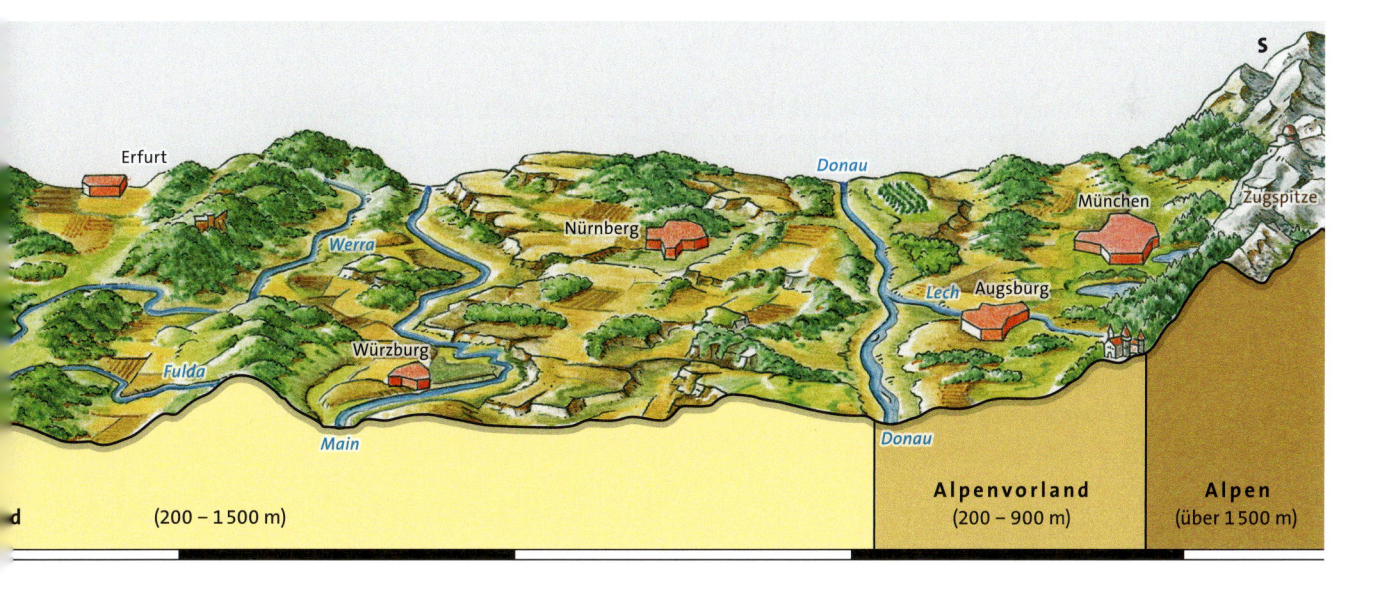

D

Erfurt — Werra — Nürnberg — Fulda — Würzburg — Main — Donau — Lech — Augsburg — München — Zugspitze — Donau

(200 – 1 500 m) | **Alpenvorland** (200 – 900 m) | **Alpen** (über 1 500 m)

2
Ordne folgende Stichworte in Spalte 3 richtig zu (M 2, M 3):
- grenzt im Norden an das Alpenvorland; die steilen Hänge sind anfangs bewaldet, im oberen Bereich liegen Bergwiesen, Felsschutt und Felswände
- grenzt an die Nord- und Ostsee; große ebene Flächen mit wenigen Hügeln; wird als Acker- und Grünland genutzt
- reicht im Norden bis zur Donau und grenzt im Süden an den Alpenrand; teils flache, teils hügelige Landschaft; viel Milchwirtschaft
- grenzt im Norden ans Tiefland und reicht im Süden bis zur Donau; besteht aus mehr als 20 Gebirgen, die überwiegend bewaldet sind

3
Ergänze die Sätze mithilfe von M 3. Schreibe sie in dein Heft:
a) Hamburg und Bremen liegen …
b) Hannover befindet sind auf der Grenze vom … zum …
c) Die Höhe des Mittelgebirgslandes reicht von … bis … Meter.
d) Augsburg und München liegen im …
e) Mein Wohnort liegt …

2
Beschreibe die Landschaften in Spalte 3 mithilfe der Fotos M 2 und des Landschaftsquerschnitts M 3.

AFB I: 1–3 AFB I: 1–3 → Lösungshilfen ab S. 232 53

Methode

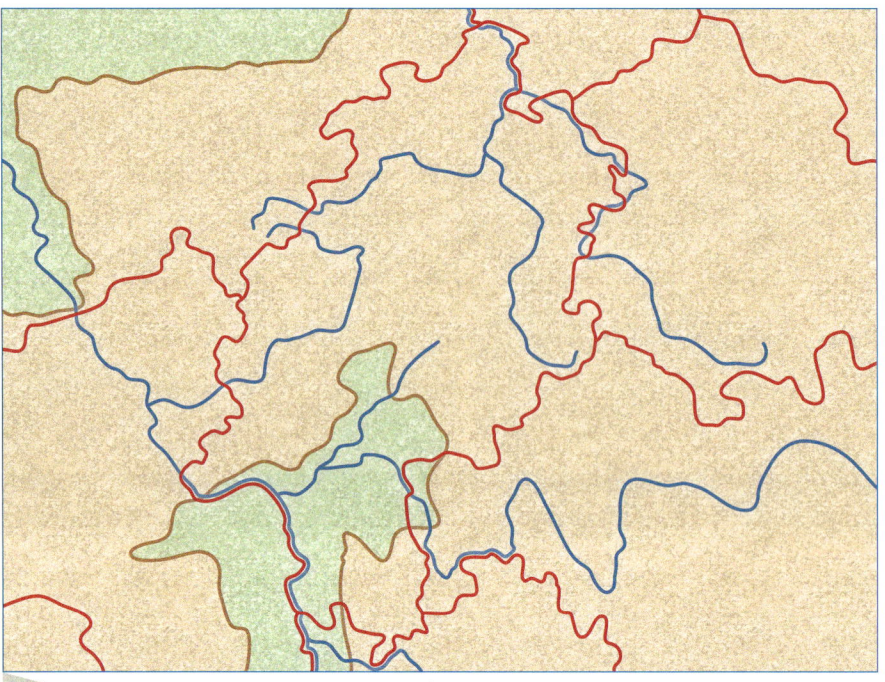

Eine Kartenskizze schrittweise anfertigen

M1 Grenzen, Flüsse und Mittelgebirgsland (Hessen)

MK Eine Kartenskizze zeichnen

Wozu braucht unser Gedächtnis Informationen über die Lage wichtiger Gebirge und Flüsse? – Dadurch können wir eine Vorstellung darüber erhalten, wo zum Beispiel ein Ort liegt. Eine Kartenskizze hilft dir, diese Vorstellung im Kopf entstehen zu lassen.

In deiner Umgebung kennst du dich gut aus. Alle Wege sind in deinem Kopf gespeichert, weil du sie oft gegangen bist. Ähnlich funktioniert es auch mit anderen Räumen und sogar mit der ganzen Welt. Wenn du dich intensiv mit Karten beschäftigst, prägst du dir immer mehr Einzelheiten ein.
Um dir eine Karte einzuprägen, zeichnest du am besten eine Skizze mit den wichtigsten Angaben.

M 2 Die Karte im Kopf

1. Schritt: Kartenausschnitt wählen
Suche im Atlas eine physische Karte, zum Beispiel von Hessen. Lege Transparentpapier darauf und befestige es mit Büroklammern. Zeichne auf das Transparentpapier zuerst einen Rahmen, der den Kartenausschnitt deiner Skizze begrenzen soll.

2. Schritt: Flüsse einzeichnen
Zeichne nun die Flüsse mit einem blauen Farbstift nach. Dabei kannst du großzügig den wichtigsten Flussläufen folgen. Die vielen Flussbiegungen, zum Beispiel des Mains, begradigst du einfach ein bisschen.

Deutschland im Überblick 4

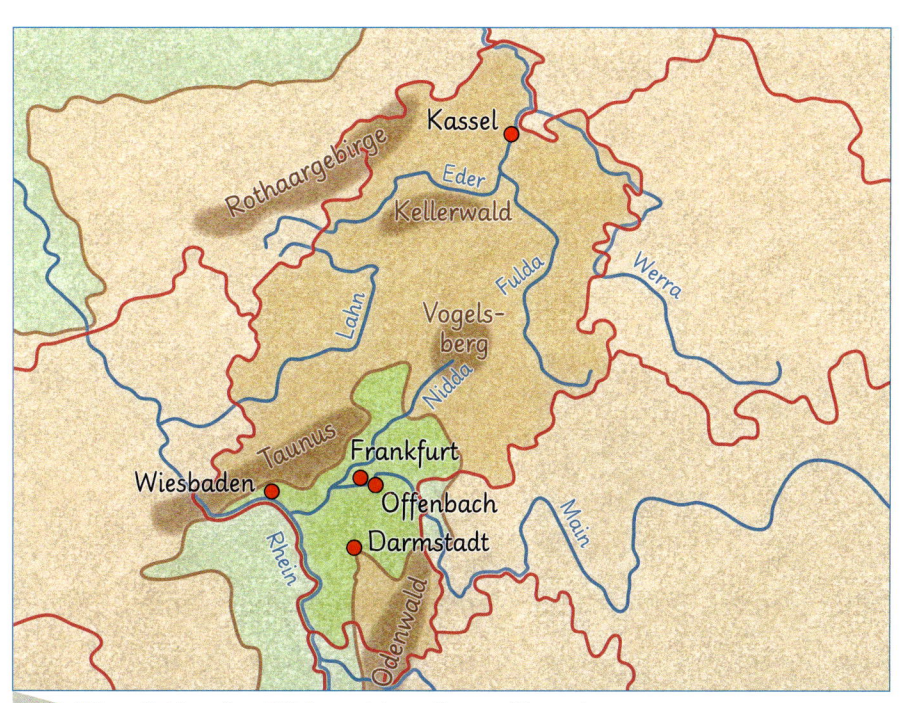

M 3 Flüsse, Gebirgszüge, Städte und deren Namen (Hessen)

Topografie-Kenntnisse verbessern

Kartenskizzen können dir helfen, deine Topografie-Kenntnisse zu verbessern. **Topografie** ist die Beschreibung der Lage eines Ortes. Dabei bezieht man sich immer auf dessen Umgebung. Beim Topografie-Lernen merkst du dir Ortsnamen in einem bestimmten Zusammenhang, zum Beispiel: Heißt wie? – Wiesbaden Ist was? – Landeshauptstadt Liegt wo? – am Rhein

M 5

3. Schritt: Gebirge einzeichnen
Wähle für Gebirge einen braunen Farbstift. Damit markierst du zunächst die Grenze zwischen den Großlandschaften, zum Beispiel zwischen dem Mittelgebirgsland und dem Tiefland. Male die Fläche südlich dieser Linie braun an und hebe einzelne Gebirge durch kräftigere Brauntöne hervor, zum Beispiel den Taunus.

4. Schritt: Grenzen und Städte markieren
Markiere mit einem roten Stift die Landesgrenzen und Städte. Am besten zeichnest du nur die Städte mit mehr als 100 000 Einwohnern ein.

5. Schritt: Karte beschriften
Beschrifte nun deine „stumme" Karte. Übertrage dazu die Namen aus dem Atlas. Verwende für Städte, Gebirge und Landschaften einen schwarzen Farbstift, für Flussnamen einen blauen Farbstift.

M 4 Was du alles benötigst

---

1 Übernimm die Kartenskizze M1 in dein Heft.

2 Trage die Namen von drei Flüssen, drei Gebirgen und drei Städten mit mehr als 100 000 Einwohnern in Hessen ein.

3 Vervollständige deine Kartenskizze mit den Namen der übrigen Städte, Flüsse und Gebirge (aus M 3).

4 SP Bilde fünf Sätze, in denen du den Tipp aus M 5 zum Topografielernen mithilfe deiner Kartenskizze anwendest.

5 EXTRA Zeichne die Kartenskizze eines anderen Bundeslandes. Folge den Schritten.

AFB I: 1 II: 2–4 III: 5 → Lösungshilfen ab S. 232

Orientierung

Sich in Deutschland orientieren

Orientieren in Deutschland

In Deutschland gibt es viele Landschaften, Flüsse, Seen und Städte. Hinzu kommen zwei Meere und viele Inseln. Lerne ihre Namen und ihre Lage kennen, dann kannst du dich gut in Deutschland orientieren.

M1 Deutschlands längster Fluss

M3 Deutschlands höchster Berg

Größter See	Längster Fluss	Größte Insel	Größte Stadt	Höchste Berge
572 km²	865 km (Gesamtlänge 1320 km)	930 km²	ca. 3 677 000 Einwohner	im Hochgebirge: 2 962 m im Mittelgebirge: 1 493 m

M2 Rekorde in Deutschland

1
Arbeite mit der Lernkarte M4 und dem Kartenanhang.
a) Benenne die
- Meere *A und B*,
- Großlandschaften I–IV,
- Mittelgebirge A–G,
- Flüsse *a–l*,
- Millionenstädte 1–4.

b) Nenne Flüsse und Gebirge, die an der Grenze zu einem Nachbarland liegen.
c) Finde sechs Mittelgebirge in Deutschland, deren Namen mit „wald" enden.

2
Übertrage die Tabelle in dein Heft und wende die Topografie-Lernregel auf S. 55 (M5) auf folgende Begriffe an: Brocken, Großer Arber, Fichtelberg, Müritz, Köln, München.

Name (Heißt wie?)	Merkmal (Ist was?)	Lage (Liegt wo?)
Brocken	...	...

3
Erstelle mithilfe von M1, M3, der Tabelle M2 und dem Anhang S. 220 und dem Atlas eine Übersicht wie folgt:

Rekord	Name
...	...

AFB I: 1–3 → Lösungshilfen ab S. 232

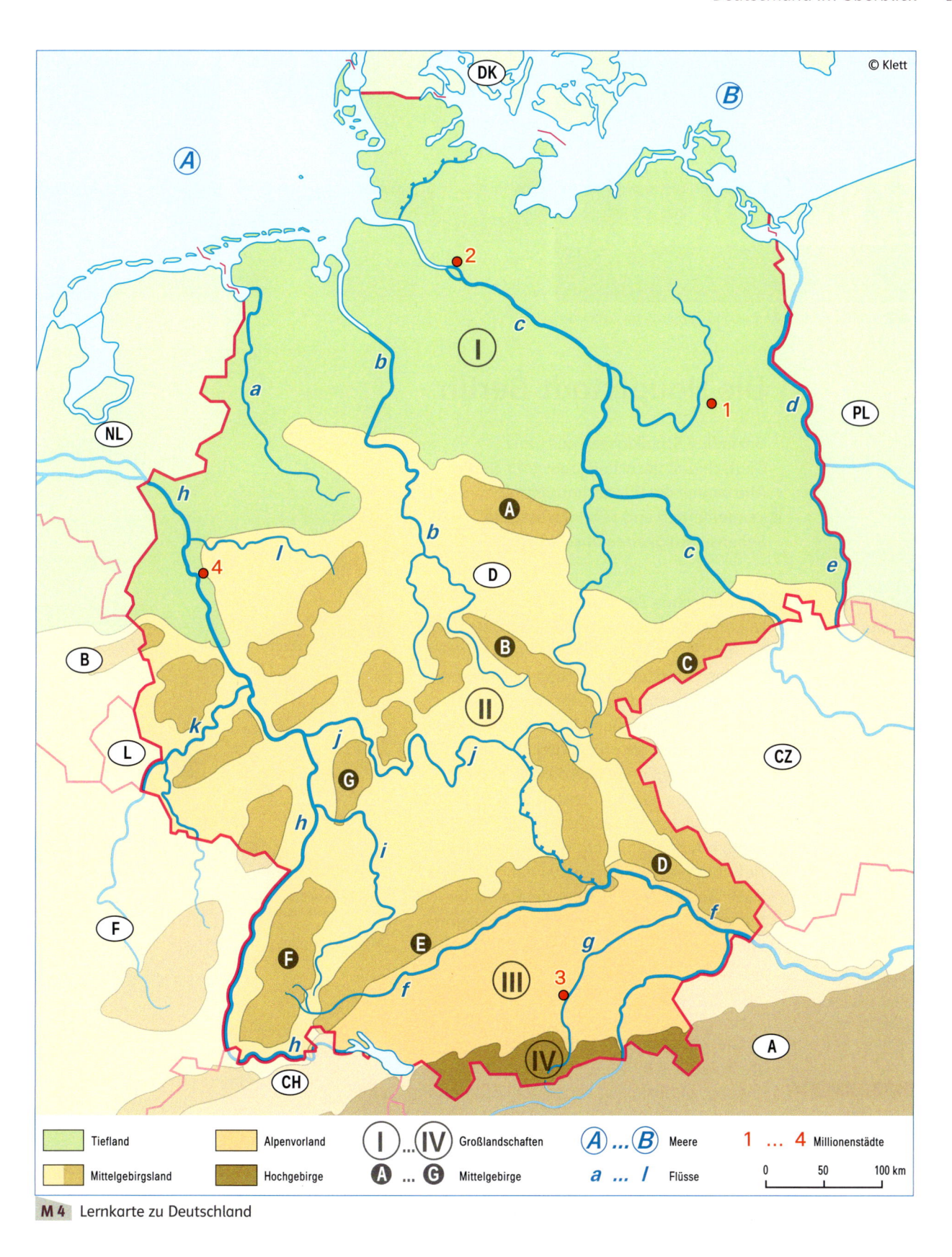

Deutschland im Überblick 4

	Tiefland		Alpenvorland	Ⓘ ... Ⓘⅴ	Großlandschaften	Ⓐ...Ⓑ	Meere	1 ... 4	Millionenstädte
	Mittelgebirgsland		Hochgebirge	Ⓐ ... Ⓖ	Mittelgebirge	a ... l	Flüsse	0 50 100 km	

M 4 Lernkarte zu Deutschland

57

Berlin als Bundeshauptstadt beschreiben

A **B** **C**

M 1 Sehenswürdigkeiten und bedeutende Gebäude in Berlin

Die Hauptstadt Berlin

Unzählige Schulklassen aus ganz Deutschland besuchen jedes Jahr Berlin. Alle wollen die Bundeshauptstadt kennenlernen und sich interessante Sehenswürdigkeiten anschauen.

T1 Politisches Zentrum

Mit etwa 3,7 Millionen Einwohnern ist Berlin die größte Stadt Deutschlands und zugleich **Bundeshauptstadt**. Hier haben Bundespräsident/in und Bundeskanzler/in ihren Amtssitz. Der Deutsche Bundestag tagt im Reichstagsgebäude. Hier und in den Ministerien der Bundesregierung werden wichtige Entscheidungen für ganz Deutschland getroffen. Aber die deutsche Hauptstadt hat noch viele weitere Aufgaben: Hier befinden sich die Botschaften von Staaten aus der ganzen Welt. Weil die Medien über die Politik berichten wollen, haben alle großen deutschen Fernsehanstalten in Berlin Studios eingerichtet. Ebenso sind Rundfunk und Presse vor Ort vertreten.

T2 Die Kulturhauptstadt Berlin

Weit über 300 Museen, Gedenkstätten, Theater, Musikhäuser, Kinos und internationale Veranstaltungen wie die Filmwoche „Berlinale" sowie Messen locken jedes Jahr bis zu zehn Millionen Besucher nach Berlin. So ist Berlin nicht nur das politische, sondern auch das kulturelle Zentrum Deutschlands.

Zur Geschichte Berlins
- 1237: erste Erwähnung
- 1871: Hauptstadt des neu gegründeten Deutschen Reiches
- 1949: Teilung der Stadt; Ostberlin wird Hauptstadt der DDR
- 1990, 3. Oktober: Wiedervereinigung Berlins und Deutschlands
- 1991: Berlin wird Hauptstadt der Bundesrepublik Deutschland

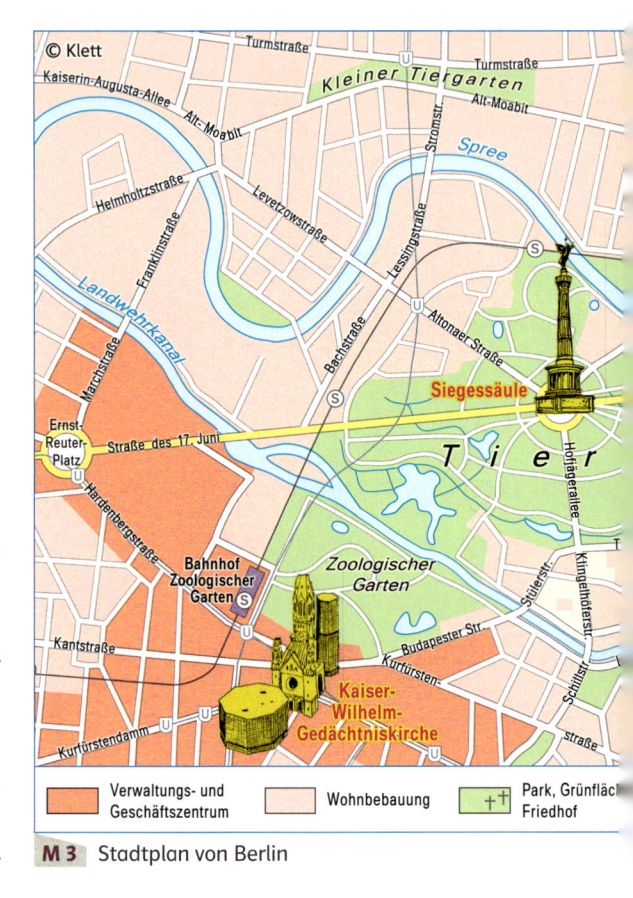

M 2 Berliner Flagge

M 3 Stadtplan von Berlin

1 Die Fotos M1 zeigen interessante Sehenswürdigkeiten in Berlin. Ordne ihnen mithilfe des Stadtplans M3 die richtigen Namen zu.

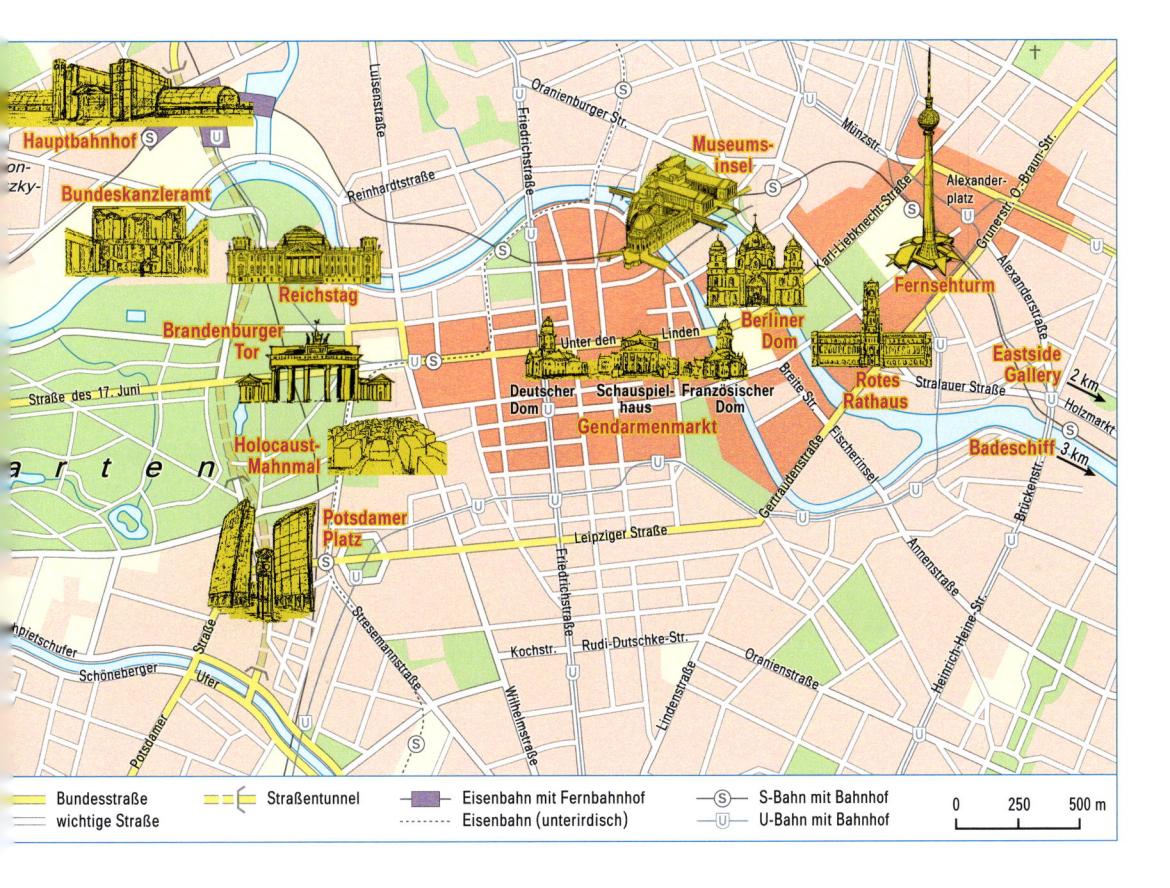

Deutschland im Überblick 4

2
Nenne fünf Merkmale, die Berlin als Bundeshauptstadt kennzeichnen (T1).

3 SP
Beschreibe einen Spaziergang von der Siegessäule zum Fernsehturm. Nenne dabei die Sehenswürdigkeiten, an denen du vorbeikommst (M3).

4 MK
a) Wähle eine Sehenswürdigkeit aus und informiere dich im Internet näher darüber.
b) Erstelle einen Steckbrief.

5 EXTRA
Begründe, warum Berlin zwei Verwaltungs- und Geschäftszentren hat (Randspalte, M2, M3).

2
Bearbeite Aufgabe A2 und ergänze die Liste um Merkmale, die Berlin als Kulturhauptstadt kennzeichnen (T1, T2).

3 SP
Bearbeite Aufgabe A3 und ergänze deine Beobachtungen um Hinweise auf Berlin als politisches Zentrum (M3, T1).

AFB I: 1–3 II: 4 III: 5   AFB I: 1–3 II: 4 III: 5   → Lösungshilfen ab S. 232   59

Deutschland und seine Bundesländer

Deutschland ist in 16 Bundesländer ganz unterschiedlicher Größe unterteilt. Diese unterscheiden sich landschaftlich, politisch und kulturell. In jedem Bundesland gibt es interessante Sehenswürdigkeiten.

M 1 Holstentor Lübeck

M 3 Bastei im Elbsandsteingebirge

M 2 Kölner Dom

M 4 Schloss Neuschwanstein

T1 Bundesland Hessen

Du lebst in Hessen. In unserer **Landeshauptstadt** Wiesbaden befindet sich unser Parlament, der Landtag. Hier beschließen die Abgeordneten Gesetze, die nur in unserem **Bundesland** gelten, zum Beispiel das Schulgesetz. Regiert wird Hessen von einer Ministerpräsidentin oder einem Ministerpräsidenten sowie Ministerinnen und Ministern. Gesetze, die für alle Bundesländer gelten, werden in der Bundeshauptstadt Berlin beschlossen.

T2 Deutschlands Bundesländer

In Deutschland gibt es neben Hessen 15 weitere Bundesländer, die unterschiedlich groß sind. Einige Bundesländer bestehen nur aus einer einzigen Stadt. Sie werden **Stadtstaaten** genannt. Alle anderen Bundesländer nennt man **Flächenstaaten**, weil sie eine größere Fläche bedecken. Jedes Bundesland hat seine Besonderheiten, die bei Touristinnen und Touristen sehr beliebt sind. Sehr oft sind das Schlösser oder Burgen, aber es gibt auch landschaftliche Höhepunkte.

Deutschland im Überblick 4

M 5 Die Bundesländer mit ihren Landeshauptstädten und Deutschlands Nachbarstaaten

Legende:
- Staatsgrenze
- Grenze der Länder (Bundesländer)
- Hauptstadt eines Staates
- Regierungssitz
- Landeshauptstadt (Hauptstadt eines Bundeslandes)

---

1 [MK]
In welchen Bundesländern befinden sich die Sehenswürdigkeiten M1–M4? Nutze den Atlas und das Internet.

2
a) Erkläre den Unterschied zwischen Stadtstaaten und Flächenstaaten (T1, T2).
b) Ordne unser Bundesland zu.

3
Arbeite mit Karte M 5:
a) Nenne die drei Stadtstaaten.
b) Nenne jeweils die Bundesländer, die im Norden, im Osten, im Süden, im Westen und in der Mitte Deutschlands liegen.
c) Nenne die Bundesländer, die an der Küste liegen.

3
Bearbeite Aufgabe A3. Nenne außerdem die Bundesländer, die an keinen europäischen Nachbarstaat angrenzen.

4
a) Erstellt eine Tabelle mit den Namen der Bundesländer und ergänzt ihre Hauptstädte.
b) Fragt euch gegenseitig ab.

4 [SP]
Bearbeite Aufgabe A 4. Ergänze die Tabelle um eine Spalte „Lagebeziehungen" und schreibe diese auf, z. B. … grenzt an Polen oder … liegt in Norddeutschland.

5
Deutschland ist der Staat in Europa mit den meisten Nachbarstaaten. Nenne diese wie folgt:
– Im Norden liegt …
– Im Osten befinden sich …
– Im Süden liegen …
– Im Westen grenzen an Deutschland …

AFB I: 2b, 3, 5 II: 1, 2a, 4   AFB I: 1b, 3, 5 II: 1, 2a, 4   → Lösungshilfen ab S. 232

Methode

Tabellen und Diagramme schrittweise auswerten

Tabellen und Diagramme auswerten

In Geographie und anderen Fächern, in Zeitschriften oder Büchern sind Tabellen und Diagramme beliebte Darstellungsmittel. Sie richtig zu lesen und auszuwerten ist gar nicht so schwer.

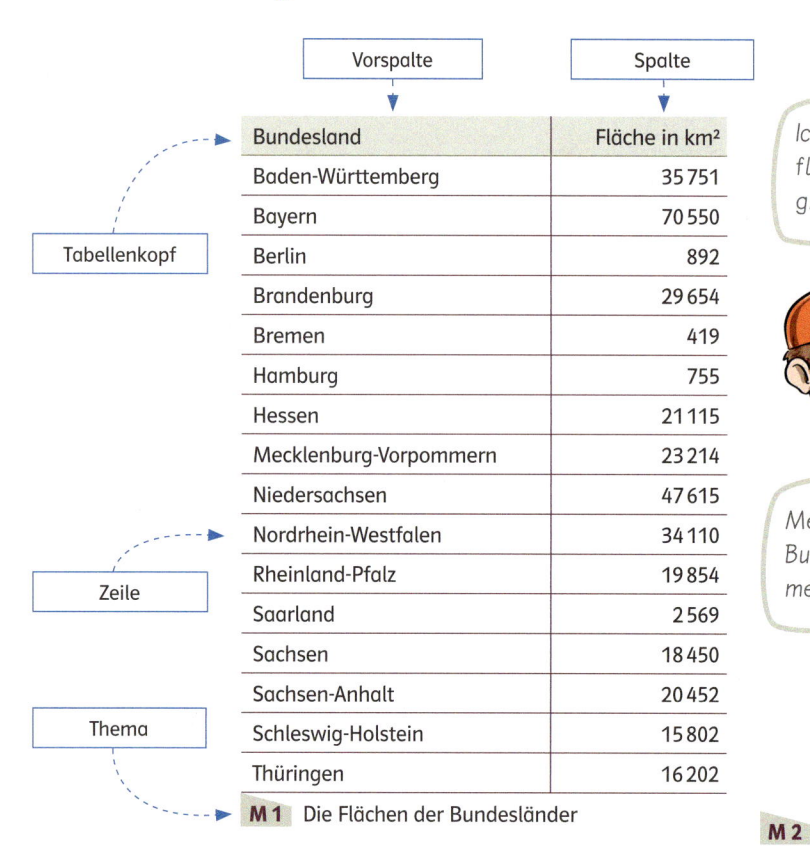

Tabellenkopf → *Vorspalte* | *Spalte*

Bundesland	Fläche in km²
Baden-Württemberg	35 751
Bayern	70 550
Berlin	892
Brandenburg	29 654
Bremen	419
Hamburg	755
Hessen	21 115
Mecklenburg-Vorpommern	23 214
Niedersachsen	47 615
Nordrhein-Westfalen	34 110
Rheinland-Pfalz	19 854
Saarland	2 569
Sachsen	18 450
Sachsen-Anhalt	20 452
Schleswig-Holstein	15 802
Thüringen	16 202

Zeile , *Thema*

M 1 Die Flächen der Bundesländer

M 2

- Max: „Ich wohne im flächenmäßig größten Bundesland."
- Elif: „In meinem Bundesland leben 11 103 043 Millionen Menschen."
- Marie: „Mein Wohnort liegt im Bundesland mit den meisten Einwohnern."
- Tarek: „Ich lebe im flächenmäßig kleinsten Stadtstaat."

SP Tipp

Tabelle/Diagramm auswerten
→ Aufgabe 1 und 2

- Die Tabelle/das Diagramm informiert über …
- Die Daten stammen aus dem Jahr …
- Der größte/kleinste Anteil … entfällt auf …
- Im Vergleich zu … liegt die Zahl …
- Zusammenfassend kann man feststellen, dass …

T1 Eine Tabelle auswerten

1. Schritt: Das Thema erfassen
Nenne das Thema und evtl. das Jahr oder den Zeitraum. Achte darauf, in welcher Einheit Zahlen angegeben werden, zum Beispiel in Quadratkilometern (km²) oder Tonnen (t).

> *Die Tabelle M 1 informiert über … der Bundesländer. Die Fläche ist … angegeben.*

2. Schritt: Tabelle lesen und Inhalte klären
Jede Tabelle hat einen Tabellenkopf und eine Vorspalte: Den Inhalten, die in der Vorspalte aufgelistet sind, werden andere Punkte des Tabellenkopfes gegenübergestellt.
Kläre die Art der Darstellung. Handelt es sich zum Beispiel um eine Liste, die nach Größenverhältnissen angeordnet ist?

3. Schritt: Zahlen vergleichen
Betrachte die Zahlen einer Zeile oder einer Spalte und werte sie aus. Achte auf besonders große und kleine Werte.

4. Schritt: Aussagen formulieren
Formuliere die wichtigsten Aussagen der Tabelle. Achte auf Entwicklungen wie Wachstum, Rückgang, Stillstand, Schwankungen.

> *Die Bundesländer sind alphabetisch geordnet. Das heißt, das größte Bundesland steht in der Tabelle nicht an erster Stelle. Trotzdem kann man deutlich erkennen, dass die drei Stadtstaaten … die kleinste Fläche aufweisen. Das größte Bundesland ist … Unser Bundesland Hessen …*

Deutschland im Überblick 4

T2 Ein Diagramm auswerten

1. Schritt: Sich orientieren
Nenne das Thema sowie den Ort und den Zeitraum, für die das Diagramm Angaben macht.

Das Diagramm M 3 stellt die Einwohnerzahlen der Bundesländer im Jahr ... dar. Es handelt sich um ein ...diagramm.

2. Schritt: Beschreiben
Formuliere die wichtigsten Aussagen, vor allem höchste und niedrigste Werte oder eine Entwicklung, die du ablesen kannst.

*Die Bundesländer sind in diesem Diagramm auf der y-Achse nach der Höhe ihrer ... angeordnet. Auf der x-Achse befindet sich eine Skala mit der Anzahl ... in Millionen. Man kann auch die Gesamt... der Bundesrepublik Deutschlands ablesen. Diese betrug im Jahr ... Einwohner.
Mit deutlichem Abstand hat ... die meisten Einwohner. Die wenigsten Menschen leben in ...*

3. Schritt: Erklären
Versuche nun, typische Zusammenhänge aus dem Diagramm herauszulesen. Erkläre diese auch mithilfe anderer Informationsquellen.

... liegt bei der Fläche zwar nur auf Rang ... unter den Bundesländern (M 1), hat aber die meisten Einwohner. Das recht große Mecklenburg-Vorpommern (Rang ... bei der Fläche) liegt hingegen nur auf dem ... Platz bei den Einwohnerzahlen. ...

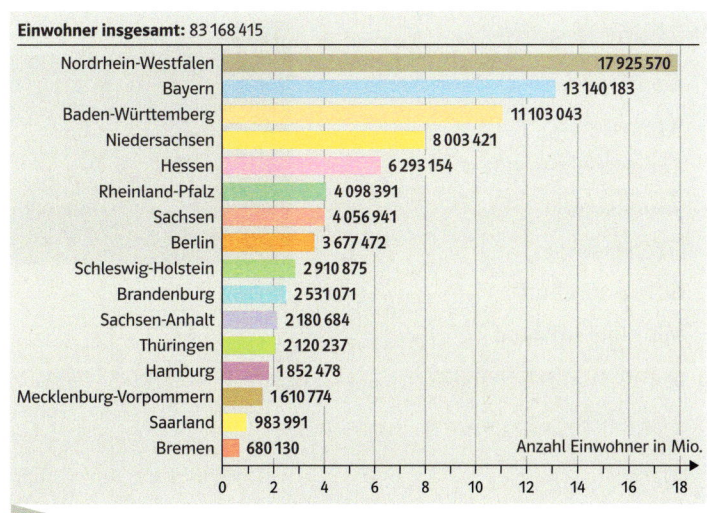

Einwohner insgesamt: 83 168 415

Bundesland	Einwohner
Nordrhein-Westfalen	17 925 570
Bayern	13 140 183
Baden-Württemberg	11 103 043
Niedersachsen	8 003 421
Hessen	6 293 154
Rheinland-Pfalz	4 098 391
Sachsen	4 056 941
Berlin	3 677 472
Schleswig-Holstein	2 910 875
Brandenburg	2 531 071
Sachsen-Anhalt	2 180 684
Thüringen	2 120 237
Hamburg	1 852 478
Mecklenburg-Vorpommern	1 610 774
Saarland	983 991
Bremen	680 130

Anzahl Einwohner in Mio.

M 3 Einwohner der Bundesländer 2021

Diagrammformen

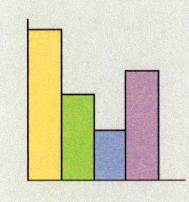

Säulendiagramme eignen sich besonders zur Veranschaulichung von Rangfolgen: Was ist der größte, was ist der kleinste Wert?

Balkendiagramme bestehen eigentlich aus liegenden Säulen und eignen sich ebenfalls gut zur Darstellung von Rangfolgen.

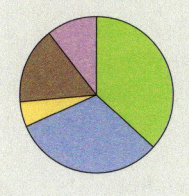

Kreisdiagramme zeigen mehrere Teilbereiche. Der Kreis bildet die Summe der Teilbereiche (das Ganze). Kreisdiagramme eignen sich besonders für die Darstellung von Verteilungen und Anteilen.

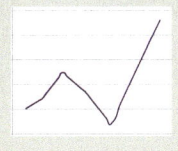

Mit **Linien- oder Kurvendiagrammen** lassen sich zeitliche Entwicklungen gut darstellen. Je steiler die Kurve ansteigt oder fällt, desto stärker ist die Entwicklung.

M 4

---

1 SP Werte Tabelle M 1 nach den Arbeitsschritten in T1 aus:
a) Ergänze die Angaben in den Lücken des Beispiels.
b) Füge weitere Aussagen hinzu. Nutze auch die Sprachtipps.

2 SP Werte das Diagramm M 3 nach den Arbeitsschritten in T 2 aus.

3 Erläutere die Vorteile eines Säulen- oder Balkendiagramms anhand von M 3 und mithilfe von M 4.

4 Ordne die Aussagen der Kinder in M 2 dem jeweils passenden Bundesland zu.

Training

Wichtige Begriffe
- Alpen
- Alpenvorland
- Bundeshauptstadt
- Bundesland
- Flächenstaat
- Großlandschaft
- Mittelgebirgsland
- Norddeutsches Tiefland
- Stadtstaat

M 1

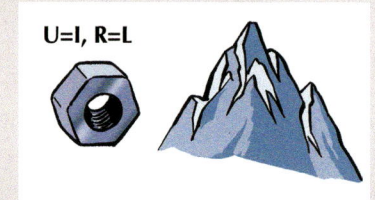

Land	Fläche in km²	Einwohner in Mio. (2021)
Belgien	30 528	11,5
Dänemark	43 094	5,8
Deutschland	357 022	83,1
Finnland	338 145	5,5
Frankreich	643 801	65,3
Italien	301 340	59,0
Malta	316	0,5
Niederlande	41 543	17,5
Österreich	87 183	8,9
Polen	312 685	38,2
Schweden	450 295	10,4
Spanien	505 370	47,4

M 2 Ausgewählte Staaten Europas

Sich orientieren

1 Kennst du dich in Deutschland aus?
Arbeite mit Karte M 3 und dem Kartenanhang. Benenne die
a Meere A und B,
b Großlandschaften I bis IV,
c Mittelgebirge A bis G,
d Flüsse a bis l,
e Landeshauptstädte 1 bis 16.

2 Bundesländer Deutschlands
Arbeite mit M 3 und den Seiten 60/61.
a Nenne die drei Stadtstaaten.
b Nenne den kleinsten und den größten Flächenstaat.
c Nenne die Bundesländer, die an Nord- oder Ostsee angrenzen.
d Nenne das Bundesland, das genau fünf Nachbar-Bundesländer hat.

Kennen und verstehen

3 Findest du die Begriffe?
Arbeite mit Karte M 3 und dem Kartenanhang. Benenne:
a Zusammen bilden sie die Bundesrepublik Deutschland.
b Wiesbaden ist Hessens …
c genauere Bezeichnung für die Hauptstadt von Deutschland

4 Richtig oder falsch?
Verbessere die falschen Aussagen und schreibe sie richtig auf.
a Deutschland wird in vier Kleinlandschaften gegliedert.
b Deutschland ist ein Bundesland.
c Hamburg ist Bundeshauptstadt.

5 Außenseiter gesucht
Welcher Begriff passt jeweils nicht in die Reihe? Begründe.
a Stuttgart – Erfurt – Köln – München
b Berlin – Kiel – Hamburg – Bremen
c Mittelgebirge – Erzgebirge – Tiefland – Alpenvorland

6 Bilderrätsel
Löse die Bilderrätsel und erkläre die gesuchten Begriffe.
a U=I, R=L
b 1,6,7 ... 1,2,3,4,5 t=l

Methoden anwenden

7 Großlandschaften
a Beschreibe das Foto M 1.
b Ordne das Foto einer Großlandschaft zu und begründe deine Entscheidung.

8 Tabelle auswerten
Werte die Tabelle M 2 nach den Schritten auf Seite 62 aus.

Beurteilen und bewerten

9 Beurteile die Aussage: Deutschland ist ein vielseitiges Land.

Vernetzen

10 Lagebeschreibungen
Beschreibe die Lage einer Landeshauptstadt und lasse sie von deiner Lernpartnerin/deinem Lernpartner erraten.
Beispiel: Die Stadt liegt östlich der Weser und nördlich des Mittelgebirgslandes.
(Lösung: Hannover)

| D 08 Arbeitsblatt Selbsteinschätzung | D 09 Arbeitsblatt Lösungen | | Deutschland im Überblick **4** |

| Tiefland | Alpenvorland | Ⓘ...Ⓘ𝖵 Großlandschaften | Ⓐ...Ⓑ Meere | 1...4 Millionenstädte |
| Mittelgebirgsland | Hochgebirge | Ⓐ...Ⓖ Mittelgebirge | a...l Flüsse | 0   50   100 km |

M 3 Lernkarte zu Deutschland

Extra

Informationen über die Nachbarstaaten sammeln

1
Erstelle eine Tabelle mit vier Spalten.
a) Trage in die erste Spalte untereinander die Namen der zehn Jugendlichen ein.
b) Ermittle mithilfe der Wohnorte das jeweilige Land, aus dem die Jugendlichen kommen (Atlas). Trage dieses in die zweite Spalte an der richtigen Stelle ein.
c) Ordne jedem Kind das richtige Nationalitätenkennzeichen aus Zeichnung M1 zu und trage es in die dritte Spalte der Tabelle ein. Recherchiere bei Bedarf im Internet.

Unter Nachbarn

Im Sommer treffen sich auf einem Campingplatz an der niederländischen Nordseeküste Familien aus ganz Europa. Beim Spielen erfahren die Jugendlichen eine Menge Interessantes über die verschiedenen Länder.

Die Namen und Wohnorte der Jugendlichen

Corinne, Luxemburg

Dorothea, Zürich

Frederik, Kopenhagen

Jacqueline, Paris

Johanna, Salzburg

Kamil, Warschau

Lucas, Antwerpen

Mareike, Rotterdam

Marek, Prag

Paul, Paderborn

M1 Ballspiel unter Freunden am Nordseestrand

D10
Arbeitsblatt
Lösungen

Deutschland im Überblick 4

d) Spielen macht Appetit: Ordne jedem Kind seine mitgebrachte Spezialität zu und trage sie in die vierte Spalte ein. Die Flaggen auf dem Tisch helfen dir dabei. Recherchiere die unbekannten Speisen im Internet.

2 Essen eigentlich alle Deutschen gern Laugenbrezeln? Bewerte die Aussagen der Zeichnung.

AFB II: 1 III: 2 → Lösungshilfen ab S. 232

T1 **Spiel mit Freunden**
Beim gemeinsamen Ballspiel verstehen sich alle, egal woher sie kommen und welche Sprache sie sprechen. Volleyball ist international bekannt und macht am Strand besonders viel Spaß. Gewonnen hat die Mannschaft mit den meisten Punkten bzw. gewonnenen Sätzen. Nach dem Sport haben sich alle eine Stärkung verdient und lernen sich dabei besser kennen.

Europäische Spezialitäten

dänisches Smörrebröd

belgische Pommes frites

Karlsbader Oblaten

französisches Baguette

Schweizer Käse

holländische Poffertjes

deutsche Laugenbrezeln

Luxemburger Kachkéis (Kochkäse)

Wiener Sachertorte

polnischer Babka (Hefekuchen)

5 Leben in der Stadt, Leben auf dem Land

M1 Stadtzentrum von Frankfurt am Main

Menschen leben in Siedlungen – viele leben in einer Stadt, andere ziehen es vor, auf dem Land zu wohnen. Die Gründe, sich so oder so zu entscheiden, sind ganz verschieden. Betrachtet die Fotos und sprecht über Vorteile und Nachteile des Lebens auf dem Land und in der Stadt.

M 2 Im Taunus

Die Bedeutung Wiesbadens als politisches und kulturelles Zentrum erläutern

Landeshauptstadt Wiesbaden

In Wiesbaden herrscht Hochbetrieb, nicht nur beim Einkaufsbummel. Die herausragende Bedeutung Wiesbadens ergibt sich vor allem aus den Aufgaben als Landeshauptstadt. In der Politik werden in der Landeshauptstadt Wiesbaden Entscheidungen zum Wohle aller Bürgerinnen und Bürger Hessens gefällt.

M 1

M 3 Der Hessische Landtag

M 5 Das Rathaus

M 2 Das Landeswappen von Hessen

M 4 Das Kurhaus

M 6 Das Hessische Kultusministerium

T1 **Politisches Zentrum**

Mit knapp 280 000 Einwohnern ist Wiesbaden nach Frankfurt am Main die zweitgrößte Stadt Hessens. In der Landeshauptstadt befinden sich der Landtag und die Landesregierung. Hier fallen Entscheidungen, die für alle Menschen in Hessen wichtig sind. So wird zum Beispiel im Kultusministerium festgelegt, was du in der Schule lernst. Die Ministerien befinden sich nahezu alle im Stadtzentrum von Wiesbaden. Doch Wiesbaden ist noch viel mehr: Die Landeshauptstadt ist Wirtschaftsstandort, Verkehrsknotenpunkt, Kultur- und Tourismuszentrum.

Regierung
der Ministerpräsident/die Ministerpräsidentin und die Ministerinnen und Minister

5 Leben in der Stadt, Leben auf dem Land

M 7 Die Innenstadt von Wiesbaden

Einwohnerzahlen hessischer Städte (Auswahl) 2021

Stadt	Einwohner
Frankfurt a. M.	759 224
Wiesbaden	278 950
Kassel	200 406
Darmstadt	159 631
Offenbach a. M.	131 295
Hanau	98 502
Gießen	91 255
Marburg	76 571
Fulda	68 462
Rüsselsheim a. M.	66 125

M 8

T2 Kulturelles Zentrum

Wiesbaden hat für Besucher und Urlaubsgäste einiges zu bieten. Hier befinden sich zahlreiche kulturelle Einrichtungen wie z. B. Bibliotheken oder Museen von landesweiter Bedeutung.
Zudem finden in Wiesbaden auch hochkarätige Sportveranstaltungen oder Konzerte statt.

← Wie du einen Stadtplan liest Seite 34/35

A / B

1 Beschreibe mithilfe von T1, T2 und M3–M6, was ein politisches Zentrum und was ein kulturelles Zentrum ist.

2 Arbeite mit M7: Erstelle eine Liste mit Gebäuden bzw. Ministerien, die Wiesbaden als Landeshauptstadt kennzeichnen.

3 Plane vom Hauptbahnhof aus einen Stadtrundgang zu drei Sehenswürdigkeiten und beschreibe den Weg (M7).

4 MK Arbeite mit einem digitalen Globus:
a) Führe deinen Stadtrundgang von Aufgabe A 3 bzw. B 3 digital durch.
b) Beschreibe die Lage von M3–M6.

5 MK EXTRA Recherchiere die Gründe, warum nicht Frankfurt am Main (als größte hessische Stadt) Landeshauptstadt von Hessen ist.

B

2 Begründe mithilfe von M7, warum Wiesbaden Hessens politisches und kulturelles Zentrum ist.

3 Bearbeite Aufgabe A 3 und ergänze den Stadtrundgang um zwei weitere Sehenswürdigkeiten.

AFB I: 1, 4b II: 2, 3, 4a, 5   AFB I: 1, 4b II: 3, 4a, 5 III: 2   → Lösungshilfen ab S. 232

Leben in der Stadt

In einer größeren Stadt findest du fast alles, was du zum Leben brauchst. Das ist nicht immer gleich um die Ecke, aber doch schnell erreichbar. Schau dich in einer Stadt wie Wetzlar um und lerne, was sie alles zu bieten hat.

M1

M2 Eindrücke von Wetzlar

T1 Wichtige Bedürfnisse
Wohnen, arbeiten, sich erholen, sich bilden und sich versorgen – all das braucht man zum Leben. Diese Grundbedürfnisse sind für alle Menschen gleich – egal ob sie in der **Stadt** wohnen oder auf dem Land.

T2 Eine Stadt hat viele Gesichter
Das Zentrum einer Stadt nennt man Innenstadt oder **City.** Es ist meist der älteste Teil einer Siedlung. Hier lassen sich viele dieser Bedürfnisse auf engem Raum erfüllen. Neben zahlreichen Geschäften gibt es hier Ärzte, Banken und Büros nah beieinander.

Um die City schließen sich immer jüngere **Stadtviertel** an. Manche sind reine **Wohngebiete** mit Einfamilienhäusern oder mehrstöckigen Wohngebäuden. Arbeitsmöglichkeiten gibt es hier kaum – diese findet man eher in der City, in **Gewerbegebieten** oder **Industriegebieten** am Stadtrand. Andere Flächen der Stadt dienen der Erholung. Hier liegen Parks, Sportanlagen, Gärten oder Wiesen.

In jeder Stadt gibt es auch **Mischgebiete**. Das sind Stadtviertel, in denen es sowohl Wohngebäude als auch Handwerksbetriebe, kleine Fabriken, Geschäfte und Büros gibt.

Leben in der Stadt, Leben auf dem Land 5

M 3 Schrägluftbild von Wetzlar

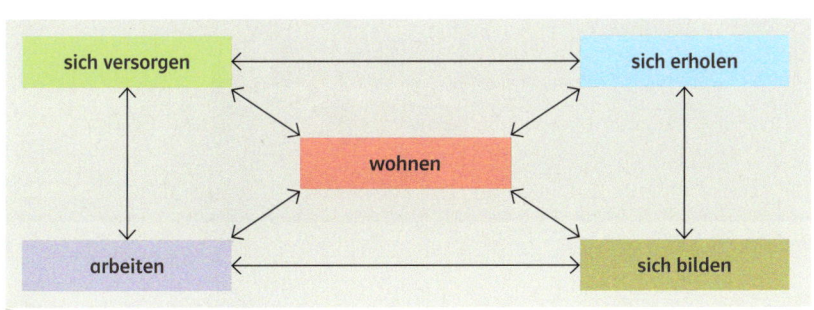

M 4 Wichtige Grundbedürfnisse (sich versorgen, sich erholen, wohnen, arbeiten, sich bilden)

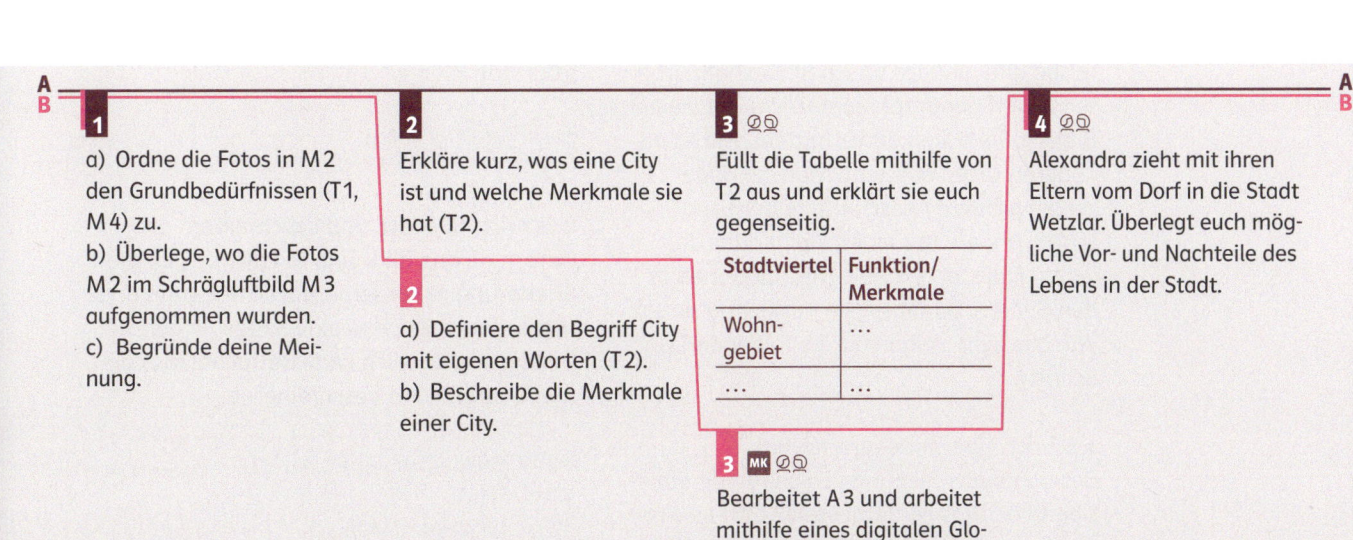

1
a) Ordne die Fotos in M 2 den Grundbedürfnissen (T 1, M 4) zu.
b) Überlege, wo die Fotos M 2 im Schrägluftbild M 3 aufgenommen wurden.
c) Begründe deine Meinung.

2 Erkläre kurz, was eine City ist und welche Merkmale sie hat (T 2).

2
a) Definiere den Begriff City mit eigenen Worten (T 2).
b) Beschreibe die Merkmale einer City.

3 Füllt die Tabelle mithilfe von T 2 aus und erklärt sie euch gegenseitig.

Stadtviertel	Funktion/Merkmale
Wohngebiet	...
...	...

3 Bearbeitet A 3 und arbeitet mithilfe eines digitalen Globus die Stadtviertel deines Schulortes heraus (T 2).

4 Alexandra zieht mit ihren Eltern vom Dorf in die Stadt Wetzlar. Überlegt euch mögliche Vor- und Nachteile des Lebens in der Stadt.

AFB I: 1a II: 2, 3, 4 III: 1b   AFB I: 1a, 2 II: 3, 4 III: 1b   → Lösungshilfen ab S. 232

Methode

Aus Bildern Informationen entnehmen

Ein Bild beschreiben

Neben Karten, Diagrammen und Tabellen gehören Bilder zu den am häufigsten eingesetzten Materialien im Geographieunterricht. Anders als viele Urlaubsfotos enthalten geographische Bilder viele Informationen, die erschlossen und geordnet werden müssen.

SP Tipp

Was sehe ich?
→ Aufgabe 2
- Das Bild zeigt …
- … sind dargestellt,
- Man erkennt …
- … liegt neben/links/rechts/vor/hinter …

Kernaussagen formulieren
- Das Bild informiert über …
- Es zeigt gut, dass …
- Die wichtigsten Aussagen sind: …

M 1 Rüdesheim im Rheingau-Taunus-Kreis

T1 Wofür sind Bilder im Geographieunterricht wichtig?

Leider kannst du nicht zu allen Orten selbst reisen und dir alles ansehen. Deshalb arbeiten wir im Geographieunterricht mit vielen Bildern. Sie sollen dir vermitteln, wie es an anderen Orten aussieht. Manche Bilder zeigen größere Ausschnitte einer Landschaft, andere nur einen kleinen Teil. In jedem Fall stecken viele Informationen in den Bildern. Du musst sie nur richtig „lesen". Wie das geht, zeigen dir die folgenden vier Schritte.

1. Schritt: Überblick verschaffen

Betrachte das Bild und verschaffe dir einen Überblick. Was ist dargestellt? Gibt es eine Bildunterschrift? Wo wurde das Bild aufgenommen? Enthält es Hinweise auf den Aufnahmezeitpunkt (Jahr, Jahreszeit, Tageszeit)? Nutze eventuell das Internet für weitere Informationen.

Das Bild zeigt … am …

2. Schritt: Gliedern und beschreiben

Unterteile das Bild. Eine Möglichkeit ist die Gliederung in Vordergrund, Mittelgrund und Hintergrund. Zeichne eine Skizze, in der die Gliederung deutlich wird. Betrachte nun die drei Bildteile und beschreibe sie.

Im Vordergrund sehe ich Häuser, …
Im Mittelgrund ist …
Im Hintergrund erkennt man …

74

Leben in der Stadt, Leben auf dem Land **5**

> **Tipp**
>
> Für eine Bildbeschreibung kannst du eine Skizze mit Bildgliederung (wie in M 2) zeichnen und dann deine Stichpunkte zu den Bildteilen notieren.

▶ Hintergrund

▶ Mittelgrund

▶ Vordergrund

M 2 Bild mit Gliederung

3. Schritt: Fragen an das Bild stellen
Stelle Fragen an das Bild, zum Beispiel: Welche …? Wo …? Was …? Wie …? Notiere die Antworten in ganzen Sätzen.

Was wird im Vordergrund angebaut?
Es handelt sich um …
Welches Gewässer zeigt das Bild im Mittelgrund?
Das Bild zeigt …

4. Schritt: Kernaussagen formulieren
Äußere wichtige Aussagen des Bildes oder schreibe sie auf.

Das Bild zeigt …
Man kann deutlich …
Wichtig ist …
Die Bereiche unterscheiden sich …

---

1 MK
Informiere dich im Internet über die Lage des Bildes M 1 und dessen Aufnahmeort.

2 MK SP
Werte das Bild mithilfe der Schritte 1–4 aus. Nutze den Sprachtipp bei Bedarf.

3 SP EXTRA
Werte das Bild M 2 auf S. 69 aus. Nutze die Schritte 1–4.

AFB II: 1–3 ↗ Lösungshilfen ab S. 232

Das Leben im ländlichen Raum charakterisieren

Neu in Breuna

Bis zu ihrer Hochzeit vor 18 Jahren wohnten Frau und Herr Birkemeyer noch in der Großstadt Kassel. Dann sind sie nach Breuna gezogen. Was waren die Gründe dafür?

M 1

→ Lebenswertes Dorf der Zukunft Seite 86/87

M 2 Eindrücke aus Breuna

Ländlicher Raum
von Landwirtschaft und ländlichen Siedlungen geprägter Raum abseits der Städte

T1 Warum Breuna?
Breuna ist eine ländliche Gemeinde, die etwa 25 km westlich von Kassel liegt. Noch vor 60 Jahren hatte Breuna etwa 1 300 Einwohner. Aufgrund der guten Wohnqualität mit genug Bauland und der Nähe zu Kassel und Paderborn (60 km) hat sich die Gemeinde rasch zu einem Wohnort mit rund 3 500 Einwohnern entwickelt. Die Verkehrsanbindungen nach Kassel sind sehr gut: Der Ort ist über die Autobahn A44 und die Bundesstraße B7 zu erreichen. Die Entfernung zum Flughafen in Kassel-Calden beträgt 15 km.

Der nächstgelegene größere Bahnhof befindet sich 10 km entfernt in Warburg. So wie Familie Birkemeyer verhalten sich viele Familien: Sie ziehen von der Stadt in den **ländlichen Raum** in der Nähe von Städten. Hier erhoffen sie sich ein günstigeres und besseres Leben im Grünen für jeden in der Familie. Gleichzeitig können sie noch immer die Angebote der Stadt ohne zu großen Aufwand nutzen. Gemeinden wie Breuna weisen immer weiteres Bauland aus, um damit Neubürgerinnen und Neubürger zu gewinnen.

5 Leben in der Stadt, Leben auf dem Land

Rita Birkemeyer, Alter: 45 Jahre

Beruf: Grafikdesignerin in Kassel
Hobbys: Fotografie, Singen

Ich habe mich sehr auf das Landleben gefreut! Ich komme auch aus einem Dorf, die Nähe zur Natur ist toll. Wir haben einen schönen Garten und die Kinder konnten, als sie jünger waren, auf der Wiese oder sogar auf der Straße spielen.
Manchmal fehlt mir ein vielfältiges Kulturangebot.
Aber: Wir haben es nicht weit bis nach Kassel und leben im Grünen. Ich habe Glück, weil ich im Homeoffice arbeiten kann. Anfangs war das langsame Internet ein Problem, das ist jetzt aber schneller geworden.

M 3

Paul Birkemeyer, Alter: 15 Jahre

Schüler im Jahrgang 9, Sekundarschule in Warburg
Hobbys: Fußball, Skaten, Schlagzeug
Als Kind war es ja toll hier, aber jetzt ist es manchmal richtig ätzend! Hier ist für Jugendliche nicht viel los. Nicht einmal ein Kino haben wir. Wenn ich sechzehn bin, kaufe ich mir einen Motorroller. Dann muss ich nicht mehr mit dem Bus nach Warburg oder Kassel fahren oder von meinen Eltern zu den Partys gebracht werden.

M 4

Martin Birkemeyer, Alter: 47 Jahre

Beruf: Lehrer in Wolfhagen
Hobbys: Mountainbike, Tennis, Heimwerken

Nach der Hochzeit und noch bevor wir die Kinder bekamen, wollten wir in ein Haus mit Garten umziehen. In Kassel war das viel zu teuer. Zum Glück haben wir ein preiswertes Baugrundstück in Breuna gefunden. Hier kann ich auch im Haus und im Garten heimwerken, wie ich will. Durch die Nachbarn, die Kinder und die Vereine haben wir viele Kontakte geknüpft. Aber die Großeltern konnten wir nicht überzeugen. Sie leben weiterhin in Kassel.

M 5

Nelli Birkemeyer, Alter: 11 Jahre

Schülerin im Jahrgang 5, Sekundarschule in Warburg
Hobbys: Lesen, Reiten, Fußball
Viele meiner Freundinnen wohnen hier in Breuna. Nachmittags treffen wir uns oft und fahren mit dem Rad zum Reitsportzentrum. Dort reiten wir oder kümmern uns um den Stall. Ich spiele auch im Verein Fußball.
Zur Schule komme ich mit dem Bus. Der fährt um 6:50 Uhr ab. Bis zur Bushaltestelle muss ich noch etwa 5 Minuten zu Fuß gehen. Der Unterricht beginnt um 7:30 Uhr, das passt also!

M 6

SP Sprachtipp

Stellung nehmen
→ Aufgabe 4

- Meiner Meinung nach …
- Ich denke …
- Deshalb …
- Es spricht vieles dafür, dass …

---

1 SP
a) Vergleicht die Bilder von M 2 mit den wichtigen Grundbedürfnissen (S. 73, M 4).
b) Nennt Gemeinsamkeiten und Unterschiede zur Stadt.

2
a) Beschreibe, wie sich Breuna entwickelt hat (T 1, M 2).
b) Nenne Gründe für das Wachstum von Breuna.

2
Begründe, warum Breuna in den letzten 60 Jahren gewachsen ist (T 1).

3
Arbeitet die Vor- und Nachteile von Breuna aus den Texten M 3–M 6 heraus.

3 MK
Entwerft eine kurze Radiowerbung für Breuna. Nehmt diese mit einem geeigneten Gerät (Smartphone, Tablet) auf.

4 SP
Lieber in der Stadt wohnen oder auf dem Land leben? Nimm Stellung zu dieser Frage.

AFB I: 1b, 2 II: 1a, 3 III: 4   AFB I: 1b II: 1a, 2, 3 III: 4   → Lösungshilfen ab S. 232

Ursachen und Folgen des Pendelns beschreiben

M 1 Eindrücke aus Darmstadt: die Mathildenhöhe mit Hochzeitsturm (A) und das Residenzschloss (B)

„Einpendlermagnet" Darmstadt

Täglich kommen mehr als 70 000 Menschen aus den umliegenden kleinen Städten und Dörfern nach Darmstadt, um dort zu arbeiten. Das sind mehr als zwei Drittel der Erwerbstätigen in der südhessischen Stadt.

M 2

T1 Hohe Anziehungskraft

Städte wie Darmstadt werden manchmal mit Magneten verglichen. Wie Magnete verfügen sie über eine hohe Anziehungskraft. Sie bieten Arbeitsplätze und vieles, was dem **Umland** fehlt. Als Umland bezeichnet man die Gemeinden, die um eine Stadt herum liegen. Besucher von Städten möchten vielleicht shoppen, ins Kino gehen, ein Theater oder Konzert besuchen. Manche benötigen die Dienste von besonderen Berufsgruppen wie Fachärzten oder Anwälten, die meist in Städten ihren Sitz haben.

Besucherinnen und Besucher kommen aber nicht nur aus dem Umland. Große Städte sind aufgrund ihrer Sehenswürdigkeiten auch ein Magnet für Touristinnen und Touristen. Darmstadt ist da keine Ausnahme.

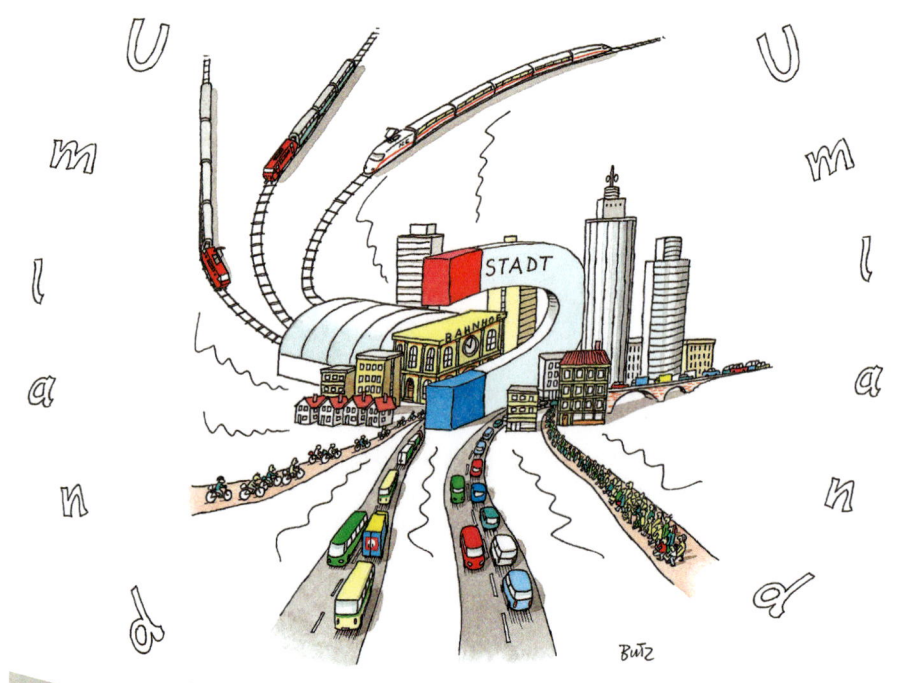

M 3 Magnet Stadt

5 Leben in der Stadt, Leben auf dem Land

Heinerfest (C) und der Eingang zum Unternehmen Merck (D)

T2 Täglich pendeln – kein Problem?!

Wie kommt man aus dem Umland in die Stadt? Für Frau Röder aus Fischbachtal eine alltägliche Frage, denn sie ist **Pendlerin**. So nennt man Menschen, die nicht an ihrem Wohnort arbeiten oder zur Schule gehen. Frau Röder nutzt immer wieder den **öffentlichen Personennahverkehr (ÖPNV)** und fährt mit Bus und Bahn nach Darmstadt zur Arbeit. Oft ist sie aber auf das Auto angewiesen, da der ÖPNV zu unflexibel ist. Das bedeutet dann häufig Stress. Neben viel **Verkehr**, Staus und Parkplatzsuche stören sie zunehmend die hohen Spritpreise und die Belastung der Umwelt. Frau Röder hat sich deshalb nach Alternativen umgeschaut und sich ein E-Bike gekauft. So hat sie nicht nur mehr Bewegung, in Kombination mit dem ÖPNV schützt sie außerdem die Umwelt – eine gute Sache, wie sie findet.

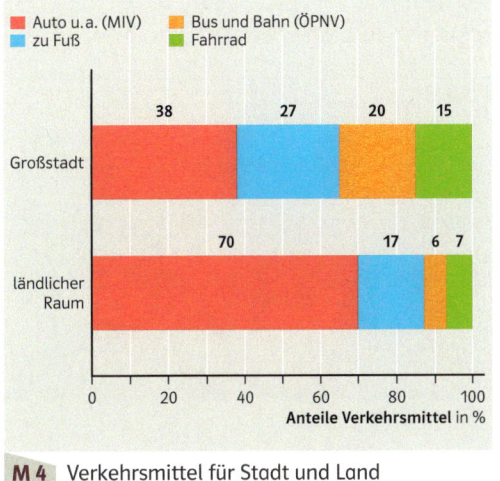

Diagramm: Anteile Verkehrsmittel in %
- Auto u.a. (MIV) | zu Fuß | Bus und Bahn (ÖPNV) | Fahrrad
- Großstadt: 38 | 27 | 20 | 15
- ländlicher Raum: 70 | 17 | 6 | 7

M 4 Verkehrsmittel für Stadt und Land

motorisierter Individualverkehr (MIV)
Nutzung von Verkehrsmitteln mit Motor z. B. Pkw, Motorroller, Motorräder etc. zur individuellen Fortbewegung

---

1
a) Formuliert Gründe, warum der Zeichner die Stadt mit einem Magnet vergleicht (M 3).
b) Nennt Gründe, warum Darmstadt als Einpendelmagnet gilt (M 1, T 1).

2 Arbeite mit T 2 und M 3:
a) Nenne die Probleme, die das Pendeln schafft.
b) Frau Röder sucht nach alternativen Möglichkeiten für den Arbeitsweg. Erläutere die Vorteile und Nachteile.

2 Mit dem Auto oder anders?
a) Notiert euch Argumente für bzw. gegen die verschiedenen Verkehrsmittel.
b) Diskutiert darüber.

3 SP
Verkehrsmittel für Stadt und Land: Werte das Diagramm M 4 aus.

3 SP
Beschreibe die unterschiedliche Bedeutung der Verkehrsmittel für Menschen, die in der Stadt und Menschen, die auf dem Land leben (M 4, T 2).

4 Auch in eurer Klasse gibt es Pendlerinnen und Pendler.
a) Ermittelt den Anteil der Schülerinnen und Schüler, die mit der Bahn, Bus oder Rad zur Schule kommen.
b) Befragt eure Mitschülerinnen und Mitschüler: Wie viele Eltern sind Pendler? Welche Verkehrsmittel nutzen sie? Welche Strecken legen sie zurück?
c) Vergleicht die Ergebnisse mit M 4.

AFB I: 2a, 3b II: 1, 2b, 3a, 4   AFB I: 3 II: 1, 4 III: 2   → Lösungshilfen ab S. 232

Orientierung

Dicht und dünn besiedelte Gebiete in Deutschland und Hessen verorten

Bevölkerung: ungleich verteilt

Städte sind in Deutschland ungleich verteilt. In manchen Regionen gibt es viele Städte, die einen Verdichtungsraum bilden. Andere Regionen weisen kaum Städte auf. Die Städte haben unterschiedliche Größen und Bedeutungen, und jede weist eine andere Geschichte und Entwicklung auf.

T1 Dicht und dünn besiedelte Regionen
Viele Menschen in Deutschland leben in einer Stadt. Früher wurde eine Stadt als Gegensatz zu einem **Dorf** angesehen, denn Städte hatten besondere Rechte. Heute bezeichnet man als Stadt oft einen Ort, der über seine Grenze hinweg Bedeutung besitzt. Häufig wird auch eine hohe Einwohnerzahl als Merkmal angesehen. Für die ungleiche Verteilung der Städte gibt es z. B. historische, wirtschaftliche oder naturräumliche Gründe.

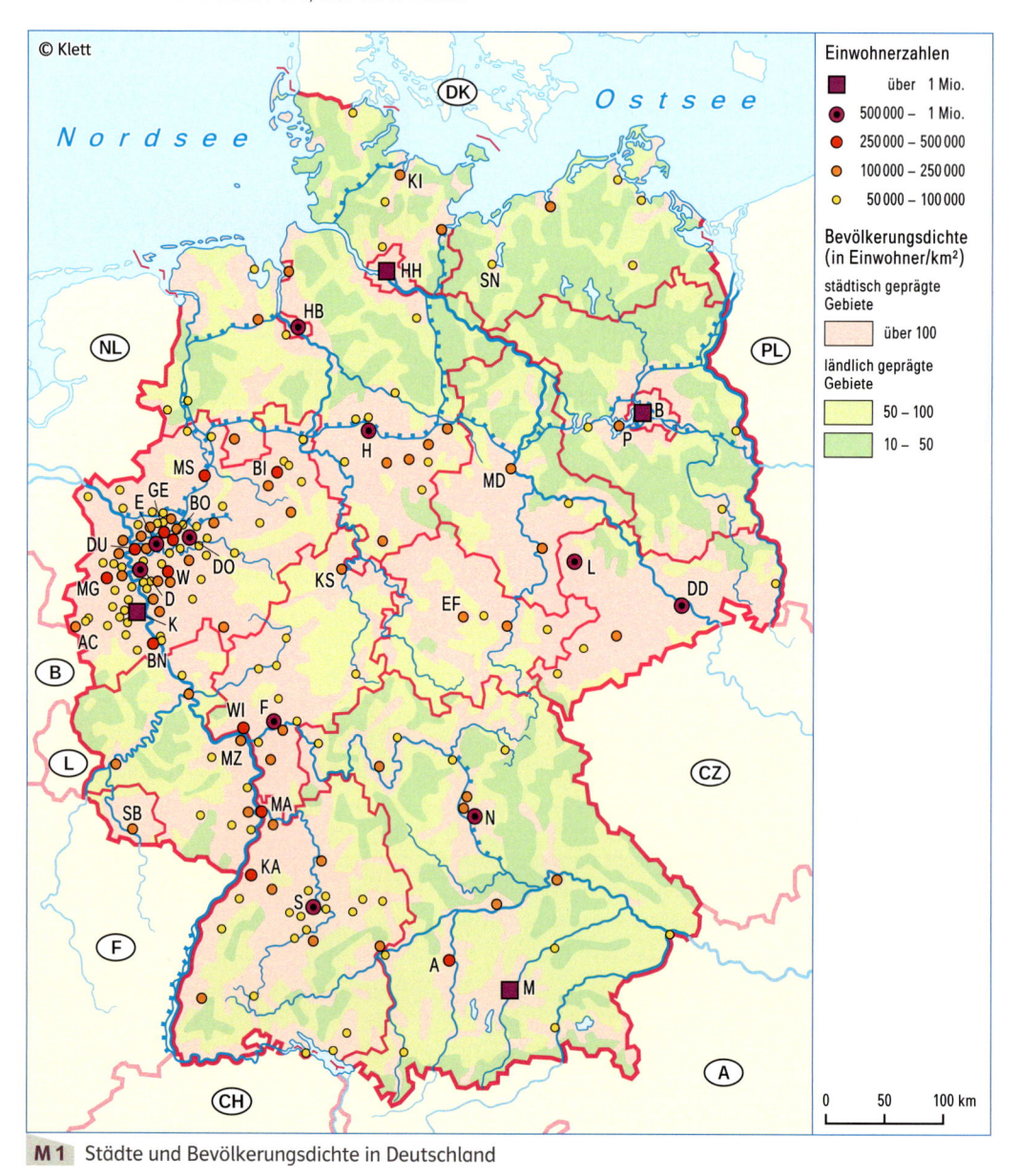

M1 Städte und Bevölkerungsdichte in Deutschland

80

5 Leben in der Stadt, Leben auf dem Land

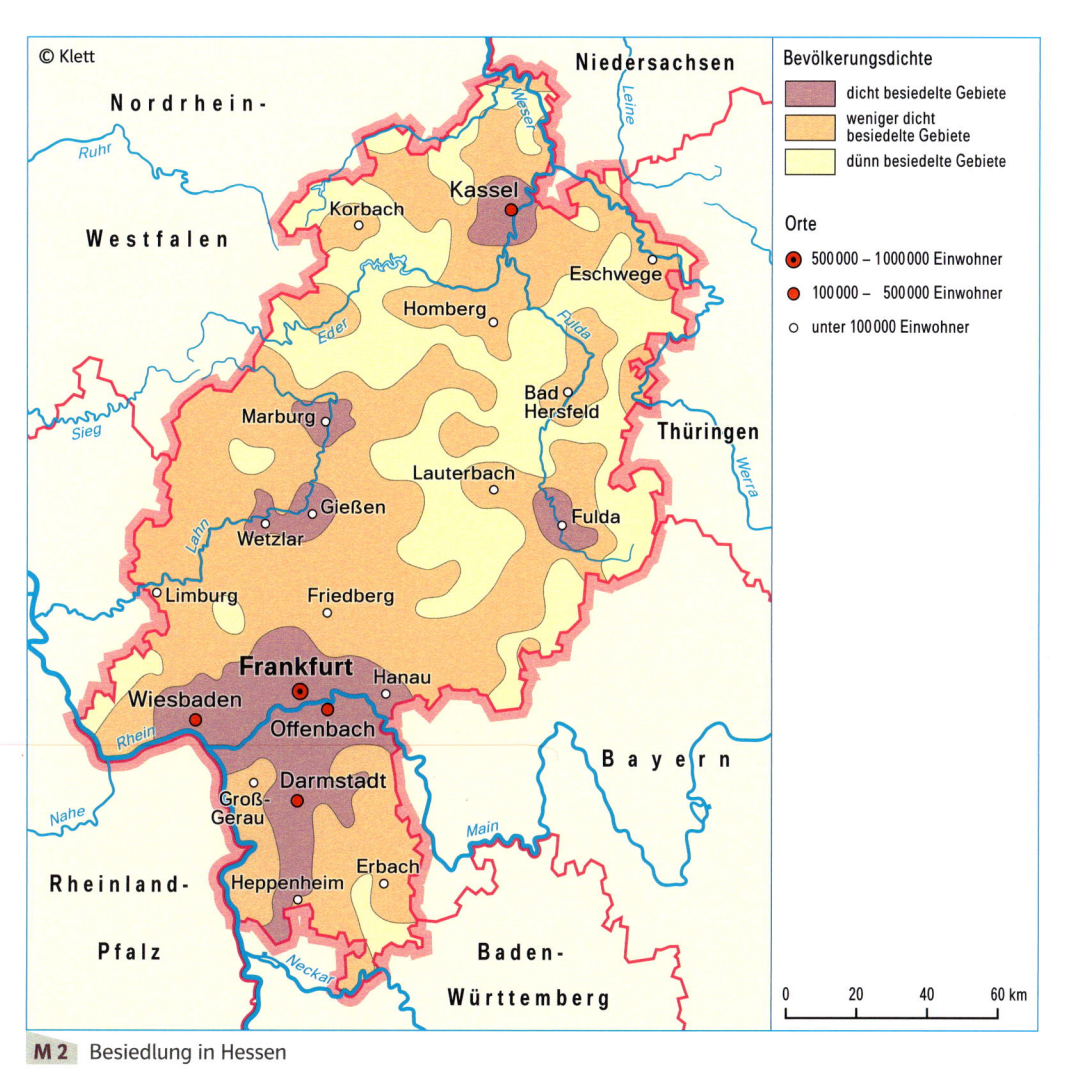

M 2 Besiedlung in Hessen

Bevölkerungsdichte
- dicht besiedelte Gebiete
- weniger dicht besiedelte Gebiete
- dünn besiedelte Gebiete

Orte
- 500 000 – 1 000 000 Einwohner
- 100 000 – 500 000 Einwohner
- unter 100 000 Einwohner

Kleinstadt
Stadt mit einer Einwohnerzahl zwischen 5 000 und unter 20 000

Mittelstadt
Stadt mit einer Einwohnerzahl zwischen 20 000 und unter 100 000

Großstadt
In Deutschland eine Stadt mit mehr als 100 000 Einwohnern. Städte mit mehr als 1 000 000 Einwohnern werden auch als Millionenstädte bezeichnet.

Verdichtungsraum
Region mit hoher Dichte an Bevölkerung, Siedlungen, Infrastruktur und Wirtschaft; wird auch als Ballungsgebiet bezeichnet

---

1 Arbeite mit der Karte M 1 und dem Kartenanhang: Nenne die Städte
a) entlang des Rheins mit mehr als 250 000 Einwohnern,
b) entlang der Elbe mit über 100 000 Einwohnern.

2 a) Welches Bundesland hat die meisten Großstädte mit 500 000 bis 1 Million Einwohnern?
b) Wie heißen diese Städte?

3 Nenne die Städte in Deutschland mit mehr als 1 Million Einwohnern.

4 Nenne mithilfe von Karte M 1 die Bundesländer, die einen besonders hohen Anteil an ländlichen Gebieten haben.

5 Arbeite mit der Karte M 2 und dem Kartenanhang:
a) Nenne die Großstädte in Hessen.
b) Bestimme für folgende Landschaften/Städte Hessens, wie dicht sie besiedelt sind: Hessische Bergstraße, Hessisches Ried, Darmstadt, Taunus, Wetterau, Gießen, Vogelsberg, Fulda, Bad Hersfeld, Kellerwald, Reinhardswald, Kassel.

6 Vergleiche die Karten M 1 und M 2. Welche zusätzlichen Aussagen kann man mithilfe der Karte M 2 treffen?

AFB I: 1, 2, 3, 4, 5a II: 5b, 6 → Lösungshilfen ab S. 232

Training

Wichtige Begriffe
- City
- Dorf
- Gewerbegebiet
- Industriegebiet
- ländlicher Raum
- Mischgebiet
- öffentlicher Personennahverkehr (ÖPNV)
- Pendler
- Stadt
- Stadtviertel
- Umland
- Wohngebiet
- Verkehr

M 1

Kann ich dich nachher besuchen kommen? Hier ist's mal wieder total öde.

Eigentlich wollte ich gerade zu dir! Hier ist wieder die Hölle los!

Sich orientieren

1 Kennst du dich aus?
Arbeite mit der Hessen-Karte im Kartenanhang.
a Finde die Namen der fünf Großstädte Hessens heraus.
b Formuliere fünf Lagebeziehungen der Großstädte.

Kennen und verstehen

2 Nenne die Begriffe
a ein kleinerer Ort auf dem Land
b das Geschäfts- und Dienstleistungszentrum einer Stadt
c ein Stadtviertel, in dem es neben vielen Wohnhäusern auch Geschäfte, Handwerksbetriebe und Büros gibt

3 Richtig oder falsch?
Verbessere die falschen Aussagen und schreibe alle richtig auf.
a Am Wochenende ist der Berufspendler-Verkehr am stärksten.
b In Gewerbegebieten wohnen kaum Menschen.
c Auf dem Land leben überwiegend Landwirte.
d Die jüngsten Stadtviertel liegen im Stadtzentrum.

4 Bilderrätsel
Löse die Bilderrätsel und erkläre die Begriffe.
a
b

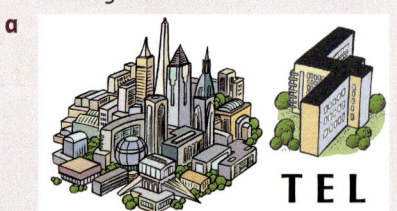

5 Erstelle ein Quiz
a Wähle aus den „Wichtigen Begriffen" vier aus und ordne ihnen jeweils vier Aussagen zu, von denen nur eine richtig ist.
Beispiel: Eine City ist:
– ein Stadtteil mit Fabriken,
– das Geschäfts- und Dienstleistungszentrum einer Stadt,
– eine Sportanlage,
– ein überdachtes Einkaufscenter.
b 👥 Löse das Quiz eines Lernpartners oder einer Lernpartnerin. Tauscht eure Ergebnisse aus.

Methoden anwenden

6 Beschreibe die Fotos M 2 und M 5
a Nenne Merkmale einer Stadt und eines ländlichen Raumes.
b Werte das Foto M 5 nach den Methodenschritten von Seite 74/75 aus.

D11 Arbeitsblatt Selbsteinschätzung
D12 Arbeitsblatt Lösung

5 Leben in der Stadt, Leben auf dem Land

M 2

M 5

Beurteilen und bewerten

7 Wie man es sieht …
a Beschreibe die Zeichnung M 1.
b Was könnte hinter den beiden Aussagen stecken? Notiere wie folgt:

„total öde"	„Hölle los"
…	…
…	…

c Beurteile die Sichtweisen der beiden Personen.
d 👥 Wo möchtest du lieber leben? Begründe deine Meinung gegenüber deiner Tischnachbarin bzw. deinem Tischnachbarn.

8 Stadt und Umland
In M 3 ist der Verkehr zwischen Stadt und Umland zu einer bestimmten Tageszeit dargestellt.
a Nenne eine mögliche Uhrzeit und einen Tag für M 3.
b Beurteile, welche Folgen die Pendlerbewegungen haben für
– die Verkehrswege,
– die Umwelt,
– die Menschen.

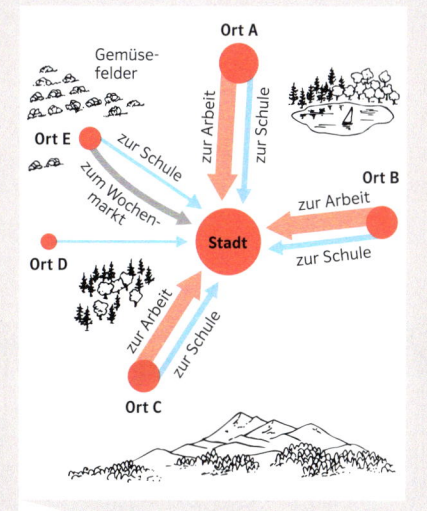

M 3

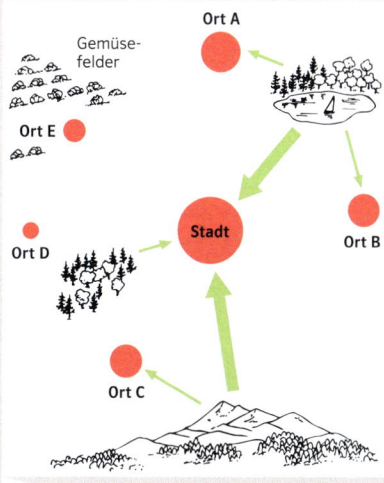

M 4

c Zu welcher Tageszeit und an welchem Tag könnte es zu dem Verkehr wie in M 4 kommen? Begründe deine Aussage.
d Wie könnte eine Grafik für einen Mittwochmittag um 12 Uhr aussehen? Fertige eine Skizze an.

Vernetzen

9 Vorteile und Nachteile zuordnen
a Vergleiche das Leben in der Stadt mit dem Leben auf dem Land. Lege dazu folgende Tabelle an:

	Stadt	Land
Vorteile	…	…
Nachteile	…	…

b 👥 Entwickelt gemeinsam eine Idee für den idealen Wohn- und Arbeitsort der Zukunft.

83

Extra

A Lebenswerte Stadt der Zukunft
diese Seite

B Lebenswertes Dorf der Zukunft
Seite 86/87

1 Die Zeichnung zeigt eine Vision für eine Stadt von morgen. Entwickelt davon ausgehend eigene Wunschvorstellungen für eure Stadt der Zukunft.

2 MK Wählt eine der folgenden Möglichkeiten aus, um eure Zukunftsvision darzustellen:

A Lebenswerte Stadt der Zukunft

Immer mehr Menschen leben in Städten. Doch ist die Stadt der Zukunft auch lebenswert? Und was können wir dafür tun, dass sich unsere Städte positiv entwickeln?

T1 **Entwerft eure Stadt von morgen**
Weltweit lebt heute über die Hälfte der Menschen in Städten. Und in Zukunft wird es immer mehr und größere Städte geben.

Das bringt Probleme mit sich: Freie Flächen werden bebaut. Immer mehr Autos brauchen Platz und belasten die Umwelt.

M 1

D13 Arbeitsblatt Lösung

5 Leben in der Stadt, Leben auf dem Land

Erstellt ein Poster, eine Collage, eine Zeichnung, eine Karte oder verfasst eine Geschichte, ein Interview oder Radionachrichten aus der Zukunft.

AFB III: 1, 2 → Lösungshilfen ab S. 230

Es gibt aber schon zahlreiche Maßnahmen, um das Leben in der Stadt attraktiver zu gestalten. Unsere Ideen sind gefragt, damit Städte lebenswert bleiben. Dürfen Autos noch in die Stadt fahren? Welche Arten von Autos werden es sein und wie werden sie angetrieben? Teilen sich mehrere Menschen ein Auto oder kommen viele mit dem E-Bike?

Werden die Gebäude weniger Energie benötigen? Und wie kann Energie eingespart oder nachhaltig produziert werden? Wird es mehr Grünflächen in der Stadt geben? Baut man in der Stadt wieder Obst und Gemüse an? Kurzum: Wie schaffen wir es, dass die Stadt ein attraktiver Lebensort bleibt und eine nachhaltige Stadtentwicklung erfolgt?

Extra

A Lebenswerte Stadt der Zukunft
Seite 84/85

B Lebenswertes Dorf der Zukunft
diese Seite

1 Die Zeichnung zeigt eine Vision für ein Dorf von morgen. Entwickelt davon ausgehend eigene Wunschvorstellungen für euer Dorf der Zukunft.

2 Wählt eine der folgenden Möglichkeiten aus, um eure Zukunftsvision darzustellen:

B Lebenswertes Dorf der Zukunft

In manchen Dörfern leben immer weniger Menschen, andere platzen dagegen fast aus allen Nähten. Was können wir dafür tun, dass unsere Dörfer weder abgehängt werden noch ihren Charakter verlieren?

M 1

D13
Arbeitsblatt
Lösung

Leben in der Stadt, Leben auf dem Land **5**

Erstellt ein Poster, eine Collage, eine Zeichnung, eine Karte oder verfasst eine Geschichte, ein Interview oder Radionachrichten aus der Zukunft.

AFB III: 1, 2 → Lösungshilfen ab S. 232

T1 **Entwerft euer Dorf von morgen**
Viele Dörfer haben Probleme. Es gibt aber durchaus Maßnahmen, um das Leben auf dem Land attraktiver zu gestalten. Dafür sind unsere Ideen für viele Bereiche gefragt: Gibt es eine schnelle Internetverbindung für Privatleute und Unternehmen? Können die Menschen – vielleicht mit Bürgerbussen – zum Einkaufen fahren? Gibt es Ärzte vor Ort? Muss es mehr Mietwohnungen auf dem Land geben und nicht nur Einfamilienhäuser? Kurzum: Wie schaffen wir es, dass das Dorf ein attraktiver Lebensort mit nachhaltiger Dorfentwicklung bleibt?

6 Europa im Überblick

M 1 Europa bei Nacht (künstlerische Darstellung)

Europa – unser Kontinent: Eher klein kommt uns Europa auf einer Weltkarte vor – nur der Kontinent Australien hat eine kleinere Fläche. Aber Europa hat einiges zu bieten: 48 Staaten, mehr Sprachen als Staaten, mächtige Gebirge, vielfältige Landschaften, lange Flüsse und große Städte. Was kannst du auf der Abbildung erkennen?

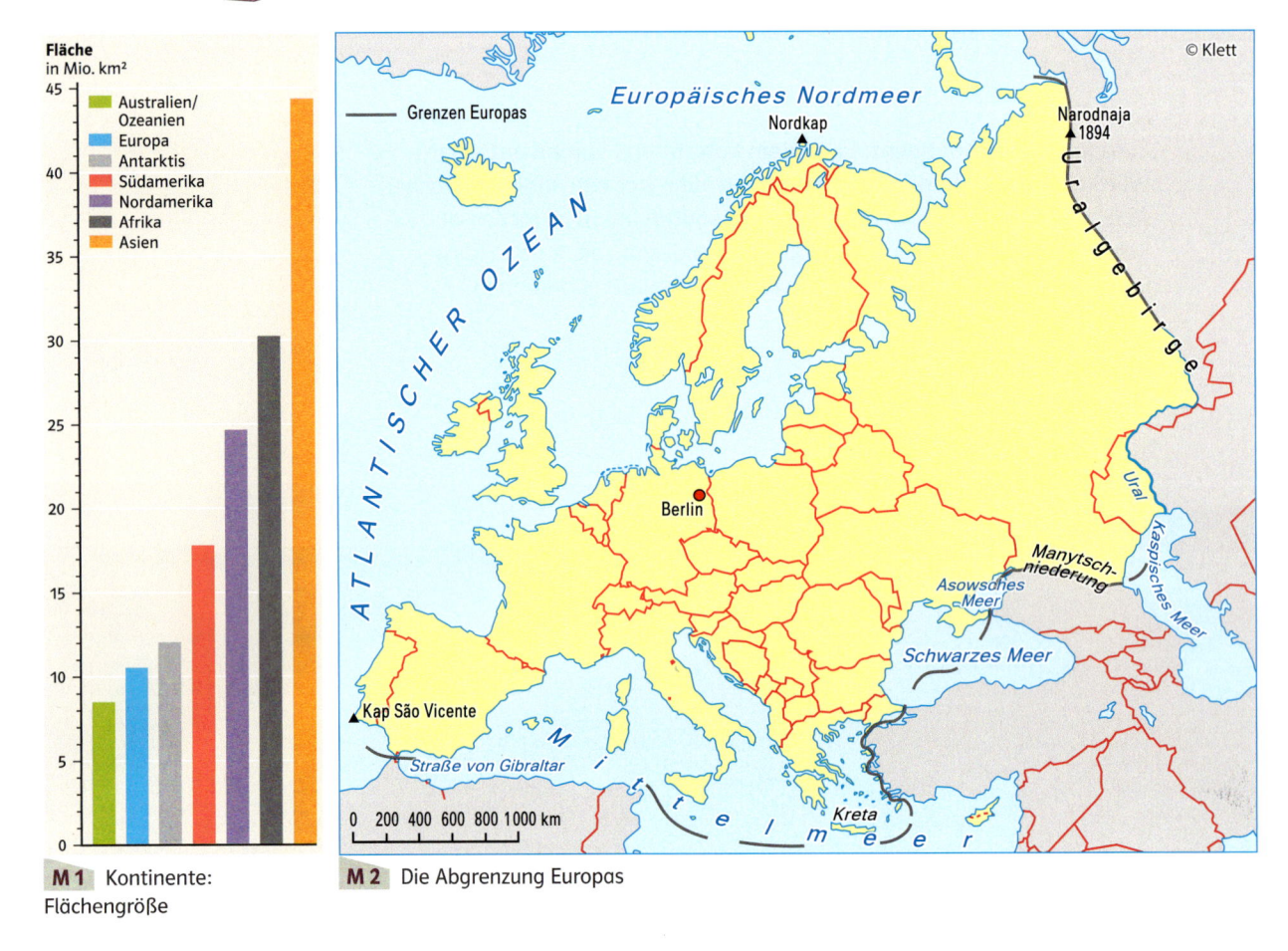

Die Grenzen Europas und seine natürliche Gliederung beschreiben

M1 Kontinente: Flächengröße

M2 Die Abgrenzung Europas

Europa – ein Kontinent

Die meisten der sieben Kontinente unserer Erde lassen sich leicht abgrenzen. Bei Europa ist das schwieriger.

Kontinent stammt aus dem Lateinischen „terra continens" und bedeutet „zusammenhängendes Land".

SP Tipp

→ Aufgabe 4

- Europa ist größer/kleiner als …
- In Europa leben mehr/weniger Menschen als in …

T1 Die Grenzen Europas

Im Westen, Norden und Süden wird Europa durch Meere begrenzt. Im Osten fehlt eine deutliche natürliche Grenze zu Asien. Man hat deshalb folgende Grenzlinie festgelegt: Uralgebirge, Fluss Ural, Nordküste des Kaspischen Meeres, Manytschniederung, Asowsches Meer und Mitte des Schwarzen Meeres. Nach dieser Abgrenzung haben die Staaten Russland, Kasachstan und die Türkei Anteile an Europa und Asien. Da die Landmassen Europas und Asiens miteinander verbunden sind, spricht man manchmal auch vom **Doppelkontinent** Eurasien. Dennoch wird Europa als eigenständiger Kontinent betrachtet. Das hängt mit seiner Geschichte und Kultur zusammen.

M3 Grenzlinie zwischen Europa und Asien bei Jekaterinburg in Russland (Russische Föderation)

Europa im Überblick

M 4 Inseln und Halbinseln Europas

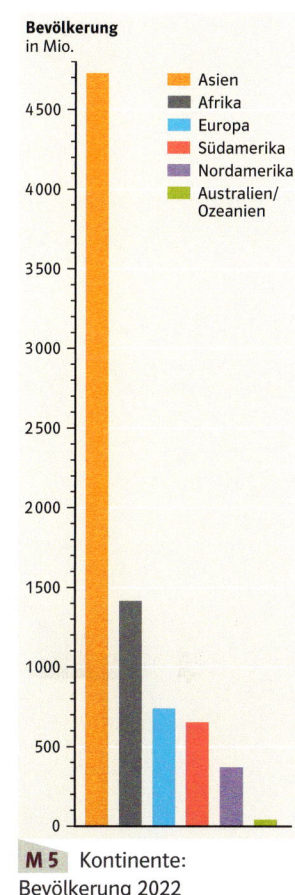

M 5 Kontinente: Bevölkerung 2022

T 2 Inseln und Halbinseln

Im Gegensatz zu anderen Kontinenten weist Europa eine sehr gegliederte Gestalt auf: Ein Drittel der Landfläche entfällt auf **Inseln** und **Halbinseln**.

Europas größte Inseln sind Großbritannien, Irland und Island. Größere Halbinseln sind die Iberische Halbinsel, die Apenninenhalbinsel, die Skandinavische Halbinsel und die Balkanhalbinsel.

Mehr als die Hälfte aller Orte in Europa liegen küstennah, das heißt nicht weiter als 300 km von einer Küste entfernt. Kein Ort ist mehr als 700 km von der nächsten Küste entfernt.

Europas Küstenlänge entspricht in etwa dreimal dem Umfang des Äquators (ca. 3 × 40 000 km). Umso überraschender ist die Tatsache, dass es in Europa viele **Binnenstaaten** gibt, die keinen Zugang zu einer Meeresküste haben.

Insel
Land, das vollständig von Wasser umgeben ist

Halbinsel
Land, das nur teilweise, meist von drei Seiten, von Wasser umgeben ist

---

1 Beschreibe die Abgrenzung Europas im Norden, Westen, Süden und Osten (M 2, T 1).

2 Bestimme die Ausdehnung Europas (M 4):
a) von Norden nach Süden,
b) von Westen nach Osten.

2 Begründe, warum es schwierig ist, den Kontinent Europa zu zeichnen.

3 Arbeite mit den Karten M 2 und M 4 und der Europakarte im Anhang:
a) Benenne die Inseln a – h.
b) Benenne die Halbinseln 1 – 4.

3 Bearbeite Aufgabe A 3.
Nenne fünf Staaten in Europa, die keinen Zugang zum Meer haben.

4 SP Vergleiche:
a) die Flächengröße und
b) die Bevölkerung Europas mit vier anderen Kontinenten (M 1, M 5). Nutze die Sprachtipps auf S. 9.

AFB I: 1, 3 II: 2, 4   AFB I: 1, 3 II: 4 III: 2   → Lösungshilfen ab S. 232

Die Staaten Europas und ihre Hauptstädte den verschiedenen Teilräumen zuordnen

Ein staatenreicher Kontinent

Europa umfasst 48 Staaten. Nur in Afrika und Asien gibt es noch mehr Länder. Diese 48 Staaten werden nach ihrer Lage sechs unterschiedlichen Teilräumen zugeordnet.

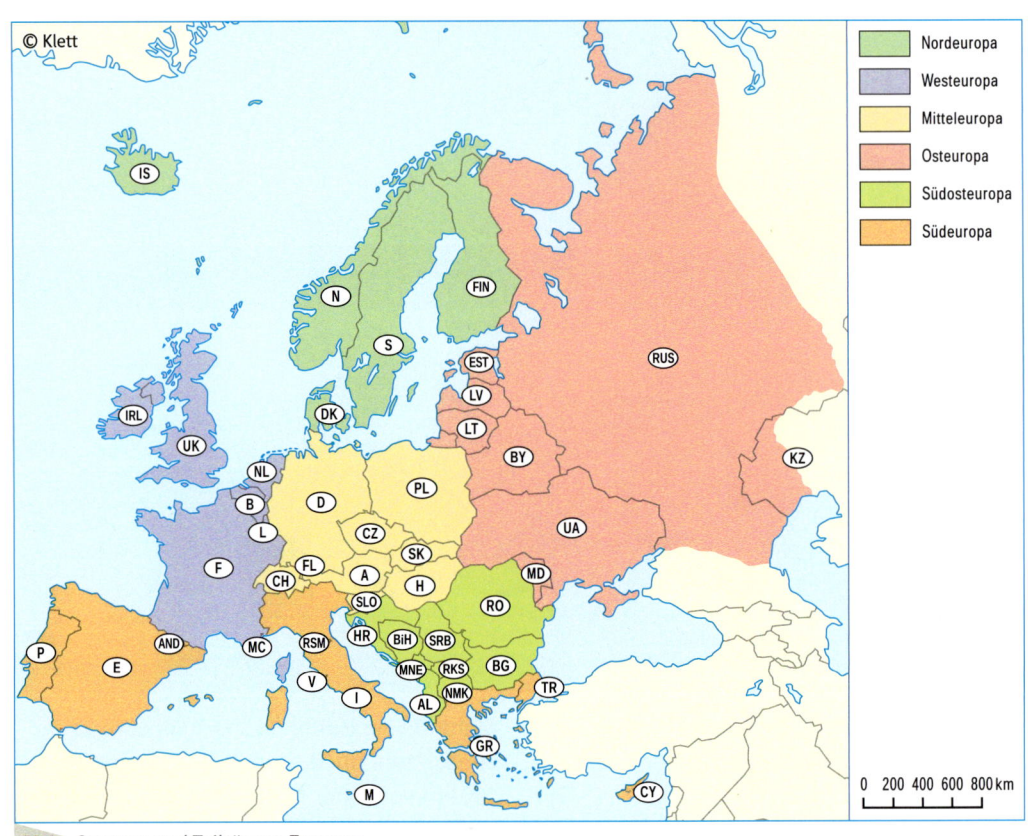

Legende:
- Nordeuropa
- Westeuropa
- Mitteleuropa
- Osteuropa
- Südosteuropa
- Südeuropa

M 1 Staaten und Teilräume Europas

T1 Von Zwergen und Riesen

Die Größe der europäischen Staaten ist sehr unterschiedlich. Zum einen gibt es Zwergstaaten mit der Einwohnerzahl einer Kleinstadt. Zum anderen nimmt der europäische Teil Russlands schon fast die Hälfte des Kontinents ein. Dazwischen sind alle Größen vertreten. Auch die Türkei liegt mit drei Prozent ihrer Fläche im Südosten Europas. Die **Hauptstadt** Ankara liegt in Asien. Kasachstan liegt zu etwa fünf Prozent auf dem europäischen Kontinent.

Nach ihrer Lage in Europa und ihren kulturellen Gemeinsamkeiten werden einzelne Staaten in Teilräume zusammengefasst. Man unterscheidet dabei:
– Nordeuropa,
– Westeuropa,
– Mitteleuropa,
– Osteuropa,
– Südosteuropa und
– Südeuropa.

Europa im Überblick 6

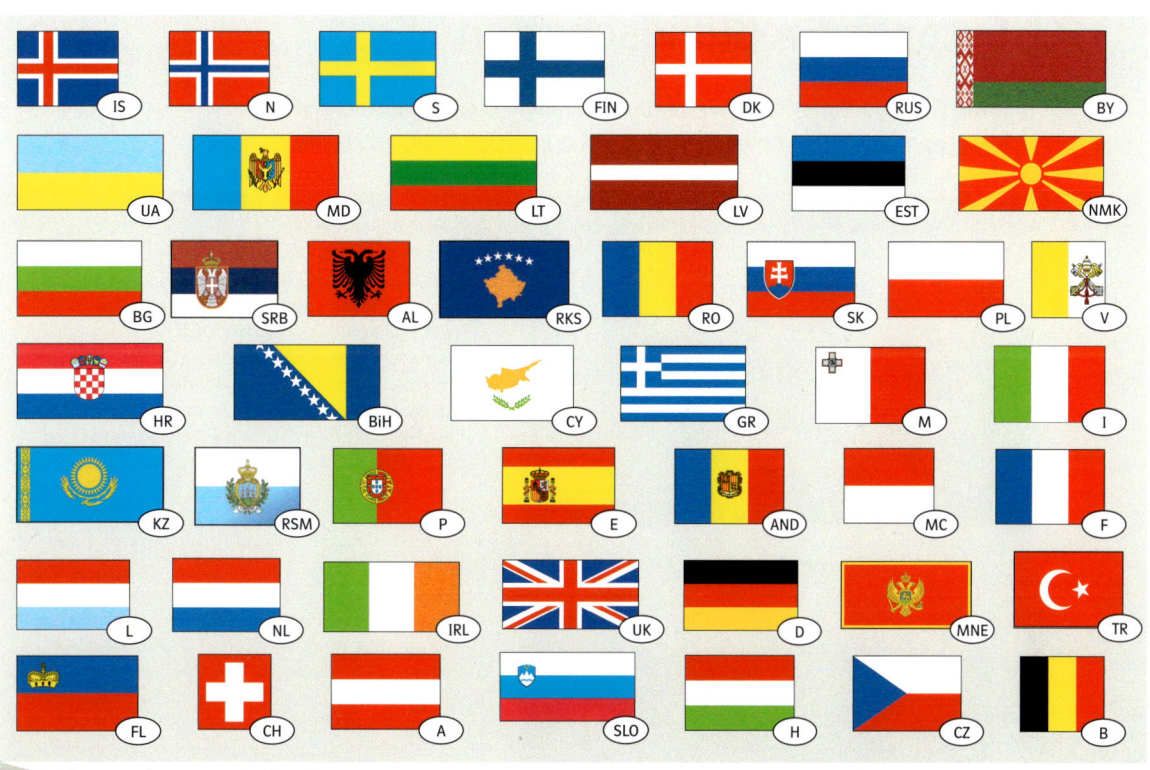

M 2 Flaggen der europäischen Staaten

M 3 Staatenrätsel Europa

A Liegt im Süden Europas und besteht aus vielen Inseln. Fläche: 132 000 km²

C Deutschlands kleinstes Nachbarland. Es zählt zu Westeuropa. Fläche: 2 600 km²

E Das Land liegt am Mittelmeer. Seine Hauptstadt ist Zagreb. Fläche: 57 000 km²

B Dieses Land liegt auf einer Insel in Nordeuropa. Fläche: 103 000 km²

D Deutschlands Nachbar im Norden. Er liegt an der Nordsee und Ostsee. Fläche: 43 100 km²

F Dieses Land liegt in Osteuropa und hat an zwei Kontinenten Anteil. Fläche: 17 098 000 km²

Hauptstadt
Stadt, in der meist die Regierung eines Staates ihren Sitz hat. Oft ist es die größte Stadt und das wirtschaftliche und kulturelle Zentrum eines Landes.

1 Arbeite mit M 1:
a) Nenne das europäische Land mit den meisten Nachbarstaaten.
b) Schreibe die Nachbarstaaten im Uhrzeigersinn von Norden beginnend auf.

2 Nenne die Staaten/Länder, die sich hinter den Steckbriefen in M 3 verbergen.

2 Bearbeite A 2 und nenne zum gesuchten Staat/Land die dazugehörige Hauptstadt.

3 Arbeitet in Gruppen mit der Karte M 1 und dem Kartenanhang:
a) Jede Gruppe stellt einen Teilraum Europas auf einem Plakat vor. Legt dazu eine Tabelle an:

Teilraum	Staat	Hauptstadt	Autokennzeichen
Nordeuropa	Island	Reykjavík	IS
...	...	...	...

b) Ergänzt euer Plakat mit den zugehörigen Flaggen.

4 EXTRA
a) Erstelle einen eigenen Steckbrief wie in M 3 zu einem Staat/Land deiner Wahl.
b) Dein Lernpartner bzw. deine Lernpartnerin soll erraten, welcher Staat gemeint ist.

AFB I: 1, 2 II: 3, 4   AFB I: 1, 2 II: 3, 4   → Lösungshilfen ab S. 232

Die Merkmale der Großlandschaften Europas beschreiben

Europas Großlandschaften

Hohe Gebirge, tiefe Täler, weite Ebenen sowie steile und flache Küsten: In Europa kannst du abwechslungsreiche Landschaften entdecken.

A – Tiefland im Norden Polens

Tief- und Hügelland
Tiefländer bedecken die größte Fläche Europas. Sie reichen bis in eine Höhe von 200 m. Einige Gebiete, die Senken, liegen sogar tiefer als der Meeresspiegel. Das **Relief** ist eben bis wellig. Wiesen, Heidelandschaften sowie mächtige Ströme und Seen prägen die Landschaft. Innerhalb der Tiefländer machen Hügelländer mit Höhen bis über 300 m das Relief abwechslungsreich. In diesen Gegenden sind auch größere geschlossene Waldgebiete zu finden.

B – Mittelgebirge in Tschechien

Mittelgebirgsland
Zahlreiche Einzelgebirge mit Höhen zwischen 500 m bis etwa 1 800 m bilden das Mittelgebirgsland. Bergketten mit abgerundeten Gipfeln und Hochflächen prägen das Bild. Aber auch tiefe, fast senkrecht eingeschnittene Täler gibt es. Typisch sind die großen Laub- und Nadelwälder. In Höhen um 1 800 m wird die Pflanzenwelt wegen der abnehmenden Temperaturen spärlicher. Bäume werden nicht mehr so groß und stehen weiter voneinander entfernt.

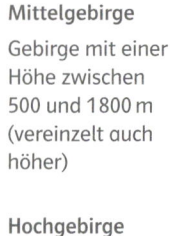

Mittelgebirge
Gebirge mit einer Höhe zwischen 500 und 1 800 m (vereinzelt auch höher)

Hochgebirge
Gebirge mit einer Höhe von 1 800 m und höher

Relief
Oberflächenformen der Erde z. B. Gebirge, Täler, Becken

C – In den Pyrenäen

Hochgebirge
Einige Berge der europäischen Hochgebirge sind über 4 000 m hoch. Ihre Felsen ragen steil und schroff in den Himmel. Mit zunehmender Höhe nimmt der Pflanzenreichtum ab. Wälder werden durch Wiesen und Matten ersetzt. Hier findet man vielfach seltene Tiere und Pflanzen. Die Gipfel haben häufig keine Vegetation, manche sind sogar das ganze Jahr mit Eis und Schnee bedeckt. Ihre Gletscher sind die Geburtsstätten zahlreicher Flüsse.

M1 Landschaften in Europa

T1 Großlandschaften und Gewässer
Tiefländer, Mittelgebirge und Hochgebirge – die Großlandschaften, die du aus Deutschland kennst, findest du auch in Europa. Aus den zahlreichen Gebirgen entspringen Flüsse. Das Gewässernetz des Kontinents ist vielfältig und weitverzweigt. Große Flüsse münden ins Meer und lagern an den Küsten viel Material ab. Zum **Gewässernetz** gehören auch Kanäle, die die Flüsse miteinander verbinden, und die zahlreichen Seen in Europa.

M2 Die Donau: rund 2 850 km lang

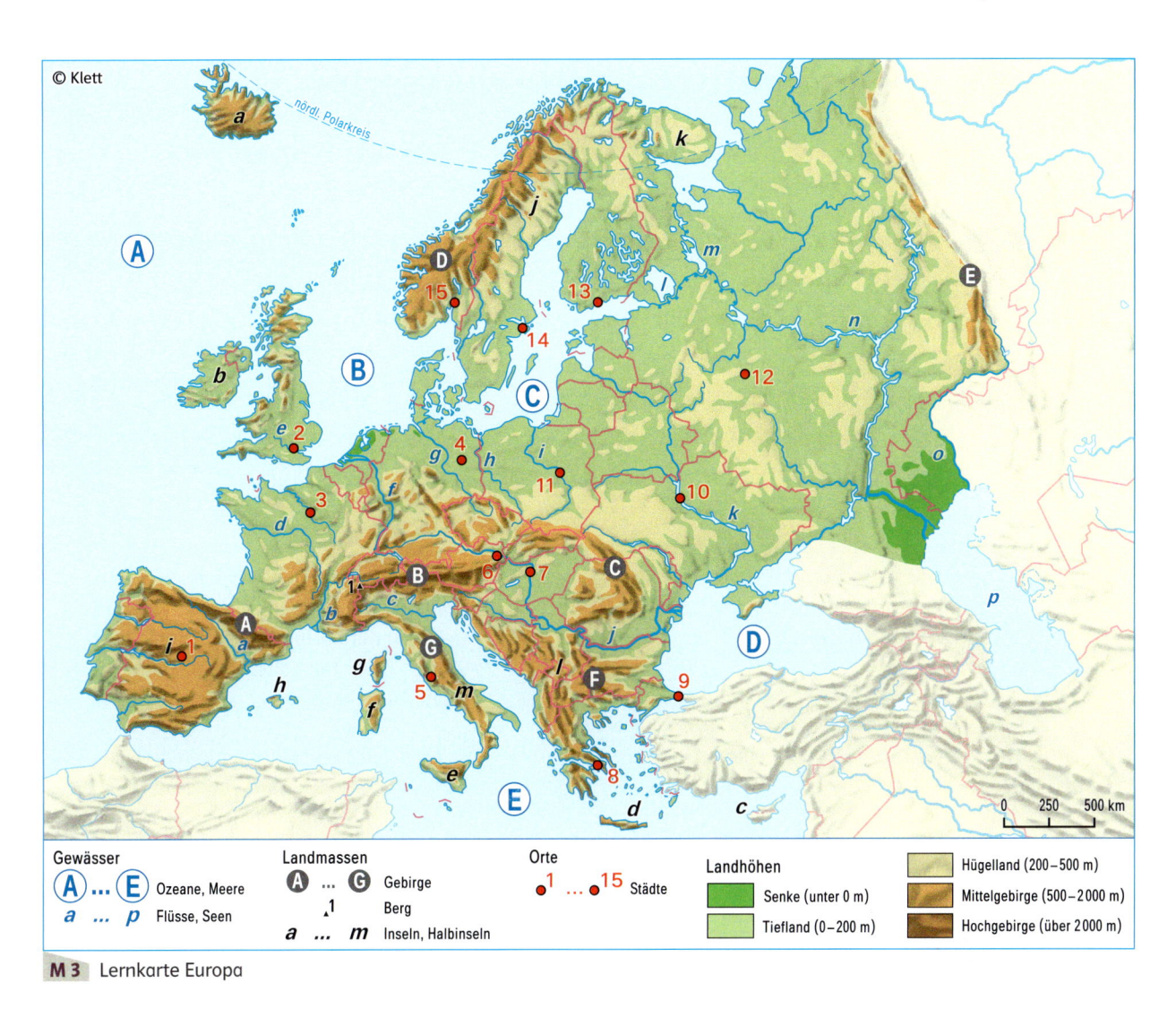

Europa im Überblick 6

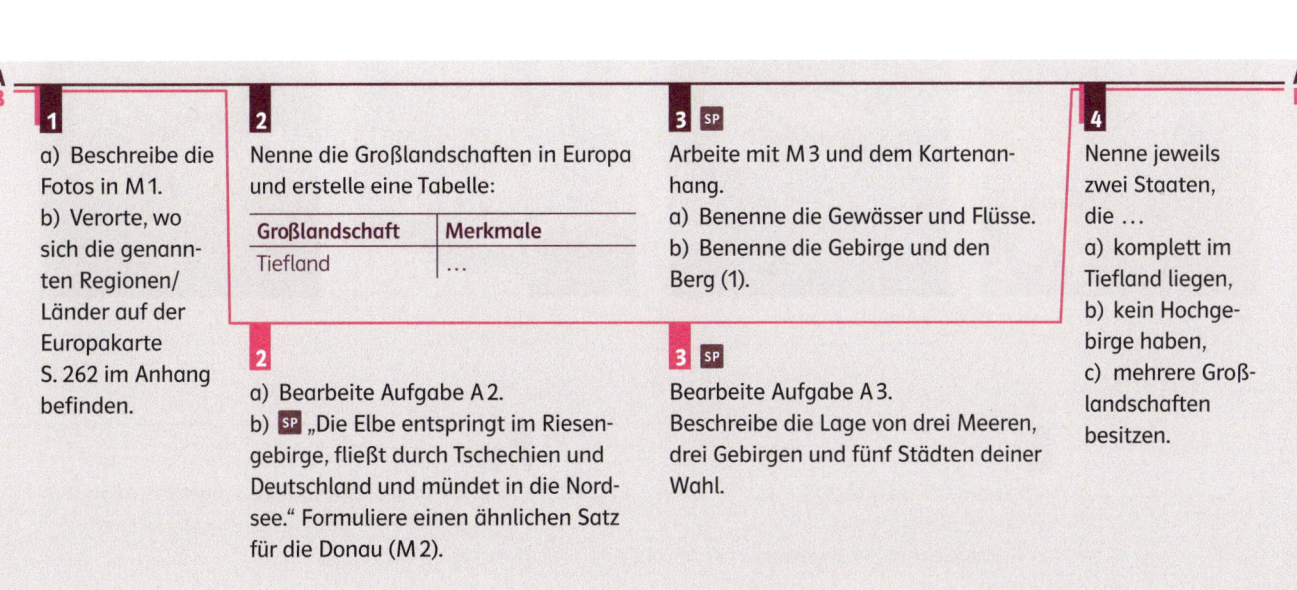

M 3 Lernkarte Europa

Gewässer
- A ... E Ozeane, Meere
- a ... p Flüsse, Seen

Landmassen
- A ... G Gebirge
- ▲ 1 Berg
- a ... m Inseln, Halbinseln

Orte
- ● 1 ... ● 15 Städte

Landhöhen
- Senke (unter 0 m)
- Tiefland (0–200 m)
- Hügelland (200–500 m)
- Mittelgebirge (500–2 000 m)
- Hochgebirge (über 2 000 m)

1
a) Beschreibe die Fotos in M 1.
b) Verorte, wo sich die genannten Regionen/Länder auf der Europakarte S. 262 im Anhang befinden.

2
Nenne die Großlandschaften in Europa und erstelle eine Tabelle:

Großlandschaft	Merkmale
Tiefland	…

2
a) Bearbeite Aufgabe A 2.
b) SP „Die Elbe entspringt im Riesengebirge, fließt durch Tschechien und Deutschland und mündet in die Nordsee." Formuliere einen ähnlichen Satz für die Donau (M 2).

3 SP
Arbeite mit M 3 und dem Kartenanhang.
a) Benenne die Gewässer und Flüsse.
b) Benenne die Gebirge und den Berg (1).

3 SP
Bearbeite Aufgabe A 3.
Beschreibe die Lage von drei Meeren, drei Gebirgen und fünf Städten deiner Wahl.

4
Nenne jeweils zwei Staaten, die …
a) komplett im Tiefland liegen,
b) kein Hochgebirge haben,
c) mehrere Großlandschaften besitzen.

AFB I: 1–4   AFB I: 1–4   → Lösungshilfen ab S. 232   95

Methode

Eine thematische Karte schrittweise auswerten

MK Eine thematische Karte auswerten

Thematische Karten gehören in Geographie dazu. Sie behandeln immer ein spezielles Thema in einer Region, z. B. die Bevölkerungsdichte in Europa.
Hier lernst du, wie du solche Karten schrittweise auswertest.

SP Tipp

→ Aufgabe 2

Die Karte zeigt … / Das Thema der Karte ist …

In der Legende werden verschiedene Farben, Linien und Kartensymbole verwendet: …

Die Karte hat den Maßstab …

Nicht überall gibt es …

Besonders …

1. Schritt: Raum und Inhalt erkennen
Welcher Raum ist dargestellt? Welches Thema hat die Karte?

Karte M 2 stellt Europa dar. Sie zeigt die Lage und Verteilung von dicht und dünn besiedelten Gebieten.

2. Schritt: Die Legende der Karte lesen
Welche Bedeutung haben die Farben, Linien und Kartensymbole in der Legende? Welchen Maßstab hat die Karte?

Rechts neben der Karte befindet sich die Legende. Mit ihrer Hilfe lässt sich die Bevölkerungsdichte unterscheiden. …

3. Schritt: Karteninhalt beschreiben
Welche Unterschiede in der Verteilung der Kartensymbole kannst du erkennen? Fallen dir Regelmäßigkeiten oder Besonderheiten auf?

Dicht besiedelte Gebiete liegen vor allem in Mitteleuropa … Sie liegen meist an der Küste oder an schiffbaren Flüssen …

4. Schritt: Karteninhalt erklären
Welche Ursachen hat die unterschiedliche Verteilung der Kartensymbole? Nutze auch weitere Karten oder andere Informationsquellen zur Erklärung.

Die schiffbaren Flüsse, Kanäle und Meere sind wichtige Verkehrswege, an denen sich Menschen … Vor allem im Tiefland …

M 1 A: London; B: Lofoten; C: Warschau; D: Island

1
Arbeite mit den Fotos M 1:
a) Werte die Fotos aus.
b) Ordne sie mithilfe des Atlas in Karte M 2 ein.

2 SP
Werte Karte M 2 mithilfe der Schritte 1–4 aus. Ergänze den zweiten, dritten und vierten Schritt. Nutze auch den Sprachtipp.

Europa im Überblick 6

M 2 Bevölkerungsdichte in Europa

Bevölkerungsdichte in Einwohner/km²
- über 200
- 100–200
- 50–100
- unter 50

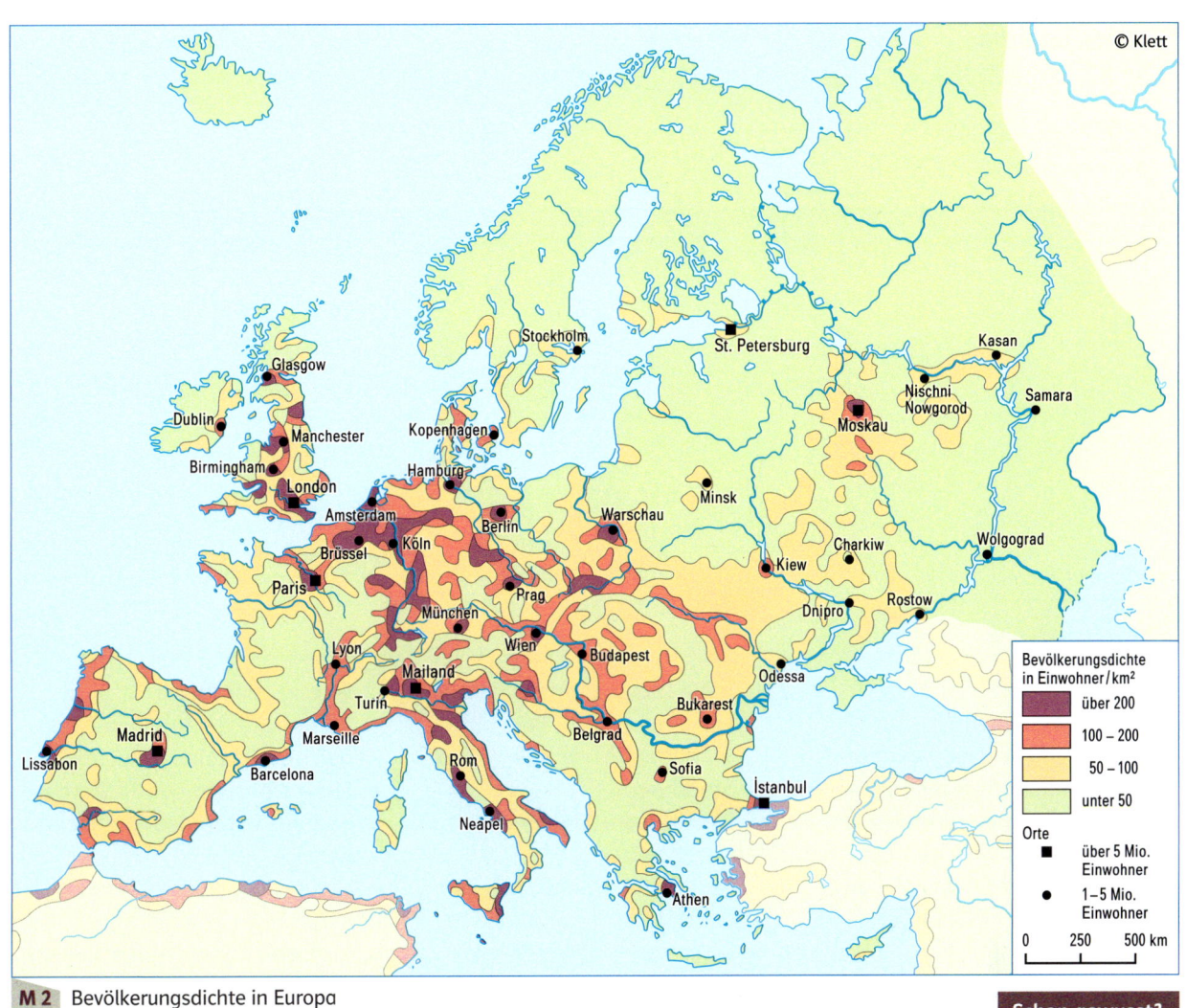

Orte
- ■ über 5 Mio. Einwohner
- ● 1–5 Mio. Einwohner

T1 Bevölkerungsdichte in Europa

Europa ist mit rund 10 Millionen Quadratkilometern (km²) der zweitkleinste Kontinent der Erde. Rund 740 Millionen Menschen leben auf ihm – die durchschnittliche Bevölkerungsdichte beträgt also 74 Menschen je Quadratkilometer. Doch die Bevölkerung ist ungleich verteilt. Weite Teile des Kontinents sind nur sehr dünn besiedelt, andere Teile dagegen viel dichter. Für die ungleiche Verteilung gibt es Gründe.

Der Kontinent verfügt über unterschiedliche Lebensbedingungen hinsichtlich:
- natürlicher Bedingungen wie Lage zum Meer oder Höhenlage,
- kultureller Erschließung,
- geschichtlicher Entwicklung,
- vorhandener Wirtschaftsräume.

Um sich über die Verteilung von Europas Bevölkerung ein Bild zu machen, eignet sich eine thematische Karte zur Bevölkerungsdichte am besten.

Schon gewusst?

Das Land mit der weltweit höchsten Bevölkerungsdichte ist Monaco (17 000 Einw./km²), das Land mit der niedrigsten Bevölkerungsdichte ist die Mongolei (2 Einw./km²).

3
Nenne jeweils drei Länder in M 2, die überwiegend dicht besiedelt bzw. dünn besiedelt sind.

4 EXTRA
Arbeite mit dem Atlas. Nenne weitere thematische Karten:
a) zur Bevölkerungsdichte, b) zu drei weiteren Themenbereichen.

Training

Wichtige Begriffe

- Binnenstaat
- Doppelkontinent
- Gewässernetz
- Hauptstadt
- Insel
- Halbinsel
- Relief

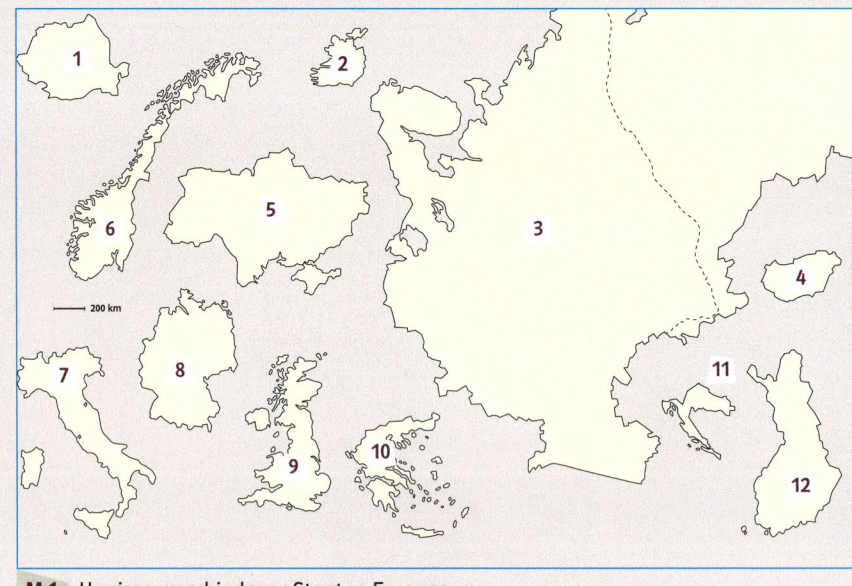

M 1 Umrisse verschiedener Staaten Europas

Sich orientieren

1 Staaten erkennen

In M1 sind europäische Staaten abgebildet. Notiere die Namen der Staaten und ordne sie den Teilräumen Europas zu. Lege dazu eine Tabelle wie folgt an:

Nr.	Staat	Teilraum
…	…	…

2 Nachbarstaaten Deutschlands

Benenne die dunkelrot gekennzeichneten Staaten mit ihren Hauptstädten in den Karten M 2 (A – F).

3 Grenzen Europas

Beschreibe die Grenzen Europas im Norden, Westen, Süden und Osten.

4 Auf die Lage kommt es an

Welche Hauptstadt liegt am
- nördlichsten: Helsinki – Oslo – Stockholm?
- westlichsten: Dublin – Paris – Lissabon?
- südlichsten: Athen – Madrid – Rom?
- östlichsten: Kiew – Minsk – Moskau?

Kennen und verstehen

5 Findest du die Begriffe
a Land, das vollständig von Wasser umgeben ist
b Doppelkontinent, auf dem wir leben
c Bezeichnung für die Oberflächenformen der Erde
d Stadt, in der die Regierung eines Landes ihren Sitz hat
e Bezeichnung für ein Land, das keinen Anteil an einer Meeresküste hat

6 Richtig oder falsch

Verbessere die falschen Aussagen und schreibe sie richtig auf.
a Europa besteht aus 37 Staaten.
b Europas Ostgrenze ist das Uralgebirge.
c Europa ist der kleinste Kontinent.
d Russland und die Türkei liegen auf zwei Kontinenten.
e Deutschland gehört zum Teilraum Südeuropa.
f Europa ist der Kontinent mit den meisten Einwohnern.

Beurteilen und bewerten

7 Fotos zuordnen

Die Fotos M 3 – M 6 stammen aus europäischen Hauptstädten. Gib an, in welchen Staaten sie aufgenommen wurden.

D14 Arbeitsblatt Selbsteinschätzung

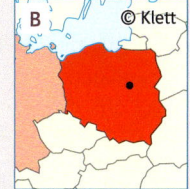

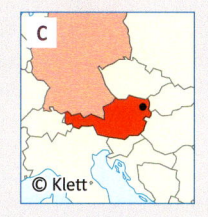

D15 Arbeitsblatt Lösungen

6 Europa im Überblick

M 2 A © Klett B © Klett C © Klett D © Klett E © Klett F © Klett

M 3 Eiffelturm in Paris

M 5 Akropolis in Athen

M 4 Parlamentsgebäude mit Elizabeth Tower in London

M 6 Hallgrímskirkja in Reykjavík

8 Außenseiter gesucht
Finde den Außenseiter und begründe, warum er nicht dazu passt.
a Finnland – Norwegen – Belgien – Schweden
b Griechenland – Kroatien – Italien – Spanien
c Kreta – Mallorca – Korsika – Wolga
d Rhein – Donau – Po – Monaco
e Alpen – Schwäbische Alb – Pyrenäen – Karpaten
f Frankreich – Großbritannien – Island – Irland
g Slowakei – Russland – Ukraine – Weißrussland

Wissen vernetzen

9 Plane eine Reise durch Europa
Du willst mit einem Freund oder einer Freundin einen Trip durch Europa mit dem Zug oder Bus machen. Plane eine Reise, auf der ihr mindestens fünf Hauptstädte besucht. Beschreibe den Reiseverlauf.

Extra

Rekorde in Europa erkennen und verorten

1 Betrachte die Bilder A–H. Finde zu den Bildern den passenden Rekord.

2 Arbeite mit dem Atlas. Ordne die Rekorde in Europa dem jeweiligen Land zu. Lege dazu eine Tabelle wie folgt an:

Rekord	Name	Lage
…	…	…

Rekorde in Europa

Welcher ist der längste Fluss in Europa? Wie heißt der höchste Berg Europas? Wo befindet sich der größte Gletscher Europas? Hier erfährst du alles über die Superlative unseres Kontinents.

T1 Der höchste Berg Europas
Der Mont Blanc ist ein Berg in den westlichen Alpen und liegt auf der Grenze zwischen Italien und Frankreich. Er ist mit 4 810 m Höhe der höchste Berg Europas. Ob er tatsächlich der höchste Berg in Europa ist, darüber lässt sich streiten. Der Berg Elbrus im Kaukasus ist mit 5 642 m höher, aber er liegt nicht mehr im europäischen Teil Russlands.

T2 Der Mont Blanc wird kleiner
Experten messen regelmäßig die Höhe des Mont Blanc. Dabei stellten sie fest, dass der Berg seit 2015 etwa um 1,30 m geschrumpft ist. Der Berg ist von ewigem Eis bedeckt und durch Schneeverwehungen formt sich die Spitze des Berges immer wieder neu. Dadurch verändert sich seine Höhe. Die Höhe des Felsens unter dem Eis ändert sich kaum. Sie bleibt immer bei 4 792 m.

M1 Der Mont Blanc (Hintergrund) mit der Bergstation auf der Spitze Aiguille du Midi im Vordergrund

D 16
Arbeitsblatt
Lösungen

Europa im Überblick 6

3 MK

Wähle einen Rekord in Europa aus und erstelle einen Steckbrief (Name, Lage, Besonderheit ...).

AFB I: 1 II: 2, 3   → Lösungshilfen ab S. 232

- **Tiefste Schlucht** Tara-Schlucht nahe dem Berg Durmitor
- **Höchster aktiver Vulkan** Ätna auf Sizilien
- **Größte Insel** Großbritannien
- **Größter Gletscher** Vatnajökull
- **Längster Fluss** Wolga
- **Größte Stadt** Moskau
- **Größte Sanddüne** Düne von Pilat bei Arcachon
- **Höchste senkrechte Bergwand** Trollveggen bei Åndalsnes

101

7 Vielfältige Landwirtschaft

M1

Eine abwechslungsreiche Ernährung ist wichtig. Landwirtinnen und Landwirte versorgen uns täglich mit Lebensmitteln wie Obst, Gemüse, Getreide, Milch und Fleisch. Wie erzeugen sie unsere Lebensmittel? Wie wirken sich unsere Ernährungsgewohnheiten auf die Landwirtschaft aus? Finde es auf den folgenden Seiten heraus.

M 2

M 3

Methode

Ein Thema in Form eines Gruppenpuzzles erarbeiten

Ein Gruppenpuzzle durchführen

Viele Inhalte bestehen aus unterschiedlichen Teilthemen. Diese können oft besser bearbeitet werden, wenn man sich die Arbeit in der Gruppe aufteilt. Beim Gruppenpuzzle werden alle Gruppenmitglieder zu Experten für ein bestimmtes Teilthema, das sie an ihre Mitschülerinnen und Mitschüler weitergeben.

1 Vorbereitung
Macht euch mit der Methode des Gruppenpuzzles (Schritte 1 bis 4) vertraut.

2 Durchführung
Erarbeitet das vorgegebene Thema, das in verschiedene Teilthemen aufgeteilt wurde, mit der Methode des Gruppenpuzzles.

3 Nachbereitung
Denkt über eure Arbeit in den Stamm- und Expertengruppen nach. Was lief gut? Was könnte man beim nächsten Mal verbessern?

Gruppenpuzzle
→ Vom Korn zum Brot
Seite 106/107
→ Frisch vom Feld
Seite 108/109
→ Viel Fleisch für viele
Seite 110/111
→ Umweltverträglich und artgerecht
Seite 112/113

M 1 Vorbereitung im Klassenzimmer

M 2 Stammgruppen

T 1 Gruppenpuzzle
Viele Themen sind so vielfältig und komplex, dass sie in verschiedene Teilthemen aufgeteilt werden und sich dann gut in einem Gruppenpuzzle bearbeiten lassen. Jedes Mitglied der Stammgruppe eignet sich zunächst als Experte das Wissen zu einem Teilthema an. Dieses bringen die Experten dann zurück in ihre Stammgruppen und erklären es den anderen Gruppenmitgliedern. Abschließend werden alle Ergebnisse der verschiedenen Experten zusammengefasst.

1. Schritt: Stammgruppen bilden und Experten bestimmen
Setzt euch in Gruppen mit mindestens drei und maximal sechs Schülerinnen und Schülern zusammen und bildet die Stammgruppe.
Verschafft euch einen Überblick über die Teilthemen und macht euch mit dem Arbeitsauftrag vertraut. Bestimmt dann jeweils einen oder auch zwei Experten für jedes Teilthema.

7 Vielfältige Landwirtschaft

M 3 Expertengruppen

M 4 Stammgruppen

2. Schritt: In den Expertengruppen Wissen erarbeiten

Setzt euch nun mit den anderen Experten eures Teilthemas zusammen. Wenn eine Gruppe zu groß ist, könnt ihr auch zwei Expertengruppen bilden. Erarbeitet euch Expertenwissen, indem ihr den Arbeitsauftrag gemeinsam bearbeitet. Haltet die Ergebnisse schriftlich fest. Nach der Erarbeitung des Expertenwissens löst ihr die Expertengruppe auf und setzt euch wieder mit eurer Stammgruppe zusammen.

3. Schritt: In der Stammgruppe das erworbene Expertenwissen weitergeben

Jeder Experte trägt in seiner Stammgruppe sein in der Expertengruppe erworbenes Wissen möglicht frei vor. Der Experte oder die Expertin verwendet dabei seine bzw. ihre eigenen Notizen. Die anderen Gruppenmitglieder hören aufmerksam zu und fragen bei Bedarf nach, wenn Dinge unklar sind.

4. Schritt: In der Stammgruppe die Ergebnisse zusammenfassend darstellen

Wenn alle Stammgruppenmitglieder über die unterschiedlichen Teilthemen informiert sind und alles verstanden haben, werden die Ergebnisse zusammengefasst. Das kann über eine anschauliche Darstellung (z. B. Plakat, Skizze, Tabelle) erfolgen, über ein Arbeitsblatt, das ihr von eurer Lehrerin oder eurem Lehrer bekommt.

Vergleicht abschließend die Ergebnisse aller Stammgruppen und diskutiert über mögliche Unterschiede in den Arbeitsergebnissen der einzelnen Stammgruppen.

AFB II: 1 – 3   ↗ Lösungshilfen ab S. 232

Die Bedingungen des Getreideanbaus und den Produktionsweg vom Korn zum Brot erläutern

Gruppenpuzzle

- **A** Vom Korn zum Brot — diese Seite
- **B** Frisch vom Feld — Seite 108/109
- **C** Viel Fleisch für viele — Seite 110/111
- **D** Umweltverträglich und artgerecht — Seite 112/113

A Vom Korn zum Brot

Brot, Nudeln, Gebäck, Pizza – all diese Lebensmittel enthalten Getreide. Bekannte Getreidesorten sind Weizen, Roggen, Dinkel und Hafer. Sie können in Deutschland angebaut werden – aber nur da, wo bestimmte Voraussetzungen erfüllt sind.

1 Beschreibe den Weg des Getreides vom Korn zum Brot (M 3).

2 Erläutere, wie Landwirt Kessing Getreidewirtschaft betreibt und warum er auf Fruchtfolge achten muss (M 2, M 4).

3 Beschreibe, unter welchen Bedingungen Weizen gut wachsen kann (T 1, M 1).

4 Erkläre die Entstehung von Löss und die Vorteile von Lössböden für die Landwirtschaft (T 2 und M 6).

5 Arbeite mit M 5 und dem Atlas.
a) Bestimme die Namen der Börden und Gäulandschaften.
b) Kennzeichne die, an denen Hessen Anteil hat.

Familie: Süßgräser
Körner pro Ähre: 25–40
Anbauzeit: Winterweizen: ca. 9 Monate vom Herbst bis zum folgenden Sommer; Sommerweizen: ca. 7 Monate vom zeitigen Frühjahr bis zum Spätsommer
durchschnittlicher Ertrag in Deutschland: 7,6 Tonnen/Hektar

M 1 Steckbrief des Weizens

M 4 Getreideernte

Landwirt Kessing aus Soest berichtet:

Ich halte nicht mehr viele Tiere, sondern widme mich dem Getreideanbau auf einer möglichst großen Fläche. Diese Spezialisierung spart Zeit und Geld. Damit das Getreide gut wächst, setze ich Mittel gegen Schädlinge und Unkraut ein. Doch der Anbau entzieht dem Boden auf Dauer Nährstoffe. Daher muss ich jedes Jahr die Anbaupflanze auf einer Fläche wechseln, zum Beispiel im ersten Jahr Weizen, dann Raps, im dritten Jahr Zuckerrüben und danach wieder Weizen. Dieser jährliche Wechsel heißt **Fruchtfolge**. Dadurch kann sich der Boden erholen.

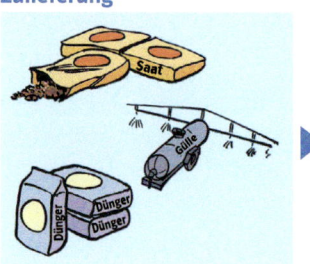

M 2

Zulieferung — **Produktion** — **Transport**

M 3 Weg des Getreidekorns zum Produkt

7 Vielfältige Landwirtschaft

T1 Sonne und Regen

Allgemein sind eine gute **Bodenqualität**, die richtige **Temperatur** und **Wasserversorgung** wichtige Bedingungen für die Landwirtschaft. Sie entscheiden darüber, wo sich ein Betrieb ansiedelt. Für den **Ackerbau**, speziell den Getreideanbau, braucht ein Landwirt guten Boden sowie Wärme und Wasser. Das Klima spielt eine entscheidende Rolle, jedoch darf es weder zu viel noch zu wenig Wärme und Wasser sein. Perfekt ist es, wenn es immer wieder ein bisschen regnet und sich sonnige, warme Tage mit feuchten Tagen abwechseln. Getreide benötigt in der Regel 50 bis 150 Tage im Jahr eine Temperatur von über 5 °C. Weizen wächst am besten zwischen 10 und 25 °C.

T2 Fruchtbarer Boden für gutes Getreide

Perfekt für Ackerbau ist ein Boden aus Löss. Ein solcher Boden kann viele Mineralstoffe und Nährstoffe speichern; er ist feinkrümelig und gut durchlüftet. Wasser und Wärme können optimal gespeichert werden, die Wurzeln bilden sich gut aus. Gebiete mit Lössböden nennt man **Börden**. Die gleichen Gebiete heißen in Süddeutschland **Gäulandschaften**.

In Deutschland sind Börden an den Rändern der Mittelgebirge zu finden. Der Großteil des Ackerbaus wird in Deutschland in einer Höhe zwischen 400 und 500 m erwirtschaftet, allerdings auf großen, ebenen Flächen. Weniger gut geeignet sind die Böden an den Hängen der Mittelgebirge, denn die Arbeit dort ist aufwendiger als in Ebenen.

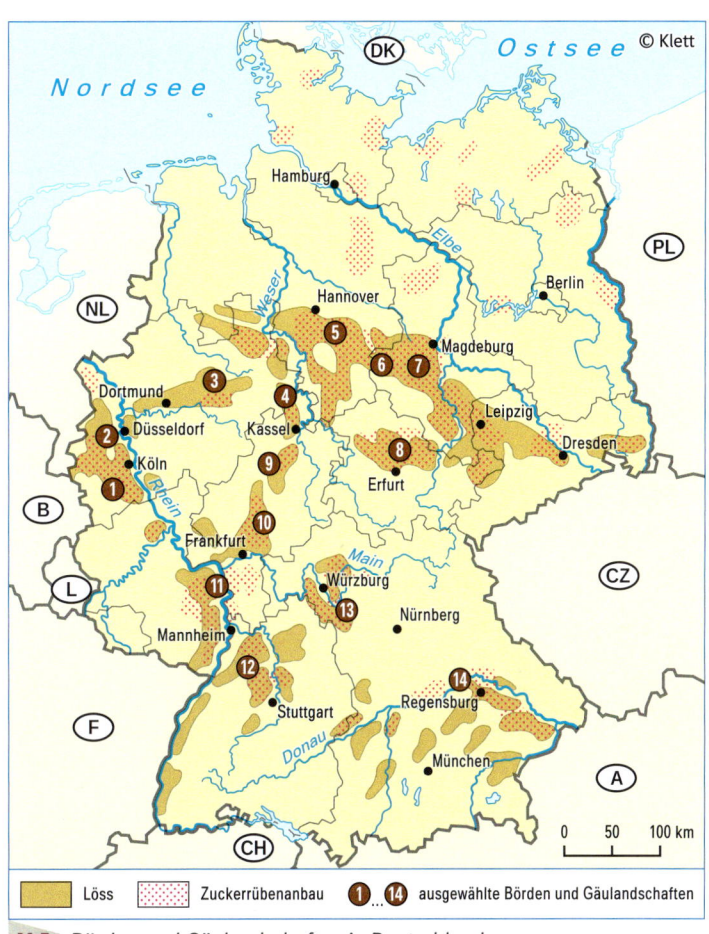

M 5 Börden und Gäulandschaften in Deutschland

Löss ist ein feiner Gesteinsstaub, der während der Eiszeiten (bis vor ca. 10 000 Jahren) von Winden bis an den Rand der Mittelgebirge transportiert wurde. Daraus entwickelten sich landwirtschaftlich gut nutzbare Böden.

M 6

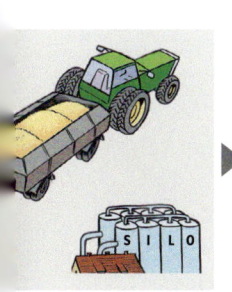

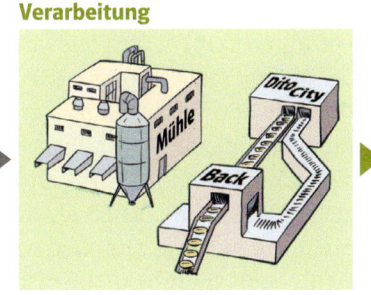

Verarbeitung — **Verkauf** — **Produkte**

AFB I: 1, 3   II: 2, 4, 5   ↗ Lösungshilfen ab S. 232

Den Anbau von Sonderkulturen an Beispielen erläutern

Gruppenpuzzle

A **Vom Korn zum Brot**
Seite 106/107

B **Frisch vom Feld**
diese Seite

C **Viel Fleisch für viele**
Seite 110/111

D **Umweltverträglich und artgerecht**
Seite 112/113

B Frisch vom Feld

Salat, Zucchini, Erbsen, Möhren und andere Gemüsesorten sind Teil unserer Ernährung, ebenso genießen wir Spargel und Erdbeeren. Ihr Anbau erfordert viel Zeit und Arbeit. Das hat einen bestimmten Grund.

1
Erdbeeren und Salat gehören zu den Sonderkulturen.
a) Erkläre den Begriff (T1).
b) Nenne weitere Sonderkulturen (M5).

2
Begründe, warum der Anbau von Sonderkulturen zeitaufwendig und teuer ist (T1, T2).

3
Arbeite mit M3 und M4.
Erläutere den Weg der Erdbeere nach M3. Beziehe dabei die Informationen von Landwirtin Bröker aus M4 mit ein.

4
Nutze noch einmal M4. Gestalte einen in Monate eingeteilten Jahresstreifen zur Überschrift: „Das Arbeitsjahr auf Erdbeerfeldern".

August	Sept.
Jungpflanzen setzen	…

M 1 Anbau und Schutz der Erdbeerpflanzen

M 2 Salaternte

Dauerkultur
Pflanzenbestand, der über einige Jahre wiederkehrende Erträge bringt

T1 Sonderkulturen

Pflanzen, die besondere Ansprüche an Klima, Boden, Lage und Bewirtschaftung haben, heißen **Sonderkulturen**. Es sind in der Regel mehrjährige Pflanzen, die in Dauerkultur angebaut werden, zum Beispiel Kirschen und Weinreben. Erdbeer- und Spargelpflanzen haben eine Nutzungsdauer von nur zwei bis drei Jahren. Sonderkulturen erfordern einen hohen Zeit- und Arbeitseinsatz, weil sie eine intensive Pflege verlangen und viele Arbeitsschritte per Hand notwendig sind. Hinzu kommen Kosten für Betriebsmittel wie Maschinen, Dünger und Folien. Andererseits erbringen Sonderkulturen auch höhere Einnahmen pro Hektar als beispielsweise Getreide.

T2 Veränderte Anbaumethoden

Die natürlichen Bedingungen für die Sonderkulturen müssen stimmen. Die Landwirte haben keinen Einfluss auf das Wetter. Deshalb nutzen sie beim Salat- und Erdbeeranbau immer öfter große Mengen Folie. Sie sollen die empfindlichen Pflanzen vor Starkregen schützen und für gleichmäßig warme Temperaturen sorgen. Die Landwirte vergrößern die Anbaumöglichkeiten außerdem durch Gewächshäuser mit Heizsystemen. Mit Beregnungsanlagen und Mineraldünger sorgen sie für die richtige Wasser- und Nährstoffzufuhr. So können die Landwirte intensiver produzieren sowie öfter und mehr ernten. Dafür haben Sonderkulturfrüchte einen recht hohen Preis.

7 Vielfältige Landwirtschaft

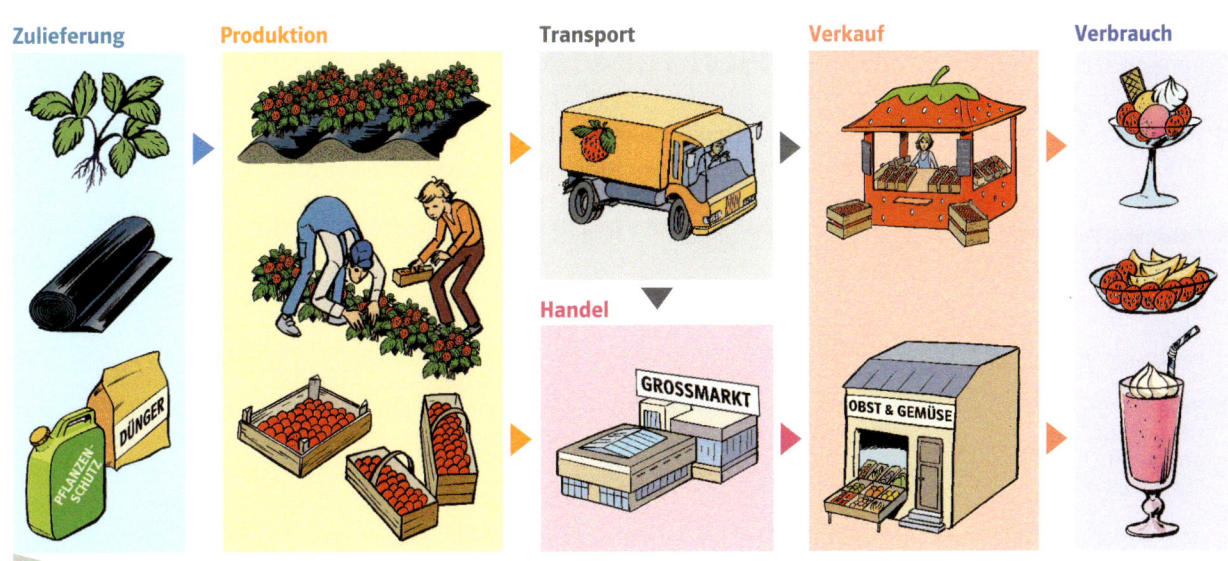

Zulieferung — **Produktion** — **Transport** — **Verkauf** — **Verbrauch**

Handel

M 3 Schnell und frisch auf den Tisch – der Weg der Erdbeere

Landwirtin Bröker aus Hessen berichtet:

Das Arbeitsjahr auf den Erdbeerfeldern beginnt im August mit dem Setzen von Jungpflanzen. Sie werden heute überwiegend unter Folie auf Dämmen angepflanzt. Die Folie bringt dem Boden zusätzlich Wärme. Von November bis Februar decken wir die Pflanzen mit einem Vlies ab, um sie vor Frost zu schützen. Im März und April lockern und düngen wir den Boden, nehmen das Unkraut heraus und setzen Pflanzenschutzmittel gegen Schädlinge ein. Danach bedecken wir die Erde zwischen den Dämmen mit Stroh. Von Anfang Mai bis Ende Juni ist Erntezeit. Ein Feld ist in etwa drei bis vier Wochen abgeerntet. Einen Teil unserer Erdbeeren bieten wir an unseren Verkaufsständen an, zusammen mit anderen regionalen Produkten. Denn neben Erdbeeren bauen wir auch Spargel an. Beide Lebensmittel sind saisonale Produkte, sie können nur im späten Frühjahr geerntet und verkauft werden. Spargel und Erdbeeren, die schon vorher im Supermarkt ausliegen, kommen in der Regel nicht aus der Region.

M 4

M 5 Einige Sonderkulturen

M 6 Am Verkaufsstand

AFB I: 1b II: 1a, 2–4 → Lösungshilfen ab S. 232

> Die Merkmale der konventionellen Landwirtschaft am Beispiel Massentierhaltung beschreiben

Gruppenpuzzle

A **Vom Korn zum Brot** Seite 106/107

B **Frisch vom Feld** Seite 108/109

C **Viel Fleisch für viele** diese Seite

D **Umweltverträglich und artgerecht** Seite 112/113

C Viel Fleisch für viele

Würstchen, Schnitzel und Hamburger – im Durchschnitt isst jeder Deutsche 83 Kilogramm Fleisch und Wurst pro Jahr. Früher konnte man sich höchstens einmal pro Woche ein Stück Fleisch leisten. Wie kann es sein, dass Fleisch heute bei vielen Menschen fast täglich auf dem Speiseplan steht?

1. Beschreibe den Weg vom Mastschwein aus der Aufzucht bis zum verkaufsfertigen Produkt (T1, M3).

2. Zähle auf, was typisch für die Massentierhaltung ist (T1, M1, M2, M5).

3. Erläutere, warum sich viele Landwirte in Norddeutschland für die Tiermast entscheiden (M4).

4. Vergleiche die Situation der beiden Landwirte in M4 und M6.

5. Viel Fleisch für viele (M1, M2, M6): Stelle die Folgen für Mensch, Tier und Umwelt dar.

M1 Kastenstand in einem Aufzuchtbetrieb

M2 Maststall im Schweinemastbetrieb

Kastenstand
Während der Trächtigkeit und Säugezeit werden die Zuchtsauen im Kastenstand gehalten, damit keine Ferkel durch die Sauen erdrückt werden.

konventionell
herkömmlich, üblich

T1 Massentierhaltung

Rund 32 kg Schweinefleisch isst jeder Deutsche pro Jahr. Damit dies zu einem günstigen Preis möglich ist, werden jährlich etwa 60 Millionen Schweine in Deutschland meist in **konventionellen** Betrieben auf engem Raum gemästet und nach weniger als einem Jahr geschlachtet.

In einem Aufzuchtbetrieb leben mehrere Tausend Schweine. Wegen der großen Anzahl von Tieren spricht man auch von **Massentierhaltung**. Der Stall ist in Boxen aufgeteilt, in denen je eine Muttersau mit acht bis zehn Ferkeln gehalten wird. Die Boxen stehen auf Spaltenböden, durch die der Kot und Urin der Tiere hindurchfällt. Dies erspart das Ausmisten und Einstreuen von Stroh. Nach etwa vier Wochen kommen die Ferkel in einen Aufzuchtstall, wo sie sechs Wochen bleiben. Danach werden sie an einen Mastbetrieb verkauft. Die Schweine müssen täglich 500 bis 800 g an Gewicht zunehmen. Computergesteuerte Anlagen verteilen das spezielle Mastfutter an die Tiere. Ihre Aufzucht wird streng kontrolliert; in engen Ställen darf kein Schwein krank werden. Klima- und Belüftungsanlagen sorgen für die ideale Raumluft. Die Automatisierung spart dem Landwirt Kosten und ermöglicht niedrige Preise für die Kunden.

Vielfältige Landwirtschaft

Zulieferung

Mais und Getreide aus eigenem Betrieb oder zugekauft

Mineralstoffe

Transport

Mastschwein

Verarbeitung

Verkauf

Produktion

8–10 Ferkel

Erzeugung / Aufzuchtbetrieb / Gülle als Dünger für das Feld

Schweinemastbetrieb

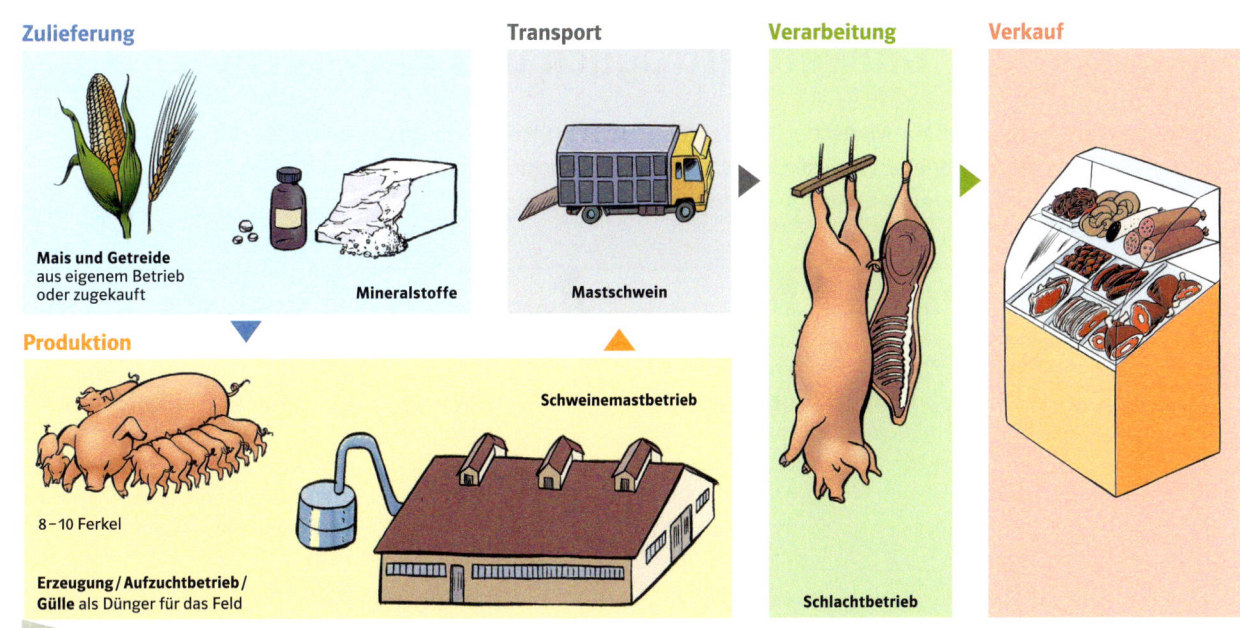

Schlachtbetrieb

M 3 Produktionskette vom Ferkel zum Schinken

Landwirt Brockmann berichtet:

Unser Schweinemastbetrieb liegt in Niedersachsen. Hier, im Norddeutschen Tiefland, werden fast 60 % aller deutschen Schweine gehalten. Das liegt vor allem an der geringen Qualität der Böden; Getreideanbau kommt für die Landwirte hier nicht infrage, aber für den Anbau von Futtermais reicht es. Es ist uns gelungen, Flächen in der Nachbarschaft hinzuzukaufen. Dadurch konnten wir die Anzahl der Tiere und die Größe der Nutzfläche verdoppeln. Mit nur ein wenig mehr Aufwand ist die Arbeit nun viel gewinnbringender. Andere Landwirte haben nicht so viel Glück, sie müssen Futtermittel, z. B. Soja aus Brasilien, zukaufen.

M 4

Landwirtin Schotte kann ihren Schweinemastbetrieb kaum noch am Leben halten. Sie erklärt die Gründe:

Seit Jahren geht die Zahl der kleineren Schweinemastbetriebe zurück, weil sie dem Preisdruck der Großbetriebe nicht standhalten können. Große Betriebe können Schweinefleisch durch größere Ställe und eine stärkere Automatisierung kostengünstig produzieren und das ist es, was die Kunden wollen! Den Preis für die Billigfleischstrategie zahlen die Tiere – und die Umwelt. Die Böden in Norddeutschland sind aufgrund großer Güllemengen vielerorts überdüngt, was zu einer sehr hohen Nitratbelastung des Grundwassers geführt hat. Mir bleiben zwei Möglichkeiten, mich über Wasser zu halten: Entweder ich erhöhe die Anzahl an Tieren drastisch oder ich setze die strengen und richtigen Auflagen zu mehr Tierwohl um. Dafür muss ich staatliche Förderung in Anspruch nehmen und darauf hoffen, dass die Kunden einen höheren Preis für Schweinefleisch zahlen wollen.

M 6

Massentierhaltung

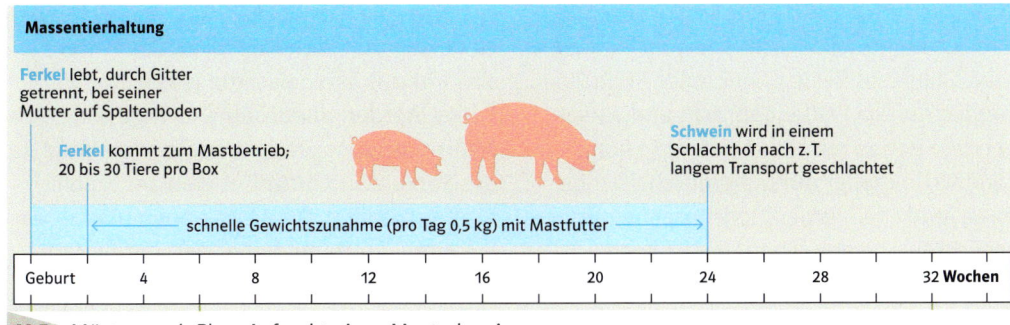

Ferkel lebt, durch Gitter getrennt, bei seiner Mutter auf Spaltenboden

Ferkel kommt zum Mastbetrieb; 20 bis 30 Tiere pro Box

Schwein wird in einem Schlachthof nach z.T. langem Transport geschlachtet

schnelle Gewichtszunahme (pro Tag 0,5 kg) mit Mastfutter

| Geburt | 4 | 8 | 12 | 16 | 20 | 24 | 28 | 32 **Wochen** |

M 5 Mästen nach Plan: Aufzucht eines Mastschweines

Gruppenpuzzle

A **Vom Korn zum Brot**
Seite 106/107

B **Frisch vom Feld**
Seite 108/109

C **Viel Fleisch für viele**
Seite 110/111

D **Umweltverträglich und artgerecht**
diese Seite

D Umweltverträglich und artgerecht

Merkmale der ökologischen Landwirtschaft beschreiben

Immer mehr Menschen kaufen Bio-Lebensmittel – und das, obwohl sie dafür mehr Geld ausgeben müssen. Was versprechen sie sich davon? Wodurch unterscheidet sich konventionelle von ökologischer Landwirtschaft?

1 SP Vergleicht das Foto M 2 mit den Fotos M 1 und M 2 auf Seite 110.

2 Ökologische Landwirtschaft:
a) Nenne Merkmale dieser Form der Landwirtschaft (T 1).
b) Erkläre den Kreislauf M 3.

3 Artgerechte Tierhaltung:
a) Beschreibe die Regeln der artgerechten Tierhaltung (T 2, M 2 – M 4).
b) SP Vergleiche die beiden Haltungsformen in M 4 und auf Seite 111 in M 5.

4 Erkläre, warum Bio-Fleisch teurer ist als konventionell erzeugtes Fleisch (T 3).

5 Beschreibe anhand von M 5, welche Produkte das staatliche Biosiegel erhalten.

M 1 Bio-Landwirtin Pfeifer

M 2 Schweine auf einem Biobauernhof

ökologisch
in diesem Fall umweltschonend und artgerecht

T 1 „Schwein gehabt"

Bio-Landwirtin Pfeifer betreibt **ökologische** Landwirtschaft. Grundlage ist ein möglichst geschlossener Kreislauf: Landwirtin Pfeifer hält nur so viele Schweine, wie sie von ihrem selbst erzeugten Tierfutter ernähren kann. Dabei ist ihr „Qualität statt Masse" wichtig, ihre Schweine sollen sich „sauwohl" fühlen. Mist, Gülle und Reste angebauter Pflanzen werden auf die Felder gebracht und versorgen den Boden mit Nährstoffen. So kann Landwirtin Pfeifer auf mineralische Düngemittel und chemische Pflanzenschutzmittel verzichten und das schont die Umwelt.

T 2 Artgerechte Tierhaltung

Für ökologisch arbeitende Betriebe gelten strenge Regeln, die regelmäßig kontrolliert werden. Der Schweinestall muss ausreichend groß und gut durchlüftet sein sowie genügend Tageslicht hereinlassen. Alle Tiere haben die Möglichkeit, sich ausreichend zu bewegen – auch im Freien. Das Futter stammt aus ökologischem Anbau und die Ferkel werden mindestens 40 Tage von ihrer Mutter gesäugt. Das stärkt die Abwehrkräfte des Ferkels und macht es weniger anfällig für Krankheiten. Die Mast erfolgt über einen längeren Zeitraum. Daher hat das Fleisch eine höhere Qualität.

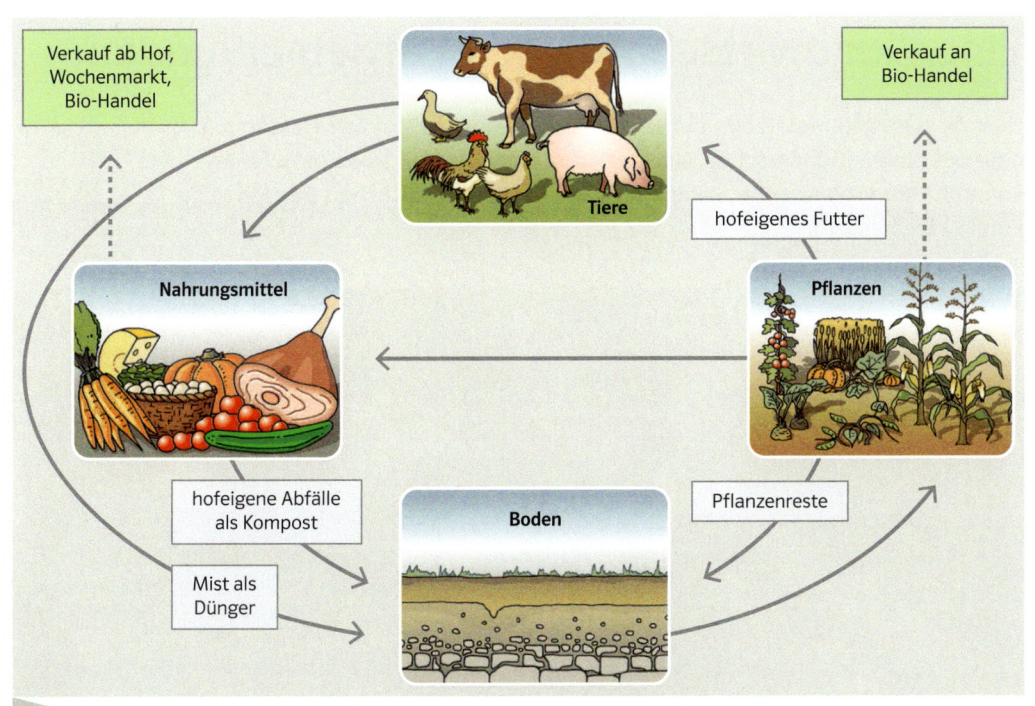

7 Vielfältige Landwirtschaft

SP Tipp

Einen Vergleich anstellen
→ Aufgabe 1 und 3b
- Im Vergleich zu …
- Es lassen sich zahlreiche Gemeinsamkeiten feststellen, z. B. …
- Im Gegensatz zu …
- Unterschiede sind …

M 3 Schema der ökologischen Landwirtschaft: „Wirtschaften im Kreislauf"

T 3 Vermarktung

Ökologisch erzeugte Produkte sind teurer als konventionell hergestellte Erzeugnisse. Das liegt daran, dass das Futter aufwendiger herzustellen ist und die Tiere langsamer wachsen. Landwirtin Pfeifers Kundinnen und Kunden sind bereit, höhere Preise zu zahlen. Das gilt inzwischen für immer mehr Menschen, denn insgesamt genießen Bio-Produkte einen guten Ruf. Längst sind sie nicht mehr nur über Direktvermarktung im Hofladen erhältlich, sondern auch im Supermarkt oder Discounter. Manche Supermarktketten haben sich sogar auf Bio-Produkte spezialisiert.

Die Produkte der ökologischen Landwirtschaft erkennt man an den Bio-Siegeln. Das bekannteste unter ihnen ist das sechseckige staatliche Bio-Siegel. Damit können nur Produkte gekennzeichnet werden, deren Zutaten zu 95 Prozent aus ökologischem Anbau stammen. Es gibt zahlreiche weitere sogenannte Bio-Siegel von ökologischen Verbänden. Sie unterliegen ähnlichen Richtlinien.

M 5 Bio-Siegel

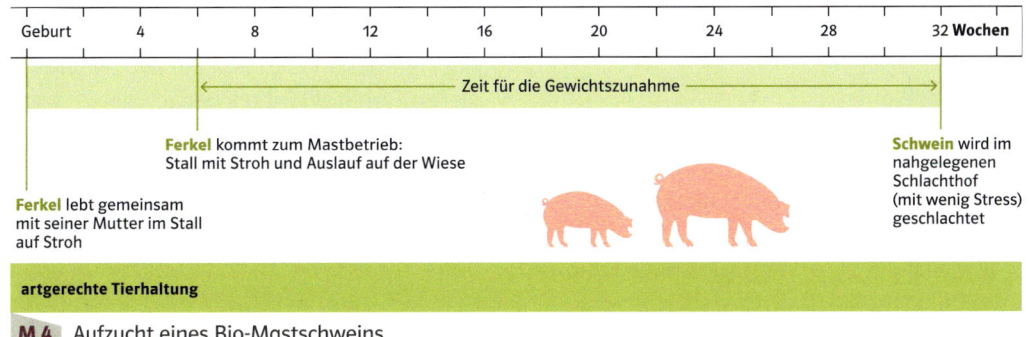

M 4 Aufzucht eines Bio-Mastschweins

AFB I: 2a, 3a, 5 II: 1, 2b, 3b, 4 → Lösungshilfen ab S. 232

Methode

Eine Betriebserkundung durchführen und die Ergebnisse präsentieren

Einen landwirtschaftlichen Betrieb erkunden

Hast du schon einmal neben dem riesigen Reifen eines Traktors gestanden oder auf einem Mähdrescher gesessen? Tiere, Ställe und große Maschinen könnt ihr hautnah erleben, wenn ihr einen landwirtschaftlichen Betrieb in eurer Nähe besucht.

M 1 Die Klasse 6a lernt eine Landwirtin und ihren Betrieb kennen

T1 Einen Betrieb erkunden
Ist die Landwirtschaft in deiner Umgebung so wie im Schulbuch beschrieben? In welchen Bereichen ist sie anders? Welche landwirtschaftlichen Produkte werden in deiner Region hergestellt? Um das herauszufinden, müsst ihr dem Landwirt oder der Landwirtin die passenden Fragen stellen. Diese Doppelseite hilft euch, die Erkundung eines landwirtschaftlichen Betriebes vorzubereiten, durchzuführen und auszuwerten. Die Klasse 6a gibt den Tipp, dies mit den nächsten vier Schritten zu tun:

1. Schritt: Planen
– Wo soll es hingehen? Sucht zunächst einen geeigneten Hof in der Nähe eurer Schule. Im Internet bieten viele Höfe einen Schulbesuch an.
– Wann ist ein guter Termin? Hat die Landwirtin oder der Landwirt vielleicht nach Abschluss der Ernte mehr Zeit für euch als währenddessen? Sprecht euch mit ihm oder ihr ab.
– Wie kommt ihr zu dem Hof? Ihr könnt am Computer mit Karten eine geeignete Route aufrufen oder eine App nutzen. Sie gibt auch Auskunft über die Dauer eures Bus- oder Fußweges.

2. Schritt: Vorbereiten
Der Besuch soll euch dabei helfen, das Thema Landwirtschaft besser zu verstehen. Die Landwirtin oder der Landwirt kann euch nur gute Antworten geben, wenn ihr die richtigen Fragen stellt.
– Entwickelt in Kleingruppen also eine Liste mit Themen und Fragen, die euch interessieren. Bereitet einen Interviewbogen vor.

– Wie viele Menschen arbeiten auf Ihrem Hof?
– Wie viele Tiere müssen täglich mit Futter versorgt werden?
– Wie viel Kilogramm Futter fressen die Tiere pro Tag?
– Stellen Sie das Futter selbst her?

7 Vielfältige Landwirtschaft

M 2 Einmal auf dem Traktor Probe sitzen

Was man für eine Erkundung braucht:
- Rucksack
- Karte/Karten-App
- Kompass/Kompass-App
- Stoppuhr
- feste Schuhe und wetterfeste Kleidung
- Fotoapparat/Smartphone
- feste Unterlage oder ein Klemmbrett
- Schreibutensilien
- Proviant/Wasserflasche

M 3

- Verteilt weitere Aufgaben: Wer fotografiert? Wer erstellt eine Skizze? Wer macht Notizen?
- Besprecht in der Kleingruppe, auf welche Art und Weise ihr eure Ergebnisse später präsentieren möchtet.
- Klärt ab, ob ihr weitere Punkte bedenken müsst: Gibt es Kleidungsvorschriften oder die Möglichkeit, vor Ort eine Mahlzeit einzunehmen? Packt einen kleinen Wanderrucksack. Denkt auf jeden Fall an eure Materialien für die Befragung (M 3).

3. Schritt: Durchführen
Besucht den landwirtschaftlichen Betrieb zum verabredeten Zeitpunkt. Haltet euch an die vereinbarten Regeln.

- Erledigt eure Aufgaben und Arbeiten.
- Seid aufmerksam und freundlich, wenn ihr eure vorbereiteten Fragen stellt.
- Prüft, ob ihr alles erledigt habt.
- Denkt daran, euch zu bedanken.

4. Schritt: Auswerten und präsentieren
Zurück in der Schule bereitet ihr die Präsentation der Ergebnisse vor: Ihr könnt eine Wandzeitung, ein Lernplakat oder eine digitale Präsentation erstellen. Oder ihr schreibt einen Bericht für die Schülerzeitung bzw. für die Schulhomepage. Stellt euch dann gegenseitig die Gruppenergebnisse vor.
Diskutiert zum Schluss, welche Erkenntnisse ihr durch die Betriebserkundung zum Thema Landwirtschaft gewonnen habt.

---

1 Erkundet einen landwirtschaftlichen Betrieb in der Nähe eurer Schule. Die Schritte 1–4 helfen euch bei der Erkundung.

2 SP MK Präsentiert eure Ergebnisse, z. B. in Form einer Wandzeitung. Ladet evtl. die Landwirtin oder den Landwirt ein. Ihr könnt auch einen Artikel für die Schülerzeitung oder Schul-Website schreiben.

AFB II: 2 III: 1 → Lösungshilfen ab S. 232

Orientierung

Die Lage landwirtschaftlicher Räume in Deutschland beschreiben

Landwirtschaft in Deutschland

Nutzpflanzen und Tiere stellen unterschiedliche Ansprüche an Boden und Klima. Die Voraussetzungen sind in Deutschland aber nicht überall gleich. Deshalb wirtschaften die Landwirte in verschiedenen Regionen unterschiedlich.

M 1 Landwirtschaft in Deutschland

116

Vielfältige Landwirtschaft 7

T1 Wie ein bunter Teppich: Landwirtschaftsregionen in Deutschland

Landwirtschaft hängt stark von der Natur ab. Dort, wo die Niederschläge hoch und die Böden zu feucht sind, betreiben die Bauern meist Tierhaltung. Das ist in Norddeutschland der Fall. Auf den nährstoffarmen Böden wächst Gras als Futter für die Tiere. Auch in den kühlen Mittelgebirgen gibt es viel Viehwirtschaft. In höheren Lagen überwiegt die Waldwirtschaft.

Obst und Gemüse hingegen brauchen mehr Wärme. Sie werden vor allem dort erzeugt, wo das Klima besonders mild ist. Berghänge, die nach Süden ausgerichtet sind, werden von der Sonne besonders gut erwärmt. Deshalb werden an diesen Hängen oft Weintrauben angebaut. Viele Weinbaugebiete liegen entlang der Flusstäler.

T2 Gibt die Region die Nutzung vor?

Deutschlands Regionen werden landwirtschaftlich unterschiedlich genutzt. Die Landwirte können sich aber auch von der Natur unabhängiger machen. Dazu bauen sie in Gewächshäusern an, bewässern künstlich, düngen intensiver oder setzen moderne Maschinen ein. Das alles ist teurer und die Produkte kosten häufig mehr.

Die Landwirte müssen auch berücksichtigen, ob es in der Nähe Käufer für ihre Produkte gibt. Andernfalls sind moderne Kühlwagen notwendig, um Milch, Gemüse oder Fleisch in weiter entfernte Orte zu liefern.

M 2 Obstbau

M 3 Weinberge

M 4 Hopfenernte

---

1 SP
Begebt euch zu zweit auf Entdeckungsreise: Partnerin oder Partner A beschreibt auf der Karte M1 ein Gebiet anhand der Lage oder nennt den Namen des Gebietes. Partnerin oder Partner B findet heraus, was dort angebaut wird. Wechselt euch ab.

2
Aus welchen drei Regionen Deutschlands könnten die Fotos M 2 – M 4 jeweils stammen? Begründe mithilfe der Karte M 1.

3 MK
Waldwirtschaft in Deutschland:
a) Arbeite mit Karte M1: In Mittelgebirgen findet man häufig Waldwirtschaft. Nenne fünf Gebiete.
b) Untersuche eine Region mit Waldwirtschaft genauer: Wem gehört der Wald? Wofür wird er genutzt? Recherchiere im Internet.

4
Jemand, der in Leipzig wohnt, möchte sich gerne mit Produkten aus der Region versorgen. Welche Möglichkeiten hat er (M1)?

5 EXTRA
Erarbeitet ein Quiz mit fünf Fragen zu den Landwirtschaftsgebieten in Deutschland. Nutzt unter anderem eure Erkenntnisse aus den Aufgaben 1–4.

AFB I: 1, 3a II: 2, 3b–5   → Lösungshilfen ab S. 232

Den Zusammenhang zwischen Klima und Landwirtschaft im Mittelmeerraum erklären

Saftige Früchte aus trockenem Land

Ab November liegen sie in den Obsttheken ganz Europas aus – die Orangen. Ihr leuchtender Farbton war der Namenspate für die Farbe Orange. Obwohl sie aus dem trockenen Mittelmeerraum kommen, sind sie saftig – wie kann das sein?

M 1

M 3 Orangenplantage in Südspanien

M 2 Maria

Apfelsine
andere Bezeichnung für Orange, die ursprünglich aus Südchina stammt („sine" kommt von China, also „Apfel aus China").

Orangen aus Murcia

Mein Name ist Maria. Mein Vater besitzt eine Huerta mit mehr als 1 000 Orangenbäumen. Huertas nennen wir unsere Gärten, woanders werden sie auch als Plantagen bezeichnet. Bei uns in Murcia sind die Wachstumsbedingungen für Orangenbäume fast ideal: Die Winter sind regenreich und es wird nicht kälter als 5 °C, im Sommer ist es sonnig und heiß. Problematisch ist die Trockenheit, denn bei uns am Mittelmeer regnet es im Sommer viele Monate überhaupt nicht. Spätestens wenn sich die Blätter der Bäume zusammenrollen, müssen wir die Orangenbäume in unserer Huerta wässern – was aufgrund der Wasserknappheit immer aufwendiger wird. Sobald sich die grünen Früchte orange färben, beginnt die Erntezeit. Die Orangen werden gepflückt, gewaschen und anschließend mit einer Wachsschicht überzogen, um sie zu schützen. Anschließend werden sie auf große Lkw verladen und in die Supermärkte Europas gebracht.

M 4

T1 Landwirtschaft im Mittelmeerraum

Im Mittelmeerraum sind die Temperaturen so optimal, dass das ganze Jahr über Obst und Gemüse angebaut werden kann. Es fehlt aber in den heißen und trockenen Sommern an Niederschlägen. Die mediterrane Vegetation ist daran angepasst, indem sie z. B. kleine, harte Blätter ausgebildet hat, die gegen die Verdunstung von Wasser schützen. In der Landwirtschaft wachsen heute auf riesigen Flächen aber Pflanzen wie Tomaten, Paprika oder Salat, die bewässert werden müssen. Das dafür notwendige Wasser wird entweder vor Ort dem Grundwasser entnommen oder kommt von weit her.
In Nordspanien werden zum Beispiel Flüsse aufgestaut und über Kanäle in den Süden und Südosten des Landes geleitet. Die gewaltige Wasserentnahme hat gravierende Folgen. Sie senkt vielerorts den Grundwasserspiegel ab und trocknet die Böden aus. So auch in der Region um Murcia, die sich fast komplett in ein Trockengebiet verwandelt hat.

7 Vielfältige Landwirtschaft

Kulturland
- Ackerland
- Bewässerungsland

Anbauflächen
- Weizen
- Mais
- Reis
- Hirse
- Gemüse
- Obst
- Soja
- Hülsenfrüchte
- Nüsse
- Zuckerrüben
- Wein
- Kartoffeln
- Raps
- Sonnenblumen
- Tabak
- Oliven
- Dattelpalmen
- Hanf
- Zitrusfrüchte
- Baumwolle
- Korkeichen
- Gewürze
- Wald
- Buschlandschaft
- Graslandschaft
- sonstige offene Landschaft

M 5 Landwirtschaft am Mittelmeer

T 2 Zusätzlich bewässern – aber wie?

Wenn Pflanzen aufgrund zu geringer Niederschläge bewässert werden müssen, spricht man von **Bewässerungsfeldbau**.
Bei der **Furchenbewässerung** fließt das Wasser in Furchen zu den Pflanzen. Dabei verdunstet und versickert viel Wasser. Gering sind die Wasserverluste bei der **Tröpfchenbewässerung**: Hierbei erhalten die Pflanzen eine genaue Wassermenge in regelmäßigen Abständen. Das geschieht über kleine Löcher in Schläuchen, die nah an der Wurzel der Pflanzen platziert werden.

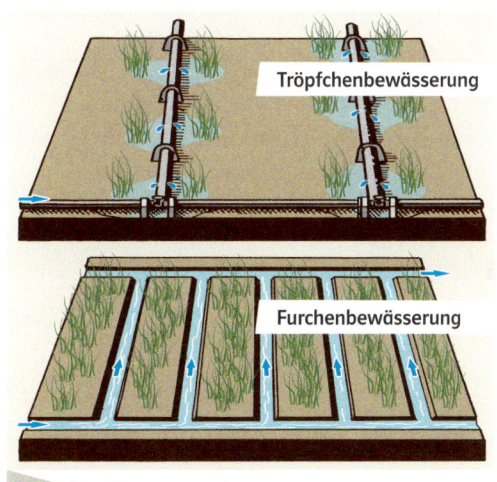

M 6 Bewässerungsarten

---

1 Lies den Bericht von Maria (M 2, M 4). Beschreibe
a) die Wachstumsbedingungen und
b) den Orangenanbau.

2 Benenne anhand von M 5 und dem Kartenanhang Staaten und Regionen, in denen folgende Pflanzen wachsen: Zitrusfrüchte, Gemüse und Wein.

2 Begründe mithilfe von M 5 die Aussage: „Der Süden ist der Fruchtgarten Europas."

3 Erläutere das Problem und die Folgen des Gemüseanbaus in Südeuropa bzw. in Spanien (T 1).

4 Bewässerungsfeldbau:
a) Erkläre den Begriff (T 2).
b) Benenne die zwei Bewässerungsarten und zähle Unterschiede auf (T 2, M 6).

4 Bearbeite Aufgabe A 4. Ordne M 3 einer Bewässerungsart zu. Begründe.

5 EXTRA Vergleiche die Temperatur- und die Niederschlagswerte folgender Klimastationen im Arbeitsanhang auf S. 222 von April bis September:
– Athen
– Lissabon
– Messina
– Madrid

AFB I: 1, 2, 4b II: 3, 4a, 5   AFB I: 1, 4b II: 3, 4a, 5 III: 2, B4   → Lösungshilfen ab S. 232   119

Den Weg vom Fischfang zum Endprodukt beschreiben

Vom Fisch zum Fischstäbchen

Sie kommen goldbraun und knusprig auf den Tisch. Mehr als 2 Milliarden davon werden jedes Jahr in Deutschland gegessen. Doch wie werden aus Fischen Fischstäbchen?

M 1 Arbeit auf dem Fabrikschiff

Mit der schwimmenden Fischfabrik unterwegs im Nordostatlantik

Kapitän Fritz Flindt fährt fünf Tage hinaus zur See. Mit seinem Hightech-Kutter „Iris" und der fünfköpfigen Besatzung geht es von Hantsholm in Dänemark nach Norwegen. Hier will die Crew Seelachs fischen. Ein Blick auf das Echolot zeigt Kapitän Flindt die genaue Position der Fischschwärme an. Er gibt der Mannschaft Befehl, das Schleppnetz ins Meer zu lassen. Dort verbleibt es etwa fünf Stunden bis zum ersten „Hol", wie das Einholen des Netzes genannt wird. Per Funk erhalten die Männer ihre Kommandos. Mithilfe einer Seilwinde wird das Netz heil an Bord gebracht. Über einer Luke wird der Netzinhalt entleert. Im Bauch der „Iris" befindet sich eine komplette Fischfabrik, denn der Fisch muss sofort fachgerecht verarbeitet werden. Zunächst wird der Beifang aussortiert. Dabei handelt es sich um ungewollt mitgefangene Fische und Meereslebewesen. Die Schleppnetze, die auf der „Iris" zum Einsatz kommen, haben extra große Maschen, durch die kleinere Fische schadlos hindurchschlüpfen können. Das schont die Fischbestände und verhindert den Beifang.

Streikt ausnahmsweise die vollautomatische Schlachtmaschine, müssen die Arbeiter auf der Fischfabrik die Fische selbst ausnehmen und auf Rückstände von Innereien kontrollieren. Sind die Fischfilets einwandfrei, werden sie in Blöcken schockgefroren und in den großen Tiefkühlladeraum gebracht. Nach mehreren „Hols" geht es für die „Iris" wieder zurück an Land. Die gefrorenen Fischfilets werden nun versandfertig gemacht und nach Bremerhaven verschickt. Dort angekommen, werden die Blöcke in Fischstäbchengröße zugesägt, paniert, kurz frittiert und verpackt. Abschließend gehen die Fischstäbchen auf große Fahrt in unsere Supermärkte. Und bis es soweit ist, fährt Kapitän Flindt mit seiner Mannschaft längst wieder hinaus auf hohe See.

M 2

Vielfältige Landwirtschaft 7

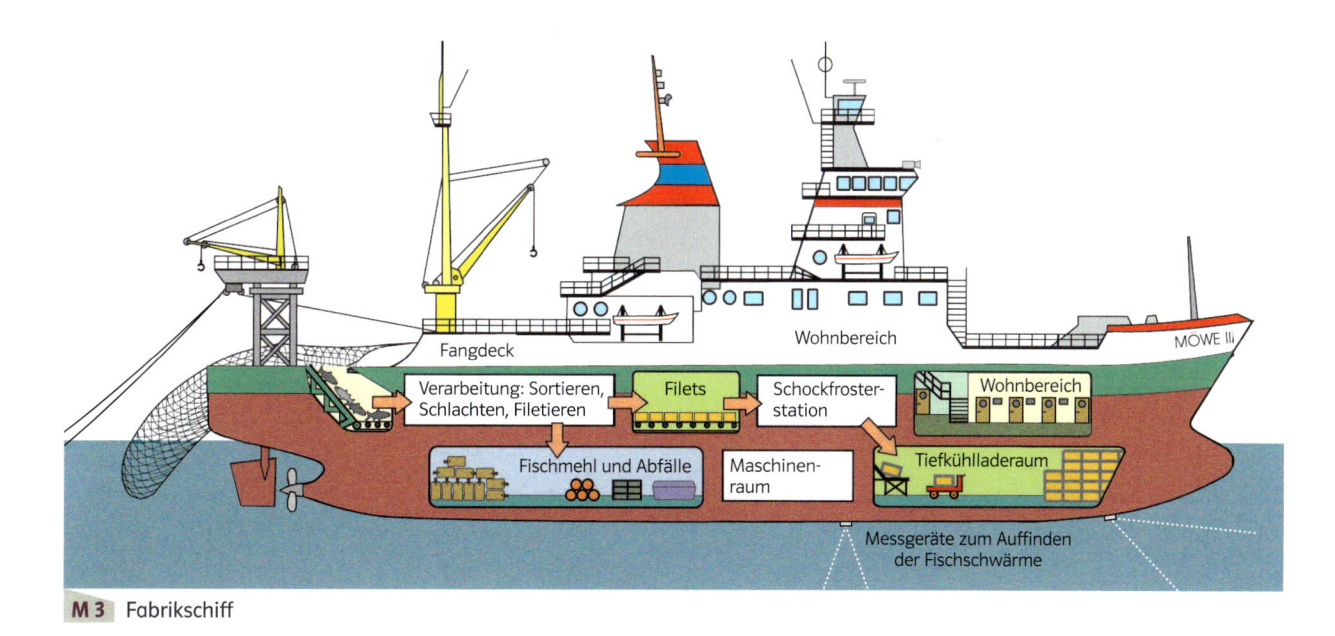

M 3 Fabrikschiff

Beschriftungen: Fangdeck, Wohnbereich, MÖWE III, Verarbeitung: Sortieren, Schlachten, Filetieren, Filets, Schockfrosterstation, Wohnbereich, Fischmehl und Abfälle, Maschinenraum, Tiefkühlladeraum, Messgeräte zum Auffinden der Fischschwärme

T1 Fischreichtum der Meere in Gefahr

Die Ozeane sind wichtige Nahrungsquellen für die Welt. Doch mehr als drei Viertel der darin vorkommenden Fischarten sind durch **Überfischung** gefährdet. Überfischung heißt, mehr Fisch aus den Meeren zu fangen, als wieder nachwachsen kann.

Um das zu verhindern, wurden Fischfangquoten eingeführt. Das bedeutet, das nur so viel Fisch pro Jahr gefangen werden darf, wie in einem Jahr wieder nachwachsen kann. Doch die Fischbestände gehen weiterhin zurück – nicht alle halten sich an diese Regeln oder verwenden – wie es auf dem Fabrikschiff „Iris" üblich ist – großmaschige Netze.

M 4 Kapitän Flindt macht Werbung für das Siegel MSC

(Bildtext: WIR BEHALTEN FISCH IM AUGE. Denn nachhaltige Fischerei ist viel besser für unsere Meere.)

---

1 „Wie werden aus Fischen Fischstäbchen?" Stellt Vermutungen an, wie die Antwort auf diese Frage aus dem Einleitungstext lauten könnte.

2 Vom Fisch zu Fischstäbchen:
a) Beschreibe diesen Weg mithilfe von M1, M2 und M3.
b) Ordne die Bilder A und B (M1) der Abbildung M3 zu.

2 Vom Fisch zu Fischstäbchen:
Arbeitet mit M1, M2 und M3. Zeichnet ein Verlaufsschema zum Produktionsverlauf. Die Pfeile in M3 helfen. Beginnt so: Fang mit dem Schleppnetz → Netzinhalt …

3 Gefährdete Fischbestände:
a) Erkläre den Begriff Überfischung (T1).
b) Erläutere Maßnahmen, die eine Überfischung verhindern sollen (M4, T1).

3 Bearbeite Aufgabe A3.
Begründe, warum trotz Schutzmaßnahmen die Fischbestände weiter zurückgehen (T1).

4 MK
Informiere dich im Internet über …
a) … das MSC-Siegel (M4).
b) … Fischarten, die noch nicht überfischt sind.

AFB I: 1, 2, 4b II: 3, 4a, 5   AFB I: 1, 4b II: 3, 4a, 5 III: 2, B4   → Lösungshilfen ab S. 232   **121**

Methode

Einen Fragebogen erstellen und eine Befragung durchführen

Eine Befragung durchführen: Beispiel Supermarkt

Wie kann man Meinungen anderer Menschen erfahren und festhalten? Am besten geht das, wenn ihr eine Befragung durchführt. Wenn die Ergebnisse ausgewertet wurden, könnt ihr diese in der Schule präsentieren.

M 1 Schüler bei einer Befragung im Supermarkt

T 1 Im Supermarkt
Woher stammen die Agrarprodukte, die in unseren Küchen und dann auf unserem Tisch landen? Achten die Menschen zum Beispiel darauf, ob die Eier aus Freilandhaltung oder ökologischer Landwirtschaft stammen? Wenn du zahlreiche Kunden eines Supermarkts befragst, kannst du solche Fragen beantworten.

Eine Befragung durchführen
1. Schritt: Ziele der Befragung
Zunächst müsst ihr die Ziele der Befragung festlegen. Ein solches Ziel könnte sein, mehr über das Einkaufsverhalten zu erfahren. Dann überlegt ihr, welche Fragen ihr stellen müsst, um euer Ziel zu erreichen.

Verschiedene Arten von Fragen

1. Geschlossene Fragen
Verschiedene Antwortmöglichkeiten sind vorgegeben. Man unterscheidet:
Einfachwahlfragen:
Es darf immer nur eine Antwort angekreuzt werden.
Mehrfachwahlfragen:
Es können immer mehrere Antworten angekreuzt werden.

Skalierungen:
Man gibt seine Meinung auf einer Skala (z. B. Schulnoten) an.
Die Auswertung ist einfach.

2. Offene Fragen
Es gibt keine vorgegebenen Antworten.
Der Befragte muss selbst formulieren.
Die Auswertung ist schwieriger.

M 2

D 17
Arbeitsblatt
Fragebogen

Vielfältige Landwirtschaft 7

M 3 Auswertung der Ergebnisse

Eine Befragung im Supermarkt   Fragebogen Nummer: ____

Ort: _____ Zeit: _____ Team: _____

1. Kochen
Wie oft kochen Sie?   täglich ☐
                      mind. 4x pro Woche ☐
                      gelegentlich ☐

2. Fisch
Essen Sie öfter Fisch?   ja ☐   nein ☐
Welche Arten essen Sie gerne? _____
Wie kaufen Sie Fisch meistens?
tiefgefroren ☐   frisch ☐   als Fertiggericht ☐

3. Obst und Gemüse
Welches sind ihre Lieblingssorten bei Obst?
_____

Essen Sie es auch außerhalb der Saison?   ja ☐   nein ☐
Achten Sie auf das Herkunftsland?   ja ☐   nein ☐
Kaufen Sie bevorzugt Bio-Produkte?   ja ☐   nein ☐

4. Eier und Geflügel
Essen Sie regelmäßig Geflügel?   ja ☐   nein ☐
Wenn ja, welches? (Mehrfachnennung möglich)
Huhn ☐   Pute ☐   Gans ☐   Ente ☐
Wissen Sie, was Freilandhaltung bedeutet?   ja ☐   nein ☐
Achten Sie beim Einkauf von Eiern und Geflügel
auf Bio-Produkte und Produkte aus Freilandhaltung?
ja ☐   nein ☐   teilweise ☐
weil: _____

M 4 Beispielfragebogen

---

2. Schritt: Fragebogen erstellen

Jetzt überlegt ihr euch geeignete Fragen, zum Beispiel:
– Passen die Fragen zu den festgelegten Zielen?
– Welche Fragetypen eignen sich?
– In welcher Reihenfolge sollen die Fragen gestellt werden?

Danach testet ihr den Fragebogen an Verwandten und Mitschülerinnen oder Mitschülern. Wenn nötig, ändert ihr den Fragebogen und erstellt ihn dann mithilfe eines Computerprogramms. Besprecht den fertigen Fragebogen mit eurem Lehrer oder eurer Lehrerin.

3. Schritt: Befragung durchführen

– Sprecht die Termine der Befragung ab und bittet bei der Firma oder dem Betrieb um Erlaubnis, die Befragung durchführen zu dürfen.
– Übt vorher, wie ihr die Gesprächspartner möglichst höflich und freundlich ansprechen könnt. Bedankt euch für jedes Gespräch.

4. Schritt: Auswertung

– Wertet die Fragebögen genau aus.
– Stellt eure Ergebnisse, wenn möglich, grafisch dar, zum Beispiel als Säulendiagramme.
– Tauscht eure Erfahrungen aus der Befragung aus. Wurde das Ziel erreicht, können die Fragen jetzt beantwortet werden?
– Was lief gut, wo gab es Probleme?

5. Schritt: Präsentation

Stellt die Ergebnisse eurer Befragung in der Klasse vor. Versucht, alles möglichst anschaulich zu präsentieren. Denkt an Folien, Plakate, Fotos, Grafiken, … Besonders gelungene Ergebnisse können vielleicht beim Schulfest oder bei einem Tag der offenen Tür gezeigt werden.

---

1 Besprecht mögliche Themen in der Klasse und führt eine eigene Befragung durch.

AFB II: 1   → Lösungshilfen ab S. 232

Orientierung

Landwirtschaftliche Räume in Europa verorten

Landwirtschaft in Europa

Ob Wein aus Italien, Weizen aus der Ukraine, Fleisch aus Dänemark oder Paprika aus Ungarn – Europa ist geprägt von landwirtschaftlichen Räumen, die ganz unterschiedliche Produkte hervorbringen. Wie sieht die räumliche Verteilung aus?

M 1 Weinanbau in der Toskana

M 3 Getreideernte am Dnipro

M 2 Rinderhaltung in Jütland

M 4 Paprikaernte bei Szeged

T 1 Unterschiedliche Voraussetzungen
Europa misst vom Nordkap bis zur Insel Kreta etwa 4 000 km – entsprechend unterschiedlich ist das Klima zwischen Nord- und Südeuropa. Temperaturen und Niederschläge sowie das Relief sind die wichtigsten natürlichen Voraussetzungen für die Landwirtschaft. Das kann man besonders gut an bestimmten landwirtschaftlichen Nutzpflanzen sehen, die in manchen Regionen Europas sehr gut gedeihen und in anderen überhaupt nicht. Die Karte zeigt vier verschiedene farbige Linien in Europa: Das sind die nördlichen Anbaugrenzen für vier wichtige Nutzpflanzenarten in der Landwirtschaft Europas.

In einigen Gebieten haben sich die Landwirte durch den Einsatz von Technik von den Naturfaktoren unabhängiger gemacht. Sie bewässern dort, wo zu wenig Niederschlag fällt und sie haben Gewächshäuser gebaut, wo es nicht warm genug ist. Dadurch können sie dort Nutzpflanzen anbauen, die sonst nicht wachsen würden.

1 Verorte mithilfe des Atlas die Fotos M 1 bis M 4.

7 Vielfältige Landwirtschaft

M 5 Formen landwirtschaftlicher Nutzung in Europa

Kulturland
- Ackerland
- Bewässerungsland

Anbauflächen
- Weizen
- Mais
- Reis
- Hirse
- Gemüse
- Obst
- Soja
- Hülsenfrüchte
- Nüsse
- Zuckerrüben
- Wein
- Kartoffeln
- Raps
- Sonnenblumen
- Tabak
- Oliven
- Dattelpalmen
- Hanf
- Zitrusfrüchte
- Baumwolle
- Korkeichen
- Gewürze

Viehhaltung
- Rinder
- Schweine
- Schafe
- Hühner
- Wald
- Buschlandschaft
- Graslandschaft
- sonstige offene Landschaft
- extensive Viehhaltung

2
Arbeite mit Karte M 5.
a) Beschreibe den Verlauf der vier farbigen Anbaugrenzen für vier wichtige Nutzpflanzen in Europa.
b) **MK** Informiere dich über die Wachstumsbedingungen für diese Pflanzen und begründe die Lage der Anbaugrenzen (T1, Internet).

3
Stellt euch gegenseitig Fragen zur möglichen Herkunft von Landwirtschaftsprodukten in Europa: Woher können z. B. Obstlieferungen stammen?

4
Umgekehrt: Begebt euch zu zweit auf landwirtschaftliche Entdeckungsreise durch Europa: Partnerin oder Partner A besucht eine europäische Stadt, Partnerin oder Partner B nennt das Land und die wichtigsten Landwirtschaftsformen in der Umgebung dieser Stadt.

AFB I: 1, 2a) II: 2b, 3, 4 → Lösungshilfen ab S. 232

Training

Wichtige Begriffe

- artgerechte Tierhaltung
- Bewässerungsfeldbau
- Börde/Gäulandschaft
- Fruchtfolge
- Furchenbewässerung
- konventionelle Landwirtschaft
- Löss
- Massentierhaltung
- ökologische Landwirtschaft
- Tröpfchenbewässerung
- Überfischung

Sich orientieren

1 Leckeres aus Europa
Arbeite mit den Fotos M 2, der Karte M 1 und dem Kartenanhang.
Aus welchen europäischen Ländern könnten die Produkte (M 2) stammen?

Kennen und verstehen

2 Findest du die Begriffe?
a Anbaumethode, bei welcher der Wasserbedarf nicht vollständig aus den Niederschlägen gedeckt werden kann
b In großer Anzahl und beengt werden Tiere gehalten
c Landwirtschaft, bei der keine chemischen Pflanzenschutzmittel verwendet werden dürfen

A B C D

M 2

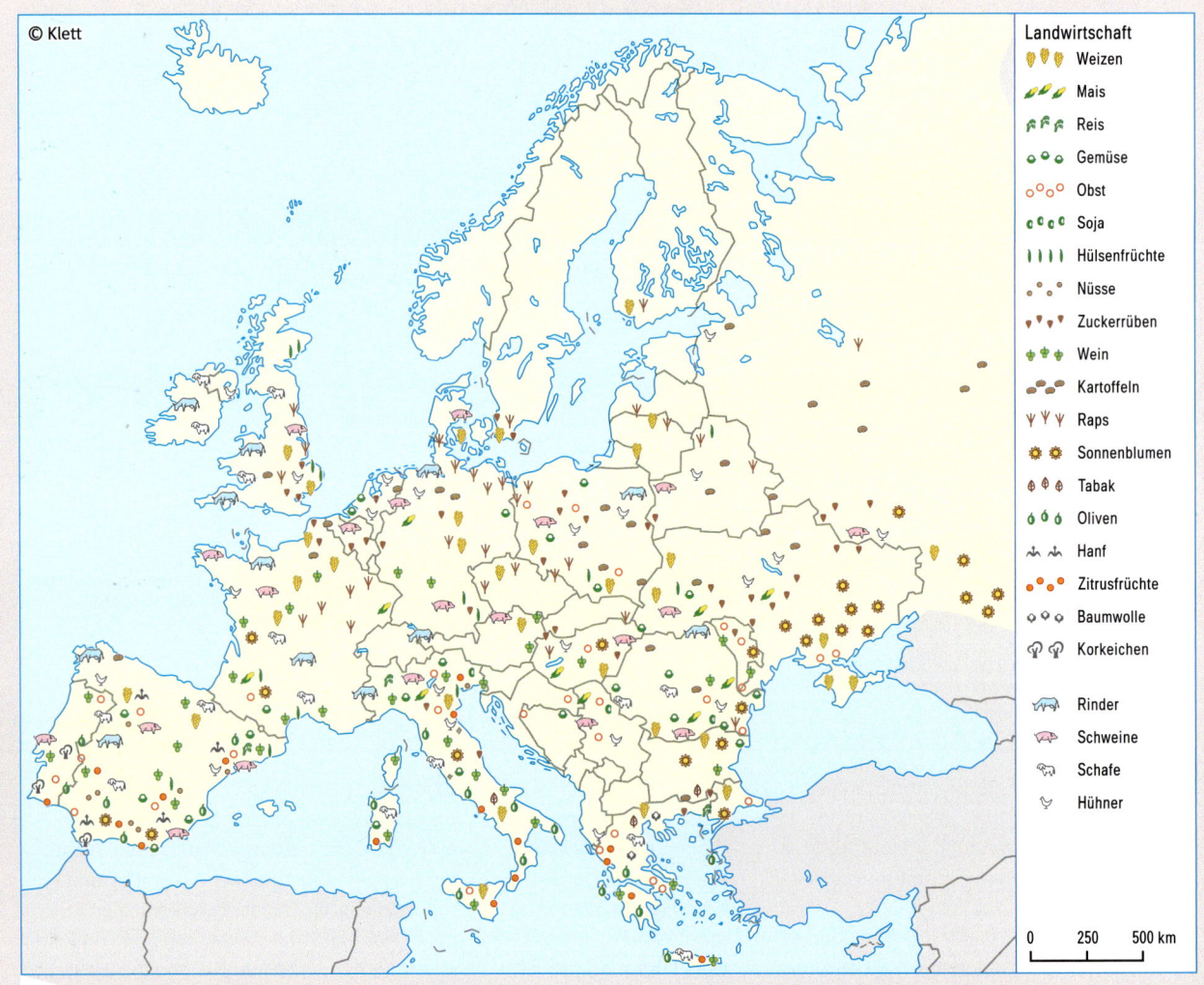

M 1 Landwirtschaft in Europa

7 Vielfältige Landwirtschaft

3 Richtig oder falsch?
Verbessere die falschen Aussagen und schreibe sie richtig auf:
a Sonderkulturen sind Pflanzen, die keine besonderen Ansprüche an Klima, Boden, Lage und Bewirtschaftung haben.
b Gülle fällt in jedem landwirtschaftlichen Betrieb an.
c Klima und Boden beeinflussen die landwirtschaftliche Produktion.
d In der ökologischen Landwirtschaft werden Tiere in engen Käfigen gehalten.
e Orangenbäume brauchen wenig Wasser und viel Kälte.

4 Bilderrätsel
Löse die Bilderrätsel und erkläre die gesuchten Begriffe.
a
b
c

5 Für Bewässerungsexperten
a Benenne die Bewässerungsmethode, die auf Foto M 4 dargestellt ist.
b Nenne Vor- und Nachteile dieser Methode.

Beurteilen und bewerten

6 Früchte aus Spanien
a Welche Früchte aus Spanien kannst du im Herbst bei uns im Supermarkt kaufen (M 3)?
b Erdbeeren im März – muss das sein? Diskutiere (M 3, M 5).

7 Die Herkunft von landwirtschaftlichen Produkten untersuchen und bewerten
a Sammle die Etiketten der Obst- und Gemüseeinkäufe einer Woche und notiere dir die dort genannten Herkunftsländer.
b Welche kommen aus der Nähe, welche aus Deutschland, welche aus Europa und welche aus anderen Erdteilen?
c „Es ist nicht egal, wo unsere Lebensmittel herkommen." Beurteile diese Aussage.

M 5 Schrägluftbild: Anbau unter Plastikplanen im Süden Spaniens

	J	F	M	A	M	J	J	A	S	O	N	D
Erdbeere			x	x	x							
Aprikose					x	x						
Kirsche					x	x						
Pfirsich					x	x						
Weintrauben								x	x	x		
Granatapfel									x	x		
Mango										x	x	
Kaki										x	x	
Cherimoya	x									x	x	x
Orange	x	x	x	x	x					x	x	x
Avocado	x	x	x							x	x	x
Mandarine	x											x

M 3 Früchte aus Spanien nach Anbaumonaten

M 4

Extra

Den zunehmenden Einsatz von Technik in der Landwirtschaft erläutern

1 SP
Betrachtet die Fotos (M1, M2) und sprecht darüber, welche Vorteile der Einsatz von Robotern für die Landwirte hat.

2
Finde heraus, wie viele Kühe von einem Melkroboter an einem Tag gemolken werden können (T2).

3
Technik im Stall:
a) Benenne die Aufgaben des Computers bei der täglichen Arbeit im Stall (M3).
b) Erläutere, warum Landwirte heutzutage häufig auf technische Hilfe angewiesen sind (T1, T2).

Hightech im Stall

Lüftungstechnik, Systemsteuerung, Melkrobotik, Fütterungs-App – die moderne Landwirtschaft passt sich den technischen Möglichkeiten an. Der Aufwand lohnt sich für die Landwirte.

M1 Automatische Melkmaschine

M2 Selbstfahrender automatischer Fütterungsroboter

Schon gewusst?

Eine Kuh kann bis zu 50 l Milch am Tag geben. Mit dieser Menge können etwa 17 Menschen mit Milchprodukten versorgt werden.

T1 Das Melken modernisieren?
Die Schmiesings sitzen im Büro und besprechen sich. Sie wollen ihren Stall modernisieren, um Zeit und Arbeitskraft zu sparen. Lohnt sich ein Melkroboter für fast 200 000 Euro? Am PC haben sie Internetforen aufgerufen und in Blogs nachgelesen, welche Erfahrungen ihre Kolleginnen und Kollegen mit bestimmten Robotern gesammelt haben. Tutorials zeigen, wie ein Melkroboter gesteuert werden muss. Längst ist Hightech im Stall ein Thema. Man spricht von einer Mechanisierung der Landwirtschaft.
Die Schmiesings haben sich auf Milchviehhaltung spezialisiert. Auf ihrem Hof leben 140 Kühe. Eine Maschine hilft bereits beim Füttern. Ein Melkroboter würde den Schmiesings noch mehr Arbeit abnehmen, dann hätten sie mehr Freizeit. Doch die Kühe müssten mehrmals täglich die Melkmaschine aufsuchen.

T2 Leben von der Landwirtschaft?
Um den landwirtschaftlichen Betrieb so zu betreiben, dass er Gewinn bringt, müssen die Schmiesings mehr Berechnungen als früher anstellen. Sie müssen viele Tiere halten, in großen Mengen produzieren und digitale

7 Vielfältige Landwirtschaft

D 20 Arbeitsblatt Lösungen

4 Arbeite mit Grafik M 4: Erläutere die Angaben auf der Milchpackung.

5 Diskutiert T 3: Welche Rolle spielen Milchprodukte in eurer Ernährung? Wo kaufen eure Familien sie ein? Wie viel seid ihr bereit, dafür zu bezahlen?

AFB I: 1, 3 a II: 2, 3 b, 4 III: 5   → Lösungshilfen ab S. 232

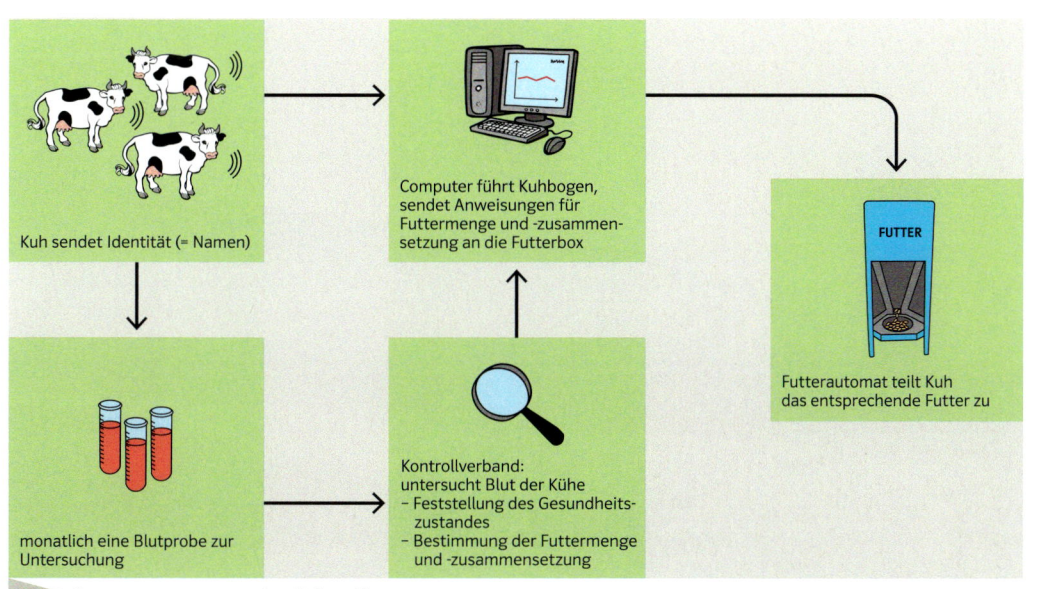

M 3 Computersteuerung im Kuhstall

Techniken einsetzen. Ein Melkroboter zum Beispiel schafft 60 Kühe pro Tag – in 22 Stunden! Jede Kuh geht selbstständig in die Melkanlage, Sensoren finden das Euter und das Melken beginnt automatisch. Die Maschinen und Roboter helfen auch auf dem Feld: Zum Betrieb gehören 85 ha (Hektar) Grünland, auf dem die Futterpflanzen für das Vieh angebaut werden. Auf diesen Flächen wird auch die Gülle als Dünger ausgebracht, die bei der Tierhaltung in den Ställen anfällt.

T 3 Milchprodukte herstellen

Vom Hof der Schmiesings werden täglich 5 250 l Milch von einem Tanklastzug abgeholt. Der Lastwagen fährt die gekühlte Milch zur Molkerei. Dort werden Molkereiprodukte wie Trinkmilch, Butter, Sahne, Joghurt, Quark und Käse hergestellt.

Die Verbraucher möchten wenig Geld dafür ausgeben. Auch deshalb haben diese Produkte im Supermarkt einen eher geringen Preis. Dies ist nur möglich, wenn Betriebe sich spezialisieren und möglichst große Mengen produzieren.

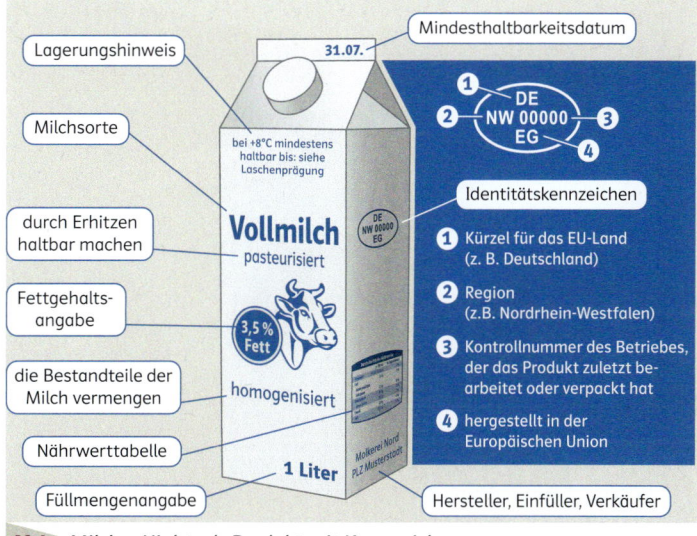

M 4 Milch – Hightech-Produkt mit Kennzeichnung

129

8 Tourismus und Freizeit

M1 Badestrand auf der Insel Rügen

M2 Bucht auf Mallorca

Eine Reise in die Berge, Urlaub am Meer, der Besuch einer interessanten Stadt oder einfach Freizeit in der näheren Umgebung: Es gibt sehr viele Möglichkeiten, seine Ferien und die Freizeit zu verbringen. Doch egal, was wir unternehmen – stets ist auch unsere Umwelt betroffen.

M 3 Mountainbiking in den Alpen

M 4 Am Hamburger Hafen

Reiseziele und Reisearten beschreiben

Wohin geht die Reise?

Die Sommerferien stehen bevor und viele Familien freuen sich auf den Urlaub. Die Koffer sind gepackt und alle fragen sich gespannt: „Was erleben wir dieses Jahr?"

M 1 Städtereise nach Kopenhagen

M 3 Badeurlaub auf Kreta

Wellness
Englischer Ausdruck für „Wohlbefinden" und „Wohlfühlen". Hierzu zählen gesunde Ernährung, Bewegung und Entspannung.

T1 Warum verreisen Menschen?
Im Sommer planen viele Familien einen Badeurlaub am Meer. Wer Wellen und die Gezeiten mag, fährt an die Nordsee oder den Atlantischen Ozean. Etwas ruhiger ist die Ostsee. Garantiert Sonne gibt es entlang des Mittelmeeres oder am Schwarzen Meer. Während für einige Menschen eher die Erholung im Vordergrund steht, sind für andere sportliche Aktivitäten sehr wichtig. „Aktivurlauber" entscheiden sich gerne für Reiterferien, Kajakfahren, Radwandern oder Bergsteigen. Einen Wanderurlaub kann man zum Beispiel in den Alpen oder in einem der vielen Mittelgebirge Deutschlands verbringen. Im Winter bieten besonders die Alpen gute Möglichkeiten zum Skifahren. Städtereisen sind sehr beliebt bei Menschen, die sich für Geschichte, Architektur und Kultur interessieren. Für Reisende, die Entspannung suchen, ist Wellnessurlaub in Form eines Kurzurlaubs attraktiv. Immer mehr Menschen verbringen auch gerne einige Tage in Freizeitparks oder Spaßbädern.

Private Reisen[1] ins Ausland 2019
nach Verkehrsmitteln, in Prozent

Bus + Bahn 10
7
PKW 42
Flugzeug 41

DESTATIS
Statistisches Bundesamt

[1] Reisen mit vier oder mehr Übernachtungen.
© Statistisches Bundesamt (Destatis), 2020

M 2 Wahl der Verkehrsmittel für Reisen 2019

T2 Wie verreisen Menschen?
Reiseziele, Aktivitäten im Urlaub und die Dauer einer Reise können sehr unterschiedlich sein. Auch für die Organisation des Urlaubs gibt es verschiedene Möglichkeiten. Einige Menschen organisieren die Anreise, Unterkunft und das Programm allein. Sie führen eine **Individualreise** durch. Andere buchen ihren Urlaub im Reisebüro oder im Internet bei einer Reiseagentur. Sie machen eine **Pauschalreise**. Sehr beliebt sind All-inclusive-Urlaube, wo neben der Anreise und Unterkunft sogar die Verpflegung im Preis inbegriffen ist.

Tourismus und Freizeit 8

M 4 Aktivurlaub in den Alpen

M 5 Europa-Park in Rust

T3 Reisen – keine Selbstverständlichkeit
Zu Beginn des 20. Jahrhunderts konnten nur wenige wohlhabende Menschen eine Urlaubsreise unternehmen. Mit der Bahn reisten sie in die Alpen oder an die deutsche Küste. Ab den 1950er-Jahren ging es den Menschen in Deutschland finanziell besser. Immer mehr Familien fuhren nun mit dem eigenen Auto in den Urlaub. Seitdem zieht es die Reisenden auch vermehrt ins Ausland. Seit etwa vier Jahrzehnten ist das Flugzeug zu einem beliebten Verkehrsmittel geworden. Auch Urlaubsflüge auf einen anderen Kontinent nehmen seither deutlich zu.
Doch auch wenn es heutzutage eine Vielzahl an verlockenden Reiseangeboten gibt, ist es wichtig, auch an unsere Umwelt zu denken. Besonders eine Reise mit dem Flugzeug, Kreuzfahrtschiff oder Auto belastet die Umwelt sehr stark.

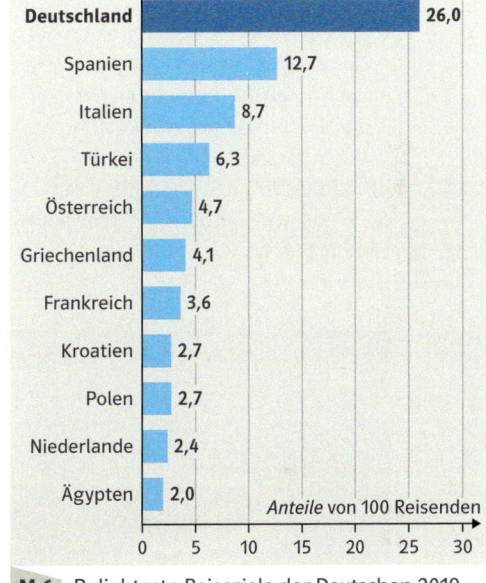

Reiseziel	Anteile von 100 Reisenden
Deutschland	26,0
Spanien	12,7
Italien	8,7
Türkei	6,3
Österreich	4,7
Griechenland	4,1
Frankreich	3,6
Kroatien	2,7
Polen	2,7
Niederlande	2,4
Ägypten	2,0

M 6 Beliebteste Reiseziele der Deutschen 2019

1
a) Wählt aus M1, M3, M4 und M5 jeweils das Urlaubsziel aus, das euch am meisten anspricht. Begründet eure Entscheidung.
b) Sucht auf einer Tourismuskarte im Atlas drei Orte, an denen eure gewählten Urlaubsformen möglich sind.
c) Nennt Gründe, warum Menschen verreisen (T1).

2 Individual- oder Pauschalreise? Ordne folgende Beispiele zu (T2):
– Familie Kurz hat ihren Badeurlaub mithilfe eines Reisebüros organisiert.
– Familie Rossi hat sämtliche Urlaubsaktivitäten selbst recherchiert und online gebucht.

2 Erkläre die Begriffe Individualreise und Pauschalreise mit eigenen Worten (T2).

3 Beschreibe, wie sich das Reisen entwickelt hat (T3, M2).

3 Bearbeite Aufgabe A3. „Mit dem Flugzeug übers Wochenende nach Barcelona zum Schnäppchenpreis." Beurteile dieses Angebot.

4 Wähle ein Reiseziel aus M6 aus und informiere dich im Internet über Urlaubsmöglichkeiten an diesem Reiseziel (z. B. Lage, Gebirge, Gewässer, bekannte Städte, Klima).

Das touristische Potenzial der Nordsee beschreiben

A Urlaub an der Nordsee

A Urlaub an der Nordsee
diese Seite

B Urlaub an der Ostsee
Seite 136/137

← Gemeinsam lernen
Seite 12/13

Die Küstenregionen an der Nordsee gehören zu den beliebtesten Urlaubszielen in Deutschland. Kein Wunder, denn hier finden die Besucher vieles vor, was sie sich für ihren Urlaub wünschen.

1
Bildet Vierergruppen. Zwei Schülerinnen und Schüler bearbeiten Inhalt A auf dieser Doppelseite, die anderen Inhalt B auf S. 136/137.
a) Arbeitet zunächst allein. Orientiere dich an der Nordseeküste und notiere:
– die Bundesländer, die Anteil an der Nordseeküste haben (M4),
– die Namen der Inselketten (M4),
– die Namen der deutschen Nordseeinseln (Atlas).
b) Vergleiche deine Ergebnisse mit denen deines Lernpartners oder deiner Lernpartnerin.

2
a) Erläutert die Gezeiten (T2, Erklärvideo V 08 ▷).
b) Erläutert die Besonderheit des Wattenmeeres (T2, M3).
c) Beschreibt das touristische Potenzial Borkums (T1, M2–M4).
d) Beschreibt, wie sich die Bewohner der Nordseeküste vor Sturmfluten schützen (M5).

3
Arbeitet nun in der Vierergruppe:
a) Stellt eure Ergebnisse auf einem Infoplakat dar.
b) Unterrichtet die Schülerinnen und Schüler mit Inhalt B über die Besonderheiten der Nordseeküste.
c) Lernt von den anderen die Besonderheiten der Ostseeküste kennen. Nutzt dabei die Infoplakate.

AFB I: 1a, 2c, 2d II: 1b, 2a, 2b, 3 → Lösungshilfen ab S. 232

M1

M2 Die Nordseeinsel Borkum

T1 Borkum als Urlaubsziel
Wer im Urlaub auf eine Insel will, hat es von Hessen gar nicht so weit. Denn vor dem Festland der Nordseeküste liegen die Ostfriesischen Inseln. Die größte von ihnen ist Borkum. Sie ist wie die anderen Inseln auch ein sehr beliebtes Ferienziel. Etwa 300 000 Besucher kommen pro Jahr. Kein Wunder, denn Borkum hat den Besucherinnen und Besuchern viel zu bieten. Man kann sich durch das Borkumer Watt führen lassen oder den Tag an den Stränden verbringen. Das Rad- und Fußwegenetz umfasst 120 km.
Bei schlechtem Wetter zieht es viele Urlauber in das Gezeitenbad, das wie ein Dampfer aussieht und viele Wasserattraktionen bietet. Borkumer Geschichte kann man im Inselmuseum Dykhus kennenlernen, das die Besucher durch zwei gewaltige Wal-Unterkiefer betreten.

V 08
Erklärvideo
Was sind Ebbe und Flut?

Tourismus und Freizeit **8**

T 2 Ebbe und Flut

Zweimal am Tag steigt und sinkt der Wasserstand an der Nordseeküste deutlich. Wenn sich das Wasser zurückzieht, spricht man von **Ebbe**. Dann darf man nicht baden, weil einen die starke Strömung ins Meer hinausziehen würde. Den niedrigsten Wasserstand nennt man **Niedrigwasser**. Danach steigt das Wasser wieder. Das nennt man **Flut**. Sie endet mit dem **Hochwasser**. Diese regelmäßigen Schwankungen des Wasserstandes nennt man zusammen **Gezeiten**.
Die Küstengebiete, die durch die Gezeiten regelmäßig überflutet werden und wieder trockenfallen, heißen **Watt**. Touristen können diesen einzigartigen Lebensraum bei einer Wattwanderung erkunden. Sie sollten aber unbedingt einen ortskundigen Führer mitnehmen.

M 4 Weltnaturerbe Wattenmeer

Nationalpark Wattenmeer

Im schlammigen Boden des Watts (Schlick) leben Muscheln und andere versteckte Tiere. Seevögel brüten auf Sandbänken und auch Seehunde haben dort ihr Zuhause. Damit dieser vielfältige Lebensraum erhalten bleibt, wurden **Nationalparks** geschaffen. In den Schutzzonen soll sich die Natur möglichst ungestört entfalten können. Dies gilt besonders für die Ruhezone. Hier darf man nur auf bestimmten Wegen gehen. Etwas lockerer sind die Bestimmungen in der Zwischenzone, wo zum Beispiel Wattwanderungen erlaubt sind. In der Erholungszone befinden sich Freizeiteinrichtungen und Badestrände. Die Nationalparks Wattenmeer wurden von der UNESCO als Weltnaturerbe ausgewiesen.

M 3

Deiche schützen

Viele Gebiete in den norddeutschen Küstenregionen liegen auf der Höhe des Meeresspiegels oder auch darunter. Wenn starke Stürme meterhohe Wellen auftürmen, müssen die Bewohner an den Küsten geschützt werden. Der beste natürliche Schutz vor einer Sturmflut sind Dünen. Doch wo diese fehlen, baut man **Deiche**. Diese bis zu zehn Meter hohen Wälle bestehen im Inneren aus Sand. Darüber kommt eine dicke Bodenschicht, auf der Gras wächst. Schafe halten das Gras kurz und treten den Boden fest. Auf den Deichen gibt es oft Wege, auf denen die Urlauber bei schönem Wetter spazieren gehen oder Rad fahren.

M 5

UNESCO

Organisation der Vereinten Nationen für Bildung, Wissenschaft und Kultur

Weltnaturerbe

Gebiet mit besonderen Naturwerten und guten Maßnahmen zu seinem Schutz

> Das touristische Potenzial der Ostsee beschreiben

B Urlaub an der Ostsee

A Urlaub an der Nordsee
Seite 134/135

B Urlaub an der Ostsee
diese Seite

← Gemeinsam lernen
Seite 12/13

Die deutsche Ostseeküste ist bei Urlaubern sehr beliebt. Dies liegt vor allem an den flachen Stränden und den malerischen Küstenformen. An der Ostsee kannst du vielseitige Ferien erleben.

1
Bildet Vierergruppen. Zwei Schülerinnen und Schüler bearbeiten Inhalt B auf dieser Doppelseite, die anderen Inhalt A auf S. 134/135.
a) Arbeitet zunächst allein: Orientiere dich an der Ostseeküste und notiere
– die Bundesländer, die Anteil an der Ostseeküste haben (Atlas),
– die Namen aller deutschen Ostseeinseln (Atlas).
b) Vergleiche deine Ergebnisse mit denen deines Lernpartners oder deiner Lernpartnerin.

2
a) Ordnet in M 5 die Küstenformen und Abbildungen einander zu.
b) Nennt drei Küstenformen, die auf Rügen vorkommen (M 3, M 5, M 6).
c) Beschreibt das touristische Potenzial Rügens (T 1, T 2, M 3, M 4, M 6).
d) Beschreibt einige Urlaubsaktivitäten auf der Insel (M 4, M 6).

3
Arbeitet nun in der Vierergruppe:
a) Stellt eure Ergebnisse auf einem Infoplakat dar.
b) Unterrichtet die Schülerinnen und Schüler mit Inhalt A über die Besonderheiten der Ostseeküste.
c) Lernt von den anderen die Besonderheiten der Nordseeküste kennen. Nutzt dabei die Infoplakate.

AFB I: 1a, 2b–2d II: 1b, 2a, 3 → Lösungshilfen ab S. 232

M 1

M 2 Strand an der Ostsee (Usedom)

M 3 Steilküste auf Rügen

T 1 Rügen als Urlaubsziel

Hast du Lust auf eine sonnige Insel? Dann fahre nach Rügen, der bekanntesten deutschen Ostseeinsel. Rügen ist zugleich die größte Insel Deutschlands. Du erreichst sie mit dem Auto oder der Bahn. Bei Stralsund überquert seit einigen Jahren eine moderne, verkehrstüchtige Brücke den Strelasund und ermöglicht dem Besucher eine schnelle Überfahrt. Auf der Insel angekommen, säumen schöne alte Alleebäume die Straßen.

Entlang der Küste gibt es endlose Sandstrände. Darin eingebettet befinden sich die Seebäder, die schon im 19. Jahrhundert die ersten Badegäste angelockt haben. Sehenswert sind dort die malerischen Seebrücken, die weit ins Meer hineinragen und Schiffen ein Anlegen ermöglichen.
Sollte mal ein Strandtag ausfallen, lohnt sich eine Fahrt mit der dampfbetriebenen Schmalspurbahn oder ein Besuch bei den Störtebekerfestspielen in Ralswiek.

Strelasund
Meeresarm der Ostsee zwischen Rügen und dem Festland

8 Tourismus und Freizeit

M 4 Der „Rasende Roland" auf Rügen

M 6 Freizeitkarte von Rügen

T 2 Nationalpark und Biosphärenreservat

1990 wurde an der Nordostecke von Rügen der kleinste deutsche Nationalpark eingerichtet (Jasmund). Er schützt die hoch aufragende Steilküste und den dahinter liegenden Buchenwald. Allerdings nagen Stürme vor allem im Winter an der Küste und lassen immer wieder Stücke abbrechen. Weitere Küstenabschnitte stehen unter Naturschutz, zum Beispiel der Nationalpark Vorpommersche Boddenlandschaft und das Biosphärenreservat Südost-Rügen. Während im Nationalpark die Natur möglichst ungestört bleiben soll, geht es im Biosphärenreservat um ein Miteinander von Mensch und Natur.

Von Eis und Meer geformte Küste

Vor mehr als 10 000 Jahren war die heutige Ostseeküste von Gletschereis bedeckt. Eis und Schmelzwasser gruben Rinnen aus, die heute die **Fördenküste (B)** bilden. Das Eis formte auch muldenartige Vertiefungen, in die wiederum Wasser eindrang. So bildete sich die **Boddenküste (D)**, vor allem im südlichen Teil der Ostsee. An der Ostsee gibt es zwar keine Gezeiten, aber die Kraft des Wassers ist enorm und führte zur Entstehung der **Steilküsten (C)**. Das dort weggerissene Material wurde von Meeresströmungen an der Küste entlanggeschwemmt und lagerte sich an ruhigen und flachen Küstenabschnitten ab. So entstand die **Ausgleichsküste (A)**.

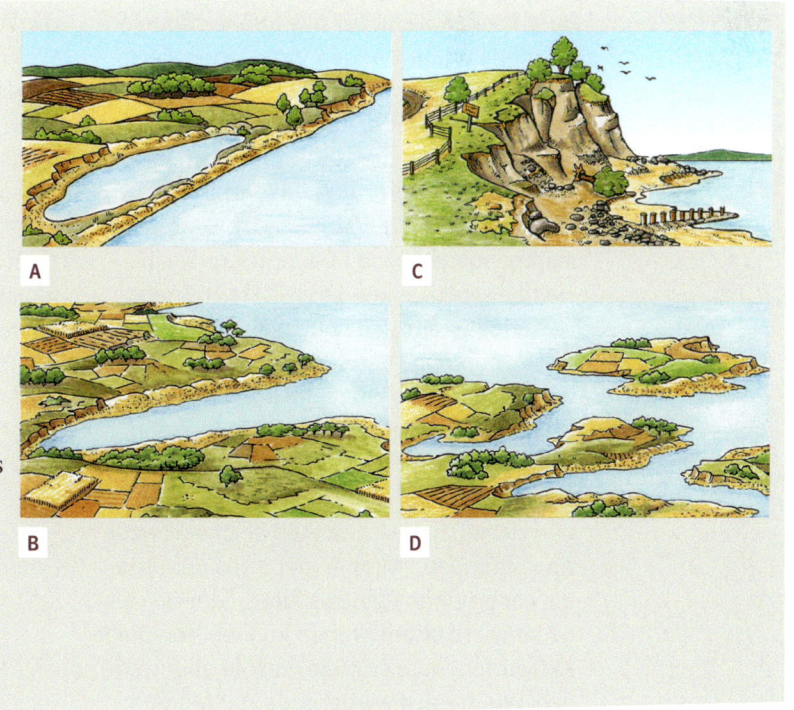

M 5 Küstenformen an der Ostsee

Methode

Die Sehenswürdigkeiten einer Stadt mit einer App erkunden

MK Lust auf Hamburg? – Mit Apps planen

Städtereisen werden immer beliebter, besonders an langen Wochenenden. Das Smartphone mit seinen Apps weiß alles über das Reiseziel – sogar, wo es die nächste Limo gibt.

M 1 Hafenrundfahrt in Hamburg

Frieda: Hafenrundfahrt, Miniatur Wunderland, Millerntor-Stadion, Musical
Louis: Hafenrundfahrt, Tierpark Hagenbeck, Hamburger DOM, Musical
Frau Lang: Rathaus, HafenCity, Musical, Fischmarkt
Herr Lang: Hafenrundfahrt, Sternschanze, Speicherstadt

M 2 Wunschliste von Familie Lang

„Hamburger DOM"
Volksfest, das dreimal im Jahr stattfindet

ÖPNV
öffentlicher Personennahverkehr

T1 Städte haben viel zu bieten
Touristen können in Städten viel erleben, denn es gibt zahlreiche Attraktionen. In Hamburg sind das die vielen Musicals, Theater und Stadien, die Elbphilharmonie, der große Tierpark, die Speicherstadt, der Hafen und noch mehr. Auch die touristische Infrastruktur mit ÖPNV, Hotels, Restaurants usw. ist optimal. Über das Tourismusbüro Hamburg können Besucher alle Informationen abrufen und Buchungen vornehmen. Reisepakete bieten für einen Pauschalpreis einen Rundum-sorglos-Kurzurlaub.

T2 Familie Langs Hilfe für den Städtetrip
Vor Reisebeginn hat sich Familie Lang zusammengesetzt und überlegt, was sie in Hamburg alles erkunden will (M 2). Frieda verkündet stolz: „Ich habe alles schon organisiert und Apps heruntergeladen, mit der wir alle Ziele erreichen: die Bahn-App, die HVV-App (Hamburger Verkehrsverbund) mit allen Linienplänen, die Stadtplan-App, eine Reiseführer-App. Und wenn diese mal nicht ausreichen, habe ich schnell noch eine neue App gefunden." Mithilfe der Apps arbeiten die Langs einen Plan aus, nach dem sie viel gemeinsam unternehmen können. Für einige Aktivitäten muss sich die Familie aber trennen. Wie sie sich wiederfinden? – Mit dem Smartphone natürlich, alles kein Problem.

T3 Apps kosten immer
Die meisten kostenlosen Apps finanzieren sich über Werbung. Die Nutzer „bezahlen" also damit, dass sie Werbung sehen. So werden neue Bedürfnisse geweckt. Einige Apps verlangen auch Informationen zum Standort des Nutzers. Oder sie möchten Zugriff auf Daten, zum Beispiel Adressen oder Bilder. Diese indirekte Bezahlung sollte jeder bedenken. Manche Anbieter, zum Beispiel von Wetter-Apps, stellen neben den kostenlosen Angeboten auch kostenpflichtige Zusatzoptionen bereit. Die sind ohne Werbung, allerdings entstehen dadurch monatliche Kosten. Ihr solltet daher klären, ob das erweiterte Angebot sinnvoll ist und wer die Kosten trägt. Schließlich gibt es Apps, die eine einmalige Gebühr verlangen. Achtung! Viele einmalige Gebühren werden schnell zu großen Kosten.

1
Sehenswürdigkeiten in Hamburg:
a) Lade einen Stadtplan von Hamburg herunter und suche jeweils ein Wunschziel für jedes Familienmitglied der Langs (M 2). Beachte die Schritte.
b) Welche Sehenswürdigkeiten gibt es noch in Hamburg? Erweitere die Liste aus M 2. Nutze eine Reiseführer-App.

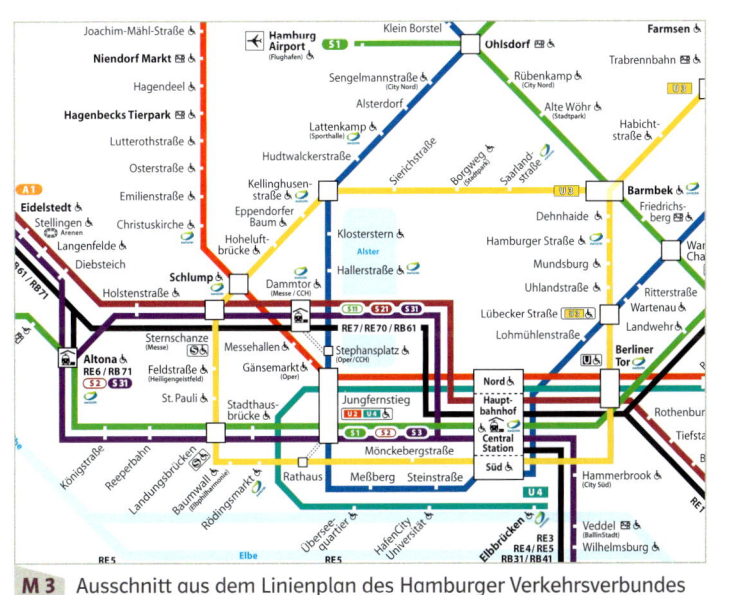

Tourismus und Freizeit 8

M 3 Ausschnitt aus dem Linienplan des Hamburger Verkehrsverbundes

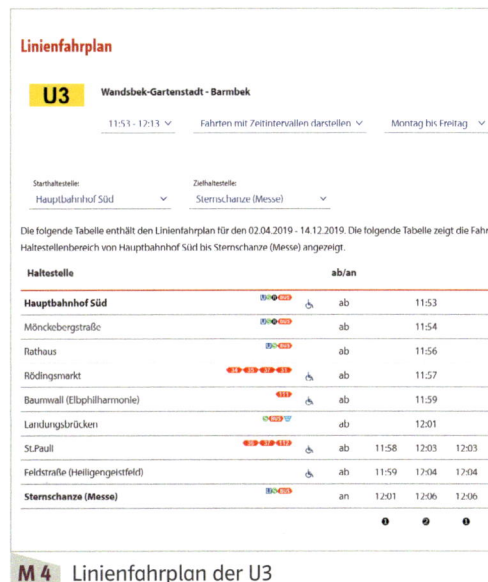

M 4 Linienfahrplan der U3

T 4 Apps sinnvoll nutzen – eine Checkliste

1. Schritt: Sich über die App informieren
Gib im Suchfeld des App Stores ein, wonach du suchst. Wähle aus den Angeboten eine geeignete App aus. Kontrolliere, ob die App kostenpflichtig ist. Kläre gegebenenfalls, wer bezahlt. Die meisten Apps für eine Reise sind kostenlos, auch Reiseführer-Apps für den Städtetourismus. Das ist erstaunlich, weil sie aufwendig erstellt wurden, zum Beispiel die Hamburg-App.

2. Schritt: Die App installieren
Wenn du dir klar darüber bist, dass du die App nutzen möchtest, tippe auf „Herunterladen". Achtung! Viele kostenlose Apps verlangen jetzt ein Einverständnis für den Zugriff auf zum Beispiel deinen Standort oder die Kamera. Auch die Hamburg-App verlangt Zugriff auf solche Daten. Eventuell solltest du deine Eltern oder den Lehrer oder die Lehrerin fragen.

3. Schritt: Die App anwenden
Mache dich vor der eigentlichen Nutzung mit der App vertraut. Dafür gibt es meist zu Anfang eine Kurzanleitung.
In der Hamburg-App kannst du als Übung beispielsweise nach Informationen über die Speicherstadt suchen.

4. Schritt: Die App bewerten
Prüfe, ob die Informationen der App nützlich und sinnvoll für dich sind.
Hilft die App dir nicht weiter, dann entferne sie gleich wieder von deinem Gerät.

> Zulassen, dass die App auf Fotos, Medien und Dateien auf deinem Gerät zugreifen darf?
> **ABLEHNEN** **ZULASSEN**

Vorsicht! Bei Anfragen dieser Art solltest du dir genau überlegen, ob du den Zugriff auf deine Daten erlauben möchtest.

2
Louis möchte unbedingt das große Volksfest „Hamburger DOM" besuchen.
a) Finde heraus, wo es stattfindet.
b) SP Wie gelangt er dorthin? Welche Verkehrsmittel kann er nutzen? Wie lange dauert die Fahrt? Schreibe alle Infos für Louis auf. Start ist am Hauptbahnhof (M 3, M 4).

3
Nenne den wichtigsten Faktor, der eine Stadt wie Hamburg für Touristen interessant macht (T 1).

4
Bewerte die Aussage: „Alle Apps müssen bezahlt werden, auch wenn sie kostenlos sind" (T 3).

5 EXTRA SP
Sprich Familie Lang Empfehlungen aus, wie sie von ihrem Wohnort Kassel über den Hamburger Hauptbahnhof zu ihren Reisezielen (M 2) gelangt. Nutze verschiedene Apps.

AFB I: 3 II: 1, 2 III: 4, 5 → Lösungshilfen ab S. 232 **139**

Orientierung

Urlaubsgebiete in Europa verorten

Tourismus in Europa

Die Deutschen sind besonders reiselustig. Und die Urlaubsmöglichkeiten in Europa sind vielfältig. Ob mit dem Postschiff durch die Fjorde Norwegens, in die Museen von Paris, zum Snowboarden in die Schweiz oder zum Baden ans Mittelmeer – für alle Wünsche gibt es mehrere Angebote.

M1 Ferienziele in Europa

T1 Ferien in Europa

Die Möglichkeit, Europa sicher und bequem bereisen zu können, hat den Kontinent zum meistbesuchten der Erde gemacht. Besonders beliebte Reiseziele sind Frankreich, Spanien, Italien und Deutschland. Hotel- und Restaurantfachleute, Reiseleiterinnen und -leiter und viele andere sind für die Touristen tätig. Allein in den Staaten der Europäischen Union leben etwa 10,5 Millionen Menschen von den Einnahmen aus dem Tourismus.

Traditionell gehört der Mittelmeerraum zu den beliebtesten Reisezielen in Europa. Dabei spielt das Klima meist die entscheidende Rolle bei der Wahl des Urlaubsortes. Gründe für einen Urlaub in Europa sind die landschaftliche Schönheit, das Interesse an der Geschichte, das gut ausgebaute Verkehrsnetz und die Vielfalt der Freizeitaktivitäten. Zudem lohnt sich ein Besuch in zahlreichen faszinierenden europäischen Städten.

8 Tourismus und Freizeit

M 2 Urlaubsgebiete in Europa

häufig besuchte Reiseziele
- vorwiegend im Sommer
- im Sommer und Winter

Rügen Urlaubslandschaft (Auswahl)

Städtetourismus
- ● Großstadt mit internationalem Städtetourismus
- ○ sonstige Großstadt

Flughäfen
- ✈ internationaler Flughafen, Flughafen mit Charterflügen aus und nach Deutschland

0 200 400 600 km

1
Europäische Ferienlandschaften:
a) Ordne den Fotos A–D in M1 die Formen des Tourismus zu: Erholungsurlaub, Aktivurlaub oder Städtereise.
b) Nenne weitere Beispiele, wo man einen ähnlichen Urlaub verbringen kann (M 2).

2
Arbeite mit der Karte M 2:
a) Nenne fünf europäische Urlaubsgebiete, in denen es vornehmlich Sommertourismus gibt.
b) Erläutere, wo es sowohl Sommer- als auch Wintertourismus gibt.

3
Diskutiert, was euch bei der Wahl eines Urlaubsortes wichtig ist. Gestaltet einen Steckbrief dieses „Traumurlaubsortes".

4
Für viele Menschen sind Flusslandschaften attraktiv. Begebt euch in Gedanken auf eine Flusskreuzfahrt
– auf der Donau ab Passau oder
– auf dem Rhein ab Köln.
Beschreibt das touristische Potenzial der Landschaft (M 2). Recherchiert evtl. auch im Internet.

AFB I: 1b, 2a II: 1a, 2b, 4 III: 3 → Lösungshilfen ab S. 232   141

Das touristische Potenzial der Alpen beschreiben

Lust auf Gebirge

Die Gebirgslandschaft ist besonders schützenswert. In der fast unberührten Hochgebirgsregion der Alpen haben sogar seltene Lebewesen ihr Zuhause.

M 1

M 2 Blick auf die Dolomiten in Südtirol (Italien)

Vegetation
umfasst alle Pflanzen eines umgrenzten Gebietes. Die Vegetation wird geprägt von Klima, Boden, Gestein und Wasserhaushalt.

Gletscher
Eisstrom, der durch Anhäufung von Schnee und durch Druck entsteht und langsam talabwärts fließt. Gletscher bilden sich in Polargebieten und Hochgebirgen oberhalb der Schneegrenze (vgl. Erklärvideo V09 ▷)

T1 Typisch Hochgebirge!
Das gibt es nur hier, im **Hochgebirge**: steil aufragende Felsen mit Gipfeln über 2000 m Höhe, tiefe Täler mit zum Teil reißenden Flüssen, viele Bergwälder mit Fichten, Tannen und Lärchen, Gletscher in den Gipfelregionen. **Gletscher** sind Eiszungen, die sich langsam talwärts bewegen. Nur wanderndes Eis nennt man Gletscher.

T2 Mit der Höhe sinkt die Temperatur
Morgens um 8:00 Uhr bricht Lina mit ihrer Familie zu einer Bergwanderung auf. Es ist schon recht warm, also lässt sie Jacke und Pullover im Rucksack. Doch bald wird es kühler, so empfindet es die ganze Familie. Am Gipfel ist es so kühl, dass Lina ihre Jacke und den Pullover anzieht. Denn je höher man kommt, desto stärker sinkt die Temperatur – ungefähr 0,5–1,0 °C pro 100 Höhenmeter. Das hängt mit der Abnahme der Luftteilchen zusammen. Je „dünner" die Luft ist, desto kälter wird es.

T3 Höhenstufen sorgen für Vielfalt
Die Pflanzenwelt (Flora) hat sich den abnehmenden Temperaturen in der Höhe angepasst. So kommt es, dass Lina auf ihrem Weg nach oben ganz unterschiedliche Vegetationen durchquert. Eine Region mit derselben Vegetation heißt **Höhenstufe** (M 3). Auch die Tierwelt hat sich angepasst. Auf den Bergwiesen der Mattenstufe entdeckt Lina Edelweiß und Enzian. Hier leben auch seltene Tiere, zum Beispiel Steinadler, Steinbock und Schneehase.

1 Arbeitet mit M 2 und T 1. Überlegt, warum das Gebirge eine beliebte Urlaubsregion ist.

2 MK Lokalisiere die Alpen im Atlas oder Kartenanhang.
a) Bestimme die größte Ost-West- und Nord-Süd-Ausdehnung.
b) Nenne Staaten, die Anteil an den Alpen haben.

V 09 ▶ Erklärvideo
Wie entsteht ein Gletscher?

V 10 ▶ Erklärvideo
Höhenstufen

Tourismus und Freizeit 8

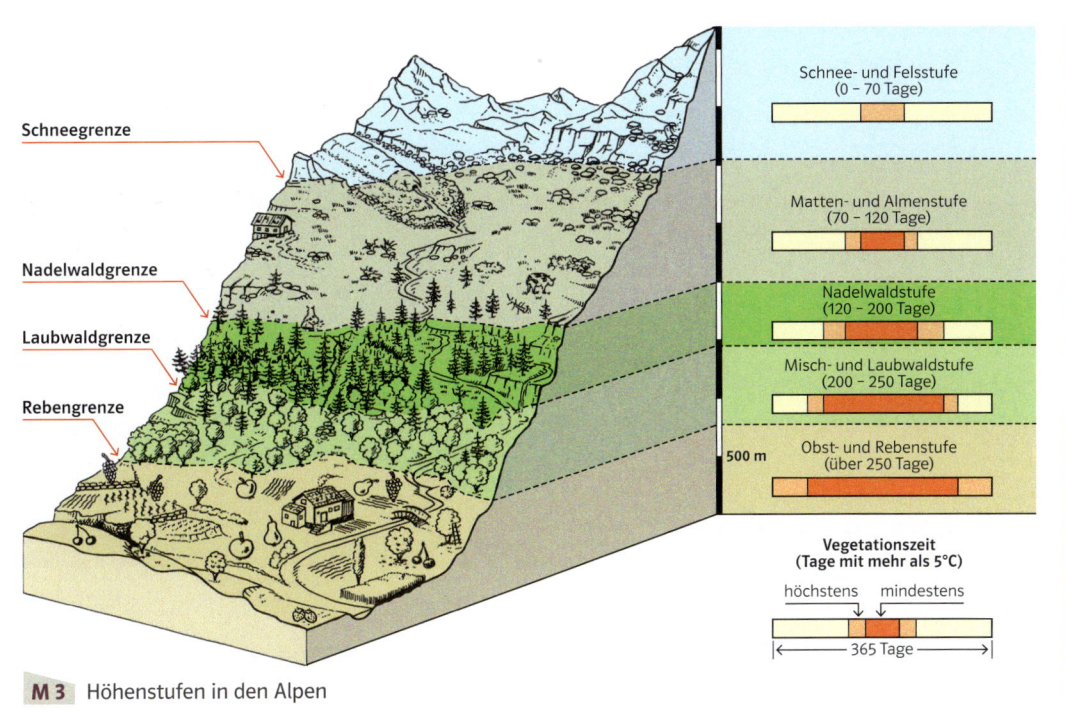

Schneegrenze
Nadelwaldgrenze
Laubwaldgrenze
Rebengrenze

Schnee- und Felsstufe (0 – 70 Tage)
Matten- und Almenstufe (70 – 120 Tage)
Nadelwaldstufe (120 – 200 Tage)
Misch- und Laubwaldstufe (200 – 250 Tage)
Obst- und Rebenstufe (über 250 Tage)

500 m

Vegetationszeit (Tage mit mehr als 5 °C)
höchstens   mindestens
|←— 365 Tage —→|

M 3 Höhenstufen in den Alpen

M 5 Murmeltier

M 6 Edelweiß

Mit ein bisschen Glück hört Lina ein Murmeltier pfeifen. Weil sie leise ist, kann sie es entdecken, bevor es in seinem Bau verschwindet.

T 4 Saison im Sommer und Winter
Bergwandern im Sommer, Skifahren im Winter – die Tourismusregion Alpen wirbt für ihre **Doppelsaison**. Dafür haben die Gemeinden viel in die touristische Infrastruktur investiert: Seilbahnen und Schwimmbäder optimieren die Sommersaison. Skipisten, Loipen und Schneekanonen garantieren den Wintersport. Manche Touristen kommen sogar zweimal im Jahr.

M 4 Sommer- und Wintersaison in den Alpen

---

3 MK
Arbeite mit M 2, M 3 und dem Erklärvideo V 10 ▶.
a) Beschreibe die Höhenstufen aus M 3. Bestimme anschließend die Höhe der Grenzlinien.
b) Ordne den Buchstaben A – C in M 2 je eine Höhenstufe aus M 3 zu.

3 MK
Bearbeite Aufgabe A 3. Ordne den Höhenstufen außerdem möglichst viele Pflanzen und Tiere zu (T 3, M 5, M 6, Internetrecherche).

4 👁👄
In T 4 stehen Elemente der touristischen Infrastruktur. Nennt diese und weitere.

4 👁👄
Erklärt, wie die Gemeinden das touristische Potenzial ganzjährig nutzbar machen (T 4, M 4).

5
Erläutere den Begriff Doppelsaison (T 4, M 4).

6 SP **EXTRA**
Der Bürgermeister des Ortes in M 2 möchte mehr Touristen anwerben. Unterbreite ihm Vorschläge. Wie würde sich der Ort dadurch verändern?

A
B

AFB I: 1–3 a, 4   II: 3 b, 5   III: 6   AFB I: 1, 2   II: 3–5   III: 6   → Lösungshilfen ab S. 232   143

Die Veränderungen eines Ortes in den Alpen durch Tourismus beschreiben

M 2 Serfaus 1937

Vom Bergdorf zum Ferienzentrum

In den Alpen mit der U-Bahn zum Wandern oder zum Skifahren? Das hätte sich im Jahre 1937 niemand vorstellen können. Aber was ist der Sinn einer solchen U-Bahn?

Tourismus
das Reisen und der Aufenthalt an einem fremden Ort, z. B. zur Urlaubs- und Freizeitgestaltung

Doppelsaison
Touristen kommen sowohl im Sommer als auch im Winter.

T1 Ein ganz normales Alpendorf?

Serfaus, der sonnigste Ort Tirols, liegt mitten in den Alpen auf einer Höhe von 1 427 m. Diese Höhenlage war der Grund dafür, dass die Serfauser Bauern früher Not litten, denn die Landwirtschaft brachte nur wenig Ertrag. Heute dagegen ist die Lage von Serfaus von großem Vorteil: Jedes Jahr strömen Tausende von Urlaubsgästen in den Ort. In der **Wintersaison** stehen 53 Liftanlagen und 160 km Skipisten zur Verfügung.
Für die **Sommersaison** bietet Serfaus etwa 100 km Wanderwege, außerdem Tennisanlagen, Schwimmbäder sowie Bergsport- und Gleitschirmprogramme.

T2 Eine U-Bahn in den Alpen

Durch den zunehmenden Tourismus drohte das Dorf im Verkehr zu ersticken. Daher baute die Gemeinde eine unterirdische Bahn, die nur 1,3 km lang ist. Sie verbindet den Parkplatz am östlichen Rand des Dorfes mit der Talstation der Seilbahnen und den Skiliften des Skigebiets. Die Autos bleiben auf dem Großparkplatz vor dem Dorf.

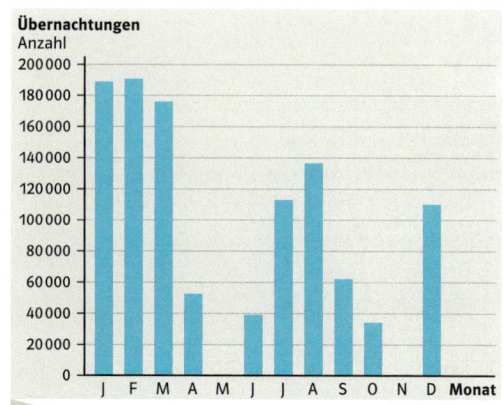

	1955	1985	2020
Einwohner	682	963	1 151
Bettenzahl	700	3 478	7 058
Übernachtungen pro Jahr	65 000	486 000	1 026 918

M 3 Tourismusentwicklung in Serfaus 1955–2020

M 4 Typischer Übernachtungsverlauf für Serfaus (Beispieljahr 2014)

8 Tourismus und Freizeit

M5 Serfaus heute

SP Tipp

Bilder vergleichen
→ Aufgabe 1
- Im Vergleich zu …
- Gleich ist …
- Unterschiede erkenne ich in …
- Anders als früher …
- Die Bilder unterscheiden sich stark/kaum.

T3 Kein zurück?!

Der Ausbau der Verkehrsmittel und die Erschließung der Skigebiete haben viel Geld gekostet. Zwischen 2017 und 2019 wurde die U-Bahn für etwa 26 Millionen Euro komplett erneuert. Serfaus ist heute auf die Einnahmen aus dem Tourismus angewiesen. In schneearmen Wintern sorgen Beschneiungsanlagen dafür, dass die Bedingungen für den Wintersport gut sind. Doch der Energieaufwand ist enorm und die Kosten steigen weiter.

M6 U-Bahn in Serfaus

1 SP Vergleiche Serfaus früher und heute (M2, M5).

2 Beschreibe, was die Urlaubsgäste im Sommer und im Winter in Serfaus unternehmen können (T1).

3 Beschreibe die Veränderungen in Serfaus, indem du die Zahlen von 1955 und 2020 vergleichst (M3).

4 Serfaus hat zur Verkehrsberuhigung eine U-Bahn gebaut. Bewerte diese Maßnahme (T2, T3, M6).

5 Diskutiert die Folgen des Tourismus in Serfaus aus Sicht der
– Anwohner,
– Urlaubsgäste,
– Hotelbesitzer,
– Liftanlagenbetreiber,
– Umweltschützer.

2 In welcher Saison würdest du lieber nach Serfaus fahren? Begründe deine Entscheidung (T1).

3
a) Werte die Tabelle M3 aus.
b) Beschreibe, wie sich die Übernachtungen über das Jahr verteilen (M4).

> Gefahren durch Lawinen erklären und mögliche Schutzmaßnahmen benennen

Gefahr in den Alpen?!

Immer wieder bringen sich Menschen im Hochgebirge in Gefahr oder werden von der Natur überrascht, z.B. beim Bergwandern oder Skifahren. Auf welche Gefahren muss man sich einstellen und wie kann man sich schützen?

M1 Lawinenabgang in den Alpen

Versuch

Material:
Pappkarton, Stift, Schrauben, Mehl, Holzbrett

Durchführung:
Zeichne auf dem Karton eine Mittellinie ein. Durchbohre eine Seite des Kartons mit Schrauben und befestige den Karton auf dem Brett. Verteile das Mehl gleichmäßig auf der Oberfläche. Hebe das Brett langsam an einer Seite an.

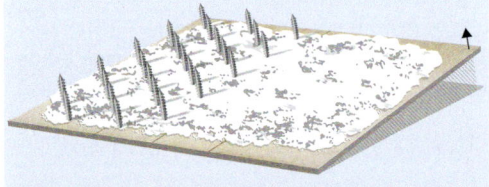

Auswertung:
Beschreibe, wie sich das Mehl auf beiden Seiten verhält. Begründe Unterschiede.

M2 Eine Lawine im Klassenzimmer

T1 Wie entstehen Lawinen?

Als **Lawine** wird eine Rutschung am Berg bezeichnet, bei der sich große Mengen Schnee ins Tal bewegen. Sie entstehen an steilen und unbewaldeten Berghängen, wo sich viel Neuschnee ansammelt. Steigende Temperaturen im Tagesverlauf erhöhen das Risiko. Die meisten Lawinen lösen sich, wenn nach längeren Schneefällen die Sonne scheint.

T2 Gefahren im Winter

Jeden Winter werden durch Lawinen Straßen und Ortschaften verschüttet und Menschen getötet. Lawinen sind im Hochgebirge nicht ungewöhnlich. Über Jahrhunderte haben die Alpenbewohner damit zu leben gelernt. Doch der Ausbau der Wintersportorte und die damit verbundene Abholzung der Wälder vergrößerte die Gefahr von Lawinen. Laut dem Deutschen Alpenverein gibt es in manchen Jahren bis zu 100 Lawinentote in den Alpen zu beklagen. 90 Prozent der Lawinen

D 21 Arbeitsblatt Experimentierbogen

Tourismus und Freizeit **8**

M 3 Lawinenverbauung und Schutzwald

M 4 Lawinenschutzgalerie am Kühtaisattel (Österreich)

werden von Wintersportlern selbst ausgelöst, die z. B. abseits gesicherter Wege und Pisten unterwegs sind.

T 3 **Schutzmaßnahmen**
Einen natürlichen Schutz vor Lawinen bieten gesunde Bergwälder. Die Bäume halten den Schnee fest, sodass er nicht abrutschen kann. Wo kein Bergwald mehr vorhanden ist, müssen Verkehrswege und Siedlungen durch teure Maßnahmen geschützt werden. Schutzzäune am Berg verhindern das Abgleiten von Lawinen. Straßen und Eisenbahnlinien werden von Galerien überdacht, sodass Lawinen über sie hinwegfließen können.

Gefahren im Sommer

Auch im Sommer drohen Gefahren, zum Beispiel durch **Muren**. Nach langem Regen hat sich der Boden wie ein Schwamm mit Wasser vollgesaugt. Plötzlich können Hunderte Tonnen von Schlamm und Geröll in Bewegung geraten und zu Tal rutschen. Eine Mure kann hohe Felsblöcke und Baumstämme mitreißen. Trifft eine Mure auf Straßen, Eisenbahnlinien oder Brücken, so werden diese oft meterhoch von den Schlammmassen verschüttet.

M 5

1
a) Beschreibe das Foto M 1.
b) Erkläre den Begriff Lawine (T 1).

2
a) Führe den Modellversuch M 2 durch.
b) Erläutere die Funktion der eingesetzten Materialien.

2
Bearbeite Aufgabe A 2. Erläutere, wie man den Versuch verändern könnte, um möglichst viel Mehl aufzuhalten.

3
Erkläre, wie Siedlungen und Verkehrswege vor Lawinen geschützt werden (T 3, M 3, M 4).

4
Erläutere, warum der Bau neuer Skipisten die Lawinengefahr erhöhen kann (T 2).

4
Nimm Stellung zur Aussage: „Lawinen werden vor allem durch Menschen verursacht." (T 2)

5
Auch im Sommer ist der Alpenraum bedroht. Erkläre mithilfe von M 5.

AFB I: 1a II: 1b–5   AFB I: 1a II: 1b–3, 5 III: 4   → Lösungshilfen ab S. 232   **147**

Urlaub im Einklang mit der Natur

Es gibt Urlaubsziele, die eine umweltschonende Freizeitgestaltung fördern. Dazu gehören auch die 19 Gemeinden in den Alpen, die sich „Alpine Pearls" nennen. Viel braucht man nicht dazu, nur den nachhaltig denkenden Touristen.

M1 Parkplatz vor einem Skilift in Flehenkirch (Tirol)

M3 Elektro-Mietwagen

M2 Aussichtsplattform in den Alpen

M4 Freizeitaktivität Nordic Walking

sanfter oder nachhaltiger Tourismus bedeutet, dass die Touristen weder die Natur noch die einheimischen Menschen stören. Er ist das Gegenteil von Massentourismus.

T1 Tourismus in Massen

Die Alpen sind eines der größten Feriengebiete der Welt. Mehr als 120 Millionen Feriengäste besuchen jährlich diese Gebirgsregion. In manche Orte kommen so viele Menschen, dass man von **Massentourismus** spricht. Dadurch entstehen viele Arbeitsplätze in Hotels und Restaurants.
Aber diese Art des Tourismus nimmt oft wenig Rücksicht auf die Umwelt. Häufig entstehen Umweltprobleme wie z. B. Luftverschmutzung und Lärm durch Verkehr oder Verschmutzung der Landschaft durch Müll. Und die Naturlandschaft wird mit Straßen, Parkplätzen und Hotels zugebaut.

T2 Nachhaltiger Tourismus

Wer das nicht möchte, muss anders denken: Das Reise- und Freizeitverhalten sollte die Umwelt möglichst wenig belasten. Wichtig sind dabei aber auch die wirtschaftliche Entwicklung der Urlaubsregion und ein gutes Miteinander zwischen der ortsansässigen Bevölkerung und den Urlaubsgästen. Alles, was so und im Einklang mit der Natur geschieht, nennt man **sanften** oder **nachhaltigen Tourismus**.

> Erklären, was man unter nachhaltigem Tourismus versteht

Tourismus und Freizeit 8

M 5 Infografik der „Alpine Pearls" zum Thema Mobilität

„Alpine Pearls"
heißt übersetzt „Alpenperlen"

Mobilität
Beweglichkeit, d.h. gut von einem Ort zu einem anderen Ort kommen

T3 „Alpine Pearls"

Viele Urlaubsorte ermöglichen bereits einen nachhaltigen Tourismus. In den Alpen haben sich z. B. 19 Gemeinden zu den „Alpine Pearls" zusammengeschlossen. Erholung fängt hier schon bei der Anreise mit dem Bus oder der Bahn an. Im Urlaubsort stehen Fahrräder und Elektrofahrzeuge zur Ausleihe bereit. Alle „Alpine Pearls" garantieren somit eine nachhaltige Mobilität. Hotels und Restaurants bieten möglichst regionale Speisen an. Sie achten auch darauf, dass wenig Müll entsteht und vermeiden Stress und Lärm. Die Touristinnen und Touristen können trotzdem spannende Freizeitaktivitäten erleben: Mountainbiken mit E-Bikes, Reiten, Wassersport, Klettern, Paragliding, Biathlon, Rodeln, Snowboarden und vieles mehr.

Der nachhaltig denkende Tourist

– verzichtet auf unnötige Fahrten mit dem Auto,
– vermeidet Müll und Lärm,
– bevorzugt landestypische Unterkünfte,
– achtet darauf, dass seine Urlaubsaktivitäten im Einklang mit der Natur stehen,
– informiert sich vor Reiseantritt über die Region,
– verzichtet auf Kurzurlaube zu entfernten Zielen,
– …

M 6

---

1 👥
Fotos M1 bis M4:
a) Beschreibt die Fotos.
b) Erläutert, auf welche Fotos die Überschrift „Urlaub im Einklang mit der Natur" zutrifft.

2
Nenne Vor- und Nachteile des Massentourismus (T1).

2
a) Erläutere die Nachteile des Massentourismus (T1).
b) Stelle dar, warum diese Form des Urlaubs bei vielen beliebt ist.

3
a) Erkläre, was man unter nachhaltigem Tourismus versteht (T2, M6).
b) Erläutere mithilfe von T3 und M5, wie dies bei den „Alpine Pearls" umgesetzt wird.

3 👥
a) Erklärt, warum die „Alpine Pearls" ein Beispiel für nachhaltigen Tourismus sind (T2, T3, M6).
b) Diskutiert Vor- und Nachteile eines Urlaubs ohne eigenes Auto (M5).

4
Erkläre, warum der nachhaltige Tourismus nachhaltig denkende Touristinnen und Touristen braucht (T2, T3, M6).

AFB I: 1a, 2 II: 1b, 3, 4   AFB I: 1a II: 1b, 2, 3a, 4 III: 3b   → Lösungshilfen ab S. 232

Merkmale und Auswirkungen des Massentourismus erläutern

Massentourismus auf Mallorca

Klares Wasser, blauer Himmel, weite Sandstrände – Millionen Menschen zieht es jährlich ans Mittelmeer. Die Ferieninsel Mallorca gehört zu den beliebtesten Reisezielen. Doch welche Auswirkungen hat der Tourismus?

M 1

M 2 El Arenal, Strand auf Mallorca

T1 Warum so viele Menschen kommen

Mallorca ist die größte Insel der Balearen. Sie hat lange weiße Strände, malerische Buchten, Steil- und Felsenküsten. Die Sommer sind lang und warm – mit viel Sonnenschein und wenig Regen.

Der Tourismus auf Mallorca setzte bereits in den 1950er- und 1960er-Jahren ein. Vor allem aus dem Vereinigten Königreich und Deutschland strömten Sonnenhungrige auf die Insel. Sehr schnell wuchsen die Touristenzahlen (M 4). Dafür wurden auf Mallorca große Hotelanlagen gebaut. Viele Restaurants und Bars eröffneten, Boutiquen und Souvenirläden luden zum Bummeln ein. Die Küstenorte wuchsen schnell und neue Straßen mussten gebaut werden. Seit dem Bau des internationalen Flughafens ist die Insel schnell zu erreichen. Günstige Flugverbindungen auf die Insel und All-inclusive-Pauschalangebote locken sehr viele Menschen an. Man spricht von Massentourismus. Schon seit über 50 Jahren gibt es auf der Insel mehr Touristen als Einheimische.

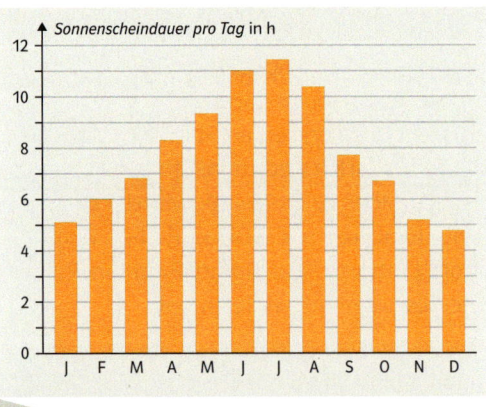

M 3 Sonnenscheindauer in Palma de Mallorca

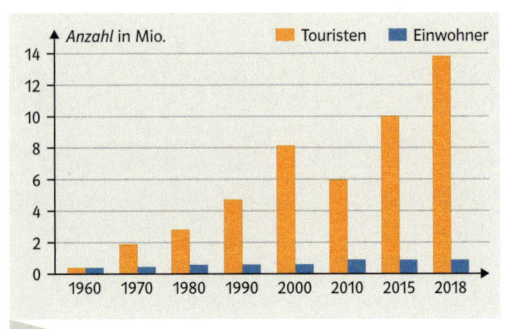

M 4 Touristen auf Mallorca

Tourismus und Freizeit 8

M 5 Tourismus auf Mallorca (2021)

T 2 Folgen des Massentourismus

Die vielen Touristinnen und Touristen bringen der Insel Mallorca Arbeitsplätze und Geld. Der Tourismus ist die wichtigste Einnahmequelle für die einheimische Bevölkerung.

Doch der Massentourismus bringt auch hohe Belastungen mit sich: Fast jedes Jahr wird das Trinkwasser knapp. Die Kläranlagen sind veraltet und überfordert. Über 500 000 t Müll fallen jährlich an. Weite Teile der Küste sind durch den Bau vieler Hotelanlagen mittlerweile zubetoniert. Dadurch wurden viele Naturlandschaften zerstört. Unzählige Mietautos belasten die Straßen und Ortschaften.

Die Lärmbelästigung ist enorm. Am Strand feiern viele Touristen mit großer Lautstärke bis spät in die Nacht hinein.

M 6 Verkehrsstau in Palma, der Hauptstadt von Mallorca

SP Sprachtipp

Ein Diagramm auswerten
→ Aufgabe 3

- Die Einwohnerzahl hat sich ungefähr …
- Die Anzahl der Touristen …
- 1970 gab es … Touristen. 2018 …

---

1 Urlaub auf Mallorca:
a) Beschreibe den Strand in M 2.
b) Nenne Gründe, weshalb Mallorca als Reiseziel bei Touristen so beliebt ist (T 1, M 3).

2 Erkläre, was man unter Massentourismus versteht (T 1, M 2 und M 6).

3 SP Vergleiche in M 4 die Jahre 1970 und 2018.

3 SP Beschreibe die Entwicklung des Tourismus auf Mallorca (M 4).

4 Nenne Vor- und Nachteile des Massentourismus auf Mallorca (T 2, M 2, M 6).

4 „Je mehr Touristen auf Mallorca Urlaub machen, desto besser für die Insel." Nimm Stellung zu dieser Aussage (T 2, M 2, M 6).

5 Übernachtungsangebote auf Mallorca:
a) Nenne die drei Orte mit den höchsten Bettenzahlen (M 5).
b) Viele Touristenorte sind an der Küste. Begründe (M 5).

AFB I: 1, 4, 5a II: 2, 3 III: 5b   AFB I: 1, 3, 5a II: 2 III: 4, 5b   → Lösungshilfen ab S. 232

Methode

Auswirkungen des Massentourismus im Rollenspiel diskutieren

Ein Rollenspiel durchführen

Bei einem Rollenspiel schlüpft jeder in die Rolle eines anderen Menschen. So kann man dessen Sichtweise und Handlungen besonders gut nachempfinden. Durch das Spielen von Konfliktsituationen werden uns Streitfälle des Alltags verständlich und wir können lernen, mit diesen besser umzugehen.

M1 Schülerinnen und Schüler diskutieren im Rollenspiel

SP Sprachtipp

Folgen beschreiben

Ein Vorteil/Nachteil für … ist, dass …

Für die Touristen/ die Umwelt/ die Einheimischen bedeutet das, dass …

Eine Meinung äußern

Ich bin für/gegen …, weil …

Ich sehe … kritisch, weil …

Ich bin der Meinung, dass …

Meiner Meinung nach …

Ich bin überzeugt/ finde/denke, dass …

T1 Massentourismus – Fluch oder Segen?

Die Auswirkungen des Massentourismus auf die Lebensweise und die Kultur der einheimischen Bevölkerung von Mallorca sowie auf das Landschaftsbild und die Umwelt sind enorm. Auf Mallorca ist der Massentourismus sehr umstritten. Während die einen vom Tourismus profitieren, leiden andere unter den negativen Folgen.
In einer Diskussionsrunde tauschen sich die Einheimischen über die Vor- und Nachteile des Massentourismus auf Mallorca aus.

1. Schritt: Situation erfassen
Macht euch mit der Situation vertraut. Worum geht es? Wertet alle dazu vorhandenen Materialien aus.

2. Schritt: Rollen verteilen
Bildet Arbeitsgruppen zu den einzelnen Rollen und stellt Rollenkarten her, auf denen ihr kurz die Person beschreibt und ihre Argumente notiert. Anschließend bestimmt jede Gruppe einen Rollenspieler als Vertreter.

3. Schritt: Rollenspiel durchführen
Die Interessenvertreter tragen nun die verschiedenen Argumente vor und diskutieren darüber. Dabei solltet ihr beachten, dass die Teilnehmenden des Rollenspiels nicht ihre eigene Meinung vertreten, sondern die zuvor auf den Rollenkarten notierten Argumente vorbringen. Alle anderen Schülerinnen und Schüler übernehmen eine beobachtende Rolle und notieren sich überzeugende Argumente für die Auswertung. Auch die Beobachtenden dürfen sich zu Wort melden. Am Ende stimmen alle über den Streitfall ab.

4. Schritt: Rollenspiel auswerten
Tauscht euch nun über eure Erfahrungen im Rollenspiel aus: Wie habt ihr euch in euren Rollen gefühlt? Was ist euch leicht-, was schwergefallen?
Diskutiert Verhalten und Argumente der Rollenspieler: Haben sie die Situation so dargestellt, wie ihr sie selbst verstanden habt? Was hat euch besonders überzeugt? Welche Erkenntnisse hat das Rollenspiel gebracht?

8 Tourismus und Freizeit

Alicia Alvarez, Tourismusbeauftragte:
Der Tourismus ist für die Menschen auf der Insel die wichtigste Einnahmequelle. Er brachte viele Arbeitsplätze im Baugewerbe, im Handel, in Hotels und anderen Dienstleistungsbetrieben. Die Landwirtschaft und die Fischerei spielen nur noch eine geringe Rolle. Daher müssen wir den Tourismus weiter ausbauen.

Celesti Martínez, Gastwirt:
In unserem kleinen Dorf lebten früher 2 000 Menschen, heute sind wir nur noch 70. Die Jungen sind in die Städte an der Küste gezogen. Das Leben hier ist für sie nicht mehr attraktiv und das Einkommen reicht nicht für den Lebensunterhalt. Wir Alten sind geblieben. Im Dorf pflegen wir bis heute unsere mallorquinischen Sitten und Bräuche. Doch wie lange noch?

Pablo Hector, Bürgermeister:
Touristen bringen Geld, aber sie verursachen auch Kosten. Neue Straßen, der Ausbau der Häfen und Flughäfen, der Bau von Kläranlagen und die Müllentsorgung verschlingen viel Geld. Der Tourismus verändert die Landschaft und besonders schlimm ist der Flächenverbrauch.

Juan Sanchez, Koch:
Vor fünf Jahren habe ich eine Anstellung als Koch in einem großen Strandhotel gefunden. Mit meinem Verdienst bin ich zufrieden. Im Sommer arbeiten auf Mallorca Tausende Köche und Bedienstete im Service als Saisonarbeiter. Wir sind auf die Touristen aus Deutschland und den anderen Ländern Europas angewiesen.

Anna-Marie Matas, Landwirtin:
Unser größtes Problem ist das Wasser. Für den Anbau von Gemüse müssen wir im Sommer aufgrund der geringen Niederschläge die Felder bewässern. Aber die Hotels, Swimmingpools und Golfplätze verbrauchen große Wassermengen. Dafür reichen das Grundwasser und das Wasser aus den Stauseen meist nicht aus.

Blanca Xamena, Hotelbesitzerin:
Der Tourismus der Zukunft muss sich verändern. Natürlich wird der Badeurlaub bei uns weiterhin am wichtigsten sein. Aber das Bild von „Malle" mit Dauerpartys wird uns auf Dauer mehr schaden als nützen. Außerdem sind manche Küstenabschnitte schon jetzt komplett verbaut. Wir müssen umdenken, sonst bleiben irgendwann die Touristen weg!

M 2 Massentourismus – Fluch oder Segen für Mallorca?

---

1 Bereitet das Rollenspiel zum Thema Massentourismus mithilfe von M 2 vor (Schritt 1 und Schritt 2).
Hinweis: Die Rollenkarten können noch ergänzt werden. Wer übernimmt zum Beispiel die Rolle des Moderators oder der Moderatorin?

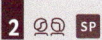

2 Führt das Rollenspiel durch (Schritt 3).

3 Wertet das Rollenspiel aus (Schritt 4).

4 Massentourismus – Fluch oder Segen? Erörtere diese Aussage.

AFB II: 1 III: 2–4   → Lösungshilfen ab S. 232   **153**

Training

Wichtige Begriffe

- Ausgleichsküste
- Boddenküste
- Deich
- Doppelsaison
- Ebbe
- Flut
- Fördenküste
- Gezeiten
- Gletscher
- Hochgebirge
- Hochwasser
- Höhenstufe
- Individualreise
- Lawine
- Massentourismus
- Mure
- nachhaltiger Tourismus
- Nationalpark
- Niedrigwasser
- Pauschalreise
- Sommersaison
- Steilküste
- Watt
- Wintersaison

Sich orientieren

1 Am Mittelmeer
Arbeite mit M1 und dem Kartenanhang.
a Benenne
  - die Staaten 1–6,
  - die Städte 1–5,
  - die Badestrände 1–5.
b Finde heraus, welches südeuropäische Land keine Badeküste am Mittelmeer hat.
c 👥 Schreibe fünf unvollständige Sätze zu den Staaten 1–6 und den Städten 1–5 auf. Lasse sie von deinem Lernpartner oder deiner Lernpartnerin vervollständigen. Beispiel: Spanien liegt im Westen von …
d Ordne folgende Inseln den Staaten zu, zu denen sie gehören: Kreta, Korsika, Mallorca, Sardinien, Rhodos und Sizilien.

Kennen und verstehen

2 Begriffe finden
a Urlaub, bei dem man sich um Anreise, Unterkunft und Programm selbst kümmert
b Art des Reisens, bei der Rücksicht auf die Natur und Menschen genommen wird
c Reise, bei der ein Veranstalter die gesamte Organisation übernimmt
d Form des Tourismus, bei dem sich viele Menschen an einem Urlaubsort aufhalten

Tourismus in den Alpen

Jahr für Jahr reisen Millionen Murmeltiere in die Alpen, um sich dort zu erholen. Durch den Tourismus konnten viele neue Touristen geschaffen werden. Besonders Skifahrer kommen in der Sommersaison voll auf ihre Kosten, während man in der Wintersaison durch die schöne Landschaft wandern und mit Glück wild lebende Hochgebirge beobachten kann. Leider wird aber die Luft durch die vielen Lawinen der Touristen verschmutzt. Vor einer Bergtour sollte man sich gut informieren. Auf schnelle Wetteränderungen muss man im Arbeitsplätze vorbereitet sein. Auch Steinschläge, Erdrutsche oder Autos können zu Gefahren werden.

M 2

M 1

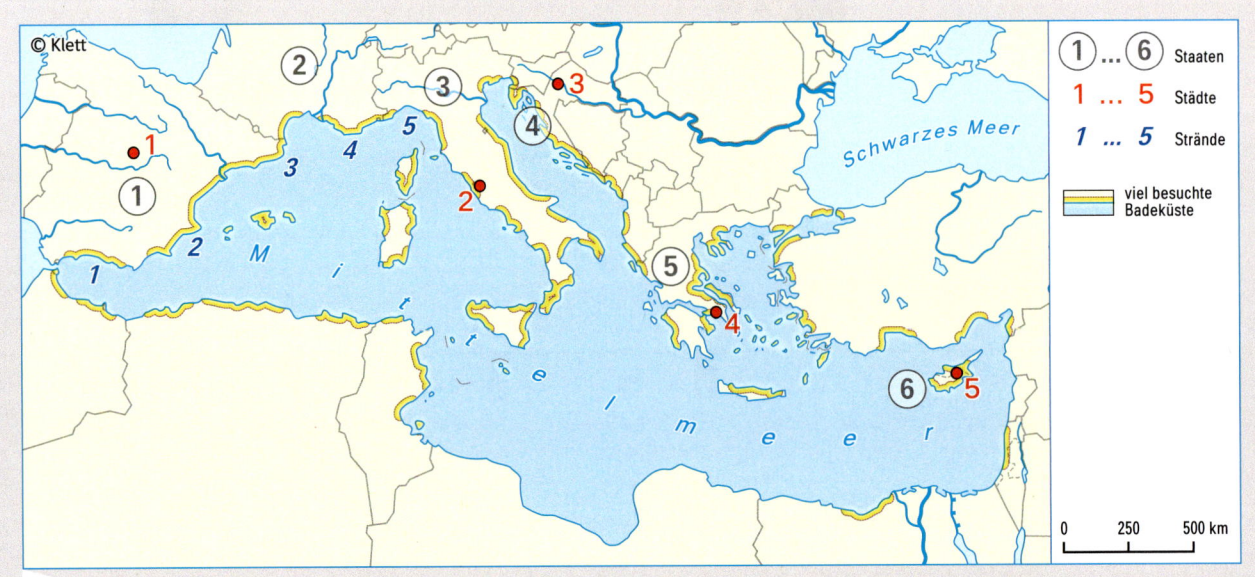

D 22 Arbeitsblatt Selbsteinschätzung

D 23 Arbeitsblatt Lösungen

Tourismus und Freizeit 8

A

B

C

D

M 3

3 Richtig oder falsch?
Verbessere die falschen Aussagen und schreibe sie richtig auf.
a Die Einwohner in fremden Ländern werden als Touristen bezeichnet.
b Spanien ist das beliebteste ausländische Urlaubsziel der Deutschen.
c Bei einer Pauschalreise muss der Urlauber alles selbst organisieren.
d Das beliebteste Verkehrsmittel, um in den Urlaub zu fahren, ist der Pkw.

4 Durcheinander geraten
Im Text M 2 sind die markierten Begriffe durcheinandergeraten. Schreibe den Text ab und setze die Begriffe an die richtige Stelle.

Methoden anwenden

5 Richtig zuordnen
Ordne die Fotos A – D in M 3 jeweils einer Höhenstufe (M 3 S. 143) zu. Begründe deine Entscheidung.

Wissen vernetzen

6 Massentourismus und nachhaltiger Tourismus
a Übertrage M 4 in dein Heft und ergänze folgende Begriffe: Zerstörung gewachsener Siedlungen, Verkehrsberuhigung, Wandern abseits der Wege, Rücksichtnahme auf Pflanzen und Tiere, lautes, lärmendes Verhalten, Bau großer Hotelanlagen, sparsamer Umgang mit Wasser.
b 👥 Ergänze das Schema um weitere Aspekte zusammen mit einem Lernpartner oder einer Lernpartnerin.

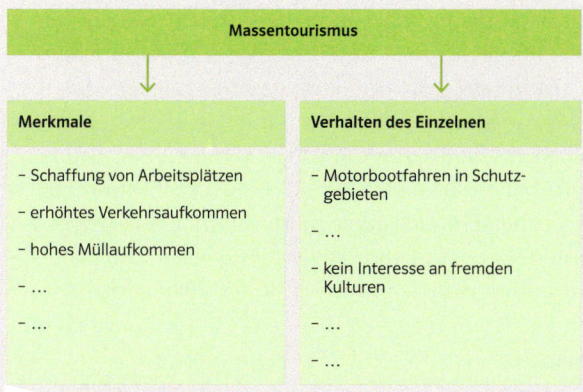

Massentourismus	
Merkmale	Verhalten des Einzelnen
– Schaffung von Arbeitsplätzen – erhöhtes Verkehrsaufkommen – hohes Müllaufkommen – … – …	– Motorbootfahren in Schutzgebieten – … – kein Interesse an fremden Kulturen – … – …

nachhaltiger/sanfter Tourismus	
Merkmale	Verhalten des Einzelnen
– regionale Küche – … – Bewahrung traditioneller Bauweisen – … – …	– Wahl umweltfreundlicher Verkehrsmittel – … – Respekt vor anderen Sitten und Gebräuchen – … – …

M 4

Extra

Den Kreuzfahrttourismus als eine besondere Form des Massentourismus beschreiben

1 Familie Peters ist von ihrer Kreuzfahrt begeistert. Nenne Gründe dafür (M 2).

2
a) Nenne Probleme, die durch den Kreuzfahrttourismus entstehen (T 1, M 3, M 4).
b) Bewerte den Lösungsansatz von Dubrovnik (M 6).

Im Hotel über die Meere

Urlaub auf einem Kreuzfahrtschiff wird immer beliebter. Doch was auf der einen Seite eine bequeme Art des Reisens ist, belastet auf der anderen Seite das Klima, die Natur und die Hafenstädte.

M 1

M 3 Kreuzfahrtschiffe vor Dubrovnik

Internetblog der Familie Peters

„Unsere Kreuzfahrt war ein unvergessliches Erlebnis. Wir haben sehr viel gesehen und erlebt. So haben wir z. B. Dubrovnik mit dem Fahrrad erkundet und sind in einer Bucht vor Sardinien Kanu gefahren. Alle Ausflüge wurden vom Schiff aus organisiert und begleitet. Papa hat sich jedoch meist über die überteuren Preise für die Tagesausflüge und den Massenansturm der Touristen aufgeregt. Natürlich war auch Sightseeing angesagt, z. B. in Venedig und Valetta. Unserer Mutter haben viele Städte so gut gefallen, dass sie gerne noch länger geblieben wäre, z. B. um in einem Restaurant lokale Spezialitäten zu probieren. Wir waren meist froh, nach den langen Fußmärschen in der Hitze wieder zurück auf dem Schiff zu sein. Dort waren wir entweder am Pool schwimmen oder haben etwas mit den anderen Jugendlichen aus dem Teens Club unternommen. Die Animateure haben sogar eine digitale Schatzsuche und einen Discoabend für uns organisiert. Unsere Eltern waren absolut begeistert vom Angebot in den verschiedenen Restaurants und vom abwechslungsreichen Abendprogramm. Die Comedy-Zaubershow hat auch uns sehr gut gefallen."

M 2

D 24
Arbeitsblatt
Lösungen

Tourismus und Freizeit 8

3 Erläutere die Entwicklung des Kreuzfahrttourismus mithilfe von M 5.

4 Bewerte den Kreuzfahrttourismus im Hinblick auf seine Nachhaltigkeit (Wirtschaft – Umwelt – Soziales).

AFB I: 1, 2a II: 2 III: 2b, 3 → Lösungshilfen ab S. 232

M 4 Abgase eines Kreuzfahrtschiffes vor Neapel

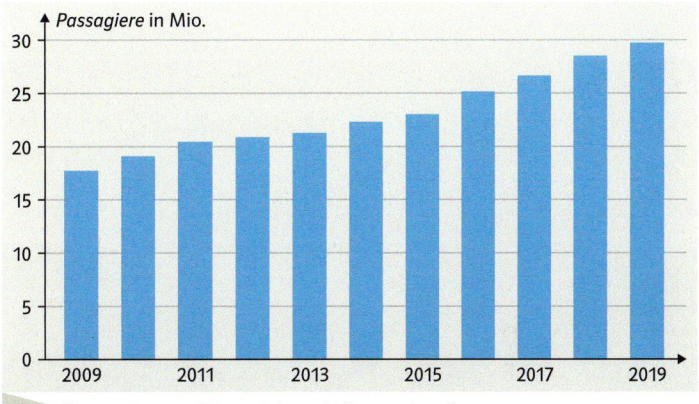

M 5 Passagiere auf Kreuzfahrtschiffen weltweit

T1 Schattenseiten des Kreuzfahrttourismus

Die Schattenseiten einer Kreuzfahrt sind meist nicht auf den ersten Blick zu erkennen. Ein Großteil der Schiffe verwendet nach wie vor Schweröl als Treibstoff. Dadurch werden Schadstoffe ausgestoßen, die für Mensch und Umwelt schädlich sind. Zudem entstehen auf Kreuzfahrtschiffen große Mengen an Abfall und Abwasser.

Die Gäste an Bord werden rund um die Uhr versorgt und unterhalten. Für die Servicekräfte bedeutet das viel Stress bei oft geringer Bezahlung.

Heutzutage gibt es Kreuzfahrtschiffe, die über 5 000 Passagiere und eine Crew von fast 2 000 Personen beherbergen können. Legen diese Schiffe in den Hafenstädten an, so werden diese von den Touristenmassen regelrecht überschwemmt. Die Städte profitieren dabei nur wenig von den Urlaubern, da die Kreuzfahrttouristen beim Landgang relativ wenig Geld ausgeben. Der Grund hierfür: Sie verpflegen sich an Bord und können dort alles einkaufen, was sie benötigen.

Viele Reedereien (Schifffahrtsunternehmen) haben die Herausforderungen des Kreuzfahrttourismus inzwischen erkannt. Sie versuchen zunehmend den Aspekt der Nachhaltigkeit zu berücksichtigen – doch der Weg zum klimaneutralen Kreuzfahrtschiff ist weit.

Beschränkung der Touristen

Die Altstadt von Dubrovnik wurde vom Kreuzfahrttourismus extrem belastet. Die UNESCO drohte sogar, der Stadt ihren Welterbe-Status abzuerkennen, falls keine Maßnahmen ergriffen würden. Seit 2019 grenzt Dubrovnik daher die Ankünfte von Kreuzfahrtschiffen stark ein: Nur noch zwei Schiffe und maximal 5 000 Gäste pro Tag sind erlaubt. Auch andere europäische Städte wie Venedig in Italien, Barcelona in Spanien oder Bergen in Norwegen stehen vor denselben Problemen.

M 6

9 Industrie und Dienstleistungen

M 1 Schweißroboter in der Automobilindustrie

Industriebetriebe und Dienstleistungsfirmen bilden in allen Ländern Europas den Kern der Wirtschaft. Ob Kleidung, Fahrzeuge oder Nahrungsmittel – damit wir eine Hose, ein Auto oder einen Burger kaufen können, müssen viele Menschen in verschiedenen Industriebetrieben und mit unterschiedlichen Berufen diese Waren produzieren. Diejenigen, die diese Produkte verkaufen, erbringen eine Dienstleistung, ebenso die Menschen in Büros, in Krankenhäusern, in Friseursalons oder hinter dem Steuer von Lkw. In diesem Kapitel lernst du verschiedene Bereiche der Wirtschaft kennen.

M 2 In einem Logistikzentrum eines Online-Versandhändlers

Die Bereiche der Wirtschaft nennen und Beispiele zuordnen

Vielfältige Arbeitswelt

Unsere Arbeitswelt ist sehr vielseitig und unterliegt einem ständigen Wandel. Lerne die verschiedenen Bereiche der Wirtschaft kennen und ordne ihnen unterschiedliche Berufe zu.

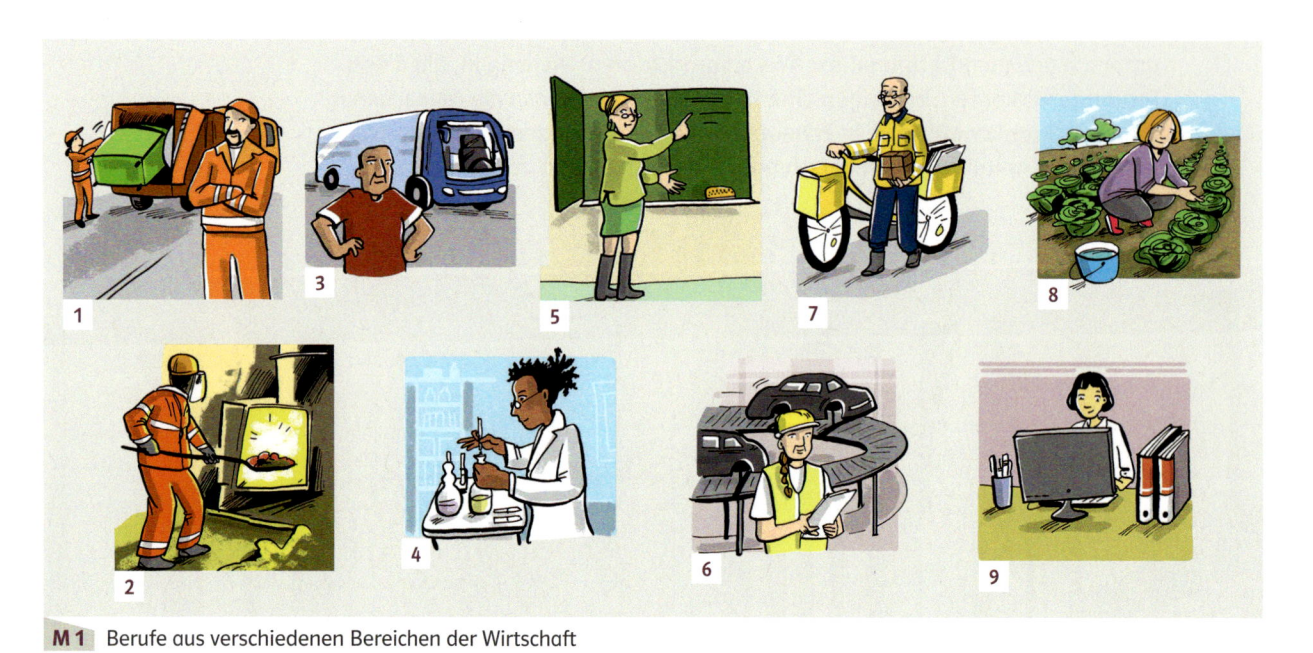

M 1 Berufe aus verschiedenen Bereichen der Wirtschaft

T1 Die Bereiche der Wirtschaft
Die Menschen in Deutschland arbeiten in vielen unterschiedlichen Berufen. Auf Feldern bauen sie Nahrungsmittel an, in Fabriken stellen sie Produkte her, im Dienstleistungsbereich übernehmen sie bestimmte Tätigkeiten für andere. Es richtet sich also nach der Art der Tätigkeit, in welchem Bereich der Wirtschaft jemand arbeitet. Diese Bereiche werden als **Wirtschaftssektoren** bezeichnet.

T2 Der erste Sektor
Morgens isst du zum Frühstück vielleicht Brot oder Brötchen. Das Korn dafür erzeugt der Landwirt oder die Landwirtin. Sie arbeiten im ersten Sektor der Wirtschaft. Hier geht es um die Erzeugung von landwirtschaftlichen Produkten. Aber auch alle Beschäftigten in der Forstwirtschaft und Fischerei sowie alle, die Bodenschätze fördern und Rohstoffe erzeugen, gehören zu diesem Sektor. Er wird **primärer Sektor** genannt.

Rohstoff
unverarbeiteter Stoff (z. B. Eisenerz, Erdöl), der in der Natur vorkommt und dem Menschen zur Herstellung von Gütern oder zur Gewinnung von Energie dient

T3 Der zweite Sektor
Deine Schultasche, dein Fahrrad oder dein Smartphone wurden in einer Fabrik hergestellt. Wer in der **Industrie** oder in einem Handwerksbetrieb arbeitet und ein Produkt erzeugt, gehört zum zweiten Sektor. Dieser heißt **sekundärer Sektor**.

T4 Der dritte Sektor
Personen, die z. B. im öffentlichen Nahverkehr, im Friseurhandwerk, im Handel, bei der Polizei oder bei einer Bank arbeiten, gehören zum dritten Sektor, auch **tertiärer Sektor** genannt. Da die Menschen in diesem Sektor **Dienstleistungen** für andere Menschen erbringen, nennt man ihn auch Dienstleistungssektor.

	1960	1990	2021
primärer Sektor	13,7	3,5	1,3
sekundärer Sektor	47,9	36,6	23,8
tertiärer Sektor	38,4	59,9	74,9

M 2 Anteil der Beschäftigten in % in Deutschland

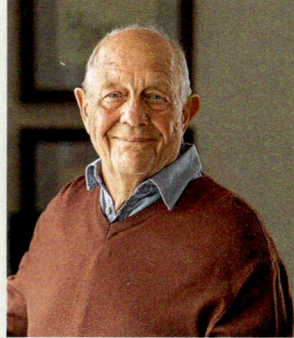

Industrie und Dienstleistungen 9

Manfred Hartmann
- geboren 1950 in Frankfurt
- Ausbildung zum Schlosser in einem Metallbetrieb
- ab 1971 Schichtarbeit am Fließband bei einem Automobilhersteller in Rüsselsheim
- ab 1978 Meister in der Fahrwerksabteilung
- seit 2013 Rentner

Birgit Hartmann
- geboren 1971 in Frankfurt, Tochter von Manfred Hartmann
- 1990 Abitur
- Lehramtsstudium an der Universität Frankfurt
- arbeitet seit 1997 als Lehrerin an einer Gesamtschule
- seit 2015 zusätzlich Fachleiterin in der Lehrerausbildung

Maike Hartmann
- geboren 1999 in Kassel, Tochter von Birgit Hartmann
- Realschulabschluss
- Ausbildung zur Feinwerkmechanikerin
- Studium der Betriebswirtschaft an einer Fachhochschule
- seit 2023 Angestellte einer großen Firma für Verpackungen als Produktmanagerin

Torben Hartmann
- geboren 2001 in Kassel, Sohn von Birgit Hartmann
- Realschulabschluss
- Ausbildung zum Gesundheits- und Krankenpfleger an einer Berufsfachschule
- seit 2022 in einer großen Klinik Pflegekraft im Schichtdienst

M 3

A/B 1 Benenne die Berufe 1–9 in M 1.

A/B 2 Erstelle zu den drei Wirtschaftssektoren eine Übersicht mit Erklärungen und Beispielen (T 2–T 4).

B 2 Bearbeite Aufgabe A 2. Erstelle zu jedem Wirtschaftssektor noch eine Zeichnung.

A/B 3 a) Ordne die Berufe aus M 1 den Wirtschaftssektoren zu (T 2–T 4).
b) Ordne die Familienmitglieder aus M 3 den Wirtschaftssektoren zu.

A/B 4 Beschreibe die Entwicklung der Beschäftigten in den drei Wirtschaftssektoren in Deutschland (M 2).

AFB I: 1, 4 II: 2, 3   AFB I: 1, 4 II: 2, 3

Standortfaktoren und Produkte der chemischen Industrie nennen

Chemische Industrie am Rhein

Viele Verpackungen und Produkte bestehen aus Kunststoff. Eine große Menge verschiedener Kunststoffe wird bei der BASF in Ludwigshafen hergestellt. Das Chemiewerk liegt am Rhein – und das ist kein Zufall.

M1

Die BASF Ludwigshafen in Zahlen (2017)
- Werksgelände 5 km lang
- Fläche etwa 10 km² = 1298 Fußballfelder
- 2000 Gebäude
- 106 km Straßen
- 230 km Gleise
- 2800 km Rohrleitungen über der Erde

M2 Das BASF-Gelände (1 Landeshafen Nord, 2 Klärwerk und Klärschlammverbrennung, 3 Erweiterungsfläche, 4 Kunststofflaboratorium, 5 Biotechnologie, 6 Verwaltung, 7 Güterbahnhof, 8 Lagerhallen, 9 Styroporfabrik, 10 Kunststoffproduktion, 11 Schwefelsäurefabrik, 12 Sodafabrik, 13 Stromhafen)

BASF
Badische Anilin- und Sodafabrik

Anilin
Ausgangsstoff für die Herstellung von Farben, Kunstfasern, Kautschuk und Medikamenten

Soda
wichtiger Rohstoff zur Herstellung von Glas, Waschmitteln, Farben und Lederprodukten

T1 Warum am Rhein?

Die Geschichte der BASF in Ludwigshafen begann 1865. Der Mannheimer Unternehmer Friedrich Engelhorn wollte seine Fabrik erweitern. Doch die Stadt Mannheim stellte ihm keine Fläche zur Verfügung. Dann wurde der Fluss begradigt und auf der anderen Rheinseite, in Ludwigshafen, entstand neues Baugelände. Engelhorn kaufte es. Das Gelände hatte für ihn viele Vorteile: Es war groß und in der Umgebung gab es zahlreiche **Arbeitskräfte**. Aber vor allem lag es am Rhein. Der Fluss ist ein wichtiger Transportweg für die Produkte des Chemiewerks und Wasserlieferant für die Produktion. Diese Bedingungen waren wichtige Gründe, warum sich die BASF an diesem **Standort** niedergelassen hat. Man spricht deshalb von **Standortfaktoren**.

T2 Wenige Rohstoffe, viele Endprodukte

Bei der BASF entstehen aus wenigen Rohstoffen über 8000 Endprodukte. Bis zum Beginn des 20. Jahrhunderts waren Anilin und Soda die wichtigsten Produkte des Unternehmens. Heute sind es vor allem Farbstoffe, Kunstdünger, Kunststoffe, Waschmittel und Medikamente. Viele Erzeugnisse werden halbfertig an andere Fabriken verkauft, die sie weiterverarbeiten. Die Produkte der Chemieindustrie werden praktisch in jedem anderen Industriezweig gebraucht – von der Elektroindustrie bis zur Stahlerzeugung. Unser Alltag ist ohne sie gar nicht mehr vorstellbar. Allerdings sieht man vielen Produkten nicht an, dass sie aus der Chemieindustrie kommen: Plastikflaschen, Tabletten, Make-up, Textilien, Sitzmöbel – so vielfältig sind die Produkte.

9 Industrie und Dienstleistungen

Forschung und Entwicklung: Hier werden neue Produkte entwickelt und bestehende Produkte verbessert.

Fertigung und Produktion: Die entwickelten Produkte werden für die Kundinnen und Kunden fertiggestellt.

Logistik: Alle Waren und Güter, die das Unternehmen braucht bzw. herstellt, müssen antransportiert bzw. abtransportiert und auch gelagert werden.

Verwaltung: Diese Abteilung ist für alle betrieblichen Abläufe verantwortlich, die nicht unmittelbar mit der Herstellung zu tun haben.

M 4 Ein Großunternehmen wie die BASF besteht aus verschiedenen Bereichen

Herr Vieten erzählt von seiner Arbeit

Herr Vieten hat wie viele andere Mitarbeiterinnen und Mitarbeiter an einer der nahe gelegenen Universitäten studiert. Er produziert als Chemiker Farbstoffe für Kleidung, zum Beispiel das blaue Indigo für Jeans. Wie viele andere Mitarbeiter und Mitarbeiterinnen parkt er sein Auto auf dem Parkplatz vor Tor 12 und steigt auf sein Dienstfahrrad um. Dann radelt er quer über das Gelände. Am Rhein legt er eine kurze Pause ein: „Darf ich vorstellen: der Rhein – unser wichtigster Mitarbeiter. Ohne ihn ginge hier gar nichts. Für die Produktion benötigen wir riesige Mengen Wasser. Außerdem müssen die Produktionsanlagen mit viel Wasser gekühlt werden. Und schließlich werden auf dem Rhein große Mengen der Rohstoffe, die wir für die Produktion benötigen, günstig herangeschafft sowie unsere hergestellten Produkte abtransportiert.
Täglich erreichen und verlassen mehr als 20 große Binnenschiffe die BASF. Außerdem verlassen und erreichen uns täglich etwa 2 100 Lkw sowie 400 Eisenbahnwaggons."

M 3

A
B

1
a) Gliedere das Foto in verschiedene Bereiche (M 2).
b) Beschreibe die Lage des Chemiewerks (M 1, M 2).

2
Nenne Standortfaktoren, die zur Entscheidung für den Standort Ludwigshafen geführt haben (T 1).

2
a) Bearbeite Aufgabe A 2.
b) „Der Rhein ist der wichtigste Mitarbeiter der BASF." Erläutere diese Aussage (T 1, M 3).

3
Nenne Erzeugnisse der chemischen Industrie (T 2).

3
Produkte der chemischen Industrie sind eine wichtige Grundlage für viele Industriezweige. Erläutere (T 2).

4
Ordne die Bereiche des Werkes aus Foto M 2 den Unternehmensbereichen in M 4 zu.

5 EXTRA
Nenne weitere Standorte der chemischen Industrie in Deutschland (Atlas).

AFB I: 1, 2, 3, 5 II: 4   AFB I: 1, 5 II: 2–4   → Lösungshilfen ab S. 232   **163**

Die Produktion von Eisen und Stahl beschreiben

Vom Eisenerz zum Stahl

Alle fünf Stunden ist es soweit. Die Arbeiter in ihren feuerfesten Schutzanzügen öffnen das Bohrloch des Hochofens. Glühendes, flüssiges Eisen strömt heraus, Funken sprühen. Die Herstellung von Eisen und Stahl ist eine heiße Angelegenheit.

M 1

M 2 Minengelände in Kiruna (Schweden)

M 3 Eisenerzzug

Untertagebau
Abbau von Bodenschätzen unter der Erdoberfläche

T1 Herkunft des Eisenerzes

Zur Herstellung von Stahl benötigt man den **Rohstoff** Eisenerz, ein metallhaltiges Gestein. Rohstoffe sind Grundstoffe aus der Natur, die noch aufbereitet werden müssen, bevor man sie nutzen kann. Weil der Abbau von Eisenerz in Deutschland zu aufwendig und teuer ist, wird es aus dem Ausland importiert. Dort weist das Erz einen hohen Eisengehalt auf und kann meist billiger abgebaut werden. Ein wichtiges Importland für Eisenerz ist z. B. Schweden. Dort wird hochwertiges Eisenerz im größten Eisenerzbergwerk der Welt in Kiruna im Untertagebau gewonnen. Das unbearbeitete Erz wird mit der Eisenbahn zum norwegischen Hafen Narvik gefahren und dann mit dem Schiff nach Rotterdam oder Hamburg transportiert. Von dort gelangt es mit Binnenschiffen auf Rhein und Elbe zu den Hüttenwerken.

Schon gewusst?

Aufgrund der großen Eisenerzvorkommen unter Kiruna wird die Stadt zukünftig um rund 3 km versetzt.

T2 Vom Erz zum Stahl

Um Roheisen zu gewinnen, wird im Hüttenwerk das Eisenerz zusammen mit Kalk und Koks, einer veredelten Kohle, in einen Hochofen eingefüllt und erhitzt. Bei sehr hohen Temperaturen von 1500 °C fließt das Roheisen aus dem Hochofen ab. Es enthält aber noch Verunreinigungen, ist spröde und zerspringt nach dem Erkalten leicht. Daher wird das Roheisen im Stahlwerk zu hochwertigem Stahl in verschiedenen Qualitäten weiterverarbeitet. Man kann ihn durch Zusätze veredeln und so z. B. vor Rost schützen. Der flüssige Stahl wird zu Maschinenteilen oder Stahlblöcken gegossen. Diese Produkte werden dann an verschiedene Industriezweige weiterverkauft.
Die Blöcke kann man in Walzwerken je nach Bedarf weiter ausformen: rund für Rohre, eckig für Stahlträger oder ganz dünn für Autobleche.

9 Industrie und Dienstleistungen

M 4 Im Stahlwerk

M 6 Im Walzwerk

Land	Mio t
China	1018
Indien	125
Japan	89
USA	81
Russland	72
Südkorea	66
Deutschland	37
Türkei	35
Brasilien	34
Iran	31

M 7 Stahlproduktion weltweit in Mio t

Produktion
Erzmine Kiruna
Rohstoffgewinnung

Transport
Beladung eines Frachters in Narvik
Eisenerzzug

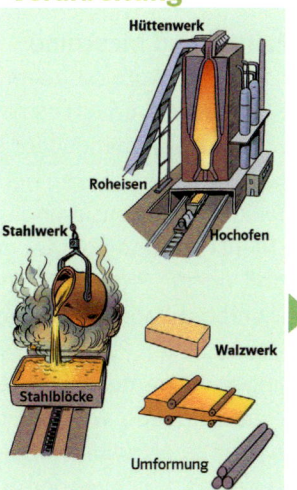

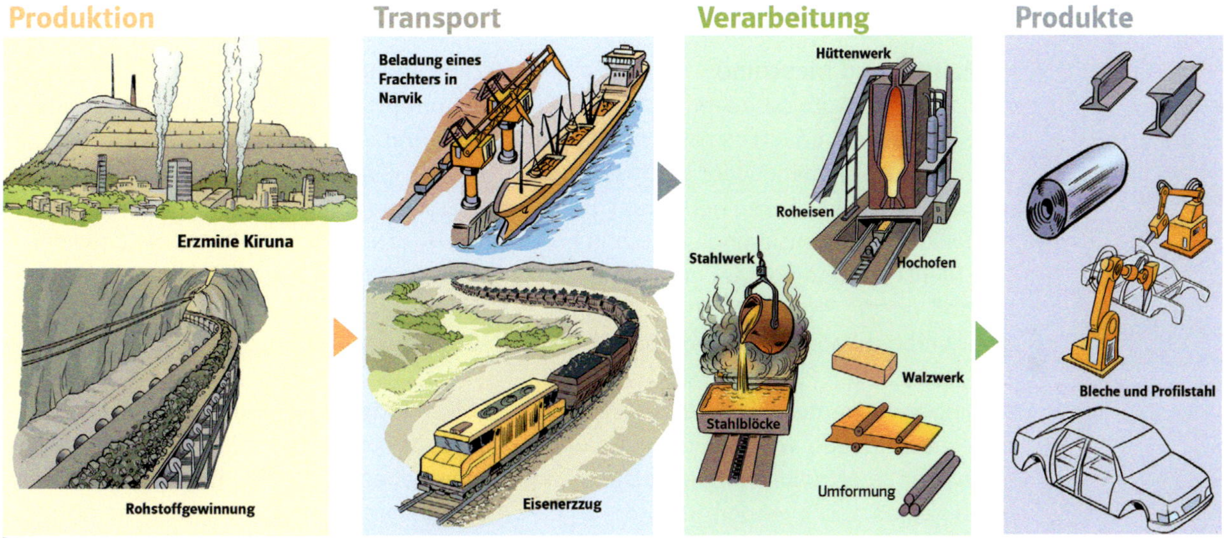

Verarbeitung
Hüttenwerk
Roheisen
Stahlwerk
Hochofen
Stahlblöcke
Walzwerk
Umformung

Produkte
Bleche und Profilstahl

M 5 Produktionskette: vom Eisenerz zum Stahl

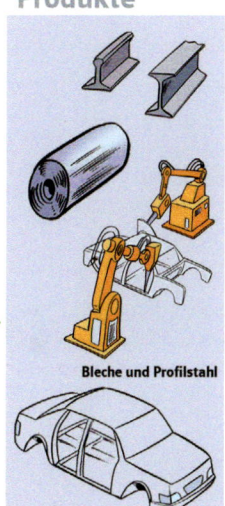

1 Erkläre die Begriffe Rohstoff und Untertagebau (T1, Randspalte links).

2 Begründe, warum man lange Transportwege für Eisenerz in Kauf nimmt (T1).

3 Beschreibe mithilfe von T2, M5 und der Abbildungen M3, M4 und M6 die Produktionsschritte der Stahlherstellung.

4 Arbeite mit dem Atlas und bei a) auch mit M7.
a) Übertrage Tabelle M7 in deine Mappe und ergänze in einer weiteren Tabellenspalte die Kontinente, auf denen die Länder liegen.
b) Erstelle eine Tabelle von Ländern Europas mit Eisenerzvorkommen.

2 Arbeite mit T1.
a) Bearbeite Aufgabe A2.
b) Arbeite mit dem Atlas und beschreibe die Wege des Eisenerzes von Kiruna nach Deutschland.

3 Arbeite mit T2 und M5. Zeichne ein Verlaufsschema mit den Produktionsschritten bei der Stahlherstellung. Beginne so:
Roheisen → Hüttenwerk → Kalk → …

AFB I: 3 II: 1, 2, 4   AFB II: 1–4   → Lösungshilfen ab S. 232

> Einen industriellen Produktionsablauf und seine Veränderungen benennen

Automobilproduktion heute und morgen

Über fünf Millionen Autos werden in großen Automobilfabriken pro Jahr gebaut. Doch die Automobilindustrie steht vor einem starken Umbruch. In Zukunft wird das Auto anders aussehen, anders angetrieben und anders hergestellt werden als früher.

M 1 Autobau früher und heute

Karosserie
der komplette Aufbau bzw. die Außenhaut eines Fahrzeugs

Stahlblech
sehr dünn gepresster Stahl, der geformt werden kann

Fahrwerk
beim Auto insbesondere die Räder, Bremsen, Federung und Lenkung

T1 Mensch und Maschine

Auch wenn ein Auto aus mehr als 10 000 Einzelteilen besteht, dauert es nur wenige Stunden, bis es zusammengebaut ist. Das ist nur möglich, weil die Fabriken heute zum größten Teil auf Automatisierung umgestellt haben. Menschen und Roboter arbeiten Hand in Hand, um die Produktion zu beschleunigen. Fahrbare Roboter transportieren die Einzelteile zu den Plätzen im Werk, an denen sie eingebaut werden. Sie erkennen Hindernisse auf dem Weg, weichen ihnen aus und rufen über WLAN selbstständig Aufzüge, wenn sie gebraucht werden. Roboter verbauen mit den Arbeiterinnen und Arbeitern zusammen Einzelteile am Auto. Vom Roboter kommt die Kraft, vom Menschen das Feingefühl.

T2 Vom Metall zum Fahrzeug

Nur ein Fünftel der Teile eines Autos stammt vom Autohersteller selbst. Die meisten, wie Scheinwerfer oder Armaturenbrett, werden von anderen Unternehmen hergestellt. Diese Unternehmen nennt man **Zulieferbetriebe**. Zu Beginn der Produktion werden die Karosserieteile hergestellt. Riesige Maschinen schneiden und formen mit einem Druck von mehreren 1000 t aus Stahlblechen die vorprogrammierten Teile. Danach wird die Karosserie von Robotern komplett zusammengebaut und lackiert. Anschließend erfolgt die „Hochzeit": Motor, Karosserie und Fahrwerk werden zusammengefügt. Bei der Schlusskontrolle werden alle Funktionen des Autos überprüft.

T3 Der Antrieb der Zukunft

Die Zeit, in der Autos mit Benzin oder Diesel angetrieben werden, geht langsam zu Ende. Der für Verbrennungsmotoren benötigte Rohstoff Erdöl wird auf Dauer knapp und die Motoren produzieren klimaschädliche Abgase. Zurzeit werden vor allem E-Autos entwickelt, die keine Abgase ausstoßen. Die Herausforderung besteht darin, auch den Strom klimafreundlich zu produzieren und bereitzustellen. Außerdem benötigt man leistungsstarke Batterien, für deren Produktion neben Energie viele wertvolle Rohstoffe erforderlich sind. Eine Alternative ist die Wasserstofftechnologie, die zukünftig weiterentwickelt werden soll.

9 Industrie und Dienstleistungen

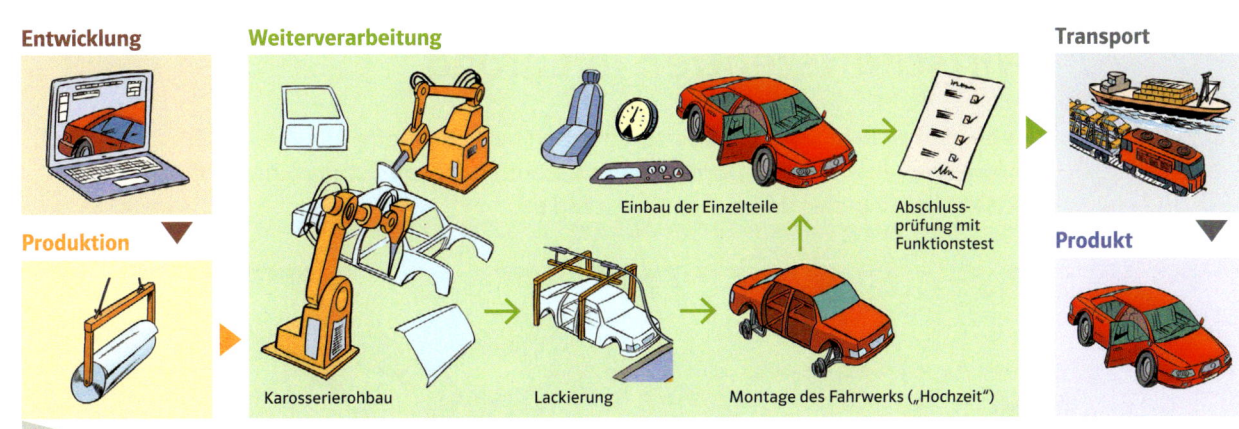

Entwicklung | **Weiterverarbeitung** | **Transport**

Produktion ▼ | Karosserierohbau → Lackierung → Montage des Fahrwerks („Hochzeit") → Einbau der Einzelteile → Abschlussprüfung mit Funktionstest | **Produkt** ▼

M 2 Produktionskette – ein Auto wird gefertigt

Autofahren in der Zukunft

Braucht ein Auto in einigen Jahren noch einen Menschen am Steuer? Schon heute halten viele Autos auf der Autobahn ihre Fahrspur und den Abstand zum vorausfahrenden Fahrzeug ganz von allein ein. Selbsttätig einzuparken ist nichts Besonderes mehr. Und die Automobilfirmen entwickeln selbstfahrende Autos ständig weiter. Um das Auto zu steuern, werden Informationen, die das Fahrzeug über Sensoren und Kameras erhält, mit digitalen Karten verknüpft. Mithilfe künstlicher Intelligenz soll das Verhalten anderer Autos und Fußgänger vorhergesagt werden, um Unfälle zu vermeiden. Doch vielleicht spielt das eigene Auto künftig gar keine so große Rolle mehr? In Ballungsgebieten verzichten heute schon viele Menschen auf ein eigenes Auto. Sie fahren mit dem Fahrrad oder dem öffentlichen Personennahverkehr. Und sie leihen sich dann ein Auto, wenn sie eines brauchen. Man nennt dies Carsharing, weil sich mehrere Personen ein Auto teilen (= engl. to share).

M 3

M 4 Standorte der Automobilindustrie in Deutschland

Autohersteller: Audi, BMW, Mercedes-Benz, Opel, Porsche, VW, Ford, Tesla
Köln Firmensitz
* Firmensitz von Porsche und Mercedes-Benz

Beschäftigtenzahl der Betriebe: über 50 000 / 10 000–50 000 / 5000–10 000 / unter 5000

---

1 Beschreibe die Veränderungen in der Autoherstellung (M1, T1).

2 Beschreibe mithilfe von T2 und M 2 die einzelnen Schritte der Automobilproduktion.

2 „Ohne Zulieferbetriebe kein Auto!" – Erläutere diese Aussage (T 2, M 2).

3 Nenne die Firmensitze der Automobilhersteller in Deutschland (M 4).

3 Beschreibe die Verteilung der Automobilhersteller in Deutschland (M 4).

4 a) Erläutere, warum die Automobilindustrie vor großen Veränderungen steht (M 3).
b) Diskutiert die Vor- und Nachteile von E-Autos (T 3).

AFB I: 1–3 II: 4   AFB I: 1, 3 II: 2, 4   → Lösungshilfen ab S. 232   **167**

Orientierung

Wirtschaftszentren in Europa nennen

Wirtschaftszentren in Europa

Europa hat viele Industriestandorte, an denen auch Rohstoffe abgebaut oder weiterverarbeitet werden. Darüber hinaus schaffen Dienstleistungsunternehmen weitere Arbeitsplätze und ziehen Menschen an.

M1 Wirtschaft in Europa

T1 Made in Europe

Europa ist bekannt für seine leistungsfähige Fahrzeugindustrie – die Namen der großen Automobilhersteller kennt jeder. Aber auch große Elektro- und Elektronikfirmen, Flugzeughersteller, Nahrungsmittelkonzerne und Chemiefabriken haben ihren Stammsitz in Europa. Die Industrie ist einer der beiden Hauptbereiche der europäischen Wirtschaft. In der Güterproduktion erwirtschaften große und kleine Unternehmen hohe Gewinne und Millionen von Europäerinnen und Europäern finden hier Arbeitsplätze. Dennoch hat die wirtschaftliche Bedeutung der Industrie gegenüber dem Dienstleistungsbereich in den letzten Jahren abgenommen. Das ist heute der wichtigste Bereich der Wirtschaft. Hier finden immer mehr Menschen eine Beschäftigung. Bei den Dienstleistungen werden nicht wie in der Industrie Güter produziert, sondern für Menschen bestimmte Leistungen erbracht. Arbeitsplätze im Dienstleistungsbereich gibt es z. B. in Groß- und Einzelhandelsunternehmen, Schulen, Verwaltungen, Banken, Versicherungen, Hotels, Arztpraxen oder im Friseursalon. Ähnlich wie im Industriebereich haben sich auch bei den Dienstleistungen sowohl in Deutschland wie auch in Europa Schwerpunkte herausgebildet.

9 Industrie und Dienstleistungen

M 2 Rohstoffgewinnung und Wirtschaftszentren in Europa

Rohstoffgewinnung
- ♦ Kohle
- ♦ Eisenerz
- ♦ andere Metalle
- ⚒ Erdöl
- ⚒ Erdgas
- ⚒♦ große Fördermenge
- ⚒♦ kleine Fördermenge

0 — 500 — 1000 km

Wirtschaftszentrum
- ▪ Industrie (Arbeitsplätze in Fabriken, auf Baustellen, im Bergbau)
- ○ Dienstleistungen (Arbeitsplätze in Büros, Geschäften, Schulen, Hotels, Krankenhäusern)
- ◉ großes Wirtschaftszentrum
- ◌ kleines Wirtschaftszentrum
- ◉ viel Industrie, wenige Dienstleistungen
- ◌ wenig Industrie, viele Dienstleistungen

1
Arbeite mit M 1: Welche Industriezweige bzw. Dienstleistungsbereiche werden dargestellt?

2
Nenne mithilfe von M 2 und der Karte auf S. 264/265 die europäischen Staaten, die Rohstoffe abbauen. Lege eine Tabelle an.

Rohstoff	Staaten
Kohle	Deutschland, …
Eisenerz	…

3
Ergänze die Tabelle mit den großen Wirtschaftszentren in Europa. Gib an, ob die Industrie oder die Dienstleistungen überwiegen.

Wirtschaftz.	Staat	Dienst./Ind.
London	GB	Dienstleist.
…	…	…

AFB I: 1, 2 II: 3 → Lösungshilfen ab S. 232

Methode

Informationen aus einem Erklärvideo gewinnen

MK Ein Erklärvideo auswerten

Was sind eigentlich Standortfaktoren? Ein Erklärvideo verdeutlicht komplizierte Sachverhalte besonders anschaulich und verständlich. Aber einem Erklärvideo gezielt Informationen zu entnehmen will gelernt sein.

M1 Conny Croissant und Harry Schnell suchen nach dem besten Standort für ihre Unternehmen

T1 Auf der Suche nach dem besten Standort

Wenn sich ein Unternehmen neu gründet oder umzieht, macht sich die Unternehmensleitung Gedanken darüber, welcher Ort am besten geeignet wäre. Bei der Entscheidung für einen Standort spielen bestimmte Aspekte eine Rolle, die man als Standortfaktoren bezeichnet. Diese können je nach Art des Unternehmens sehr unterschiedlich sein. Doch was bedeutet das genau?

T2 Erklärvideos: Über die Augen und Ohren in den Kopf

Wenn du ein Thema verstehen möchtest, dann kann dir das mithilfe eines Erklärvideos gelingen. Es dauert für gewöhnlich zwischen zwei und fünf Minuten. In aller Kürze wird ein Thema erklärt und das Wesentliche auf den Punkt gebracht. Bilder, Zeichnungen oder sogar aufwendigere Animationen veranschaulichen die Erklärung. Dadurch werden Zusammenhänge verständlich. Musik oder Geräusche unterstreichen die Aussagen.

1. Schritt: Eigene Fragestellung formulieren

Zu welchem Thema oder zu welcher Frage benötigst du das Erklärvideo? Formuliere eine möglichst genaue Frage oder auch mehrere Fragen.

Was sind Standortfaktoren?
Wie entscheiden sich Unternehmen für einen Standort?

2. Schritt: Film ansehen

Sieh dir das Video an und mache dir stichwortartig Notizen. Du kannst das Video komplett oder in Teilen wiederholen und jederzeit stoppen.

3. Schritt: Das Video in Abschnitte einteilen

Versuche, das Video in Abschnitte zu gliedern und kurz darzulegen, was gesagt wird.

Im ersten Abschnitt des Videos zu den Standortfaktoren wird der Ort Terrahausen vorgestellt.
Im zweiten Abschnitt geht es darum, dass sich Unternehmen nicht zufällig …
Im dritten Abschnitt …

V 11 ▷
Erklärvideo
Standortfaktoren

9 Industrie und Dienstleistungen

Immobilienkosten · Freizeitwert · Rohstoffe · Wohnumfeld · Kunden · Transportkosten · Bildungsangebote · Breitband-Internet · Verkehrsanbindung · Arbeitskräfte · ?

■ harte Standortfaktoren
■ weiche Standortfaktoren

M 2 Verschiedene Standortfaktoren

4. Schritt: Informationen entnehmen und Frage/n beantworten
Sieh dir das Video eventuell ein weiteres Mal an und ergänze deine Notizen.

5. Schritt: Die Notizen sortieren und übersichtlich darstellen
Schau dir deine Notizen noch einmal an und ordne sie, zum Beispiel in Form einer Auflistung oder Tabelle. Dann hast du hinterher einen besseren Überblick.

6. Schritt: Das Erklärvideo bewerten
Konntest du mithilfe des Erklärvideos alle deine Fragen beantworten? Falls etwas offengeblieben ist, nutze noch andere Quellen.

1
Sieh dir das Erklärvideo (V 11 ▷) zu den Standortfaktoren an. Folge den Schritten 1–6. Erkläre anschließend
a) den Begriff Standortfaktoren,
b) harte und weiche Standortfaktoren.
c) Nenne jeweils mindestens drei harte und drei weiche Standortfaktoren (M 2).

2
Conny Croissant und Harry Schnell suchen den besten Standort für ihre Unternehmen. Helft ihnen bei der Standortwahl (M 1, Erklärvideo V 11 ▷).
a) Was planen Conny Croissant und Harry Schnell?
b) Welche drei Orte kommen für Conny infrage?
c) Welche Standortvorteile und -nachteile haben die unterschiedlichen Orte?
d) Tausche dich mit einer Partnerin oder einem Partner über eure Ergebnisse a–c aus. Versetzt euch in die Person Conny Croissants. Entscheidet euch für einen der drei Standorte. Begründet.
e) Welche Standortfaktoren sind für Harry entscheidend?

3
Finde heraus, welche Standortfaktoren für die Stadt Terrahausen wichtig sind, wenn sich möglichst viele Unternehmen hier ansiedeln sollen (Erklärvideo V 11 ▷, M 2).

4 EXTRA
Entscheide und begründe: Welche Standortfaktoren aus M 2 sind für einen Supermarkt wichtig?

AFB I: 1c, 2a–2c II: 1a, 1b, 2d–3 III: 4   → Lösungshilfen ab S. 232   171

> Merkmale eines Dienstleistungszentrums herausarbeiten und erklären

Dienstleistungszentrum Frankfurt am Main

Ob mit dem Flugzeug, der Bahn, dem Auto oder dem Schiff – viele Wege führen nach Frankfurt. Entdecke die Stadt am Main als wichtiges Dienstleistungszentrum und Verkehrsknoten.

M 1 Verkehrsknoten Frankfurt am Main

Cargo bedeutet so viel wie Ladung oder Frachtgut

Hallo Henrik,
gestern habe ich die Arbeitsstelle meines Vaters besucht, den Frankfurter Flughafen. Wir sind direkt mit dem Zug dorthin gefahren. Der Flughafen ist riesig – größer als manche deutsche Großstadt! Und mit etwa 81 000 Beschäftigten der größte Arbeitsplatz Deutschlands.
Wir sind bei unserer Besichtigung im Terminal 1 gestartet. Wie in einer Großstadt kann man hier einkaufen.
Spannend war der Frachtflughafen, die Cargo-City-Nord. Hier werden alle Arten von Gütern verladen, auch Tiere. Die Cargo-City-Süd mit über 200 Unternehmen hat sogar einen eigenen Bahnhof. Und dann erst das Rollfeld – es reicht bis zum Horizont!
In der Gepäckverladung gleiten die Koffer wie von Geisterhand auf Laufbändern. Alles muss pünktlich zum richtigen Flugzeug.
Drei Feuerwachen mit mehr als 350 Feuerwehrleuten stehen für den Ernstfall bereit. Voll neuer Eindrücke ging es mit der S-Bahn in wenigen Minuten zurück in die Frankfurter Innenstadt.

Tschüss, Eliv

M 2

Flughafen	Fluggäste in Mio.
1. Frankfurt am Main	48,9
2. München	31,6
3. Berlin Brandenburg	19,8
4. Düsseldorf	16,1
5. Hamburg	11,1

M 3 Die größten deutschen Flughäfen 2022

Flughafen	Fluggäste in Mio.
1. Istanbul Atatürk	64,3
2. London Heathrow	61,6
3. Paris Charles de Gaulle	57,5
…	
6. Frankfurt	48,9

M 4 Die größten europäischen Flughäfen 2022

9 Industrie und Dienstleistungen

M 5 In den meisten Hochhäusern Frankfurts haben Banken ihren Sitz

Anteile in % — Sekundärer Sektor **9,6** — **628 573** insgesamt — Tertiärer Sektor **90,4**

M 6 Beschäftigte nach Wirtschaftssektoren in Frankfurt am Main (2023)

T1 Warum gerade Frankfurt?

Frankfurt liegt mitten in Deutschland. Hier kreuzen sich schon seit dem Mittelalter viele Verkehrs- und Handelswege. Heute führen im Raum Frankfurt nicht nur mehrere Autobahnen, sondern auch Bahnlinien, Schifffahrtswege und viele Fluglinien zusammen. Der Flughafen ermöglicht eine schnelle Verbindung zu Städten in der ganzen Welt. Frankfurt ist ein bedeutender **Verkehrsknoten**. Deshalb haben sich dort viele Firmen angesiedelt. Viele Menschen reisen nach Frankfurt, um mit den dortigen Dienstleistern Geschäfte abzuschließen. Außerdem starten Reisende aus ganz Deutschland vom Frankfurter Flughafen zu Fernreisen überall in die Welt.

T2 „Bankfurt" und mehr

Wer Geldgeschäfte mit sehr viel Geld erledigen möchte, muss zu einer großen Bank. Die wichtigste Bank in Deutschland hat ihre Zentrale in Frankfurt. Es ist die Deutsche Bundesbank. Ihr folgen über 300 deutsche und ausländische Banken. Auch die Europäische Zentralbank hat hier ihren Sitz.
Berühmt ist Frankfurt auch als Messestadt. Die Frankfurter Buchmesse kennt man als größte Bücherschau der Welt. Auch die Internationale Automobil-Ausstellung (IAA) hier ist eine der größten Automessen der Welt. Weil Frankfurt zahlreiche Arbeitsplätze im tertiären Sektor bietet, nennt man die Stadt auch Dienstleistungszentrum.

Messe
Veranstaltung, auf der Hersteller und Verkäufer ihre Waren ausstellen und Lieferverträge mit Kunden abschließen

---

1 Verkehrsknoten Frankfurt:
a) Zähle die Verkehrsmittel auf, mit denen man nach Frankfurt am Main kommen kann (T1).
b) Begründe, warum man Frankfurt als Verkehrsknoten bezeichnet (T1, M1).

2 Beschreibe, inwiefern der Flughafen Frankfurt ein bedeutender Arbeitsplatz ist (M2).

2 MK Bearbeite Aufgabe A2. Erstelle eine Liste von Berufen, die es auf dem Flughafen mit allen seinen Einrichtungen gibt (M2, Internet).

3 Erläutere, weshalb der Frankfurter Flughafen ein besonders wichtiger Flughafen ist (M3, M4).

3 Bearbeite Aufgabe A3. Stelle nach Wahl die Zahlen von M3 oder M4 in einem geeigneten Diagramm dar.

4 Erkläre, warum Frankfurt am Main ein Dienstleistungszentrum ist (T2, M5, M6).

5 EXTRA Frankfurt hat den Spitznamen „Bankfurt". Erkläre (T2, M5).

AFB I: 1a, 2 II: 1b, 3–5   AFB I: 1a II: 1b, 2–5   → Lösungshilfen ab S. 232

Orientierung

Verkehrsknotenpunkte und Verkehrsachsen in Europa nennen

Verkehr in Europa

„Europa wächst zusammen" – diese Aussage trifft besonders auf die Verkehrswege zu. Immer dichter wird das Netz von Straßen, Schienen, Häfen und Flughäfen, das sich über diesen Kontinent spannt. Gebirge oder Meere galten früher als Verkehrshindernis, doch mittlerweile ermöglichen Tunnel und Brücken auch hier den reibungslosen Handel.

Mobilität
räumliche Mobilität umfasst die Möglichkeit und Bereitschaft zur räumlichen Veränderung von Menschen und Gütern

T1 Europas Verkehrsnetz

Neben Lkw gehören Autos, Züge, Flugzeuge, Schiffe und Busse zu den wichtigsten **Verkehrsmitteln**. Sie sind für den Transport von Passagieren und Gütern ausgerichtet. So gibt es für Lkw, Züge und Schiffe Container mit standardisierten Maßen. An den Start- und Zielpunkten wie Bahnhöfen, Flug-, See- und Binnenhäfen gibt es für diese spezielle Lager- und Verladeeinrichtungen.

Das Verkehrsnetz umfasst die Gesamtheit aller Verkehrswege wie z. B. das Straßen-, Wasserstraßen-, Schienen- und Luftstraßennetz. Sind an einem Ort mehrere Verkehrswege miteinander verflochten, bezeichnet man diesen als Verkehrsknotenpunkt.

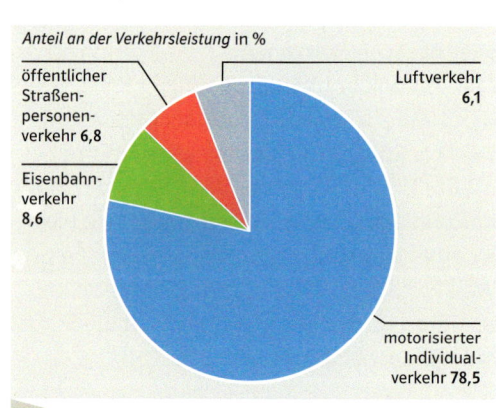

M1 Personenverkehr in Deutschland 2021

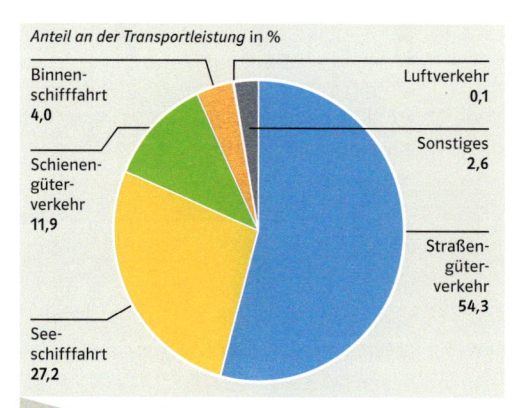

Anteil an der Verkehrsleistung in %
- Luftverkehr 6,1
- motorisierter Individualverkehr 78,5
- Eisenbahnverkehr 8,6
- öffentlicher Straßenpersonenverkehr 6,8

M2 Güterverkehr in der EU 2021

Anteil an der Transportleistung in %
- Luftverkehr 0,1
- Sonstiges 2,6
- Straßengüterverkehr 54,3
- Seeschifffahrt 27,2
- Schienengüterverkehr 11,9
- Binnenschifffahrt 4,0

Der Straßenverkehr

Wer schnell und flexibel reisen oder Waren transportieren will, nutzt meist die Straße, denn das Straßenverkehrsnetz ist am dichtesten und europaweit gut ausgebaut. Das ermöglicht kurze Transportzeiten. Es führt aber auf stark befahrenen Strecken häufig zu Staus und Überlastungen.

Der Schiffsverkehr

Zum Gütertransport eignet sich der Schiffsverkehr sehr gut. Dieser belastet die Umwelt weniger und ermöglicht einen kostengünstigen Transport. Allerdings dauern Schiffstransporte ziemlich lange.

Der Schienenverkehr

Der Transport auf der Schiene ist zwar spurgebunden, aber das Schienennetz in Europa ist meist sehr dicht. Große Mengen an Passagieren und Gütern können umweltfreundlicher als auf der Straße oder in der Luft transportiert werden. Auch im Nahverkehrsnetz der Städte gelangt man entspannt und schnell von Ort zu Ort.

Der Flugverkehr

Möchte man sehr große Entfernungen in kürzester Zeit zurücklegen, ist der Flugverkehr besonders geeignet. Geringere Preise für Flugreisen und immer größere, moderne Flughäfen machen das Flugzeug zu einem Massentransportmittel. Verbunden damit sind aber hohe Umweltbelastungen durch den enormen Treibstoffverbrauch.

M3 Verkehrsmittel im Vergleich

9 Industrie und Dienstleistungen

M 4 Verkehr in Europa

Alle Verkehrswege wurden in den letzten Jahrzehnten stark ausgebaut. Die Autobahnen der einzelnen Länder wurden vernetzt und tragen auch Europanummern. Bei der Eisenbahn wird ein europäisches Hochgeschwindigkeitsnetz ausgebaut, Großbritannien wurde mit dem Eurotunnel an das Festland angeschlossen und Skandinavien bekam mit der Öresundbrücke eine schnelle Verkehrsverbindung nach Mitteleuropa.

1
Arbeite mit der Karte M 4 und T 1:
a) Benenne Verkehrsknotenpunkte in Europa und die jeweiligen Verkehrswege.
b) Nenne Hauptverkehrsachsen in Europa.
c) Begründe den Unterschied in den Verkehrsnetzen Mitteleuropas und Skandinaviens.

2
Stelle in einer Übersicht die Vor- und Nachteile der verschiedenen Verkehrsmittel zusammen (M 3).

3
a) Werte die Diagramme M 1 und M 2 aus.
b) Erörtere, warum und wie sich die Anteile der Verkehrsmittel deiner Meinung nach zukünftig ändern sollten.

AFB I: 1a, b II: 1c, 2, 3a III: 3b   → Lösungshilfen ab S. 232

Training

Wichtige Begriffe

- Arbeitskraft
- Dienstleistung
- Industrie
- Rohstoff
- Standort
- Standortfaktoren
- Verkehrsmittel
- Verkehrsknoten
- Wirtschaftssektor:
  - primärer Sektor
  - sekundärer Sektor
  - tertiärer Sektor
- Zulieferbetrieb

M 1

M 2

M 3

Kennen und verstehen

1 Wirtschaft in Europa
a Benenne die Wirtschaftssektoren, die in den Fotos M1–M3 dargestellt sind.
b Ordne dem produzierenden Industriezweig aus M1–M3 mindestens zwei Standorte in Europa zu. Verwende hierzu M2 auf S. 169.

2 Begriffe zuordnen
Ordne die folgenden Begriffe den drei Wirtschaftssektoren zu:
- Zeitungsverlag
- Fischfabrik
- Pizzeria
- Bauernhof
- Spedition
- Stahlwerk
- Fachhochschule

3 Richtig oder falsch?
Verbessere die falschen Aussagen und schreibe sie richtig auf.
a Unternehmen der chemischen Industrie liegen nur selten an Flüssen.
b Zulieferbetriebe sind Unternehmen, die fertig gebaute Autos zu den Kunden liefern.
c Beim Bau von neuen Industriebetrieben spielen Standortfaktoren keine Rolle.
d Die Nähe zu einer Autobahn kann ein wichtiger Standortfaktor sein.
e Frankfurt ist das wichtigste Industriezentrum Deutschlands.
f Im Dienstleistungssektor werden Produkte hergestellt.

4 Bilderrätsel
Löse die Bilderrätsel und erkläre die gesuchten Begriffe.

a 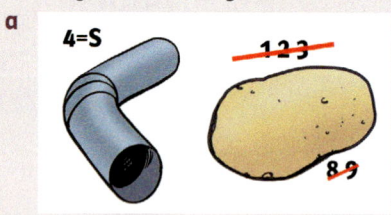
b 
c

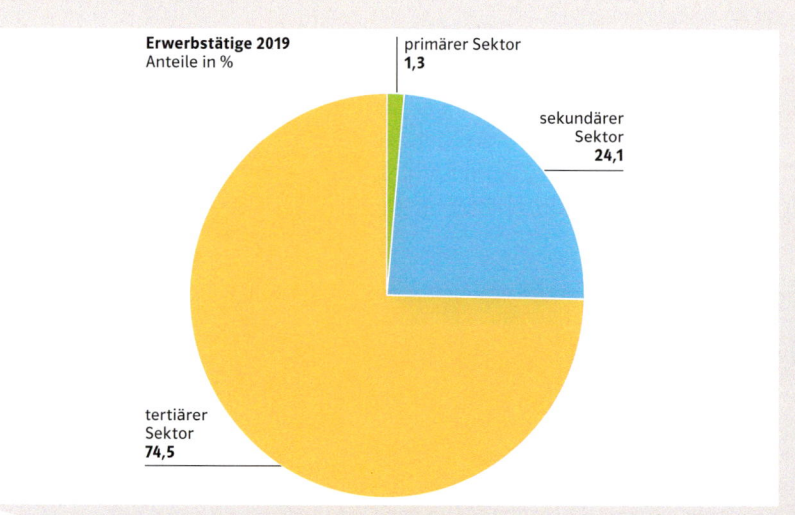

M 4 Erwerbstätige in Deutschland

Erwerbstätige 2019 Anteile in %
- primärer Sektor **1,3**
- sekundärer Sektor **24,1**
- tertiärer Sektor **74,5**

| D 25 Arbeitsblatt Selbsteinschätzung | D 26 Arbeitsblatt Lösungen | | Industrie und Dienstleistungen | **9** |

5 Standortfaktoren
Übernimm die Tabelle in dein Heft. Ordne die Standortfaktoren aus M 2 auf S. 171 richtig ein:

harte Standortfaktoren	weiche Standortfaktoren
…	…

Fachmethoden anwenden

6 Diagramme auswerten
a Werte das Diagramm M 4 aus.
b Überlege, wie ein vergleichbares Diagramm aus dem Jahr 1950 ausgesehen haben könnte. Erkläre den Unterschied.

Beurteilen und bewerten

7 Wo ist der beste Standort?
Frau Weber und Herr Maier suchen in Tröllestadt den besten Standort für einen neuen Supermarkt.
a Notiere die wichtigsten Standortfaktoren.
b Beurteile mithilfe der Karte M 5, wo für den Supermarkt der beste Standort sein könnte.
c Begründe deine Entscheidung.

Wissen vernetzen

8 Wirtschaftssektoren
Übernimm die Übersicht M 6 in dein Heft. Füge dann die folgenden Begriffe richtig ein:
– Industrie
– Dienstleistungen
– Immobilienkosten
– gute Böden
– Standortfaktoren (3 x)
– Kundennähe
– primär
– sekundär
– tertiär
– Verkehrsanbindung

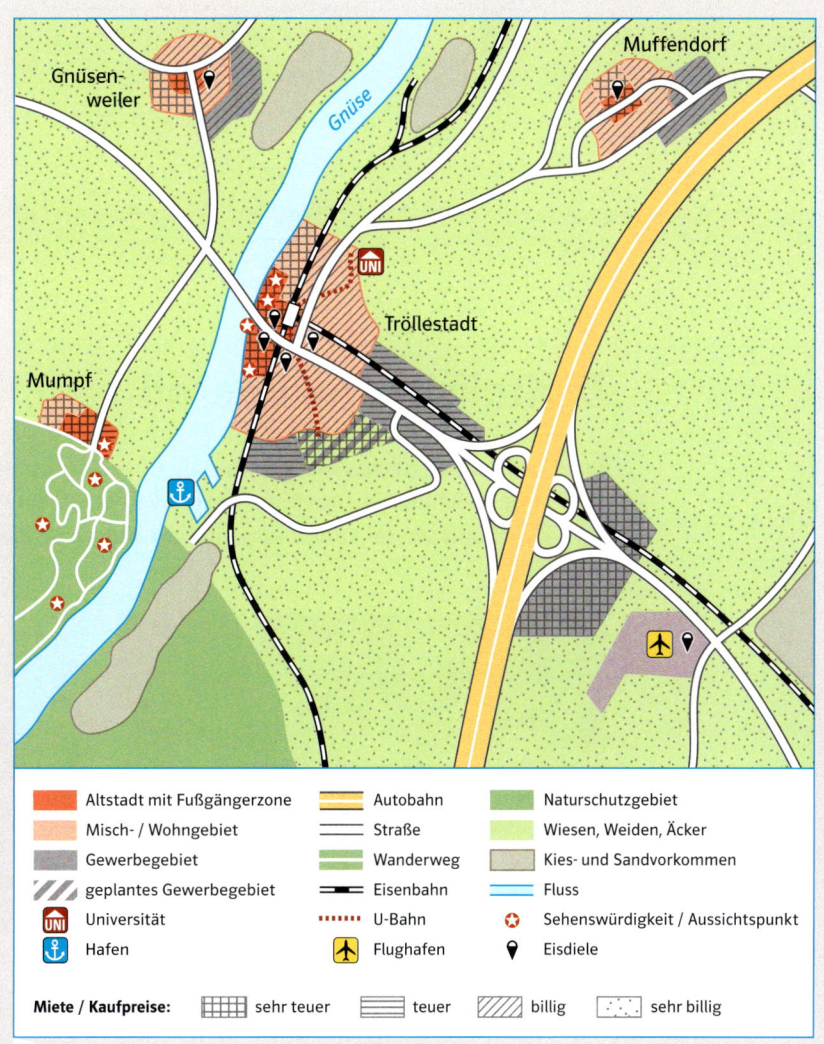

M 5

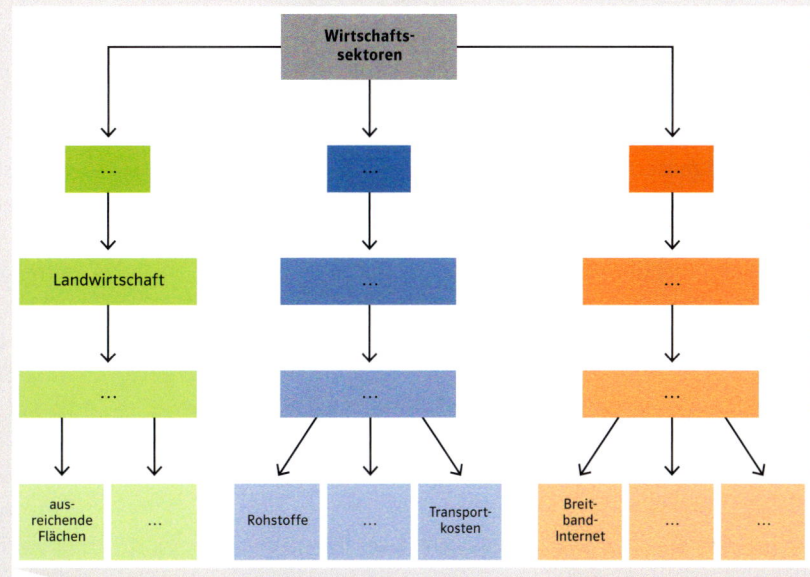

Legende:
- Altstadt mit Fußgängerzone
- Misch- / Wohngebiet
- Gewerbegebiet
- geplantes Gewerbegebiet
- Universität
- Hafen
- Autobahn
- Straße
- Wanderweg
- Eisenbahn
- U-Bahn
- Flughafen
- Naturschutzgebiet
- Wiesen, Weiden, Äcker
- Kies- und Sandvorkommen
- Fluss
- Sehenswürdigkeit / Aussichtspunkt
- Eisdiele

Miete / Kaufpreise: sehr teuer, teuer, billig, sehr billig

M 6

Extra

Die Auswirkungen der Digitalisierung auf verschiedene Bereiche des Lebens bewerten

1 Nenne Bereiche deines Lebens, in denen du selbst schon mit Digitalisierung zu tun hattest. Beispiele:
Kommunikation: Smartphone
Einkaufen: Bestellen im Internet
usw.

2 Liste in einer Tabelle die Vor- und Nachteile der Digitalisierung auf.

3 Stelle einen Zusammenhang zwischen M 6 und T 1 her.

Digitalisierung überall

In jedem Bereich deines Alltags hast du es mit Computern zu tun: in der Schule, zu Hause, beim Einkaufen. Auch die Berufswelt wird durch Computer bestimmt. Dies wird in Zukunft weiter zunehmen und hat Auswirkungen auf unser gesamtes Leben.

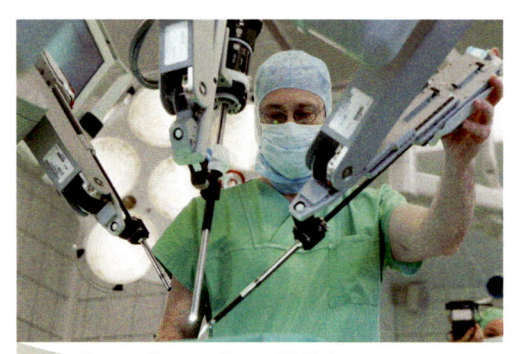

M 2 Unterstützung durch OP-Roboter

M 3 Laptop, Tablet und Whiteboard im Unterricht

Künstliche Intelligenz im Einsatz für die Gesundheit

Künstliche Intelligenz (KI) soll Ärzten in Zukunft die Arbeit erleichtern. Eigentlich. Bei Professor Holger Hänßle von der Universitätsklinik Heidelberg war es aber erst einmal genau andersherum: Nachdem der Dermatologe [Hautarzt] im ver-
5 gangenen Jahr eine Studie zum Einsatz von KI in der Hautkrebserkennung veröffentlicht hatte, erlebte er den „hellen Wahnsinn". Medien aus aller Welt bombardierten ihn (...) mit Anfragen (...). Grund der Aufregung: Herr Hänßle hatte als einer der Ersten eine Studie veröffentlicht, in der
10 Mensch und Maschine im direkten Vergleich zeigen sollten, wer bessere Diagnosen stellt. Genauer: wer (...) den gefürchteten „schwarzen Hautkrebs" besser erkennen kann. Das Ergebnis machte Schlagzeilen. „Die Künstliche Intelligenz war deutlich besser als die durchschnittliche Leistung der Ärzte",
15 berichtet Holger Hänßle. „Nur 13 der 58 beteiligten Hautärzte konnten den Computer schlagen."

Christian Buck: Dr. Algorithmus. 26.02.2019. Unter: www.welt.de

M 1

Unterwegs in der Smart City

Karin möchte in Reutlingen einkaufen. Vor dem Fahrtantritt prüft sie online die Verkehrslage: Es gibt keine Staus. Die Anzahl der Autos wird ständig durch Sensoren gemessen, damit der Verkehrsfluss besser gesteuert werden kann. Karin fährt los. Damit sie nicht so lange nach einem freien Parkplatz suchen muss, schaut sie auf ihr Handy und parkt schnell, bequem und stressfrei ein. Auf dem Weg in die Einkaufszone ruft sie die neuesten Angebote der örtlichen Einzelhändler ab. Nach dem Einkauf packt Karin noch auf dem Parkplatz ihre neue Uhr aus. Den Karton entsorgt sie im Mülleimer. Und dieser meldet sich, sobald er voll ist, bei den städtischen Entsorgungsbetrieben. So gibt es in Reutlingen keine überquellenden Mülleimer mehr.

M 4

Industrie und Dienstleistungen 9

D 27 Arbeitsblatt Lösungen

4 Überprüfe die Befürchtungen der Arbeitnehmer und Arbeitnehmerinnen (T1) mithilfe von M7.

5 SP MK Erstelle anhand der Materialien auf dieser Doppelseite und deiner Bearbeitungen der Aufgaben 1–3 eine Präsentation zum Thema Digitalisierung.

AFB I: 1, 2 II: 3, 5 III: 4   → Lösungshilfen ab S. 232

T1 Digitalisierung und Arbeitsplätze

Zukünftig werden Computerprogramme oder Roboter immer mehr Tätigkeiten übernehmen, die bisher der Mensch ausgeübt hat. Das betrifft nicht nur einfache Arbeiten, sondern zunehmend auch schwierige, die bisher dem Menschen vorbehalten waren. Daher haben viele die Befürchtung, dass sie zukünftig keine Arbeit mehr finden werden, weil der Computer sie überflüssig macht. Andererseits entstehen dabei auch neue Arbeitsplätze. Wie auch immer die Zukunft aussieht – schon heute steht fest: Nur wer über eine gute Bildung und Ausbildung verfügt, wird zukünftig auf dem Arbeitsmarkt Chancen haben.

> **Digitalisierung**
> die verstärkte Nutzung von Computern in allen Bereichen des Lebens

Wenn der Motor sagt, wo der Roboter ihn einbauen soll

Schon heute gibt es bei der Autoherstellung viele Roboter. Sie arbeiten allein oder mit Menschen zusammen. Doch die Entwicklung wird noch weitergehen. In Zukunft wird es intelligente Fabriken geben. In diesen Fabriken teilen die Werkstücke den Maschinen mit, wie sie bearbeitet werden sollen. Wird das Blech rot oder gelb lackiert? Das teilt das Blech dem Lackierroboter selber mit – digital, versteht sich. Und der Lackierroboter gibt dem Techniker ein Signal, wenn er überprüft werden muss – natürlich, bevor eine Reparatur fällig ist. Wenn neue Teile für die Autoproduktion gebraucht werden, dann bestellen die Roboter sie selbstständig – direkt beim Zulieferbetrieb, dessen Maschinen gleich mit der Fertigung beginnen.
Nur noch wenige Menschen werden in solchen Fabriken gebraucht. Die Maschinen und die Werkstücke steuern die Fertigung selbst, der Mensch kontrolliert nur noch. Diese neue Art, Produkte zusammenzusetzen, hilft dabei, Kosten zu sparen und auf die Wünsche jeder Kundin und jedes Kunden individuell eingehen zu können.

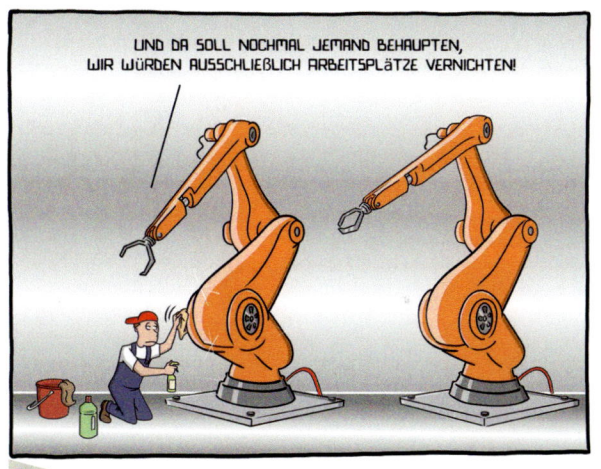

M 5

M 6

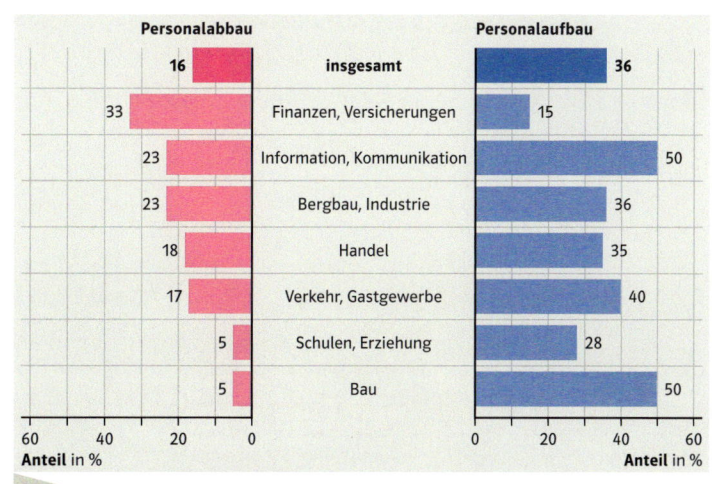

M 7 Folgen der Digitalisierung für die Arbeitswelt

Personalabbau (Anteil in %)	Branche	Personalaufbau (Anteil in %)
16	insgesamt	36
33	Finanzen, Versicherungen	15
23	Information, Kommunikation	50
23	Bergbau, Industrie	36
18	Handel	35
17	Verkehr, Gastgewerbe	40
5	Schulen, Erziehung	28
5	Bau	50

10 Energie

M1 Öl- und Gasförderung auf dem Meer

M2 Kohlekraftwerk

Mit größter Selbstverständlichkeit erwarten wir, dass wir in unserem Alltag immer Energie für alle möglichen Zwecke zur Verfügung haben: Strom aus der Steckdose, Wärme von der Heizung, Treibstoff fürs Autofahren, …
Aber – woher bekommen wir diese Energie eigentlich? Hier hat sich in den letzten Jahrzehnten viel verändert. Wenn du die folgenden Seiten bearbeitest, kannst du bei diesem Thema mitreden.

M 3 Solaranlage

M 4 Windpark in Norddeutschland

Den Energieverbrauch zu Hause und Einsparmöglichkeiten untersuchen

Energieverbrauch im Alltag

Wie selbstverständlich verbrauchen wir zu Hause ständig Energie – teils bewusst, wenn wir z. B. ein elektrisches Gerät einschalten, teils unbewusst, wenn wir einfach im warm geheizten Zimmer sitzen. Energie kostet viel Geld und es lohnt sich, einmal genauer hinzuschauen.

M 1 Energieverbrauch im Alltag

M 3 Stromzähler im Haushalt

T1 Wir verbrauchen Energie

Ein Smartphone verbraucht Strom, das ist klar, ebenso ein Tablet, Fernseher und andere Elektrogeräte. Elektrischer Strom ist aber nur eine Art von Energie. Auch Heizungen und Autos benötigen Energie.
Und auch alle unsere Waren „enthalten" Energie: Denn bei ihrer Herstellung und beim Transport wird Energie benötigt. Rechnet man unseren gesamten Tagesbedarf zusammen, so verbraucht jeder Mensch in Deutschland pro Tag Energie im Umfang von 132 kWh. Es reicht also nicht, nur auf den Stromzähler und die verbrauchte Menge der Heizenergie zu achten!

T2 Wie es früher war

Der Tagesablauf vor gut 100 Jahren sah ganz anders aus als heute. Damals mussten die Menschen im Winter in Eiseskälte aufstehen, die Schlafräume wurden nicht geheizt. Waschen musste man sich mit Grundwasser von der Pumpe, das natürlich kalt war. Öfen wurden mit Holz oder Kohle beheizt. Waschmaschinen waren unbekannt, die Wäsche mit der Hand zu waschen war mühsam.
Im Laufe der Jahrzehnte zogen dann viele nützliche Haushaltsgeräte in die Haushalte ein: Elektroherd, Kühlschrank, Waschmaschine, Toaster, Radio, Fernseher, Computer, ... – und für alle wird Strom benötigt!

Energie kann man in Kilowattstunden (kWh) messen.
Jeder Deutsche verbraucht pro Tag Energie in der Höhe von 132 kWh.

132 kWh entsprechen dem Energiewert von 14 l Erdöl ...

... oder von 200 Hamburgern.

132 kWh erzeugt ein Fahrraddynamo in drei Jahren Dauerbetrieb.

M 2

M 4 Energieverbrauch im Haushalt

Heizen 52 %
Sonstige 6 % (v.a. Klimaanlagen)
Haushaltsgeräte 18 % (v.a. Kühlschränke, Gefriertruhen, Fernseher, Computer)
Warmwasser 16 %
Licht 4 %
Kochen 4 %

Einfache Energiespartipps

1. Elektrogeräte: kein Standby-Betrieb
2. Energiespar- und LED-Lampen
3. Licht aus in ungenutzten Räumen
4. Kochen mit Deckel
5. Spül- und Waschmaschine gut befüllen
6. Auf Trockner verzichten
7. Warmwasser sparsam verbrauchen
8. Kein Dauerlüften in der Heizperiode
9. Türen bei geheizten Räumen zu
10. Raumtemperatur absenken
11. Kurzstrecken mit Rad statt Auto

T3 Energiesparen ist angesagt

Energie kostet viel Geld. Ein Durchschnittshaushalt in Deutschland gibt im Jahr etwa 3 000 Euro für Energie aus. Dazu gehören die Kosten für Heizung, Strom und Kraftstoff für das Auto. Es lohnt sich also darüber nachzudenken, wie man die Ausgaben für Energie vermindern kann.

Die Industrie tut das, indem sie die Haushaltsgeräte immer energiesparender baut. Ebenso wichtig ist das Bewusstsein für die große Bedeutung des Energiesparens. Umfragen haben z. B. ergeben, dass für 9 von 10 Erwachsenen in Deutschland der sparsame Umgang mit Energie heute wichtig ist. Die meisten fühlen sich jedoch nicht gut genug darüber informiert, wie viel Geld sie tatsächlich damit sparen können. Man bekommt aber von vielen Stellen gute Tipps für das Einsparen von Energie im Alltag, z. B. von den staatlichen Energieagenturen. Sie reichen von Verhaltensregeln im Alltag über Kaufberatungen für die Anschaffung energiesparender Geräte bis hin zu Wärmedämmungsmaßnahmen am Haus. Jeder kann aber sofort mit dem Energiesparen beginnen. Nur zwei Beispiele: Schon 1 °C weniger Raumtemperatur spart 5 % Heizkosten. Und wer die eine oder andere Autofahrt zum Einkaufen in der Nähe vermeidet und dafür das Fahrrad nimmt, spürt den Spareffekt schnell im Portemonnaie.

---

1 Protokolliere deine Energienutzung an einem Tag. Fange z. B. so an: „Morgens vor dem Aufstehen arbeiten schon die Heizung und die Warmwasserversorgung. Der Radiowecker weckt mich, ich schalte das Licht an …"

2 Notiere alle Energieverbraucher im Haus: Lampen, Elektrogeräte, … Wer findet am meisten?

3 Erläutere das Schema M 4.

a) Bearbeite Aufgabe A 3.
b) Finde die Energieverbraucher im Haushalt, die in der Abbildung M 4 fehlen.

4 Arbeite mit T1–T3 und M1–M3: Beschreibe den Energieverbrauch heute und früher.

Arbeite mit T1–T3 und M1–M3: Begründe, warum der Energieverbrauch heute um ein Vielfaches höher ist als vor 100 Jahren.

5 a) Beschreibe Möglichkeiten, Energie im Alltag einzusparen (T3, Randspalte).
b) Erkläre, warum Menschen nicht alle Einsparmöglichkeiten nutzen.

AFB I: 1, 2, 4, 5a II: 3, 5b   AFB I: 1, 2, 5a II: 3, 4, 5b   → Lösungshilfen ab S. 232

> Stromerzeugung früher und heute erläutern

Woher kommt der Strom?

Die wichtigste Energie in unserem Alltag ist der Strom. Seine Bedeutung wird in Zukunft noch steigen, da sowohl die meisten Fahrzeuge mit Strom fahren sollen, als auch durch Wärmepumpen immer mehr mit Strom geheizt werden soll. Woher kommt unser Strom?

M1 Elektro-Fahrzeug an der Ladestation

M3 Wärmepumpe als Hausheizung

Fossile Energien
Energiequellen, die sich nicht erneuern, sondern nur einmal gebraucht werden können. Dazu zählen z. B. Kohle, Erdöl und Erdgas

Erneuerbare Energien
Energiequellen, die nicht aufgebraucht werden, z. B. Sonne, Wind, Biomasse oder Wasserkraft

T1 Stromerzeugung früher
In den letzten Jahrzehnten waren Wärmekraftwerke unsere wichtigsten Stromlieferanten, sie wurden hauptsächlich mit dem fossilen Brennstoff Kohle betrieben. Zu den Wärmekraftwerken zählen auch Kernkraftwerke, Müllheizkraftwerke und Gaskraftwerke.
Wasserkraftwerke steuerten als erneuerbare Energiequelle nur einen kleinen Anteil bei. Bereits in den 1990er-Jahren führte ein wachsendes Bewusstsein für Umweltschutz und den drohenden Klimawandel dazu, dass die sogenannte **Energiewende** beschlossen wurde.

T2 Die Energiewende
Unter der Energiewende versteht man die Umstellung von fossilen auf erneuerbare Energiequellen. Das Verbrennen von fossilen Brennstoffen in Wärmekraftwerken erzeugt viel Kohlenstoffdioxid (CO_2). Dieses Gas trägt in der Atmosphäre entscheidend zur Klimaerwärmung bei und muss deshalb unbedingt reduziert werden. In Deutschland gehört zur Energiewende außerdem noch der Ausstieg aus der Kernenergie. Sie gilt als zu risikoreich und wegen ihrer Jahrtausende lang radioaktiven Abfälle als zu umweltbelastend.

Durch die Verbrennung von Kohle oder durch Wärme aus einem Atomreaktor wird Wasser erhitzt und Wasserdampf erzeugt. Dieser Dampf setzt dann Turbinen und Generatoren in Gang, die so Elektrizität erzeugen.

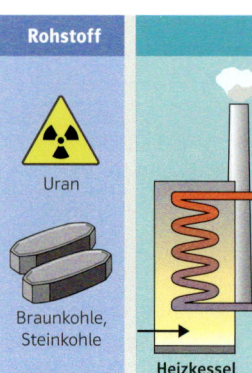

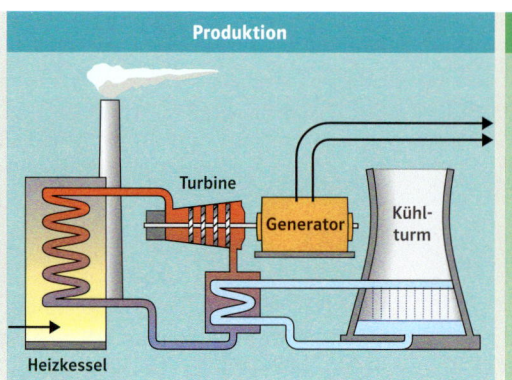

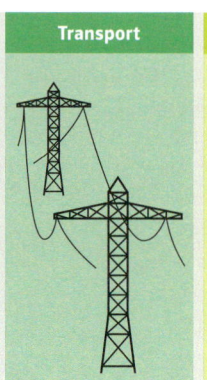

M2 Stromerzeugung in Wärmekraftwerken

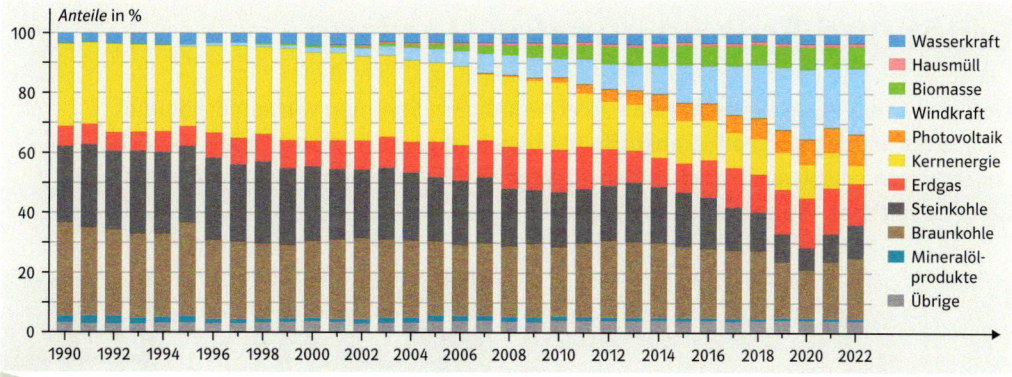

M 4 Stromerzeugung in Deutschland nach Energieträgern

T3 Stromerzeugung heute und in Zukunft

Die Anstrengungen bei der Energiewende gelten vor allem dem Ausbau von Windkraft- und Solaranlagen (Fotovoltaik). Zahlreiche Windparks entstehen an Land und offshore im Meer. Solaranlagen werden auf Hausdächern oder als große Solarfelder auf Äckern und Wiesen montiert. Auch die Zahl der Biogasanlagen hat stark zugenommen. Da, wo es möglich ist, wird auch Erdwärme (Geothermie) zur Stromerzeugung genutzt. Außerdem wird verstärkt an neuen Technologien gearbeitet, z. B. an der Produktion von Strom und Wärme durch Brennstoffzellen. Wichtig ist auch die Möglichkeit, bei großem Bedarf Strom aus dem Ausland zu beziehen. Über das europäische Verbundnetz arbeiten die europäischen Länder bei der Stromverteilung zusammen.

Norwegen als „Batterie Europas"

Elektrische Energie lässt sich schlecht speichern. Deshalb könnte man überschüssigen Strom aus deutschen Offshore-Windparks nach Norwegen leiten und dort in Pumpspeicherkraftwerken speichern. Hier wird Wasser mit dem („überschüssigen") Strom aus einem See in einen höher gelegenen Speichersee gepumpt. Bei Strombedarf lässt man das Wasser aus dem oberen See über Turbinen in den unteren See zurücklaufen, um Strom zu gewinnen. Die norwegischen Seen sind dafür gut geeignet. In kurzer Zeit könnte bei Bedarf elektrische Energie nach Deutschland geliefert werden.

M 5

Energieträger sind Quellen und Stoffe wie Kohle, Holz, Erdgas oder Erdöl aber auch Wind und Wasser, die Energie in sich gespeichert haben

---

1 Begründe, warum Strom die wichtigste Energie in unserem Alltag ist und weshalb seine Bedeutung noch steigen wird (Einführungstext, M1, M3).

2 Erläutere die Begriffe „fossile Energien" und „erneuerbare Energien" (T1, Randspalte links).

2 Bearbeite Aufgabe A 2. Erläutere die Funktionsweise eines Wärmekraftwerks (M2).

3 Energiewende:
a) Nenne Gründe für die Forderung nach mehr erneuerbaren Energien (T1, T2).
b) Erkläre den Begriff „Energiewende" (T2).

3 Energiewende: Begründe die Forderung nach einer Energiewende in Deutschland mit den Nachteilen der Wärmekraftwerke (T2, M2).

4 Stromerzeugung heute:
a) Nenne die wichtigsten Anstrengungen bei der Energiewende (T3).
b) Werte M 4 aus und stelle dar, woran man die Energiewende erkennt.

4 Bearbeite Aufgabe A 4. Begründe am Beispiel von M 5, weshalb die Zusammenarbeit in Europa für eine sichere Stromversorgung wichtig ist.

5 EXTRA Wir alle können auch in unserem Alltag zur Energiewende beitragen – durch Energiesparen. Nennt Möglichkeiten dazu aus eurem Alltag und diskutiert darüber.

Förderung, Transport und Verarbeitung von Erdöl und Erdgas beschreiben

Erdöl und Erdgas aus der Nordsee

Trotz der Energiewende von fossilen zu erneuerbaren Energien werden Erdöl und Erdgas noch lange wertvolle Rohstoffe bleiben. Immer noch werden neue Lagerstätten erschlossen, auch in der Nordsee. Erdöl wird sogar als „schwarzes Gold" bezeichnet. Warum ist es so kostbar?

M1 Bohrinsel in der Nordsee

M4 Arbeiter am Bohrmeißel

M2 Bohrinsel im Größenvergleich

Der Norweger Helge arbeitet auf einer Bohrinsel im „Trollfeld", einem der größten Förderfelder für Erdöl und Erdgas in Europa. Er berichtet:

„Mein Verdienst ist gut, aber ich habe auch einen extrem harten Job. Wir bohren nach Erdöl. Hier draußen in der Nordsee arbeiten wir bei Wind und Wetter auf unserer Bohrinsel. Sie ist dreimal so groß wie der Kölner Dom. Besonders gefährlich sind die Herbst- und Winterstürme, wenn bis zu 30 m hohe Wellen an die Bohrinsel schlagen. Trotzdem wird rund um die Uhr gebohrt. Unsere Schichten dauern zwölf Stunden am Stück und das 14 Tage lang. Höchste Konzentration ist bei meiner Arbeit wichtig. Ein kleiner Funken kann zur Explosion führen und die Bohrinsel in Schutt und Asche legen. Nach der Schicht falle ich meist todmüde ins Bett. Manchmal gehe ich vorher in die Sauna und ins Schwimmbad. Die Kinos und Fitnessräume auf der Plattform besuche ich selten. Richtige Erholung finde ich erst in den drei Wochen Urlaub nach dem Mannschaftswechsel."

M3

T1 Bohrungen in der Nordsee
Um Erdöl und Erdgas zu finden, sind viele Probebohrungen notwendig. Noch aufwendiger und teurer als an Land sind Bohrungen im Meer. 1969 entdeckten die Norweger in 4 500 m Tiefe unter der Nordsee das ausgedehnte Öl- und Gasfeld „Ekofisk". Nur durch den Einsatz riesiger Bohrinseln war es möglich, die großen Erdöl- und Erdgasvorkommen nutzbar zu machen. Große Wassertiefen bis 300 m, Orkanböen bis 200 km/h und starke Meeresströmungen machen die Arbeit offshore, d.h. vor der Küste, zu einem technisch schwierigen Vorhaben. Die schwimmenden Bohrinseln müssen sehr fest im Meeresboden verankert werden. Doch immer wieder ereignen sich Unglücke auf Bohrinseln. Dabei kann Öl auslaufen und ins Meer gelangen. Dort verursacht es Umweltkatastrophen. Von den etwa 500 Bohrinseln in der Nordsee werden immer mehr stillgelegt, weil dort die Erdölvorräte in der Tiefe erschöpft sind. Auch dabei gelangen oft Ölschlamm und Öl ins Meer.

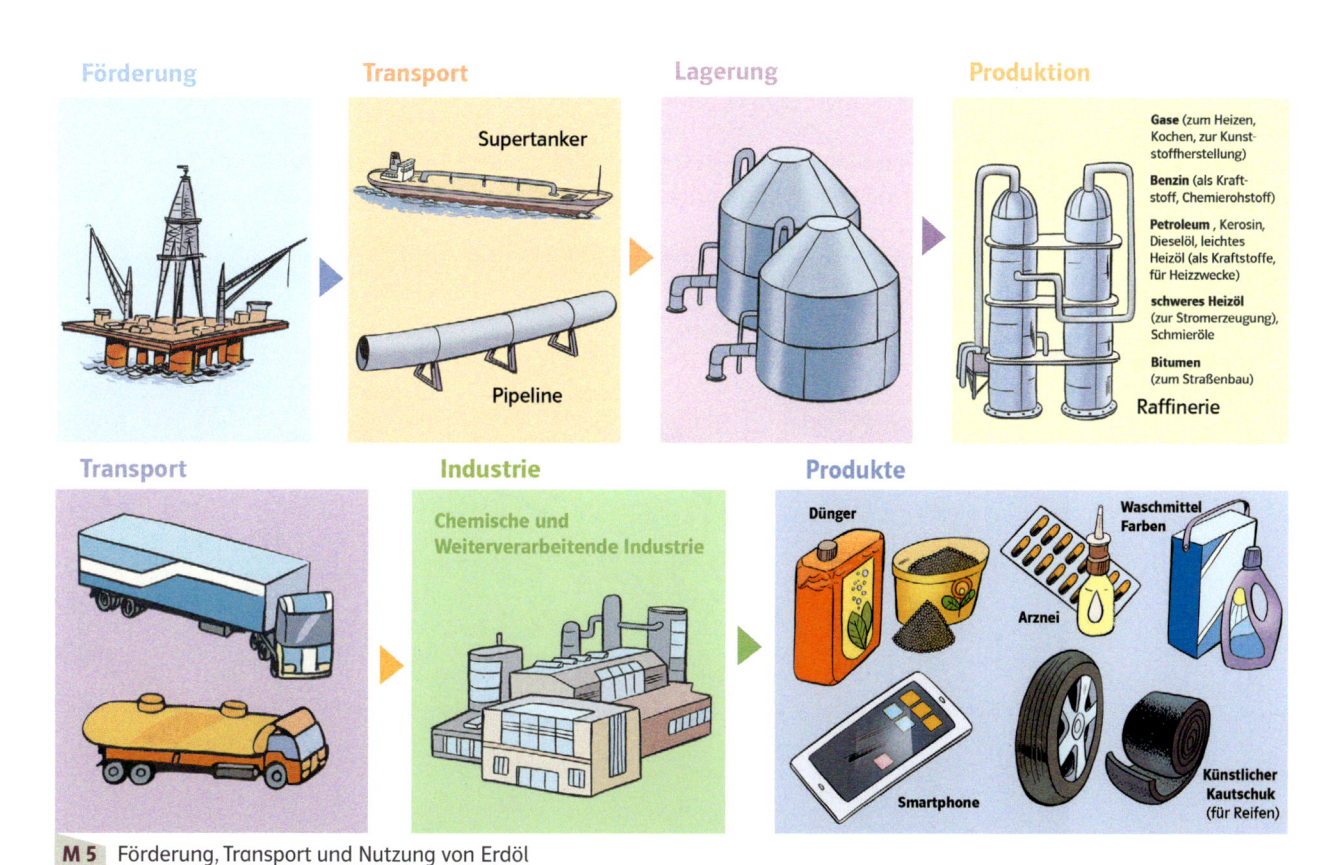

Förderung — **Transport** (Supertanker) — **Lagerung** — **Produktion**

Gase (zum Heizen, Kochen, zur Kunststoffherstellung)
Benzin (als Kraftstoff, Chemierohstoff)
Petroleum, Kerosin, Dieselöl, leichtes Heizöl (als Kraftstoffe, für Heizzwecke)
schweres Heizöl (zur Stromerzeugung), Schmieröle
Bitumen (zum Straßenbau)
Raffinerie

Transport — **Industrie** (Chemische und Weiterverarbeitende Industrie) — **Produkte** (Dünger, Arznei, Waschmittel, Farben, Smartphone, Künstlicher Kautschuk (für Reifen))

Pipeline

M 5 Förderung, Transport und Nutzung von Erdöl

T 2 Erdöl hat eine große Bedeutung

Die Erdöl- und Erdgasförderung in der Nordsee hat vor allem den beiden Hauptförderländern dem Vereinigten Königreich und Norwegen hohe Einnahmen gebracht. Besonders wertvoll ist das Erdöl: Es ist nicht nur Rohstoff für Treibstoffe und zum Heizen, sondern auch Grundstoff der chemischen Industrie. Aus Erdöl kann man viele Produkte herstellen, ohne die unser heutiges Leben kaum vorstellbar wäre. Aber: Die Erdölvorräte in der Erde sind eines Tages unwiderruflich zu Ende. Abhängig von Verbrauch, Fördermenge und festgestellten Vorräten schätzt man derzeit eine Reichweite zwischen 40 und 100 Jahren.

Pipeline
Rohrleitung zum Transport von Stoffen

Raffinerie
Anlage zur Verarbeitung von Rohöl

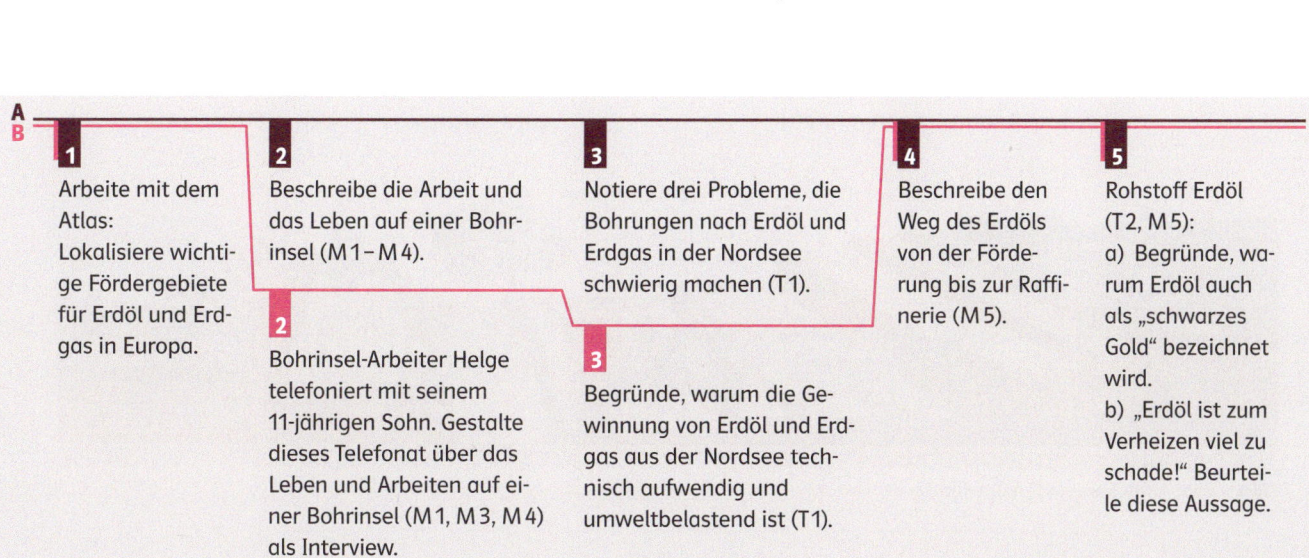

1. Arbeite mit dem Atlas: Lokalisiere wichtige Fördergebiete für Erdöl und Erdgas in Europa.

2. Beschreibe die Arbeit und das Leben auf einer Bohrinsel (M1–M4).

3. Notiere drei Probleme, die Bohrungen nach Erdöl und Erdgas in der Nordsee schwierig machen (T1).

4. Beschreibe den Weg des Erdöls von der Förderung bis zur Raffinerie (M5).

5. Rohstoff Erdöl (T2, M5):
a) Begründe, warum Erdöl auch als „schwarzes Gold" bezeichnet wird.
b) „Erdöl ist zum Verheizen viel zu schade!" Beurteile diese Aussage.

2. Bohrinsel-Arbeiter Helge telefoniert mit seinem 11-jährigen Sohn. Gestalte dieses Telefonat über das Leben und Arbeiten auf einer Bohrinsel (M1, M3, M4) als Interview.

3. Begründe, warum die Gewinnung von Erdöl und Erdgas aus der Nordsee technisch aufwendig und umweltbelastend ist (T1).

Den Braunkohleabbau beschreiben und seine Folgen erläutern

Und alles wegen der Kohle!

Braunkohle ist seit Jahrzehnten in Deutschland ein wichtiger Energierohstoff. Mittlerweile ist sie jedoch stark umstritten. Ihr Abbau soll spätestens 2038 enden.

Garzweiler II
- Abbauzeitraum: 2006–2030
- geplante Restförderung: 280 Millionen t
- Fläche: 48 km²
- Flöztiefe bis ca. 210 m
- Abraum: ca. 6,5 Mrd. m³
- Umsiedlung: ca. 6100 Menschen
- Restsee: 23 km² Fläche, Befüllung bis ca. 2085

M 2 Braunkohlentagebau Garzweiler

T1 Ein „Riesenloch" in der Landschaft

Um an die fast 20 m mächtige Schicht aus Braunkohle im **Tagebau** heranzukommen, müssen gewaltige Mengen Kies und Sand abgetragen werden. Jede der 18 Schaufeln der riesigen Schaufelradbagger ist so groß wie ein Auto. Unaufhaltsam graben sie sich in die Tiefe und Breite bis zur Braunkohle vor. Die Sand- und Kiesmengen, auch Abraum genannt, werden auf der ausgekohlten Seite des Tagebaus wieder zum Auffüllen der Tagebaugrube verwendet.

Auf der Braunkohlenschicht tief im Tagebau baggern weitere mächtige Schaufelradbagger die Braunkohle ab. Über kilometerlange Transportbänder gelangt die Kohle direkt in die Kraftwerke oder Brikettfabriken. Unzählige Pumpen verhindern, dass Grundwasser oder Regenwasser den Abbau stören.

T2 Ortschaften „verschwinden"

Auf der Rückseite wird das „Riesenloch" wieder mit Abraum aufgefüllt. Zum Abschluss wird fruchtbarer Boden aufgeschüttet. Nicht

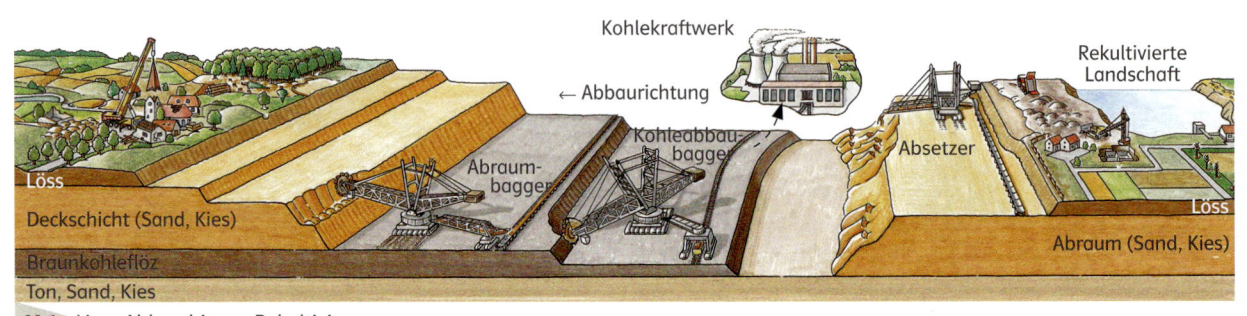

M 1 Vom Abbau bis zur Rekultivierung

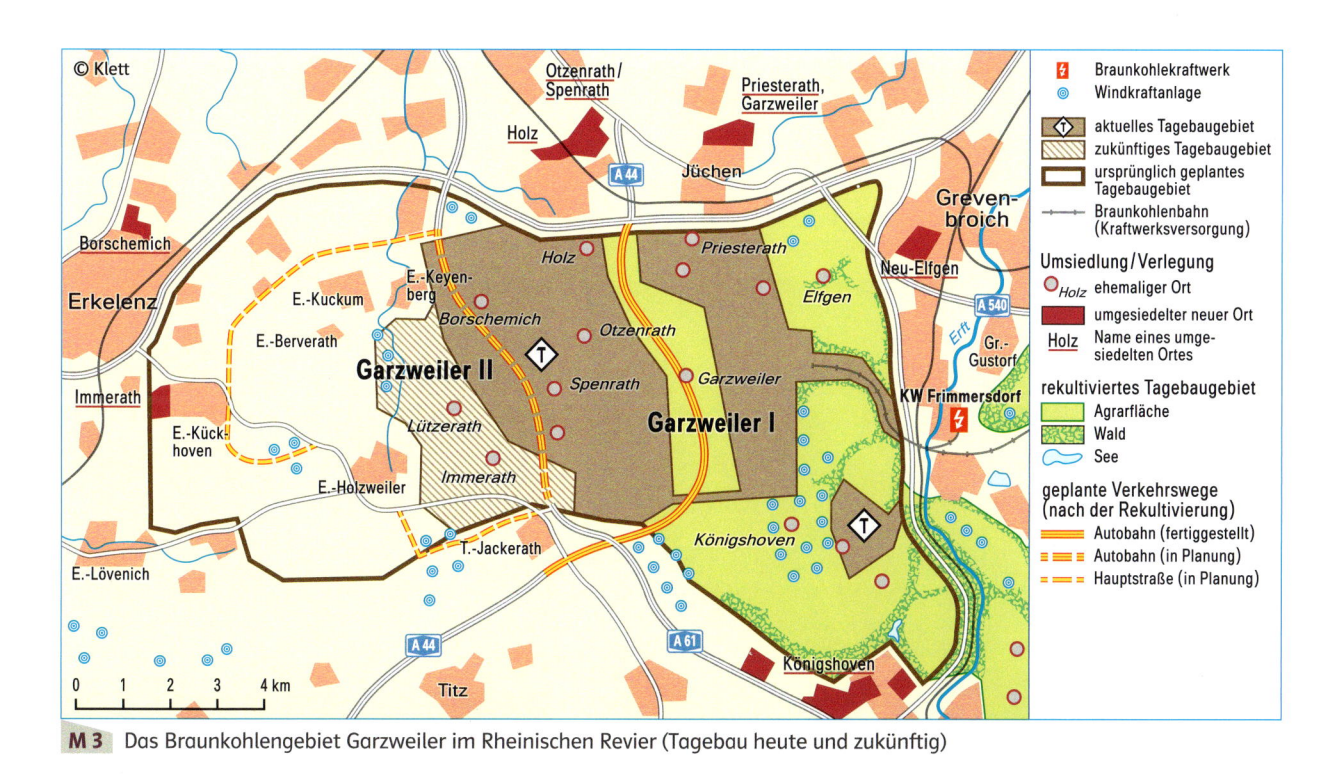

M 3 Das Braunkohlengebiet Garzweiler im Rheinischen Revier (Tagebau heute und zukünftig)

nur Straßen müssen weichen, sondern ganze Orte. So war das auch bei Garzweiler. Alle Häuser wurden abgerissen. Zwar baute man den Menschen neue Häuser an anderer Stelle, doch der Protest wurde inzwischen so wirkungsvoll, dass das Abbaugebiet Garzweiler II deutlich verkleinert wurde. Mancher Ort muss nun nicht mehr geräumt werden. So haben die Pläne zum Ausstieg aus der Braunkohle vielen Menschen ihre Heimat erhalten.

T 3 Landschaften verändern sich
Nach dem Abbau der Braunkohle wird versucht, die durch den Tagebau zerstörte Fläche wieder nutzbar zu machen. Das nennt man **Rekultivierung**. Dieser Prozess ist äußerst kostspielig und dauert eine lange Zeit. Die Restlöcher der Tagebaue werden meistens geflutet, um Seen mit Badestellen und Freizeitanlagen zu schaffen. Auch Wälder, Wiesen und Ackerflächen müssen neu gepflanzt und angelegt werden.
Wo einst riesige Schaufelradbagger standen, befinden sich heute beliebte Ausflugsziele und unter Schutz gestellte Landschaften.

1 Arbeite mit dem Atlas. Verorte mindestens drei Regionen in Deutschland, in denen Braunkohle abgebaut wird.

2 Braunkohlentagebau:
a) Beschreibe M 2.
b) Lies T 1 und erkläre mit den Informationen das Schaubild M 1.

Erkläre mithilfe von M 1, M 2 und T 1, wie Braunkohle abgebaut wird.

3 Beschreibe die Maßnahmen in der Landschaft, die ein Braunkohlentagebau erfordert (T 2).

Begründe, warum der Abbau der Braunkohle stark umstritten ist (T 2).

4 a) Miss die Tagebau Garzweiler I und Garzweiler II aus: Wie groß sind sie von Nord nach Süd und von Ost nach West (M 3)?
b) Zähle, wie viele Dörfer bei Garzweiler II zerstört werden (M 3).
c) Beschreibe die heutige Nutzung der ehemaligen Tagebaugebiete (T 3, M 3).

5 EXTRA Versetze dich in die Lage eines Einwohners von Borschemich, als die Nachricht kommt, dass das Dorf für Garzweiler II abgerissen werden muss. Schreibe deine Gedanken auf.

AFB I: 1, 2a, 3, 4 II: 2b, 5   AFB I: 1, 4 II: 2, 3, 5   → Lösungshilfen ab S. 232

Stromerzeugung geht auch anders!

Der Klimaschutz erfordert eine grundsätzliche Umsteuerung bei der Stromerzeugung – weg von den fossilen Brennstoffen, hin zu erneuerbaren Stromquellen. Dieser Prozess ist in Deutschland in vollem Gange.

M1 Solaranlage auf einem Hausdach

M2 Windpark bei Frankfurt am Main

→ Landwirte werden Energiewirte S. 194/195

T1 Erneuerbare Energien

Wissenschaftlerinnen und Wissenschaftler arbeiten an immer besseren Techniken, die erneuerbaren Energien zu nutzen. Anders als Kohle, Erdöl und Erdgas können erneuerbare Energien nicht aufgebraucht werden: Sie sind praktisch unerschöpflich und zudem klima- und umweltfreundlicher, weil sie ohne schädliche Abgase erzeugt werden. Die Sonne ist hier der stärkste „Motor". Sie lässt Wasser verdampfen, Wind entstehen und Pflanzen wachsen. Dieses macht sich der Mensch auf vielfältige Arten zunutze. Die Kraft des Windes erzeugt Strom durch Windkraftanlagen. Die Strahlung der Sonne wird mithilfe von Solarzellen in elektrische Energie umgewandelt. Außerdem kann ihre Wärmestrahlung in Kollektoren direkt zur Wärmegewinnung genutzt werden. In Biogasanlagen wird aus Pflanzen Energie gewonnen. Mit Erdwärme kann geheizt und durch Dampfturbinen Strom erzeugt werden.

T2 Nicht überall willkommen

Ein Grundproblem bei erneuerbaren Energien besteht darin, dass für ihre Nutzung ebenfalls Landschaften verändert werden. Dachflächen und große Felder werden mit Fotovoltaikanlagen (Solarparks) bebaut, die dann wie riesige Spiegel in der Landschaft liegen. Einige Menschen stören sich auch an den immer zahlreicheren und größeren Windkraftanlagen in der Landschaft, deren Rotoren Lärm erzeugen und deren Rotorblätter Schatten werfen. Diese Nachteile spielen auf dem Meer keine solche Rolle, weshalb dort immer mehr Windparks entstehen. Außerdem weht der Seewind stärker und gleichmäßiger. Um den dort erzeugten Strom auch bis nach Süddeutschland nutzen zu können, müssen jedoch neue Stromleitungen gebaut werden. Auch das bereitet Probleme, weil sich Menschen vielfach gegen die großen Strommasten in ihrer Nähe wehren.

Die Zukunftsbedeutung von erneuerbaren Energien bewerten

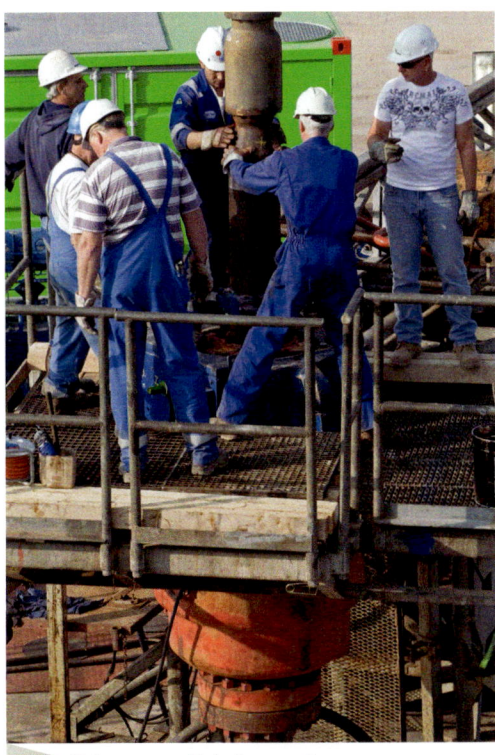

M 3 Bohrung zur Erdwärmenutzung

M 4 Biogasanlage

Vor allem im Südwesten Deutschlands kann Erdwärme in Geothermie-Kraftwerken wie zum Beispiel in Landau genutzt werden. Doch auch hier regt sich Widerstand. Viele Kritiker glauben, dass diese Nutzung zu Erdbeben und Schäden an Bauten führen kann. Aber auch die Biogasanlagen geraten immer stärker in die Kritik. Für ihren Betrieb werden große Flächen Mais und Raps angebaut. So entstehen ganze Landschaften, in denen nur diese beiden „Energiepflanzen" angebaut werden. Für die Produktion von Lebensmitteln sind diese Felder verloren.

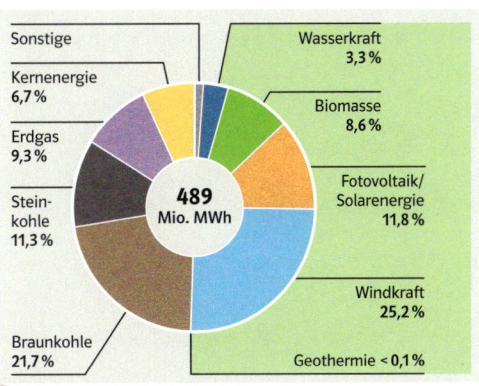

489 Mio. MWh

- Sonstige
- Kernenergie 6,7 %
- Erdgas 9,3 %
- Steinkohle 11,3 %
- Braunkohle 21,7 %
- Wasserkraft 3,3 %
- Biomasse 8,6 %
- Fotovoltaik/Solarenergie 11,8 %
- Windkraft 25,2 %
- Geothermie < 0,1 %

M 5 Stromerzeugung in Deutschland 2022: Anteile der Energieträger

1 Erkläre, weshalb Sonne, Wind, Biogas und Erdwärme erneuerbare Energien sind (T 1, M 1 – M 4).

2 Stelle die Vor- und Nachteile der vorgestellten erneuerbaren Energien in einer Tabelle gegenüber (T 1 und T 2).

3 Begründe, warum trotz der Kritikpunkte die Umstellung auf neue Energien stattfinden muss.

3 Bewerte, ob die erneuerbaren Energien auch in Zukunft genutzt werden sollten.

4 Stromerzeugung in Deutschland 2022: Werte Diagramm M 5 aus.

4 Bearbeite Aufgabe A 2. Berechne den Anteil der erneuerbaren Energien im Diagramm M 5.

5 Suche im Atlas eine geeignete Karte zum Thema „Energie in Europa". Suche unterschiedliche Standorte für Windenergie- und Sonnenenergieanlagen.

AFB I: 5   II: 1 – 4   AFB I: 5   II: 1, 2, 4   III: 3   → Lösungshilfen ab S. 232

Training

Wichtige Begriffe
- Energieträger
- Energiewende
- erneuerbare Energien
- fossile Energien
- Pipeline
- Rekultivierung
- Tagebau

A

B

M 2 Erneuerbare oder fossile Energien?

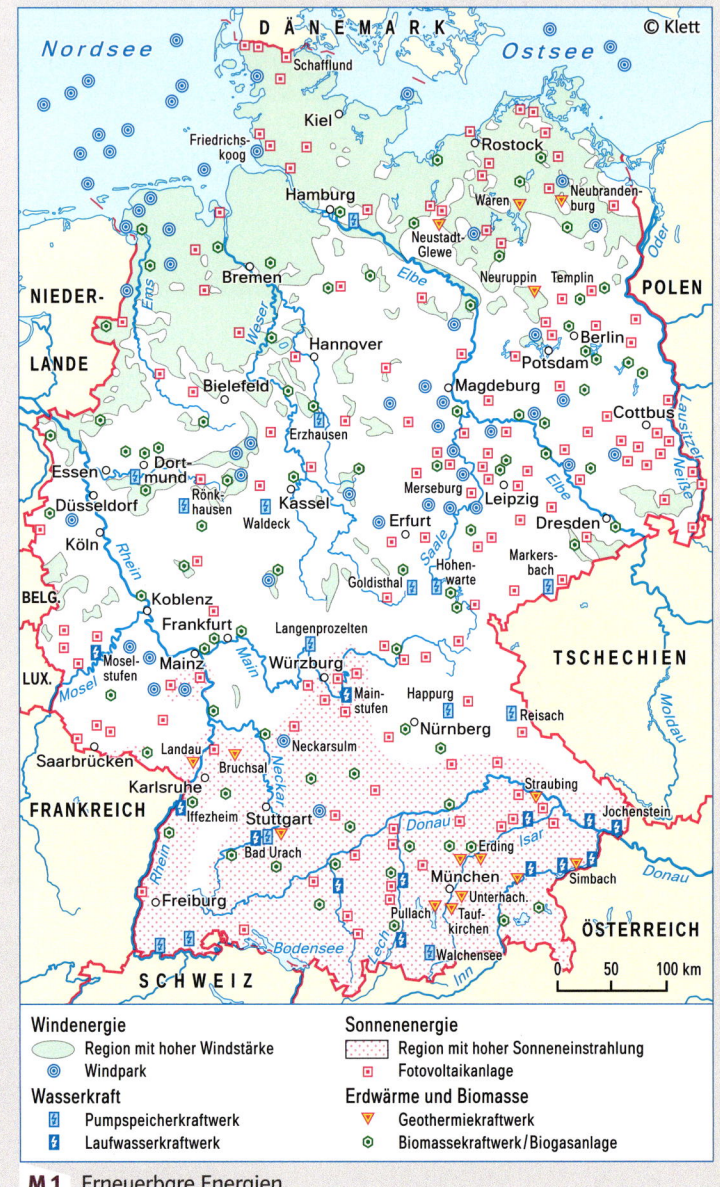

M 1 Erneuerbare Energien

Windenergie
- Region mit hoher Windstärke
- Windpark

Wasserkraft
- Pumpspeicherkraftwerk
- Laufwasserkraftwerk

Sonnenenergie
- Region mit hoher Sonneneinstrahlung
- Fotovoltaikanlage

Erdwärme und Biomasse
- Geothermiekraftwerk
- Biomassekraftwerk / Biogasanlage

Sich orientieren

1 Wer kennt sich aus?
Arbeite mit Karte M 1.
a Beschreibe die Lage der Gebiete mit hoher Windstärke und die Lage von Gebieten mit hoher Sonneneinstrahlung.
b Nenne drei Orte, an denen Erdwärme genutzt wird.
c Beschreibe die Lage von drei Pumpspeicherkraftwerken.

Kennen und verstehen

2 Findest du die Begriffe?
a Sammelbegriff für alle Rohstoffe, aus denen man Energie gewinnen kann
b Bergbauverfahren, mit dem man Braunkohle gewinnt
c Rohrleitung, durch die Erdgas transportiert wird
d Energierohstoffe, die vor vielen Millionen Jahren entstanden sind
e Maßnahmen, um eine ehemalige Bergbaulandschaft wiederherzustellen
f Bezeichnung für alle Energiequellen, die sich nicht verbrauchen

3 Fotos richtig zuordnen
Erneuerbare oder fossile Energien? Ordne die Fotos A – E in M 2 richtig zu.

Energie 10

C **D** **E**

4 Energie- und Chemierohstoff
Schreibe einen kleinen Bericht zur Gewinnung von Erdöl in der Nordsee. Benutze dabei folgende Begriffe:
Bohrinsel – Erdölraffinerie – Festland – Meer – Meeresgrund – Pipeline – Tankschiff

5 Richtig oder falsch?
Finde die falschen Aussagen und schreibe sie richtig auf.
a Braunkohle wird in großen Tagebaugruben abgebaut.
b Die Förderung von Erdöl und Erdgas in der Nordsee ist heute keine gefährliche Arbeit mehr.
c Kohle, Erdöl und Erdgas sind erneuerbare Energieträger.
d Mit Solaranlagen kann man aus Sonnenenergie Strom erzeugen.
e Fossile Energieträger werden bei der Nutzung verbraucht, aber ihre Lagerstätten in der Erde sind unerschöpflich.
f Wärmekraftwerke belasten das Klima durch ihren hohen CO_2-Ausstoß.

6 Bilderrätsel
Löse die Bilderrätsel und erkläre die gesuchten Begriffe.
a 1-3, F, 4 ~~MÜHLE~~
b 4 2,1

7 Energiesparen ist angesagt
Nenne zu jedem der vier Haushaltsbereiche in M 3 einen oder zwei einfache Energiespartipps.

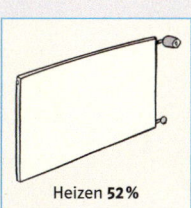

Warmwasser 16 % — Licht 4 %
Heizen 52 % — Kochen 4 %

M 3

Beurteilen und bewerten

8 Sinnvolle Rohstoffnutzung?
Bewerte die Aussage: „Erdöl ist solch ein wertvoller Rohstoff für die chemische Industrie, dass er zum Verbrennen als Treibstoff eigentlich viel zu schade ist."

9 Erneuerbare Energien – nicht überall willkommen
Immer mehr Windkraftanlagen und Solarparks werden in die Landschaft gebaut. Viele Menschen wollen sie nicht in ihrer Nähe haben. Bewerte folgende Aussage:
„Wir müssen unser Klima retten und daher auf erneuerbare Energien umsteigen. Dafür müssen wir alle auch Nachteile in Kauf nehmen."

Extra

> Möglichkeiten der Energiegewinnung innerhalb der Landwirtschaft beschreiben

1 Bildet Dreiergruppen. Teilt das Lesen der Texte M1–M3 unter euch auf.

2 Tauscht euch über die Möglichkeiten der Energiegewinnung aus. Fasst eure Ergebnisse zusammen, indem ihr eine Tabelle anlegt.

Landwirte werden Energiewirte

Wird die Landwirtschaft uns auch in Zukunft mit Lebensmitteln versorgen? Viele Landwirte erkennen für sich neue Möglichkeiten: Mit der Energiegewinnung können sie auch Geld verdienen. Aber wäre das eine gute Alternative?

Landwirt Meyer plant:

Mein landwirtschaftlicher Betrieb produziert seit Generationen Mais, Roggen und Gerste. Wenn wir diese Pflanzen für die Lebensmittelproduktion verkaufen, erhalten wir dafür nicht mehr viel Geld. Die Preise schwanken stark. Deshalb überlege ich, die Pflanzen zur Energiegewinnung einzusetzen. Ich plane den Bau einer Biogasanlage. In dieser Anlage werden die Pflanzen zur Biomasse. Die wiederum wird von Bakterien zersetzt. Dabei entsteht das Biogas Methan. Das Gas dient als Brennstoff für ein Heizkraftwerk, welches das ganze Dorf mit Strom und Wärme versorgen kann. Ich sehe darin große Vorteile: Mein Betrieb ist gesichert und ich kann mich vor Preisschwankungen schützen. Ich mache mich unabhängig von Rohstoffen wie Erdöl oder Erdgas. Und wenn das mit dem Mais gut klappt, setze ich die Pflanze vielleicht nur noch als Energiepflanze ein. Zum Glück spielt Lebensmittelknappheit in Deutschland keine Rolle.

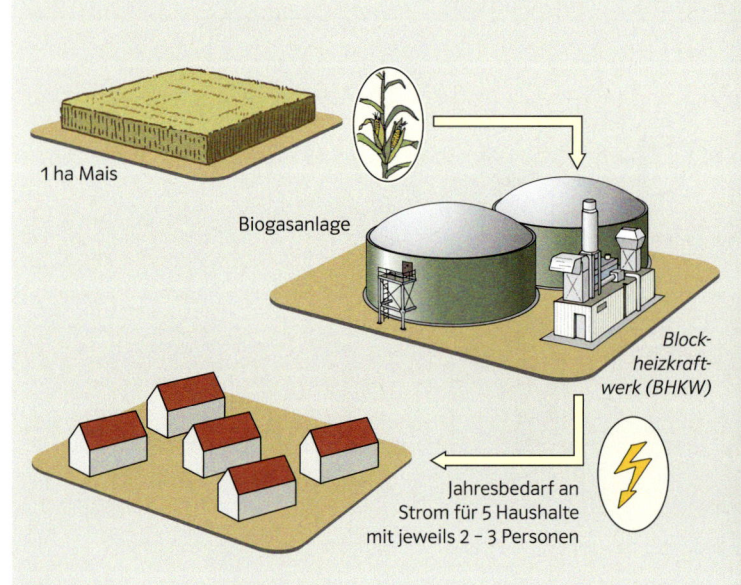

1 ha Mais → Biogasanlage → Blockheizkraftwerk (BHKW) → Jahresbedarf an Strom für 5 Haushalte mit jeweils 2–3 Personen

M1

194

D 30
Arbeitsblatt
Lösungen

Energie **10**

3
Ergänzt die Tabelle um Stichworte, die die Nachteile der jeweiligen Energiegewinnung wiedergeben. Recherchiert im Internet weitere Argumente.

4
Schreibt zusammen einen Brief an einen der drei Landwirte und nehmt Stellung zu den Überlegungen.

AFB I: 1 II: 2, 3 III: 4   → Lösungshilfen ab S. 232

Landwirtin Helmer überlegt:

Ich habe vor, einen Solarpark bauen zu lassen. Das Feld dazu liegt außerhalb meines Hofes, der Boden dort hat in den letzten Jahren an Qualität verloren. Er ist nicht mehr sehr ertragreich. Ich habe bereits mit einem Unternehmen gesprochen und mir einen Kostenvoranschlag geben lassen: Der Aufbau der Anlage umfasst ein fest installiertes Gestell mit Solarpaneelen. Diese wandeln Sonnenstrahlen in elektrische Energie um. So kann ich Energie verkaufen, ohne dafür meine Arbeitszeit einbringen zu müssen.
Wie hoch der Gewinn sein wird, ist von den Sonnenstunden der kommenden Jahre abhängig. Der Solarpark soll etwa 10 000 Euro kosten.

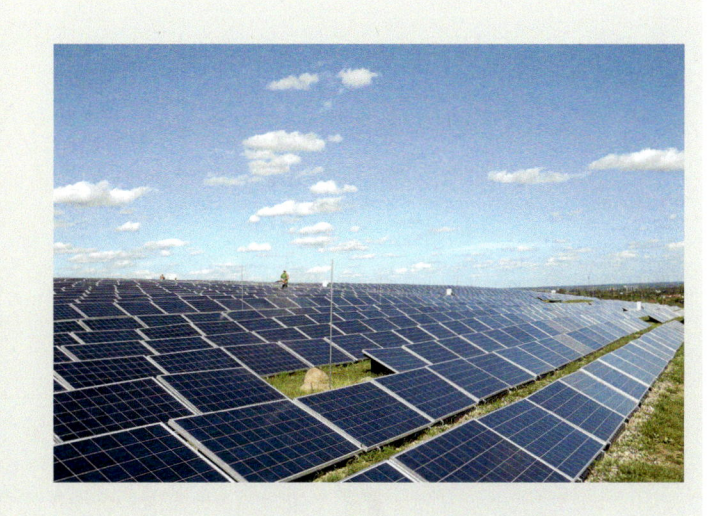

M 2

Landwirt Kölling wägt ab:

Ob ich weiterhin nur Landwirt bleibe, weiß ich noch nicht. Ich plane, Energie aus den tierischen Abfallprodukten zu gewinnen. Mit der Energiegewinnung lässt sich eine Menge Geld verdienen. Deshalb möchte ich in eine Biogasanlage investieren. Auf meinem Betrieb leben 800 Mastschweine. Schon heute weiß ich oft nicht, wohin mit der Gülle, wenn ich sie innerhalb der Sperrfrist ab dem 1. November nicht mehr ausbringen darf und meine Güllesilos voll sind. Ich bringe die Gülle dann in eine Biogasanlage ins Nachbardorf. Jetzt will ich selber investieren und Energiewirt werden!
Ob mein Hof für eine Biogasanlage weit genug von der nächsten Siedlung entfernt ist, prüft die Gemeinde gerade. Manche Anwohner haben Sorge vor unangenehmen Gerüchen oder einer ungewollten Explosion, weil in der Anlage Gase bei der Zersetzung von Biomasse entstehen.
Ich denke, die Dorfbewohner sollten froh sein, dass wir vor Ort bald unsere eigene Energie haben und uns von Importen aus dem Ausland unabhängig machen. Dann wird sich noch zeigen, wie sinnvoll die Massentierhaltung ist!

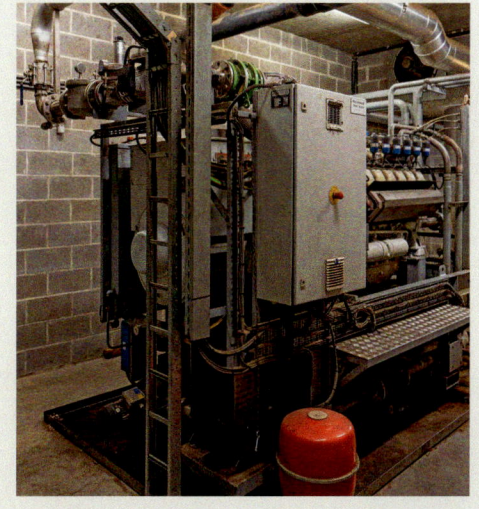

M 3

11 Leben in der kalten und in der heißen Zone

M 1 Eselspinguine in der Antarktis

M 2 Im Tropischen Regenwald auf Borneo

Die Lebensbedingungen auf der Erde sind sehr unterschiedlich. Es gibt heiße Regionen mit Regenwald und Wüsten in den Tropen und kalte Gebiete mit viel Schnee und Eis an den Polen. Pflanzen, Tiere und Menschen in diesen unterschiedlichen Zonen haben sich an Hitze, Trockenheit oder an die Kälte angepasst. Dadurch sind vielfältige und faszinierende Formen des Lebens auf unserer Erde entstanden.

M 3 Karawane im Wadi Rum in Jordanien

M 4 Kulusuk in Ostgrönland

> Die Besonderheiten des Tropischen Regenwalds und sein Klima beschreiben

Was für ein Wald!

Papageien kreischen, Affen brüllen, es wimmelt von unzähligen Insekten, unbekannte Pflanzen bilden ein undurchdringliches Dickicht. Der Tropische Regenwald ist ein einzigartiger Lebensraum.

Aras, Costa Rica

Bromelie, Brasilien

Koboldmaki, Philippinen

Würgefeige, Thailand

M 1 Tiere und Pflanzen des Tropischen Regenwaldes

Amazonas
der wasserreichste Fluss der Erde. Er verläuft durch Peru, Kolumbien und Brasilien.

Tiere und Pflanzen im Regenwald am Amazonas

Mit dem Boot legen wir am Ufer des Amazonas an. Wie eine undurchdringliche Mauer steigt der Tropische Regenwald empor. Wir sind umgeben von Moosen, Farnen und Sträuchern. Lianen und große Wurzeln versperren uns den Weg. Je weiter wir ins Innere des Waldes vordringen, desto düsterer wird es. Es ist unangenehm schwül, kein Luftzug regt sich, überall tropft es von den Bäumen. Die Luft ist feucht, die Pflanzen, die Kleidung, einfach alles! Es riecht nach faulem Holz und nassen Blättern. Am Boden finden wir Pilze, Moose und Farne. Wenn man nach oben schaut, sieht man die armdicken Lianen, die zum Licht streben. Die Bäume haben meterhohe Brettwurzeln, die sie vor dem Umstürzen bewahren. Und staunend entdecken wir Würgefeigen, die mit ihren Luftwurzeln selbst große Baumstämme ersticken können.
Am frühen Nachmittag türmen sich Wolken auf, bis der ganze Himmel schwarz ist. Die Schwüle wird unerträglich. Dann bricht das Unwetter los. Im Nu sind wir nass bis auf die Haut. Ganz plötzlich hört es auf zu regnen und die Sonne bricht wieder durch. Wir müssen zurück, denn bald wird es stockdunkel sein.

M 2 Aus dem Reiseblog einer deutschen Touristin

V 12 ▷
Video
Tagesablauf Tropischer Regenwald

11 Leben in der kalten und in der heißen Zone

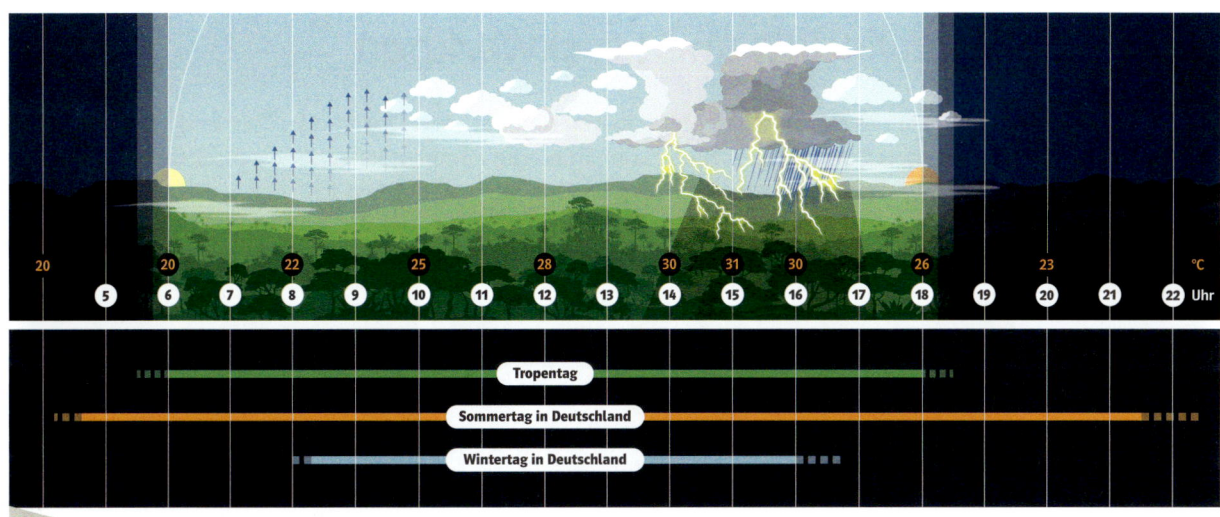

M 3 Tagesablauf im Tropischen Regenwald

T1 Immer warm und feucht

Im **Tropischen Regenwald** wiederholt sich der Wetterablauf an jedem Tag des Jahres. Es gibt dort keine Jahreszeiten. Die Temperaturschwankungen zwischen Tag und Nacht sind größer als die Schwankungen im Laufe eines Jahres. Es herrscht ein **Tageszeitenklima**. Bei uns sind die Temperaturunterschiede im Jahresverlauf sehr viel größer. Man spricht vom **Jahreszeitenklima**.
Im Tropischen Regenwald herrschen das ganze Jahr über Durchschnittstemperaturen von 25–28 °C. Im Jahr fallen über 1 500 mm Niederschlag. Das Klima der Immerfeuchten Tropen ermöglicht das ganze Jahr über ein üppiges Pflanzenwachstum.

M 4 Tropischer Regenwald in der Demokratischen Republik Kongo

1 MK
Was für ein Wald!
a) Nenne Besonderheiten des Tropischen Regenwaldes (M 1, M 2).
b) Beschreibe die Lage der Tropischen Regenwälder (Atlas) und nenne zehn Staaten aus verschiedenen Kontinenten, die Anteil am Tropischen Regenwald haben.

2 SP
Arbeite mit M 2 und M 3:
a) Erstelle eine Tabelle zum Tagesablauf und trage zu den Uhrzeiten das Wetter ein: 7–10 Uhr, 10–13 Uhr, 13–17 Uhr und 18 Uhr.
b) Beschreibe mithilfe der Tabelle mündlich den Tagesablauf.

a) Bearbeite Aufgabe 2.
b) Zu welcher Tageszeit wurde das Foto M 4 aufgenommen? Begründe.

3
Erkläre den Unterschied zwischen Tageszeitenklima und Jahreszeitenklima (T 1, M 3).

Bearbeite A 3 und erläutere die Auswirkungen auf die jeweilige Vegetation.

4 MK
Präsentiere die Informationen dieser Seite übersichtlich (z. B. Plakat, Infoblatt, Infotext).

5 EXTRA
Vergleiche die Tageslänge im Tropischen Regenwald mit der Tageslänge am 21. 6. und 21. 12. bei uns. Begründe die Unterschiede (M 3).
Tipp: Denk an die Schrägstellung der Erdachse.

AFB I: 1 II: 2–5   AFB I: 1 II: 2–5   → Lösungshilfen ab S. 232   199

> Das Ökosystem des Tropischen Regenwalds beschreiben

Artenvielfalt und Stockwerkbau

Baumriesen ragen bis zu 80 Meter in den Himmel, zwei Drittel aller Tier- und Pflanzenarten sind hier zu Hause: Der Tropische Regenwald ist der artenreichste Lebensraum unserer Erde. Aber sein System ist auch empfindlich.

Schon gewusst?

Das Gift eines Pfeilgiftfrosches kann 20 000 Mäuse töten. Auch für den Menschen ist es tödlich.

M 1 A Brettwurzel eines Baumriesen, B Orchidee, C Pfeilgiftfrosch

Schon gewusst?

Die Bäume im Tropischen Regenwald haben aufgrund der fehlenden Jahreszeiten keine Jahresringe. Deshalb sind zum Beispiel Teak oder Mahagoni auf der ganzen Welt sehr begehrte Hölzer.

T1 Reiche Tier- und Pflanzenwelt

Das Klima des Regenwaldes ermöglicht eine erstaunliche **Artenvielfalt**. So befinden sich auf einem Hektar bis zu 200 Baumarten. In unseren natürlichen Wäldern sind es nur etwa zehn. In den Astgabeln findet man sogenannte Aufsitzerpflanzen, zum Beispiel Orchideen. Sie wurzeln auf anderen Pflanzen und ernähren sich von dem Regen und den Nährstoffen aus zersetztem Laub. Armdicke Lianen klettern an den Baumstämmen empor, bis sie die Baumkronen erreichen. Hier, wo Blüten, Früchte und Blätter in Fülle vorhanden sind, leben die meisten Tiere: Vögel, Affen, Schlangen, leuchtend bunte Pfeilgiftfrösche sowie unzählige Insektenarten.

T2 Aufbau in Stockwerken

Deutlich ist der **Stockwerkbau** des Tropischen Regenwaldes zu erkennen. Da nur wenig Licht bis zum Waldboden dringt, wachsen hier Pilze, Moose und Farne. Oberhalb dieser Krautschicht wachsen junge Bäume und Sträucher. Darüber spannt sich das geschlossene Blätterdach, die „Kronenschicht". Nur die hohen Baumriesen ragen darüber hinaus. Brettwurzeln verhindern, dass Stürme diese Bäume leicht umwerfen können.

V13 ▶
Erklärvideo
Stockwerkbau und Nährstoffkreislauf

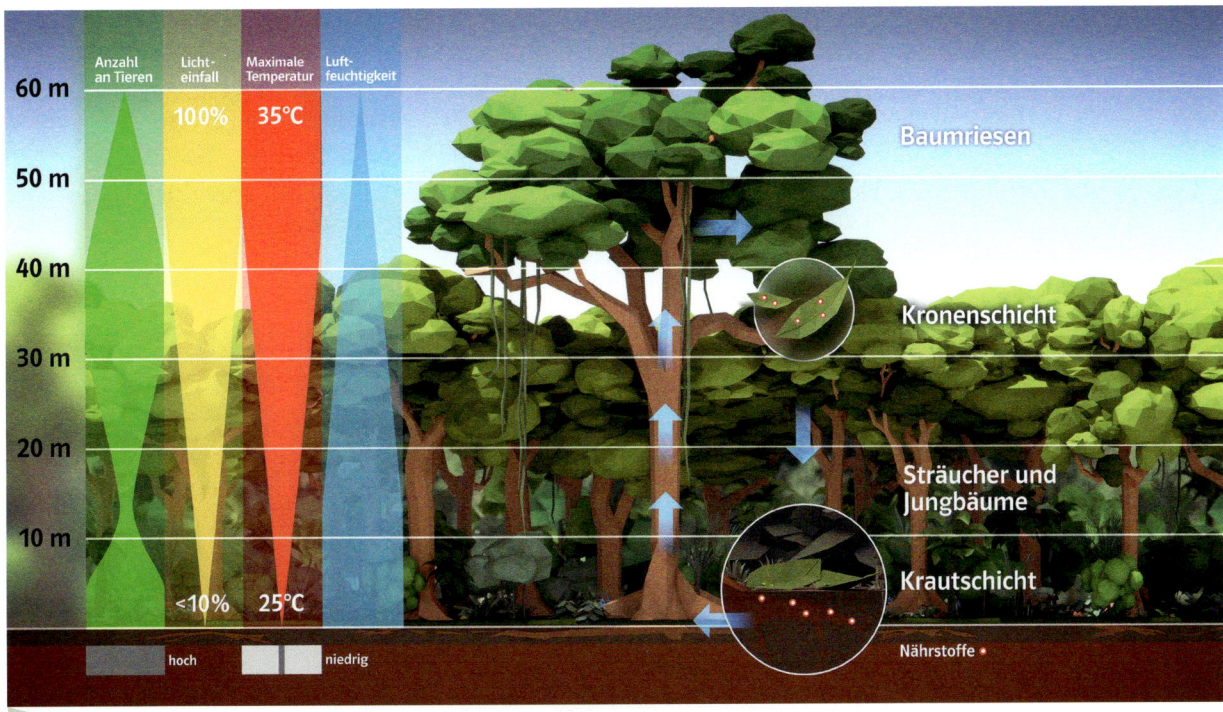

Leben in der kalten und in der heißen Zone **11**

M2 Stockwerkbau und Nährstoffkreislauf im Tropischen Regenwald

T3 Der Nährstoffkreislauf

Abgestorbene Pflanzenteile fallen auf den Boden und werden dort von Insekten und Bakterien zersetzt. Da der Laubfall, wie bei uns im Herbst, fehlt und die hohen Niederschläge zersetzte Materialien schnell fortspülen, bildet sich am Boden nur eine dünne Humusschicht. Die hierin enthaltenen Nährstoffe werden von einem Pilzgeflecht aufgenommen und an die flachen Feinwurzeln der Bäume wieder abgegeben. So entsteht ein ständiger **Nährstoffkreislauf**.

T4 Ein empfindliches System

Alle Lebewesen im Tropischen Regenwald sind Teil einer Lebensgemeinschaft, die zusammen mit Wasser, Boden, Temperatur und Licht ein **Ökosystem** bildet. Seit Jahrtausenden hält sich dieses selbst im Gleichgewicht und reagiert empfindlich auf Einflüsse von außen. Zum Beispiel führt die Zerstörung des Pilzgeflechts zu einer Unterbrechung des Nährstoffkreislaufs. Unter sorgfältiger Beachtung aller Regeln kann auch der Mensch Teil dieses Ökosystems sein.

SP Tipp

Ein Schaubild erläutern
↪ Aufgabe 1

- Die meisten Tiere leben in der …, weil …
- Am Boden gibt es den geringsten Lichteinfall, daher …

1 MK SP
Beschreibe die Artenvielfalt des Tropischen Regenwaldes im Vergleich zu unserem Wald (M1, T1, Erklärvideo V13 ▶).

2 MK
Stockwerkbau
a) Erstelle eine Skizze der Stockwerke (T2, M2).
b) Füge die Höhengrenzen 15 m, 40 m und 60 m sowie die Stockwerkbezeichnungen hinzu.

2 SP
Schreibe zum Stockwerkbau im Regenwald einen Informationstext in ganzen Sätzen. Beschreibe, wie sich der Lichteinfall, die maximale Temperatur, die Luftfeuchtigkeit und die Anzahl an Tieren in den Stockwerken ändert (T1, T2, M2).

3 SP
Beschreibe den Nährstoffkreislauf im Tropischen Regenwald (M2, T3). Verwende folgende Begriffe: Humusschicht, Nährstoffe, Wurzeln, zersetzte Pflanzenteile.

3
„Der Tropische Regenwald lebt nicht vom Boden, sondern von sich selbst." Erkläre diese Aussage (M2, T3).

4
Erläutere, warum der Tropische Regenwald ein besonders empfindliches Ökosystem ist (T4).

AFB I: 1, 3 II: 2, 4   AFB I: 1 II: 2, 3, 4   ↪ Lösungshilfen ab S. 232   **201**

Vorwissen zu Wüsten formulieren

In der Wüste

Wüsten üben auf uns eine große Faszination aus. Sie bedecken riesige Flächen der Erde und sind auf fast allen Kontinenten verbreitet. Sie gelten als heiß, trocken und lebensfeindlich. Leben ist in solchen Gebieten also nicht möglich, oder vielleicht doch? Das Schaubild kann dir dabei helfen, die Wüsten besser zu verstehen.

Was sind Wüsten?

Was ist ein „Wadi"?

Wie entstehen diese bizarren Felsformen und wie heißen sie?

Ist es in Wüsten immer heiß?

Woher kommt das Wasser in der Wüste?

M1

D 31
Schaubild Wüste zum Ausdrucken

Leben in der kalten und in der heißen Zone   11

1
a) Betrachtet das Schaubild M 1.
b) Beschreibt euch gegenseitig, was ihr erkennt.

2
Stellt Vermutungen zu den Antworten auf die Fragen im Schaubild M 1 an.

3
Überprüft eure Vermutungen aus Aufgabe 2 auf den folgenden Seiten (S. 204–207).

AFB I: 1   III: 2, 3

Wofür werden diese Pflanzen genutzt und wie heißen sie?

Kann in der Wüste Landwirtschaft betrieben werden? Und wenn ja, wie funktioniert das?

Wie hoch können Sanddünen werden?

Wer oder was ist ein „Erg"?

Bestehen Wüsten nur aus Sand?

→ Lösungshilfen ab S. 232

> Verschiedene Wüstenformen und ihre Entstehung beschreiben

Die Sahara – Gesichter der Wüste

Endlos reiht sich eine Sanddüne an die andere. Die Luft flimmert über dem Boden. Eine Kamelkarawane zieht vorüber. So stellen sich viele die Wüste vor. Doch wie sieht es dort wirklich aus?

M 1

M 4 Die Sahara in einem Teil Algeriens

M 5 Nach einer Gesteinssprengung

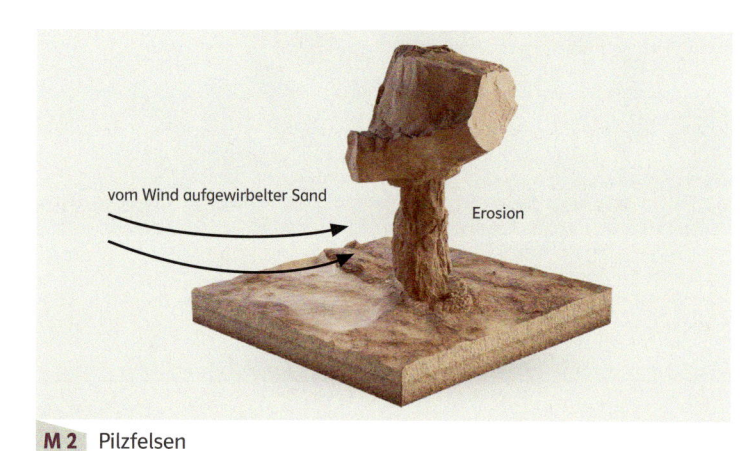

M 2 Pilzfelsen

Merkmale von Wüsten

Allen Wüstenarten gemeinsam ist die Vegetationsarmut. Diese wird durch Hitze und Trockenheit (Trockenwüste) oder durch niedrige Temperaturen und Trockenheit (Kältewüste) verursacht. In den Trockenwüsten gibt es oft jahrelang gar keinen Niederschlag. Wenn dann plötzlich Starkregen auftritt, kann der ausgetrocknete Boden die gewaltigen Wassermassen nicht aufnehmen. Trockentäler, die sogenannten **Wadis**, werden zu reißenden Strömen und sind eine Gefahr für Reisende, die vom Wasser überrascht werden. Nach solch heftigen Regenfällen blüht die sonst so lebensfeindlich erscheinende Wüste für kurze Zeit auf.

M 3

T1 Gesichter der Wüste

Die Sahara ist nach den polaren Eiswüsten die größte Wüste der Erde. Nur etwa 20 % der Sahara sind **Sandwüste** (arabisch: **Erg**). Hier lagert sich der Sand ab, der aus anderen Wüstengebieten herausgeweht wird. Die dabei entstehenden Dünen können bis zu 300 m hoch werden.

Die **Felswüste** (arabisch: **Hamada**) nimmt ungefähr 70 % ein. Sie besteht aus Fels und Felsschutt. Weil die Wolkendecke fehlt, kommt es zu großen Temperaturunterschieden zwischen Tag und Nacht. Tagsüber dehnt sich das Gestein aus, nachts zieht es sich wieder zusammen. Dies führt schließlich zur Gesteinssprengung und damit zur **Verwitterung** des Gesteins. Im Laufe der Zeit wird es in immer kleinere scharfkantige Gesteinsbrocken zerkleinert. Durch den Wind werden kleinere Steine und Sand abgetragen und weiter transportiert. Diesen Prozess nennt man **Erosion**. Sandstürme wirken wie ein Sandstrahlgebläße. Die bizarren Pilzfelsen bekommen dadurch ihre Form. Etwa 10 % der Sahara bestehen aus **Kieswüste** (arabisch: **Serir**). Die gerundeten Kieselsteine stammen aus einer Zeit, in der ein anderes Klima herrschte. Der Transport des Gesteins erfolgte durch Wasser, das es gerundet und flächenhaft abgelagert hat.

Leben in der kalten und in der heißen Zone

A 01 🔊
Audio
Unterwegs in der Wüste

M 6 Felswüste

M 8 Kieswüste

M 9 Sandwüste

gelegentlich fließendes Wasser — Wind

M 7 Entstehung der Wüstenformen

A

1 Beschreibe das Foto M 4.

2 a) Erkläre die Entstehung der drei Wüstenformen in der Sahara (T 1, M 5 – M 9). Verwende alle im Text fettgedruckten Fachbegriffe.
b) Ordne das Foto M 4 in das Schema M 7 oder das Schaubild M 1 S. 202/203 ein.

3 Erläutere, warum Wüsten als „Extremräume" bezeichnet werden (M 3).

4 Liste mithilfe des Kartenanhangs S. 266 die Staaten auf, die Anteil an der Sahara haben (M 1).

5 EXTRA Erkläre die Entstehung von Pilzfelsen mithilfe von M 2, T 1 und dem Internet.

B

2 a) Bearbeite Aufgabe A 2.
b) Sonne, Wasser und Wind sind die prägenden Kräfte der Wüste. Erläutere diese Aussage (T 1, M 2, M 5 – M 9).

AFB I: 1, 4 II: 2, 3, 5   AFB I: 1, 4 II: 2, 3, 5   → Lösungshilfen ab S. 232

Verschiedene Oasentypen und den Anbau in einer Oase beschreiben

Oasen – grüne Inseln in der Wüste

Wasser in der Wüste? Das gibt es wirklich, denn sonst wären in den trockensten Gebieten der Erde keine Siedlungen möglich. Wo es Wasser gibt, liegen grüne Inseln in der Wüste. Doch wo kommt das Wasser her?

M 1 Flussoase Tinghir in Marokko

M 2 Arbeit im Oasengarten

Erzeugnisse aus der Dattelpalme
- Aus den getrockneten Blättern werden Matten und Körbe hergestellt.
- Der Stamm der Palme liefert Holz.
- Reife Datteln werden frisch gegessen oder zu „Dattelbrot" gepresst.
- Aus dem Saft aus dem Stamm oder den „Palmherzen" können Erfrischungsgetränke hergestellt werden.

T1 Im Oasengarten

Fast alles, was die Oasenbäuerinnen und Oasenbauern zum Leben brauchen, erzeugen sie selbst. Die Bepflanzung in den Oasengärten ist stockwerkartig angelegt. Die unterste Schicht bilden Gemüse wie Tomaten, Melonen, Bohnen und Zwiebeln. Auch Weizen, Gerste und Futterpflanzen werden angebaut. All diese Pflanzen erhalten Schatten von den Obstbäumen. Diese liefern Granatäpfel, Feigen, Orangen und Zitronen. Die Dattelpalme überragt alles und spendet Schatten. Die kleineren Anbauflächen werden mit **Bewässerungsfeldbau** intensiv bearbeitet. Das wenige Wasser wird über kleine Kanäle sparsam verteilt. Da der Oasengarten sehr kostbar ist, liegen die Siedlungen am Rand der Oase zur Wüste hin.

T2 Die Dattelpalme

Die wichtigste Nutzpflanze der Oase ist die Dattelpalme. Sie steht millionenfach in den Oasen Nordafrikas und Arabiens. Mit bis zu 20 m Höhe überragt sie alles und spendet zusätzlich Schatten. Mit ihrer langen Pfahlwurzel erreicht sie das Grundwasser in bis zu 25 m Tiefe. Die Dattelpalme braucht viel Wasser und Wärme. Nur dann trägt sie süße Früchte. Bis zu 150 kg Datteln können die Bäuerinnen und Bauern von einer Palme pro Jahr ernten. Es werden aber nicht nur die Früchte der Dattelpalme verwendet. Alle Teile der Pflanze können genutzt werden.

T3 Oasentypen

Quelloasen erhalten ihr Wasser aus zum Teil weit entfernten Gebirgen. Es sammelt sich auf einer wasserundurchlässigen Schicht und tritt an einer tieferen Stelle als Quelle hervor. Bei **Grundwasseroasen** wird Wasser, das oft in geringerer Tiefe lagert, mit Pumpen an die Oberfläche befördert. Moderne Technik ermöglicht auch Bohrungen bis 1000 m Tiefe, wo man fossiles Grundwasser erreicht. Dieses bildete sich vor Millionen Jahren, als im Gebiet der heutigen Sahara noch ein feuchtes Klima herrschte. Wenn ein Fluss, wie z. B. der Nil, Wasser aus einem regenreichen Gebiet über lange Strecken in die Wüstengebiete transportiert, bildet sich dort entlang des Flusses eine **Flussoase**.

Leben in der kalten und in der heißen Zone

M 3 Bestandteile der Dattelpalme

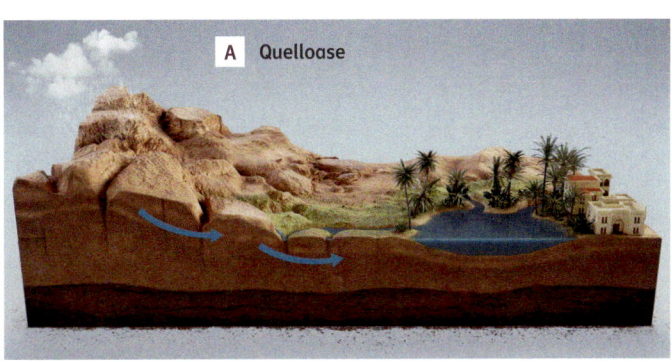

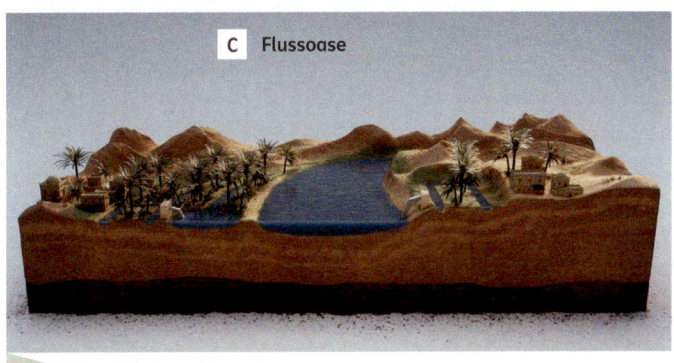

Labels: Palmkrone, Blätter (Palmwedel), junge Blätter, Fruchtstand, Datteln, Stamm, Fruchtfleisch, Dattelkerne, Wurzeln

M 4 Verschiedene Oasentypen

A Quelloase
B Grundwasseroase mit Brunnen
C Flussoase

---

1 Werte Foto M 1 und Schaubild M 1 S. 202/203 aus:
a) Beschreibe das Aussehen einer Oase.
b) Erkläre die Aussage „Oasen sind grüne Inseln in der Wüste".

2 Beschreibe den Stockwerkanbau im Oasengarten (T 1, M 2, Schaubild M 1 S. 202/203) und erkläre seine Vorteile.

2 MK Bearbeite Aufgabe A 2. Erstelle eine Zeichnung zum Stockwerkanbau im Oasengarten und beschrifte sie (T 1, M 2, Schaubild M 1 S. 202/203).

3 SP Stelle in einer Tabelle dar, wie die einzelnen Teile der Dattelpalme verwendet werden (M 3, T 2, Text in der Randspalte).

Teil der Dattelpalme	Verwendung als
…	…

3 SP Bearbeite Aufgabe A 3. Erkläre die Aussage: „Die Dattelpalme ist die Königin der Oase".

4 Erläutere, woher in den verschiedenen Oasentypen das Wasser kommt (T 3, M 4).

4 „Oase ist nicht gleich Oase." Erläutere, was damit gemeint ist (T 3, M 4).

5 Begründe die Lage der Siedlung in einer Oase (M 1, M 4, T 1, Schaubild M 1 S. 202/203).

AFB I: 1a, 2 II: 1b, 3–5   AFB I: 1a II: 1b, 2–5   → Lösungshilfen ab S. 232

Polartag – Polarnacht

Du bist es gewohnt, dass die Sonne abends untergeht, im Sommer später, im Winter früher. Kannst du dir vorstellen, dass es monatelang überhaupt nicht dunkel oder hell wird? Für die Menschen im hohen Norden Europas ist das normal!

M 1

M 2 Tromsø an einem Dezembertag um 13 Uhr

Polarkreis
Die Polarkreise begrenzen bei 66,5° nördlicher und südlicher Breite die Polarzonen.

SP Tipp

→ Versuch M 6
- Die Sonne beleuchtet …
  ganz / zum Teil / gar nicht
- Die Erdachse neigt sich zur Sonne hin / von … weg
- Die Beleuchtung … wechselt je nach Stellung der Erdachse …

Ein besonderer Februartag

An einem Februartag kurz vor Mittag in einer Schule im Norden von Norwegen: Alle stürmen aus dem Klassenzimmer. Der Himmel ist rot. Im Süden taucht ein kleines Stückchen der Sonne wie ein Käppchen am Horizont auf. Gleichzeitig donnert ein Kanonenschuss als Gruß an die Sonne über der Bucht. Lauter Jubel bricht los! Nach kurzer Zeit wird das rote Käppchen kleiner, es versinkt im Meer. Nun sieht alles noch grauer und dunkler aus als vorher. „Aber morgen kommt die Sonne wieder", sagt eine Schülerin hoffnungsvoll.

M 3

T1 Polartag und Polarnacht

Im Sommer erleben die Menschen nördlich des **Polarkreises** den **Polartag**. Es wird dort nicht mehr Nacht. Am Polarkreis ist das nur an einem Tag der Fall, weiter nördlich dauert der Polartag Tage, Wochen oder Monate. Das ist davon abhängig, wie weit man sich vom nördlichen Polarkreis aus in Richtung Norden begibt. Am Nordpol dauert der Polartag ein halbes Jahr. Es ist die Zeit der Mitternachtssonne. Die Menschen in ganz Nordeuropa feiern den Beginn dieser Zeit mit dem Mittsommernachtsfest am 21. Juni. Während der **Polarnacht** im Winter ist es umgekehrt. Am nördlichen Polarkreis geht die Sonne am 21. Dezember nicht auf. Auch hier gilt: Je weiter man Richtung Nordpol kommt, desto länger dauert die Polarnacht.

Leben in der kalten und in der heißen Zone

M 4 Die Beleuchtung der Erde

T 2 Entstehung von Polartag und Polarnacht

Die Neigung der Erdachse verursacht den Polartag und die Polarnacht. Wenn sich die Erde um die Sonne bewegt, neigt sich in unserem Sommer die Nordhalbkugel ständig der Sonne zu. Während des Polartages wird der Nordpol vom 21. März bis zum 23. September ununterbrochen von der Sonne beschienen. Im darauffolgenden Winterhalbjahr bei uns ist der Nordpol von der Sonne abgewandt. Er wird nicht von der Sonne beschienen, es herrscht dort Polarnacht. Auch im Polargebiet auf der Südhalbkugel gibt es Polartag und Polarnacht – aber zu den umgekehrten Jahreszeiten wie bei uns.

Versuch

Material: Globus, Lichtquelle (z. B. Taschenlampe oder Tageslichtprojektor), Klebestreifen

Durchführung: Markiert die Polarkreise auf dem Globus mit einem Klebestreifen. Eine Person bedient die Lichtquelle (= Sonne) auf einem Tisch in der Mitte. Eine andere Person lässt den Globus in Tischhöhe um die Sonne kreisen, wobei die Sonne immer auf den Globus ausgerichtet ist. Die Erdachse muss dabei in der gleichen Schrägstellung und Ausrichtung bleiben. Für die Positionen des 21. Juni, 23. September, 21. März und 21. Juni helfen vier weitere Tische, um den Globus abzustellen (vgl. M 4). Beachtet, dass sich die Erde nicht nur um die Sonne, sondern auch um ihre eigene Achse dreht. Ihr müsst sie gegen den Uhrzeigersinn bewegen.

Auswertung: Beobachtet, wie unterschiedlich die Polarregionen je nach Stellung zur Sonne beleuchtet werden.

M 6

Ort	Dauer des Polartages (in Tagen)
Nordpol	186
Spitzbergen	130
Tromsø	64
Polarkreis	1

M 5

In Norwegen gibt es sogenannte **Lichtcafés**. Sie sind mit hell leuchtenden Lampen ausgestattet und ganz in Weiß gehalten. Dies wirkt gegen Depressionen in der Zeit der Dunkelheit.

M 7

1 Stelle Vermutungen an, warum es in Tromsø um 13 Uhr dunkel ist (M 1, M 2).

2 SP Versuch M 6:
a) Führt den Versuch in der Klasse durch.
b) Schreibt die Beobachtungen auf.

2 Bearbeitet Aufgabe A 2. Stellt einen Zusammenhang zwischen dem Versuch und M 2 her.

3 SP Polartag und Polarnacht – arbeitet zu dritt mit T 1, T 2 und M 4:
a) Lest T 1 und T 2 wie folgt: Einer liest drei bis vier Sätze vor, einer stellt eine Frage dazu, einer beantwortet die Frage. Wechselt euch ab.
b) Erklärt euch gegenseitig die Entstehung von Polartag und Polarnacht. Nehmt M 4 zu Hilfe.

4 Arbeite mit M 3 und M 7:
a) Begründe die Freude der Schülerinnen und Schüler in M 3.
b) Begründe die Einrichtung von Lichtcafés in Norwegen (M 7).

5 EXTRA An einem bestimmten Datum im Jahr ist es am nördlichen Polarkreis so dunkel wie in M 2. Welcher Tag ist das (M 4, M 5, T 1)? Erkläre.

AFB I: 2, 3a II: 3b, 4, 5 III: 1   AFB I: 2, 3a II: 3b, 4, 5 III: 1   → Lösungshilfen ab S. 232

Merkmale der Arktis und der Antarktis beschreiben

M 1 Profil durch die Arktis

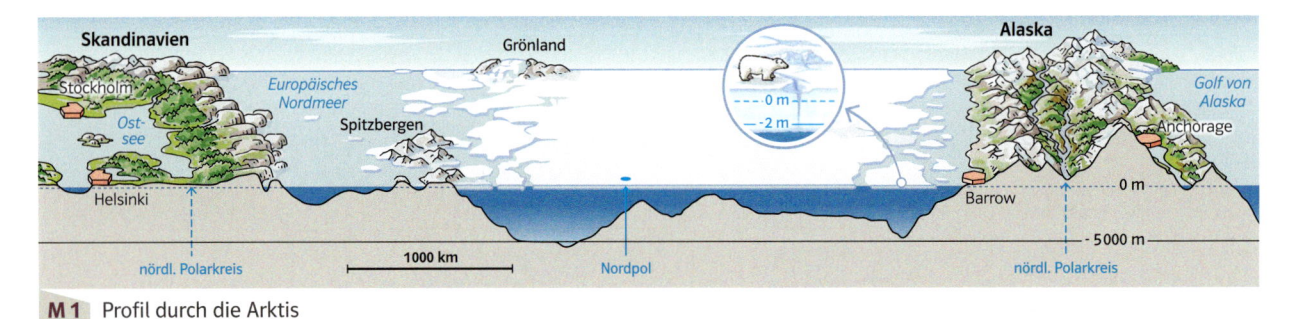

M 2 Die Arktis

M 3 Eisbären in der kanadischen Arktis

Arktis und Antarktis

Rund um die beiden Pole der Erde erstrecken sich ausgedehnte Eisregionen, die Polargebiete. Sie werden durch die beiden Polarkreise begrenzt. Der Nordpol befindet sich auf einer Eisfläche auf dem Meer. Der Südpol liegt auf einem Kontinent.

T1 Die Arktis

Das Polargebiet der Nordhalbkugel, die **Arktis**, umfasst das Nordpolarmeer und Teile von Asien, Europa und Nordamerika. Das Nordpolarmeer ist überwiegend von Eis bedeckt, **Packeis** aus gefrorenem Meerwasser. Je weiter vom Pol entfernt, desto mehr löst es sich in einzelne Eisschollen auf. Im Winter ist die Ausdehnung des Packeises größer als im Sommer. Durch den Klimawandel nimmt die Eisbedeckung in den letzten Jahren aber insgesamt deutlich ab. Am Nordpol beträgt die durchschnittliche Jahrestemperatur –21°.

T2 Die Antarktis

Die **Antarktis** umfasst den fünftgrößten Kontinent der Erde, Antarktika, und das ihn umgebende Südpolarmeer. Im Gegensatz zum Nordpol liegt der Südpol also auf dem Land. Er liegt 2 800 m hoch im Transantarktischen Gebirge, die Durchschnittstemperatur dort beträgt – 49 °C. Antarktika ist fast völlig von **Inlandeis** bedeckt, das bis zu 4 700 m dick ist. In Gletschern fließt das Eis an die Küste, wo es weit über den Kontinent hinaus als **Schelfeis** auf dem Wasser aufliegt. Auch in der Antarktis bedeckt Packeis das Meer.

Packeis
besteht aus Eisschollen, die sich zum Teil überlagern, zum Teil durch Lücken getrennt sind und sich ständig bewegen

Leben in der kalten und in der heißen Zone 11

M 4 Profil durch die Antarktis

M 5 Pinguine in der Antarktis

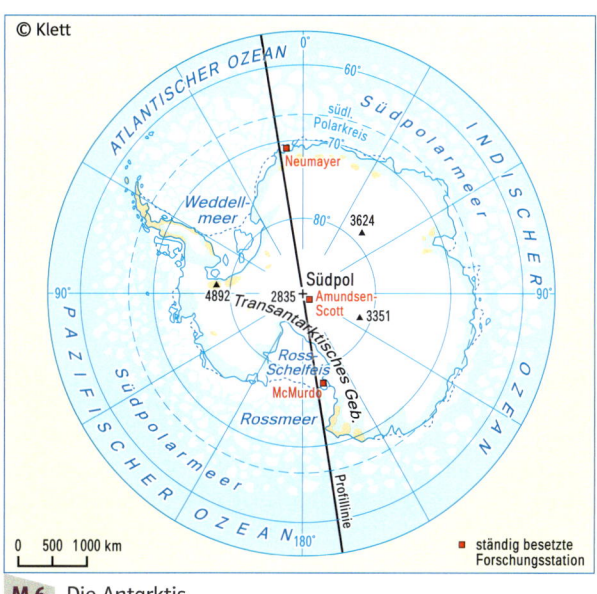

M 6 Die Antarktis

T 3 Packeis und Eisberge

Das Packeis auf den polaren Meeren ist dauernd in Bewegung. Nur in den äußeren Bereichen können Schiffe durch die Eisflächen fahren. Immer wieder kommt es vor, dass Schiffe im Packeis festsitzen. Eine große Gefahr für die Schifffahrt sind die **Eisberge**. Das sind riesige Teile des Inlandeises, die an den Küsten der Antarktis oder auch von Grönland abbrechen und ins offene Meer treiben. Gefährlich sind die Eisberge deswegen, weil nur ein kleiner Teil von ihnen über dem Wasser sichtbar ist. Der größte Teil eines Eisberges liegt unter Wasser.

---

1 Beschreibe die beiden Karten (M 2, M 6). Welche Kontinente erkennst du?

2 Nenne drei Eisformen und beschreibe sie (T 1, T 2).

2 SP Bearbeite Aufgabe A 2. Schreibe zu jeder Eisform einen Erklärungssatz.

3 Arbeite mit T 1, T 2 und M 1 – M 6. Erläutere wesentliche Unterschiede zwischen der Arktis und der Antarktis.

3 Bearbeite A 3. Stelle mithilfe der Maßstabsleiste fest, in welcher Entfernung vom Nordpol bzw. Südpol Schiffe noch mit Eisschollen und Eisbergen rechnen müssen.

4 SP Vergleiche Arktis und Antarktis mithilfe einer Tabelle. Nutze alle Materialien dieser Doppelseite.

Arktis	Antarktis
nördliches Polargebiet	südliches Polargebiet
…	…

5 EXTRA MK Arbeite mit dem Atlas und dem Internet:
a) Erstelle eine Liste der Staaten, die Anteil an der Arktis haben.
b) Finde heraus, wie die Gebietsansprüche an die Antarktis geregelt sind.

Methode

Eine Computerpräsentation erstellen und für einen Vortrag nutzen

MK Eine Computerpräsentation erstellen

Wie kann ich meine Ergebnisse am besten präsentieren? Diese Frage stellt sich häufig, wenn du deinen Mitschülerinnen und Mitschülern deine Arbeit zu einem Thema vorstellen möchtest. Die meisten nutzen dafür heute eine Computerpräsentation. Mit ihr kannst du anschaulich deine Arbeitsergebnisse vermitteln.

Tipp

Auch bei Nutzung von Internetquellen die Quellenangabe nicht vergessen:
- Autor (wenn bekannt)
- Titel der Seite
- URL (Web-Adresse)
- Datum des Zugriffs

M 1 Startfolie einer Computerpräsentation

T1 Vorteile von Computerpräsentationen
Computerpräsentationen haben sich in vielen Bereichen und Situationen als wichtigste Präsentationsform für ein Thema durchgesetzt. Es gibt eine große Auswahl von Präsentationssoftware offline und online, die auch kostenlos für jedermann verfügbar ist. Die Vorteile von Computerpräsentationen liegen auf der Hand: Sie lassen sich dank der Programmhilfe gut gestalten und bieten die Möglichkeit, verschiedene Medien miteinander zu kombinieren. Die einzelnen Folien enthalten meist kleine Texte, Bilder und Grafiken, es lassen sich darüber hinaus aber auch Filmausschnitte und Audiodateien einbinden. So entsteht Abwechslung. Man kann die Präsentation auch schnell ausdrucken. Entscheidend für eine interessante und verständliche Präsentation ist aber in jedem Fall eine gute Vorbereitung.

1. Schritt: Vorbereitungen treffen
Das Beispielthema lautet: „Leben in der Arktis". Überlege, wie du deine Präsentation aufbauen möchtest, z. B. Thema vorstellen, Gliederung, Zusammenfassung. Denke darüber nach, wie du bei deinen Zuschauern Interesse wecken kannst, und scanne passende Materialien wie Fotos, Karten und Diagramme ein. Vergiss beim Sammeln deiner Materialien nicht die Quellenangaben! Lege für diese eine extra Folie an und nummeriere deine Quellen durch. Lege dann die Anzahl deiner geplanten Folien fest.

2. Schritt: Folien aufbauen und gestalten
– Wähle im Präsentationsprogramm eine geeignete Entwurfsvorlage aus oder gestalte deine Folien selbst.
– Achte auf einen guten Kontrast zwischen Textfarbe und Hintergrundfarbe.
– Wähle Schrifttyp und Schriftgröße so, dass sie auch aus der Entfernung gut lesbar

Leben in der kalten und in der heißen Zone **11**

sind, z. B. für die Überschriften 24 pt und für die Fließtexte 18 pt. Auch Materialien dürfen nicht zu klein sein. Wichtiges kannst du mit Markierungen hervorheben, aber sei sparsam damit.
– Füge nun Texte und Materialien in der gewünschten Anordnung in die Folien ein.
– Formuliere in klaren Stichworten oder kurzen Sätzen. Beschränke dich auf die wichtigsten Informationen, denn du erläuterst ja die Folien beim Vortrag noch genauer.
– Gib jeder Folie eine treffende Überschrift.

3. Schritt: Generalprobe durchführen
Übe deinen kompletten Vortrag mehrmals. Eine „Generalprobe", z. B. vor Freunden, gibt dir Sicherheit im Umgang mit den Medien und im Vortragen. Die ersten Sätze solltest du dir auswendig einprägen.
Bitte deine Zuschauer um eine Einschätzung. Stimmt der Aufbau der Präsentation? Gibt es Fehler? Ist alles lesbar? Ist etwas unklar? Welche Fragen könnten die Zuschauer stellen? Wurde die vereinbarte Zeit eingehalten?

4. Schritt: Computerpräsentation vortragen
Prüfe vor der Präsentation in der Klasse, ob die benötigte Technik (Laptop, Tablet, Beamer, Whiteboard) funktioniert. Erläutere deine präsentierten Folien, so wie du es geübt hast. Sprich langsam und möglichst frei. Nutze deine ausgedruckten Folien (Tipp: vier pro DIN A4-Seite) wie einen „Spickzettel" für deinen Vortrag.

5. Schritt: Reflexion
Überlege nach deiner Präsentation: Was hat gut geklappt? Was kannst du beim nächsten Mal besser machen? Sammle Feedback aus der Klasse und schätze dich selbst ein.

Gliederung
1. Lage der Arktis
2. Merkmale der Arktis
3. Die Pflanzenwelt
4. Die Tierwelt
5. ...

M 2 Folie 2

1. Lage der Arktis
Arktis: das Polargebiet rund um den Nordpol

Grenze: nördlicher Polarkreis (66,5° Nord)

Gebiete: Nördliches Polarmeer und Teile von Asien, Europa und Nordamerika

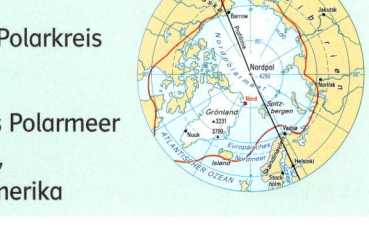

M 3 Folie 3

2. Merkmale der Arktis
Mittlere Jahrestemperatur am Nordpol: –21 °C

Nordpolarmeer überwiegend von Packeis bedeckt

Insel Grönland zu 4/5 mit dickem Eispanzer bedeckt

M 4 Folie 4

1
Fertige eine Computerpräsentation an. Sammle deine Quellenangaben auf einer Folie. Nutze den Tipp. Gehe dabei nach den vorgestellten Schritten vor. Wähle unter folgenden Themen:

a) Vervollständige die Präsentation „Leben in der Arktis" (M 1 – M 4). Nutze dazu die Seiten in diesem Kapitel.
b) Fertige eine eigene Computerpräsentation zum Thema „Leben in Nunavut" an. Material liefert die Wahlseite 216/217.

c) Fertige eine eigene Computerpräsentation zum Thema „Leben in der Wüste" an. Nutze dazu die Seiten 202 – 207.
Tipp: Du kannst jedes Thema auch durch Internetrecherchen ergänzen.

AFB I: 1a   II: 1b, c   → Lösungshilfen ab S. 232

Training

Wichtige Begriffe

- Antarktis
- Arktis
- Artenvielfalt
- Bewässerungsfeldbau
- Eisberg
- Erosion
- Felswüste (Hamada)
- Flussoase
- Grundwasseroase
- Inlandeis
- Jahreszeitenklima
- Kieswüste (Serir)
- Nährstoffkreislauf
- Ökosystem
- Packeis
- Polarkreis
- Polarnacht
- Polartag
- Quelloase
- Sandwüste (Erg)
- Schelfeis
- Stockwerkbau
- Tageszeitenklima
- Tropischer Regenwald
- Verwitterung
- Wadi

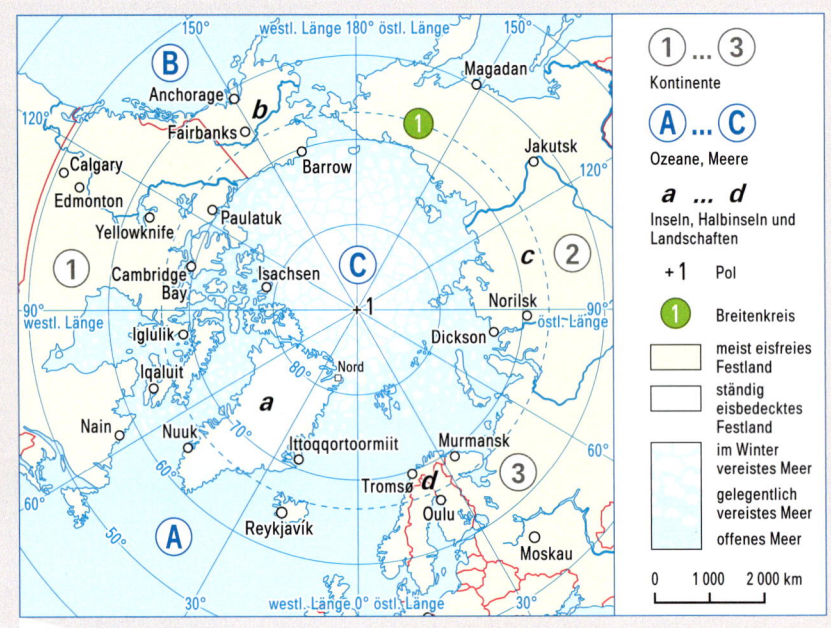

M 1 Lernkarte Arktis

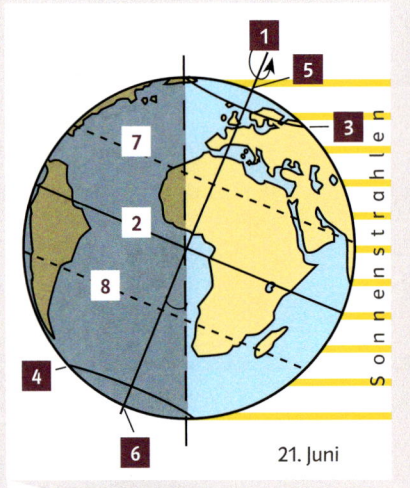

M 2 Die Erdstellung bei Polartag auf der Nordhalbkugel

Sich orientieren

1 Topografisches Grundwissen
Arbeite mit M 1 und dem Atlas. Benenne:
a den Breitenkreis 1 und die Kontinente 1–3,
b die Ozeane A, B und das Meer C,
c die Inseln, Halbinseln und Landschaften a bis d.

Kennen und verstehen

2 Beleuchtung der Erde
a Benenne die Punkte und Linien 1 bis 8 in der Karte M 2.
b Ergänze die Sätze: Im Nordpolargebiet ist am 21. Juni …, im Südpolargebiet ist am …

3 Findest du die Begriffe?
a so heißt das Klima im Tropischen Regenwald
b Fachbegriff für die Lebensgemeinschaft und die Naturbedingungen im Tropischen Regenwald
c große, mächtige Eisdecke auf dem Kontinent Antarktis
d Nur nördlich und südlich dieser Kreise kann man die Mitternachtssonne erleben
e Region um den Nordpol
f Region um den Südpol
g Zeitspanne von mindestens 24 Stunden, in der die Sonne nicht untergeht

D 32 Arbeitsblatt Selbsteinschätzung

D 33 Arbeitsblatt Lösungen

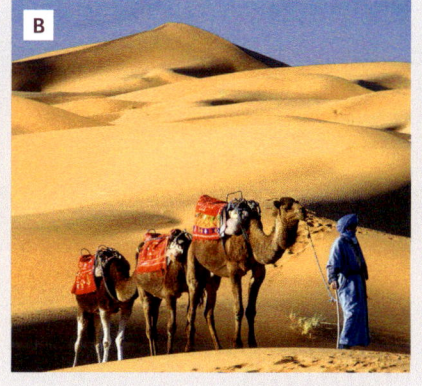

11 Leben in der kalten und in der heißen Zone

A **B** **C**

M 3 Wüstenformen

4 Richtig oder falsch?
Verbessere die falschen Aussagen und schreibe sie richtig auf.
a Im Regenwald gibt es keine Jahreszeiten.
b Die Niederschläge fallen im Tropischen Regenwald zu unterschiedlichen Jahreszeiten.
c Im Tropischen Regenwald wachsen Bäume, deren Holz wegen seiner Härte, Farbe und fehlenden Jahresringe sehr begehrt ist.
d Das oberste Stockwerk des Tropischen Regenwaldes ist die Kronenschicht mit geschlossenem Blätterdach.
e Im Nährstoffkreislauf des Tropischen Regenwaldes holen sich die Bäume die Nährstoffe tief aus dem Boden.
f Die Arktis ist ein Kontinent.
g Antarktika ist ein Kontinent.
h Südpol und Antarktis sind dasselbe.
i Der Nordpol liegt auf dem Meer.

5 Bilderrätsel
Löse die Bilderrätsel und erkläre die gesuchten Begriffe.
a
b

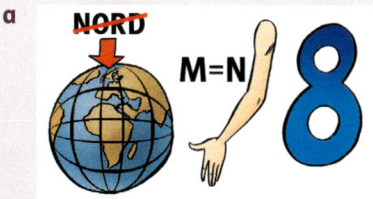

6 Wüstenformen
a Benenne die Wüstenformen auf den Fotos in M 3. Verwende dabei die deutschen und die arabischen Begriffe.
b Erkläre, welche Naturkräfte für die Entstehung der Wüstenformen verantwortlich sind.

7 Welche Oase wird gesucht?
Nenne den Oasentyp, der zu der Aussage passt.
a Sie liegt an einem Fluss.
b Das Wasser kommt aus dem Gebirge.
c Das Wasser liegt tief unter ihr.

Beurteilen und bewerten

8 Bewerte eine der folgenden Aussagen.
a Landwirtschaft in der Wüste ist kein Problem.
b Wüsten sind nur ein Meer aus Sand.
c Fossiles Grundwasser ist die Bewässerungsform der Zukunft.

Vernetzen

9 Schreibe zur Überschrift des Themenblocks „Leben in der kalten und in der heißen Zone" eine kurze Zusammenfassung. Verwende dabei die wichtigen Begriffe.

Wähle aus

Das Leben der Inuit im Norden Kanadas beschreiben

1 Beschreibe die Lage der Siedlung Iglulik (M 2, M 3).

2 Vergleiche Fläche und Einwohnerzahl von Nunavut (rechte Randspalte) mit Deutschland (S. 220).

3 MK Stelle die Lebensbedingungen von Silas dar. Versuche, sie mit deinen eigenen zu vergleichen. Lege eine Tabelle an und betrachte z. B. Wohnung, Ernährung, Freizeit, Natur (M 6, Internet).

Leben in Nunavut

M 1 Flagge von Nunavut

Silas lebt mit seinen Eltern, seiner Schwester und seinen zwei Brüdern im Dorf Iglulik. Die Familie gehört zur indigenen Bevölkerung im Norden Kanadas, den Inuit. Ihr Leben hat sich in den letzten Jahrzehnten sehr verändert.

M 2

M 3 Winter in Iglulik, einem Ort nördlich des Polarkreises mit 1600 Einwohnern

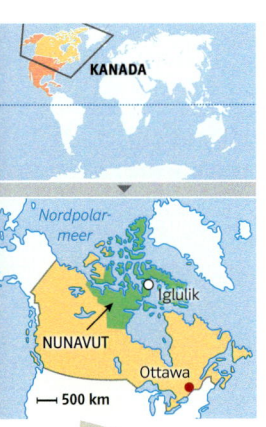

Inuit

Die Inuit (Einzahl: Inuk) leben im nördlichen Kanada, auf Grönland und auf der Tschuktschen-Halbinsel in Sibirien. Das Wort „Inuit" bedeutet „Menschen".

Reichtum in Nunavut

Nunavut bedeutet „Unser Land". Es ist eines von drei Territorien in Nordkanada mit einem eigenen Parlament. Dafür hatten die Inuit jahrelang gekämpft. Seit dem 1. April 1999 wird dieses Gebiet von den Inuit selbst verwaltet. Die Reichtümer des Landes sind seine einzigartige Naturlandschaft und die Bodenschätze, wie z. B. Erdgas, Blei, Zink und Gold. Die kanadische Regierung fördert die Erschließung der Bodenschätze in einer gemeinsamen Behörde mit den Inuit. Dadurch entstehen Arbeitsplätze im Bergbau, in Gewerbe- und Dienstleistungsbetrieben und in der Verwaltung – doch längst nicht für alle Inuit.

M 4

M 5 Fischen am Eisloch

216

D 34
Arbeitsblatt
Lösungen

Leben in der kalten und in der heißen Zone 11

4 Leben zwischen Tradition und Moderne: Werte die Texte M 4 und M 7 aus.

5 Beschreibe die Flagge von Nunavut und erkläre deren Bedeutung (M 1, M 8).

AFB I: 1, 5 II: 2–4   → Lösungshilfen ab S. 232

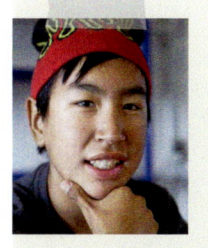

Silas erzählt aus seinem Leben

Seit meinem sechsten Lebensjahr besuche ich die Schule. Neben Englisch lerne ich auch die alte Sprache der Inuit – das Inuktitut. Ich interessiere mich sehr für die frühere Lebensweise meines Volkes, für die Wanderungen zwischen den Sommer- und Winterquartieren und für die alten Bräuche. Nur noch wenige Inuit beherrschen heute den Bau eines Iglus aus Schnee. Es diente früher während der Jagd als Unterkunft. Die traditionelle Jagd findet heute kaum noch statt. Wenn ich mit meinem Vater zum Jagen gehe, benutzen wir ein Skidoo. Mit diesem Motorschlitten kann man die weite Strecke bis zum Eisrand schneller zurücklegen als mit dem Hundeschlitten.

Häufig essen wir Inuit das Fleisch roh. Früher war dies notwendig, da es kaum Brennholz fürs Feuer gab und rohes Fleisch wichtige Vitamine liefert. Auch in meiner Familie isst man aus Tradition noch rohen Fisch, aber viel lieber mag ich Hotdogs und Pizza. Fast alles, was wir im hohen Norden Kanadas zum Leben brauchen, kommt heute mit dem Flugzeug, vom Apfel bis zum Benzin.

Unsere Siedlungen liegen weit verstreut meist an der Küste. Die Verkehrswege sind nicht gut ausgebaut, wir sind nicht an das Straßennetz Kanadas angeschlossen. Für einen Arztbesuch benötigen viele sogar das Flugzeug. Iglulik bietet wenig Abwechslung für uns Jugendliche. Aber Surfen im Internet und Skypen sind natürlich möglich. Dabei sehen wir, was die Welt zu bieten hat – aber nicht für uns. Viele meiner Freundinnen und Freunde fühlen sich deshalb abgeschnitten und haben Probleme, sich in ihrem Leben zurechtzufinden.

Mein Vater arbeitet als Künstler. Er stellt Skulpturen aus Stein her, die er an Touristinnen und Touristen verkauft. Davon kann unsere Familie gut leben. Wir sind nicht, wie viele andere Familien, auf staatliche Unterstützung angewiesen. Denn viele Inuit finden trotz guter Ausbildung oft keine Arbeit. Deshalb ist der Tourismus für unseren Ort Iglulik sehr wichtig. Den Touristen wird einiges geboten: vom Beobachten der Polarbären bis hin zu Schlittenhund-Fahrten und Übernachtungen im Iglu. Aber ich habe andere Pläne für die Zukunft. Nach der Schule möchte ich das Arctic College in der Hauptstadt Iqaluit besuchen und mehr über die Kultur meines Volkes lernen. Eine Arbeitsstelle im Inuit-Forschungszentrum wäre mein Traum.

M 6

Probleme in Nunavut

Längst nicht alle Erwartungen der Inuit seit der Gründung Nunavuts haben sich erfüllt. Die Wirtschaft in Nunavut entwickelt sich wegen der Abgeschiedenheit, der riesigen Entfernungen und des kalten Klimas im hohen Norden Kanadas nur langsam. Es gibt nach wie vor nicht genug Arbeitsplätze. Viele Inuit fühlen sich zerrissen zwischen ihrem traditionellen und dem sesshaften Leben. Deshalb gibt es große soziale Probleme. Dazu gehören Alkoholismus, Depressionen, häusliche Gewalt und eine hohe Selbstmordrate.

M 7

M 8 Inuksuk – ein Wegweiser in der Arktis

Nunavut in Zahlen (2019)
- Fläche: 2,1 Mio km²
- Einwohner: 39 000 davon Inuit: 32 000
- Arbeitslosenquote der Inuit: 47%
- Staatshaushalt Nunavut: ca. 666 Mio. US-$, davon nur 10% in Nunavut erwirtschaftet

217

12 Arbeitsanhang

In diesem Anhang findet ihr wertvolle Hilfen für die selbstständige Arbeit im Geographieunterricht: Tipps zum Lernen, Lösungshilfen zu den Aufgaben sowie die Erklärungen der wichtigen Begriffe.

Deutschland in Zahlen

Fläche: 357 588 km²
Bevölkerung (2023): 84 607 000 Einw.
Bevölkerungsdichte (2023): 237 Einw. je km²

Zu den 83,2 Millionen Einwohnern gehören auch rund 13,4 Millionen Ausländer, davon (2022) aus:

Türkei	1 487 110
Ukraine	1 164 200
Syrien	923 805
Rumänien	883 670
Polen	880 780

Einwohnerzahlen der größten Städte (2022):

Berlin	3 755 251 Einw.
Hamburg	1 892 122 Einw.
München	1 512 491 Einw.
Köln	1 084 831 Einw.
Frankfurt am Main	773 068 Einw.
Stuttgart	632 865 Einw.
Düsseldorf	629 047 Einw.
Leipzig	616 093 Einw.
Dortmund	593 317 Einw.
Essen	584 580 Einw.

Die größten Ballungsgebiete (2020):

Rhein-Ruhr	14,0 Mio. Einw.
Berlin / Brandenburg	6,2 Mio. Einw.
München	6,1 Mio. Einw.
Frankfurt / Rhein-Main	5,8 Mio. Einw.
Stuttgart	5,4 Mio. Einw.
Hamburg	5,4 Mio. Einw.
Hannover / Braunschweig / Göttingen / Wolfsburg	3,8 Mio. Einw.
Nürnberg	3,6 Mio. Einw.
Nordwest	2,8 Mio. Einw.
Rhein-Neckar	2,8 Mio. Einw.
Mitteldeutschland	2,4 Mio. Einw.

Die längsten Flüsse:

Rhein	865 km (insgesamt 1 233 km)
Elbe	700 km (insgesamt 1 165 km)
Donau	647 km (insgesamt 2 858 km)
Main	524 km
Weser	440 km
Ems	371 km
Neckar	367 km
Mosel	242 km (insgesamt 545 km)
Oder	162 km (insgesamt 866 km)

Die größten Seen:

Bodensee	572 km²
Müritz	110 km²
Chiemsee	80 km²

Flächengröße der Länder:

Baden-Württemberg	35 751 km²
Bayern	70 548 km²
Berlin	890 km²
Brandenburg	29 477 km²
Bremen	404 km²
Hamburg	755 km²
Hessen	21 114 km²
Mecklenburg-Vorpommern	23 172 km²
Niedersachsen	47 614 km²
Nordrhein-Westfalen	34 080 km²
Rheinland-Pfalz	19 847 km²
Saarland	2 570 km²
Sachsen	18 413 km²
Sachsen-Anhalt	20 447 km²
Schleswig-Holstein	15 765 km²
Thüringen	16 172 km²

Die größten Inseln:

Rügen	930 km²
Usedom (deutscher Anteil)	373 km²
Fehmarn	185 km²

Europa in Zahlen

Fläche: 10 532 000 km²
Bevölkerung (2020): 744 000 000 Einw.

Die Europäische Union zum Vergleich
Fläche: 4 463 600 km²
Bevölkerung: 447 007 600 Einw.

Die flächengrößten Staaten (2021):
Russland (einschließlich asiatischer Teil)
            17 098 000 km² 146 042 000 Einw.
Ukraine   604 000 km² 41 128 000 Einw.
Frankreich 550 000 km² 65 483 000 Einw.
Spanien   505 000 km² 47 358 000 Einw.
Schweden 450 000 km² 10 715 000 Einw.
Deutschland 357 000 km² 83 155 000 Einw.

Die größten Städte 2022 (Einwohner in Mio.):
Stadt	Einw.
Moskau	12,64
Paris	11,14
London	9,54
Madrid	6,71
Barcelona	5,66
Sankt Petersburg	5,54
Rom	4,30
Berlin	3,57
Athen	3,15
Mailand	3,15

Die häufigsten Sprachen in Europa:
Sprache	Sprecher
Russisch	160 Mio. Menschen
Deutsch	94 Mio. Menschen
Französisch	60 Mio. Menschen
Englisch	60 Mio. Menschen
Italienisch	60 Mio. Menschen
Spanisch	42 Mio. Menschen

Die höchsten Berge:
Gebirge	Berg	Höhe
Alpen:	Mont Blanc	4 807 m
Pyrenäen:	Pico de Aneto	3 404 m
	Ätna	3 323 m
Apenninen:	Gran Sasso	2 914 m
Karpaten:	Gerlsdorfer Spitze	2 655 m
Dinarisches Gebirge:	Durmitor	2 522 m
Skandinavisches Gebirge:	Galdhøpiggen	2 489 m
Ural:	Norodnaja	1 894 m

Die längsten Flüsse:
Fluss	Länge
Wolga	3 531 km
Donau	2 858 km
Ural	2 428 km
Dnipro	2 201 km

Die größten Seen:
See	Fläche
Ladogasee (Russland)	17 703 km²
Onegasee (Russland)	9 720 km²
Vänersee (Schweden)	5 585 km²

Die größten Inseln:
Insel	Fläche
Großbritannien	228 300 km²
Island	103 000 km²
Irland	84 500 km²
Spitzbergen (Norwegen)	39 000 km²
Sizilien (Italien)	25 400 km²
Sardinien (Italien)	23 300 km²
Zypern	9 300 km²
Korsika (Frankreich)	8 700 km²
Kreta (Griechenland)	8 300 km²

Klimastationen

			J	F	M	A	M	J	J	A	S	O	N	D	Jahr
Deutschland															
List / Sylt, 26 m		°C	1	1	3	6	11	14	16	16	14	10	6	3	8
		mm	57	35	45	40	42	56	62	72	83	89	96	72	749
Hamburg, 16 m		°C	1	1	4	7	12	16	17	17	14	10	5	2	9
		mm	61	42	56	51	56	74	83	70	71	63	72	72	771
Berlin, 57 m		°C	−1	2	5	9	14	17	19	19	14	10	5	2	10
		mm	50	36	38	42	53	60	81	57	43	41	40	40	581
Frankfurt / Main, 113 m		°C	1	1	6	9	14	17	18	19	15	10	5	1	10
		mm	44	40	51	51	61	70	63	66	48	52	58	54	658
Stuttgart, 314 m		°C	1	2	5	9	13	16	18	18	15	10	5	2	10
		mm	38	35	39	54	84	93	63	76	53	41	48	41	665
Alpen															
Zugspitze, 2963 m		°C	−11	−11	−10	−7	−3	0	2	2	1	−2	−7	−9	−5
(Deutschland)		mm	185	154	186	197	172	185	183	170	115	105	156	183	1991
Sonnblick, 3107 m		°C	−13	−13	−11	−8	−4	−1	2	2	0	−3	−8	−11	−6
(Österreich)		mm	128	107	141	154	159	143	157	161	114	100	133	132	1629
Chur, 555 m		°C	−2	0	4	8	13	15	17	16	14	9	3	0	8
(Schweiz)		mm	41	36	44	43	61	79	111	108	70	62	50	51	756
San Bernardino, 1639 m		°C	−6	−5	−3	1	5	9	11	11	8	4	0	−4	3
(Schweiz)		mm	66	79	106	131	173	178	192	210	176	186	132	95	1724
Lugano, 273 m		°C	3	4	7	11	15	19	20	20	17	12	7	3	12
(Schweiz)		mm	57	67	125	159	204	186	181	193	158	181	130	92	1733
Nordeuropa															
Reykjavík, 61 m		°C	−1	0	1	3	6	9	11	10	7	4	1	0	4
(Island)		mm	76	81	83	58	44	51	51	62	67	86	73	78	810
Bergen, 36 m		°C	2	1	3	6	10	13	15	15	12	8	6	3	8
(Norwegen)		mm	179	139	109	140	83	126	141	167	228	236	207	203	1958
Tromsø, 10 m		°C	−4	−4	−2	1	5	9	12	11	7	3	−1	−3	3
(Norwegen)		mm	81	86	64	60	48	53	72	82	94	125	104	104	973
Stockholm, 52 m		°C	−3	−3	0	4	11	16	17	16	11	8	3	−1	7
(Schweden)		mm	39	27	26	31	31	46	71	65	55	50	53	46	540
Helsinki, 56 m		°C	−7	−7	−3	3	10	15	17	15	10	5	0	−4	5
(Finnland)		mm	41	31	34	37	35	44	73	80	73	73	72	58	651
Westeuropa															
Valentia, 2 m		°C	7	7	8	9	11	13	15	15	14	12	9	8	11
(Irland)		mm	164	123	121	77	89	80	73	112	125	154	147	159	1424
London, 62 m		°C	4	4	6	8	11	14	16	16	14	11	7	5	10
(Vereinigtes Königreich)		mm	78	53	60	54	55	58	44	55	67	73	76	80	753
Straßburg, 36 m		°C	1	2	6	9	14	17	19	18	15	10	5	2	10
(Frankreich)		mm	32	34	36	46	74	72	55	67	55	41	46	42	600
Marseille, 36 m		°C	6	8	10	13	17	21	24	23	20	16	11	7	15
(Frankreich)		mm	46	54	43	46	42	28	14	27	47	78	57	52	534

		J	F	M	A	M	J	J	A	S	O	N	D	Jahr
Südeuropa														
Lissabon, 95 m	°C	11	12	14	15	18	21	23	23	22	19	15	12	17
(Portugal)	mm	79	96	69	67	53	13	5	7	21	81	118	102	711
Madrid, 667 m	°C	6	7	10	12	16	21	24	24	21	15	9	6	14
(Spanien)	mm	46	46	33	54	41	27	13	9	30	45	64	51	459
Palma de Mallorca, 8 m	°C	9	10	11	13	16	21	24	24	22	18	13	11	16
(Spanien)	mm	37	35	36	39	30	14	9	20	50	63	47	44	424
Messina, 51 m	°C	12	12	13	15	19	23	26	26	24	20	16	13	18
(Italien)	mm	117	95	84	60	33	15	19	26	56	98	106	114	823
Athen, 107 m	°C	9	10	12	15	20	25	27	27	23	18	15	11	18
(Griechenland)	mm	44	48	42	29	18	10	3	4	12	50	51	66	377
Istanbul, 40 m	°C	5	6	8	12	17	21	23	23	20	15	12	8	14
(Türkei)	mm	99	67	62	49	31	22	19	26	41	71	89	122	698
Östliches Mitteleuropa														
Warschau, 107 m	°C	−3	−2	2	8	13	17	18	17	13	8	3	−1	8
(Polen)	mm	22	21	28	32	59	72	67	63	43	38	42	32	519
Prag, 197 m	°C	−2	−1	3	8	13	16	18	17	13	8	3	−1	8
(Tschechien)	mm	23	23	28	38	77	73	66	70	40	30	32	26	526
Budapest, 120 m	°C	−2	2	7	12	17	20	22	21	17	11	5	0	11
(Ungarn)	mm	32	39	35	42	62	69	45	56	39	34	52	40	545
Siliac, 318 m	°C	−4	−1	3	9	14	17	18	17	13	8	3	−2	8
(Slowakei)	mm	44	45	43	47	63	86	59	71	58	50	67	56	689
Osteuropa														
Archangelsk, 13 m	°C	−15	−12	−6	0	7	13	16	13	8	2	−5	−10	1
(Russische Föderation)	mm	32	26	27	30	40	54	57	67	60	60	51	41	545
Moskau, 156 m	°C	−9	−8	−2	6	13	17	18	16	11	5	−1	−6	5
(Russische Föderation)	mm	45	37	34	40	58	76	92	74	64	58	58	52	688
Kasan, 64 m	°C	−13	−12	−5	5	13	17	19	17	11	4	−3	−9	4
(Russische Föderation)	mm	33	28	26	36	37	70	69	67	46	47	46	37	542
Minsk, 234 m	°C	−7	−6	−2	6	13	16	17	17	12	6	1	−4	6
(Belarus)	mm	40	33	41	44	60	79	85	72	58	46	51	53	662
Kiew, 179 m	°C	−5	−4	1	9	15	18	19	19	14	8	2	−2	8
(Ukraine)	mm	46	46	38	48	52	69	87	67	43	39	50	47	632
Südosteuropa														
Bukarest, 90 m	°C	−2	1	6	12	17	21	22	22	17	12	7	2	12
(Rumänien)	mm	47	39	42	48	78	73	57	52	43	47	54	48	628
Belgrad, 132 m	°C	0	3	7	12	17	20	22	21	18	12	7	2	12
(Serbien)	mm	49	44	51	59	70	91	66	53	52	41	56	58	690
Sofia, 595 m	°C	−2	1	5	10	14	18	20	19	16	10	5	1	10
(Bulgarien)	mm	27	33	38	50	73	72	56	52	39	37	47	39	563
Split, 128 m	°C	8	8	10	14	19	23	25	25	21	17	12	9	16
(Kroatien)	mm	79	68	75	66	56	52	28	48	60	78	110	105	825

Wichtige Begriffe

A

Alpen: Großlandschaft in Europa. Die Alpen sind ein fast 5000 m hohes Hochgebirge.
Alpenvorland: Großlandschaft in Deutschland zwischen den Alpen im Süden und der Donau im Norden.
Antarktis: Erdregion um den Südpol, die aus dem Kontinent Antarktika, dem benachbarten Südpolarmeer und einigen Inseln besteht.
Äquator: gedachte Linie um die Erdkugel. Er teilt die Erde in eine Nordhalbkugel und eine Südhalbkugel.
Arbeitskraft: → Standortfaktor
Arktis: Erdregion um den Nordpol, die aus dem Nordpolarmeer und den nördlichsten Teilen Amerikas, Asiens und Europas besteht.
Artenvielfalt: Vielfalt der Tier- und Pflanzenarten, die in einem Gebiet vorkommen.
artgerechte Tierhaltung: in der Landwirtschaft die Form der Tierhaltung, bei der streng nach den Regeln der ökologischen Landwirtschaft gearbeitet wird. Dabei werden die Bedürfnisse der Tiere berücksichtigt.
Atlas: in der Kartografie eine Sammlung von Karten, die nach einem bestimmten System geordnet sind (Inhaltsverzeichnis, Register).
Ausgleichsküste: fast geradlinig verlaufende Küste. Ehemalige Vorsprünge und Einbuchtungen wurden durch das Meer (Abtragung und Ablagerung) begradigt. Es entstehen Nehrungen, deren Außensaum schließlich eine ausgeglichene Küstenlinie bewirkt.

B

Bewässerungsfeldbau: Form der landwirtschaftlichen Bodennutzung in Gebieten mit wenig Niederschlag. In trockeneren Monaten der Vegetationsperiode wird Wasser aus Flüssen oder dem Grundwasser entnommen und mithilfe von Bewässerungsanlagen auf die Felder geleitet.
Binnenstaat: Staat ohne direkten Zugang zu einem Meer.
Bodden: An Flachküstenstrecken werden flache Meeresbuchten mit einem unregelmäßigen Umriss und einer engen Öffnung zum Meer als Bodden bezeichnet.
Boddenküste: Küstenform, die aus → Bodden besteht.
Börden/Gäulandschaften: Bezeichnung für eine ebene, baumarme Landschaft in Deutschland mit fruchtbaren Böden, die sich auf Lössablagerungen entwickelt haben. Es werden vorwiegend Weizen und Zuckerrüben angebaut. Im süddeutschen Raum heißen Börden Gäulandschaften.
Breitenkreis: → Gradnetz
Bundeshauptstadt: In der Bundesrepublik Deutschland ist Berlin die Hauptstadt, also die Bundeshauptstadt. Hier gibt es z. B. den Sitz des Bundestages im Reichstagsgebäude, den Sitz der Bundesregierung im Kanzleramt, den Sitz des Bundespräsidenten im Schloss Bellevue, den Sitz der meisten Ministerien und den Sitz von Bundesverwaltungsämtern.
Bundesland: Die 16 deutschen Bundesländer sind Gebiete von sehr unterschiedlicher Größe. Es gibt → Stadtstaaten und → Flächenstaaten.

C

City: bei Städten die Bezeichnung für die Innenstadt, also das Geschäfts- und Behördenviertel im Zentrum einer Großstadt.

D

Deich: künstlich aufgeschütteter Damm entlang von Meeresküsten oder Flussufern zum Schutz vor Überschwemmungen.
Dienstleistung: wirtschaftliche Tätigkeiten, die der Versorgung mit Gütern und bestimmten Leistungen dienen. Zu den Dienstleistungen gehören unter anderem Banken, Versicherungen, Hotels und Gaststätten, Krankenhäuser, Arztpraxen, Film, Fernsehen, Schulen.
Digitale Karte: Karten, die mit einem Computerprogramm auf einem Bildschirm (Computer, Smartphones oder Tablets) dargestellt werden.
Doppelkontinent: Erdteil, der aus zwei Kontinenten besteht.
Doppelsaison: beschreibt die touristische Nutzung einer Region innerhalb eines Jahres sowohl im Sommer als auch im Winter.
Dorf: kleine ländliche Siedlung, die im Vergleich zur Stadt nur aus wenigen Häusern besteht.

E

Ebbe: im Zusammenhang mit den → Gezeiten das regelmäßige Fallen des Wasserspiegels. Den niedrigsten Stand nennt man → Niedrigwasser.
Eisberg: Im Meer treibende Eisscholle, die mindestens 5 m hoch aus dem Wasser ragt und sich vom → Inlandeis, von einem ans Meer reichenden Gletscher oder von einer Meeresvereisung gelöst hat. Der größte Teil liegt unter Wasser.
Energieträger: Stoffe wie Kohle, Holz, Erdgas oder Erdöl, die Energie in sich gespeichert haben. Durch Verbrennen wird die Energie in eine andere Energieform, z. B. in Wärme, Strom oder Bewegung umgewandelt.

Energiewende: Abkehr von → fossilen Energieträgern hin zu einer nachhaltigen Energieversorgung mit → erneuerbaren Energien.

Erdachse: gedachte Linie, die durch die beiden Pole verläuft und um die sich die Erde dreht.

Erdrotation: die von West nach Ost verlaufende Drehung der Erde um ihre eigene Achse. Eine Umdrehung dauert 24 Stunden und bewirkt den Wechsel von Tag und Nacht.

erneuerbare Energien: Energiequellen, die sich unter den heutigen Bedingungen selbst erneuern. Im Gegensatz zu den fossilen Energieträgern wie Kohle, Erdgas oder Erdöl können sie nicht aufgebraucht werden. Beispiele sind Energie aus Sonne, Wasserkraft, Wind und Biomasse.

Erosion: bei Gestein und Boden die Abtragung und damit auch Zerstörung durch z. B. fließendes Wasser, Wind und Gletscher. Die Oberflächenformen des Festlandes werden erniedrigt und eingeebnet.

F

Felswüste (Hamada): (arabisch: Hamada) Wüstenform, die hauptsächlich groben, eckigen Felsschutt in Faust- bis Kopfgröße aufweist. „Hamada" ist arabisch und bedeutet „die Unfruchtbare."

Flächenstaat: Bundesland, das gegenüber dem Stadtstaat eine größere Fläche einnimmt.

Flussoase: → Oase, die ihr Wasser aus einem Fluss bezieht.

Flut: im Zusammenhang mit den → Gezeiten das regelmäßige Ansteigen des Wasserstandes. Den höchsten Stand des Wassers nennt man → Hochwasser.

Fördenküste: Schmale, langgestreckte, tief ins Land reichende Meeresbuchten innerhalb einer Grundmoränenlandschaft werden als Förden bezeichnet.

fossile Energien: Energiequellen, die sich im Gegensatz zu → erneuerbaren Energien nicht erneuern. Dazu zählen z. B. Kohle, Erdöl und Erdgas.

Furchenbewässerung: Bewässerungsart, bei der das Wasser über Furchen im Boden zu den Pflanzen gelangt.

G

Galaxie: Ansammlung von Milliarden von Sternen. Im Weltall gibt es vermutlich über 100 Milliarden solcher Sternensysteme. Unser Sonnensystem ist Teil einer Galaxie, der Milchstraße.

Gewässernetz: Gesamtheit aller Wasserflächen und -läufe in einer Region.

Gewerbegebiet: Gebiet von Gemeinden, in dem Gewerbebetriebe, Lagerhäuser und öffentliche Betriebe untergebracht sind.

Gezeiten: das regelmäßige Steigen und Fallen des Wasserspiegels von Meeren und großen Seen. Solange das Wasser ansteigt, spricht man von → Flut. Dieser Vorgang dauert etwa sechs Stunden und zwölf Minuten. Dann steht das Wasser am höchsten (→ Hochwasser). Danach fällt der Wasserspiegel ebenso lange. Man spricht von → Ebbe, bis das Wasser am niedrigsten steht (Niedrigwasser). Der Unterschied zwischen Hochwasser und Niedrigwasser heißt Tidenhub.

Gletscher: Eisstrom, der durch Anhäufung von Schnee und durch Druck entsteht und langsam talabwärts fließt.

Globus: in der Kartografie ein maßstabgerechtes und stark verkleinertes Modell (Abbild) der Erdkugel.

GPS: (Global Positioning System) ein globales Satellitennavigationssystem um eine Position auf der Erde genau zu bestimmen.

Gradnetz: Netz gedachter Linien, die die Erde umspannen und sich rechtwinklig schneiden. Es dient der genauen Bestimmung eines Ortes. Die vom → Nordpol zum Südpol verlaufenden Linien nennt man → Meridiane oder Längenhalbkreise (es sind 360). Zwei gegenüberliegende Meridiane ergeben einen Längenkreis (z. B. → Nullmeridian). Die parallel zum Äquator verlaufenden Linien heißen → Breitenkreise (es sind 180, nach Norden und Süden jeweils 90). Der 0. Breitenkreis ist der → Äquator, der 90. Breitengrad Nord ist der → Nordpol.

Großlandschaft: In Deutschland unterscheidet man vier Großlandschaften: Norddeutsches Tiefland, Mittelgebirgsland, Alpenvorland und Alpen.

Grundwasseroasen: → Oase, die ihr Wasser aus einem Grundwasserspeicher bezieht. Dieses wird zumeist durch Pumpen an die Oberfläche befördert.

H

Halbinsel: ein Stück Land, das überwiegend, aber nicht vollständig von Wasser umgeben ist, sondern noch über eine natürliche Verbindung zum Festland verfügt.

Hauptstadt: In einer Hauptstadt befinden sich in der Regel die Regierung eines Staates und seine gewählte Volksvertretung sowie weitere Verwaltungseinrichtungen.

Himmelsrichtung: Vom eigenen Standort ausgehende Richtungslinien zu anderen Punkten auf der Erdoberfläche werden Himmelsrichtungen genannt. Norden, Süden, Westen und Osten sind dabei die Haupthimmelsrichtungen.

Hochgebirge: Gebirge, das eine Höhe von über 2 000 m erreicht bzw. über die Waldgrenze aufragt. Die Gipfel sind steil und schroff.

Hochwasser: bei Gewässern der Hochstand der Wasserführung, der zu Überschwemmungen führen kann.

Höhenlinie: verbinden in Karten alle Punkte miteinander, die auf gleicher Höhe über dem Meeresspiegel liegen.

Höhenschichten: die Fläche zwischen zwei → Höhenlinien in einer Karte.

Höhenstufe: die Abfolge unterschiedlicher Vegetation (Pflanzenwuchs) mit zunehmender Höhe.

I

Individualreise: Reise, bei der der Reisende alle Reiseeinzelheiten, von der Unterkunftsart bis zum Verkehrsmittel, selbst auswählt. Gegenteil: → Pauschalreise.

Industrie: in der Wirtschaft wichtiger Bereich des → sekundären Sektors. Industriebetriebe stellen Halb- und Fertigprodukte in großer Stückzahl her, wobei die meisten Tätigkeiten durch Maschinen ausgeführt werden.

Industriegebiet: Sammelbegriff für die Bereiche der Stadt, die für Industrie reserviert werden.

Inlandeis: große Eismassen, die weite Teile des Festlandes fast vollständig überdecken.

Insel: ein Stück Land, das vollständig von Wasser umgeben, jedoch kein Kontinent ist.

J

Jahreszeitenklima: Klima in mittleren und höheren Breiten, in denen die Temperaturunterschiede im Laufe des Jahres größer sind als im Laufe eines Tages.

K

Karte: verkleinerte, eingeebnete und vereinfachte Abbildung der Erdoberfläche oder eines Teils davon.

Kieswüste (Serir): (arabisch: Serir) Wüstenform, die vor allem gerundetes, kleineres Gesteinsmaterial aufweist.

Kompass: ein Gerät zur Bestimmung der Himmelsrichtung.

Kontinent: Als Kontinente bezeichnet man große, zusammenhängende Festlandmassen mit einer bestimmten Größe. Insgesamt gibt es sieben Kontinente (Erdteile).

konventionelle Landwirtschaft: Form der Landwirtschaft, bei der unter Einsatz von viel Technik mit Düngemitteln und Schädlingsbekämpfungsmitteln möglichst hohe Erträge erzielt werden. Sie wird von der → ökologischen Landwirtschaft abgegrenzt.

L

ländlicher Raum: von Landwirtschaft und ländlichen Siedlungen geprägter Raum abseits der Verdichtungsräume.

Längenhalbkreis: → Gradnetz

Lawine: Massen von Schnee oder Eis, die sich von Berghängen ablösen und zum Tal gleiten oder stürzen.

Legende: Erläuterung aller in einer Karte verwendeten Zeichen, Symbole, Abkürzungen und Farben.

M

Massentierhaltung: eine Form der Viehzucht, bei der sehr viele Tiere auf engem Raum gehalten werden. Für viele Arbeiten werden Maschinen eingesetzt. Durch die hohe Effizienz der Maschinen sinken die Kosten. Dadurch kann Fleisch relativ günstig angeboten werden. Die Tiere leben auf engem Raum, wodurch es zu Krankheiten kommen kann. Daher müssen oft mehr Medikamente eingesetzt werden als bei der → artgerechten Tierhaltung.

Massentourismus: Form des Tourismus, bei der sich eine große Anzahl von Touristen in einem bestimmten Gebiet aufhält.

Maßstab: gibt an, wie stark eine Karte gegenüber der Wirklichkeit verkleinert wurde, z. B.: 1 cm auf der Karte sind in der Natur 10 m (1000 cm) bei einem Maßstab von 1 : 1000.

Meridian: → Gradnetz

Mischgebiet: Stadtviertel, in dem man Gebäude mit verschiedenen Nutzungen findet. So können sich beispielsweise Mietshäuser, Geschäfte, Bürohäuser, kleine Fabriken und Handwerksbetriebe nebeneinander befinden.

Mittelgebirgsland: Großlandschaft, die die Mittelgebirge mit Höhen von 500 bis 1800 m und die Bereiche zwischen 200 bis 500 m, das Hügelland oder Mittelgebirgsvorland, umfasst.

Mond: bezeichnet einen Himmelskörper, der einen Planeten umkreist.

Mure: ein Gemisch aus Wasser, Boden und Gesteinsblöcken, das sich im Hochgebirge nach Starkregen oder Schneeschmelzen an Berghängen meist sehr rasch zu Tal bewegt.

N

nachhaltigen Tourismus: eine Form des Tourismus, bei der die Touristen nicht stören sollen – weder die Natur noch die einheimischen Menschen.

Nachhaltigkeit: Prinzip der Nutzung und Entwicklung, mit dem die Lebenschancen der heutigen Generation verbessert werden sollen, ohne die Chancen für zukünftige Generationen einzuschränken.

Nährstoffkreislauf: Abgestorbene Pflanzenteile zersetzen sich und geben Nährstoffe frei, die im Boden gespeichert und schließlich wieder durch die Wurzeln aufgenommen werden. Im Tropischen Regenwald läuft dieser Kreislauf sehr rasch ab. Die Zersetzung geschieht schnell, da es sehr warm und feucht ist. Es herrscht ein geschlossener Mineral-

stoffkreislauf, bei dem Wurzelpilze für eine schnelle Aufnahme der Mineralstoffe auf dem nährstoffarmen Boden sorgen.
Nationalpark: großräumiges Schutzgebiet, das wegen seiner schönen oder seltenen Landschaft als besonders schützenswert gilt.
Navigationssystem: ein System, dass den Standort z. B. einer Person bestimmen kann.
Niedrigwasser: → Gezeiten
Norddeutsches Tiefland: eine der → Großlandschaften in Deutschland mit Höhen bis 200 m über dem Meeresspiegel.
Nordhalbkugel: die Hälfte der Erdkugel nördlich des Äquators.
Nordpol: der nördlichste Punkt der Erde.
Nullmeridian: der → Längenhalbkreis, der die Grundlage für die Zählung aller 360 Meridiane bildet. Seit der Vereinbarung von 1911 gilt der Ortsmeridian von Greenwich als Nullmeridian.

O

Oase: Gebiet in Trockenräumen, das sich durch reicheren Pflanzenwuchs gegenüber der wüstenhaften Umgebung auszeichnet. Ursachen dafür sind entsprechende Wasservorkommen.
öffentlicher Personennahverkehr (ÖPNV): Personen, die nicht mit dem Auto oder dem Fahrrad innerhalb einer Stadt oder zwischen Städten fahren, benutzen mit Bussen und Bahnen den öffentlichen Personennahverkehr.
ökologische Landwirtschaft: Hier erfolgt die Erzeugung von Lebensmitteln nach strengen Richtlinien, u.a. ohne mineralischen Dünger, ohne chemische Unkraut- oder Schädlingsbekämpfungsmittel, durch artgerechte Tierhaltung, durch den Verzicht auf gentechnisch verändertes Saatgut.
Ökosystem: Innerhalb eines Ökosystems gibt es drei Gruppen: die belebte Natur (Lebewesen), die unbelebte Natur (z. B. Klima, Wasser) und technische Faktoren (z. B. Gebäude, Verkehrssysteme). Diese Gruppen stehen in einem Wechselwirkungsverhältnis zueinander.
Ozean: Die drei Weltmeere der Erde (Atlantischer, Indischer und Pazifischer Ozean) werden auch als Ozeane bezeichnet.

P

Packeis: Form von Meereis, das aus aufeinander geschobenen, dicht angeordneten Eisschollen besteht.
Pauschalreise: Reise, bei der ein Reiseveranstalter dem Reisenden die meisten Entscheidungen abnimmt. Gegenteil: → Individualreise.
Pendler: Menschen, die regelmäßig eine größere Entfernung zurücklegen, um von ihrem Wohnort zu ihrem Arbeitsort, Schulort oder Einkaufsort zu gelangen.
physische Karte: Karte, die durch Flächenfarben über Landhöhen (siehe → Höhenschichten), Gewässer, Verkehrswege, Grenzen und Orte informiert.
Pipeline: Rohrleitung zum Transport von Flüssigkeiten (z. B. Wasser, Erdöl) oder Gasen (z. B. Erdgas).
Planeten: große Himmelskörper, die sich auf einer Bahn meistens um einen Stern bewegen.
Planquadrat: durch parallele Längs- und Querlinien gebildetes Quadrat auf Plänen. Planquadrate dienen als Hilfsmittel in Stadtplänen dem leichteren Auffinden von Straßen.
Polarkreis: Die Polarkreise begrenzen bei 66,5° südlicher und nördlicher Breite die Polarzonen. Jenseits der Polarkreise herrschen → Polarnacht bzw. → Polartag.
Polarnacht: Zeitraum, in dem die Sonne in den Polargebieten nicht über den Horizont steigt.
Polartag: Die Erscheinung kommt wie die → Polarnacht durch die Schrägstellung der Erdachse gegenüber der Erdbahnebene zustande.
primärer Sektor: Wirtschaftssektor, der die Urproduktion umfasst, zu der die Landwirtschaft, Forstwirtschaft und Fischerei gehören.

Q

Quelloasen: → Oase, die ihr Wasser aus einer Quelle bezieht. Dort, wo die Quelle zu Tage tritt, befindet sich meist ein See, dessen Wasser genutzt wird.

R

Register: im → Atlas die Bezeichnung für ein Verzeichnis geographischer Namen.
Rekultivierung: Maßnahme zur Wiederherstellung von Landschaftsteilen, die durch wirtschaftliche und technische Tätigkeiten des Menschen verändert oder zerstört wurden, z. B. nach dem Braunkohletagebau.
Relief: in der Geologie ein Sammelbegriff für die Oberflächenformen der Erde, der sowohl Hohlformen (z. B. Becken und Täler) als auch Vollformen (z. B. Gebirge) umfasst.
Rohstoff: unverarbeiteter Stoff, der in der Natur vorkommt und vom Menschen verwendet wird, um Gebrauchsgegenstände herzustellen oder Energie zu gewinnen.

S

Sandwüste (Erg): (arabisch: Erg) Wüstenform, in der vom Wind das feine Material zusammengetragen und zu Dünen geformt wird.
Schelfeis: auf dem Meer schwimmende Eismassen aus Süßwasser, die vom Inlandeis ins Meer hinausgeschoben wurden, v.a. in der Antarktis.
Schrägluftbild: Luftbild, welches schräg von oben aufgenommen wurde.

sekundärer Sektor: Wirtschaftssektor, zu dem das produzierende Gewerbe zählt, also die Industrie und der Bergbau.
Senkrechtluftbild: Luftbild, welches senkrecht von oben aufgenommen wurde.
Sommersaison: Hauptgeschäftszeit oder Hauptarbeitszeit, die jahreszeitlich bedingt ist, besonders im Handel, in der Landwirtschaft und im Tourismus.
Sonderkultur: Anbau von Pflanzen, die eine besonders intensive Pflege benötigen (z. B. viele Arbeitsschritte per Hand). Der Kostenaufwand ist daher hoch. Außerdem stellen die Pflanzen hohe Ansprüche an Boden und Klima.
Sonne: der → Stern unseres Sonnensystems.
Sonnensystem: die Gesamtheit aller Himmelskörper, die von einer Sonne als Zentralgestirn angezogen werden und sich in ihrem Umfeld bewegen. Dazu gehören die Planeten, ihre Monde, die Planetoiden, Kometen und Meteoriten.
Stadt: Siedlung, die im Vergleich zum Dorf eine höhere Einwohnerzahl, ein größeres Angebot an Arbeitsplätzen (außerhalb der Landwirtschaft) sowie eine dichte Bebauung aufweist.
Stadtplan: Stadtpläne gibt es meist im Maßstab 1 : 10 000 oder 1 : 20 000. Es sind darauf die einzelnen Gebäude oder aber die bebauten Flächen im Grundriss eingezeichnet. Dazu sind die Straßen, wichtige Gebäude, Grünflächen, Parkplätze und oft auch Straßenbahn- und Buslinien eingetragen und benannt.
Stadtstaat: Stadt, die eine eigene Verfassung besitzt. In Deutschland gibt es neben den 13 Flächenstaaten auch drei Stadtstaaten (Hamburg, Bremen und Berlin).

Stadtviertel: Teilgebiete einer Stadt, die sich durch ihre Nutzung, Aufgaben (Funktionen) und Aussehen unterscheiden. So gibt es City, Altstadt (Stadtzentrum), Wohngebiete, Geschäftsviertel, Industrie und Gewerbegebiete, Erholungsgebiete und Mischgebiete.
Standort: von einem Unternehmen zu einem bestimmten Zweck und aus einem oder mehreren bestimmten Gründen (den → Standortfaktoren, z. B. Nähe zu Rohstoffquellen) gewählte Raumstelle.
Standortfaktoren: sind die Gründe, die dazu führen, dass sich ein Betrieb an einem bestimmten → Standort ansiedelt. .
Steilküste: Küstenform, die steil zum Meer abfällt. Sie lässt sich gliedern in die Schorre, den Strand (teilweise mit Gesteinsbrocken) und das Kliff. .
Stern: glühende, selbstleuchtende Gaskugel im Universum.
Stockwerkbau: Abfolge/Schichtung der natürlichen Vegetation oder der Nutzpflanzen nach Wuchshöhe, z. B. im Tropischen Regenwald oder in einer Oase. Der Kampf um das kostbare Licht bestimmt das Leben der Pflanzen.
Südhalbkugel: die Hälfte der Erdkugel südlich des Äquators.
Südpol: der südlichste Punkt der Erde.

T

Tagebau: offene Förderstätte für Rohstoffe, die nicht tief unter der Erde liegen (z. B.: Braunkohle, Kies oder Ton).
Tageszeitenklima: ein Klima, bei dem die Schwankungen der Temperatur innerhalb eines Tages größer sind als die innerhalb eines Jahres.
Taiga: → Borealer Nadelwald

tertiärer Sektor: auch: Dienstleistungssektor. Teilbereich der Wirtschaft, in dem für andere Menschen Dienste erbracht werden, d. h. die Versorgung mit Gütern oder bestimmten Leistungen. Der Dienstleistungssektor unterscheidet sich von den beiden anderen Wirtschaftssektoren dadurch, dass hier keine Güter oder Waren hergestellt werden.
thematische Karte: Karte, die für ein ausgewähltes Gebiet bestimmte thematische Informationen zeigt.
Tröpfchenbewässerung: Bewässerungsart, bei der über kleine Schläuche das Wasser in Tröpfchen direkt zur Wurzel gelangt
Tropischer Regenwald: Vegetationszone mit einem artenreichen, immergrünen Wald, der bei gleichmäßig hohen Temperaturen (im Mittel 25 – 28 °C), hohen Niederschlagen (über 1500 mm im Jahr) und 10 bis 12 Monaten mit → humidem Klima gedeiht. Der Tropische Regenwald besitzt eine hohe Artenvielfalt.

U

Überfischung: Ein Meer ist überfischt, wenn in einem Zeitabschnitt mehr Fische gefangen werden, als durch natürliche Vermehrung heranwachsen.
Umland: die Umgebung einer Stadt, aus der die Menschen zur Arbeit, zum Einkaufen, zur Schule und zur Unterhaltung in diese Stadt fahren.

V

Verkehr: Bewegung von Personen, Gütern und Nachrichten zwischen verschiedenen Orten.
Verkehrsknoten: Orte, an denen sich verschiedene Verkehrswege kreuzen.
Verkehrsmittel: technische Einrichtung bzw. Gerät, um Personen und Güter zu befördern. Hierzu zählen Pkw, Lkw, Eisenbahn, Schiff und Flugzeug.

Verwitterung: Dieser Begriff steht für die an der Erdoberfläche ablaufende Veränderung, Zerstörung und Umwandlung von Gesteinen durch physikalische und chemische Prozesse.

W

Wadi: Trockenes Tal der Wüste, das allenfalls episodisch bei seltenen Starkregenereignissen Wasser führt, dann jedoch oft in großen Mengen.
Watt: das Gebiet an einer flachen Küste mit → Gezeiten, das täglich zweimal überflutet wird und zweimal trockenfällt.
Wattenmeer: → Watt
Wintersaison: → Sommersaison
Wirtschaftssektor: siehe → primärer → sekundärer → tertiärer Sektor
Wohngebiet: Gebiet, das überwiegend der Funktion des Wohnens dient.
Wüste: Vegetationszone, in der aufgrund großer Trockenheit (Trockenwuste) oder geringer Temperaturen (Kalte- oder Eiswüste) von Natur aus nur spärliches Pflanzenwachstum möglich ist.

Z

Zeitzonen: Gebiet der Erde mit einer international festgelegten, einheitlichen Zeit. Für Deutschland gilt die Mitteleuropäische Zeit, abgekürzt MEZ.
Zulieferbetrieb: Industriebetrieb, der bestimmte Bauteile an den Produzenten eines in der Regel aufwendigen Produktes liefert, z.B. Bremsen.

Sachregister

Alle **fett** gedruckten Begriffe sind als „Wichtige Begriffe" hier im Arbeitsanhang erläutert.

A

Abfall	157, 184
Abwasser	157
Alpen	52/53, 100, 132/133, 142–144, 146, 148/149
Alpenvorland	52/53
Antarktis	22, 210/211
App	44, 114/115, 128, 138/139
Äquator	18/19, 23, 42/43, 91
Arbeitskraft	128
Arbeitsplätze	78, 148, 151, 168, 173, 179, 216/217
Arktis	13, 210/211, 212/213, 217
Artenvielfalt	200/201
artgerechte Tierhaltung	112
Atlas	40/41, 54/55
Aufriss	32
Ausgleichsküste	137
Auto(mobil)hersteller	36, 166–168
Automatisierung	110/111, 166

B

Balearen	150
Balkendiagramm	63
Bedürfnis	72, 138
Befragung	44, 115, 122/123
Bergwald	147
Besiedlung	81
Bevölkerungsdichte	80, 96/97
Bewässerungsfeldbau	119, 206
Biogas	194
Boddenküste	137
Börden/Gäulandschaften	106/107
Breitenkreis	43
Bundeshauptstadt	58–60
Bundesland	60–63

C

Carsharing	167
Chemische Industrie	162
City	72/73, 178
Computerpräsentation	212/213

D

Dattelpalme	206–207
Deich	135
Dienstleistung	160, 168/169
Dienstleistungszentrum	172/173
Digitale Karte	38
Digitalisierung	178/179
Doppelsaison	143, 144
Dorf	77, 80, 86/87, 144, 153, 194, 216
Dreieck der Nachhaltigkeit	10

E

Ebbe	135
Eisberg	211
Eisenerz	160, 164/165
Energie	85, 160, 166, 180–185, 190, 195
Energieträger	191
Energiewende	184–186
Erdachse	19–21, 208/209
Erdgas/Erdöl	160, 166, 182, 184, 186/187, 190, 194, 216
Erdrotation	20/21, 25
Erdwärme	185, 190/191
Erklärvideo	170/171
erneuerbare Energien	184/185, 190/191
Erosion	204

F

Felswüste (Hamada)	204/205
Flächenstaat	60/61
Fliehkraft	16
Flussoase	206
Flut	135
Fördenküste	137
Förderung	111, 187
Forstwirtschaft	160
fossile Energien	184/185
Furchenbewässerung	119

G

Gagarin, Juri	19
Galaxie	16/17
Gestein	142, 164, 204
Getreide	106–108
Gewässernetz	94
Gewerbegebiet	72
Gezeiten	132, 134/135, 137
Gletscher	94, 100/101, 142
Globus	18/19, 21, 24/25, 209
Goldlöckchen-Zone	16
GPS	42, 44
Gradnetz	42/43
Großlandschaft	52, 55, 94/95
Grundwasseroasen	206/207
Grünland	129
Gruppenpuzzle	104

H

Halbinsel	91, 216
Handelsweg	173
Hauptstadt	58, 92/93, 151, 217
Heizkosten	183
Hessen	39, 41, 54/55, 60, 62, 70/71, 81, 109
Himmelsrichtung	23
Hochgebirge	56, 94/95, 142, 146
Hochofen	164/165
Hochwasser	135
Höhenschichten	38
Höhenstufe	142/143

I

Individualreise	132
Industrie	160, 162/163, 168/169, 183, 187
Industriegebiet	72
Insel	48/49, 56, 91, 124, 134, 136, 150/151, 153, 213
Inuit	13, 216/217

J

Jahreszeitenklima	199

K

Karte	22/23, 32–34, 36–41, 52, 54/55, 96/97
Kieswüste (Serir)	202/205
Kohle	164, 182, 184, 188, 190
Kompass	23, 42
Kontinent	22, 41, 89–92, 97, 140, 174, 210/211
konventionelle Landwirtschaft	110/111
Kraftwerk	188
Kreisdiagramm	63
Kulturhauptstadt	58/59

L

Landeshauptstadt	60, 70/71
ländlicher Raum	76
Landwirtschaft	106/107, 114–119, 124/125, 128/129, 194/195
Längenhalbkreis	42/43
Lärm	148/149, 190
Lawine	146/147
Lawinenschutzgalerie	147
Legende	32, 34, 96

Lichtjahr	17	Pipeline	187	Stromerzeugung	184/185, 190/191
Löss	107	Planeten	16/17	Subtropen	118
Luftbild	32/33	Planquadrat	34/35	Südhalbkugel	19, 42, 209
		Polarkreis	208–210	Südpol	19, 28, 42/43, 210/211

M

		Polarnacht	208/209	**T**	
Magellan	19	Polartag	208/209		
Massentierhaltung	110/111	primärer Sektor	160	Tagebau	188/189
Massentourismus	148–153, 156/157	Produktionskette	111, 165, 167	Tageszeitenklima	199
Maßstab	36/37			tertiärer Sektor	160
Maßstabsleiste	34, 36/37	**Q**		thematische Karte	38/39, 96/97
Maßstabszahl	36/37	Quelloasen	206/207	Topografie	55
Mattenstufe	142			Transportweg	162
Mechanisierung	128	**R**		Tröpfchenbewässerung	119
Meeresströmung	49, 137, 186	Register	40/41	Tropischer Regenwald	199
Meridian	42/43	Reisen	132/133		
Mischgebiet	72	Rekord	28/29, 100/101	**U**	
Mittelgebirgsland	52, 55, 94	Rekultivierung	188/189	U-Bahn	144/145
Mobilität	149, 174	Relief	94, 124	Überfischung	121
Mond	16/17	Rohstoff	160, 162, 164–166, 187	Umland	78/79
Mure	147	Rollenspiel	152/153	UNESCO	135, 157
				Untertagebau	164/165
N		**S**		Urlaub	132–137, 140/141, 148/149, 156, 186
nachhaltiger Tourismus	148/149	Sandwüste (Erg)	204/205		
Nachhaltigkeit	10/11	Satellitenbild	18/19	**V**	
Nährstoffkreislauf	201	Säulendiagramm	63		
Nationalpark	135, 137	Schelfeis	210	Vegetation	94, 118, 142
Navigationssystem	42	Schienenverkehr	174	Verdunstung	118
Niedrigwasser	135	Schiffsverkehr	174	Verkehr	38, 79, 144, 148, 174/175
Norddeutsches Tiefland	52	Schnee- und Felsstufe	143	Verkehrsknoten	172/173
Nordhalbkugel	19, 42, 209, 210	Schrägluftbild	32/33, 73	Verkehrsmittel	79, 132/133, 145, 174/175
Nordpol	19, 23, 42, 208–211	sekundärer Sektor	160		
Nordsee	134/135, 186/187	Senkrechtluftbild	32/33	Verwitterung	204
Nullmeridian	42/43	Ski(fahren)	132, 143, 144, 146	virtueller Globus	24
Nunavut	216/217	Smartphone	38/39, 44/45, 138, 160, 182		
Nutzpflanzen	124/125			**W**	
		Sommersaison	143, 144	Wadi	204
O		Sonderkultur	108/109	Walzwerk	164/165
Oase	206/207	Sonne	8, 16/17, 20/21, 25, 49, 107, 117, 132, 146, 184, 190/191, 208/209	Wärmepumpe	184
Oasengarten	206/207			Watt	134/135
Oberflächenform	52, 94	Sonnensystem	16/17	Wegbeschreibung	34
öffentlicher Personennahverkehr (ÖPNV)	79, 138	Stadt	25, 32, 44, 58, 60, 70–73, 76–81, 84/85, 93, 138/139, 173	Weizen	106/107, 124, 206
				Wiesbaden	55, 60, 70/71
ökologische Landwirtschaft	112/113	Städtereise/Städtetrip	132, 138	Windkraft	185, 190
Ökosystem	200/201	Stadtplan	33, 34/35, 58/59, 138	Wintersaison	143, 144
Ostsee	136/137	Stadtstaat	60–62	Wirtschaftsraum	97
Ozean	22/23, 42, 121	Stadtviertel	72/73	Wirtschaftssektor	160/161, 173
		Stahl	164, 166	Wohngebiet	72
P		Standort	34, 138/139, 162/166, 170/171		
Packeis	210/211, 213			**Z**	
Pauschalreise	132/133	Standortfaktoren	162/163, 170/171	Zeitzonen	20/21
Pendler	78/79	Steilküste	136/137	Zukunft	84–87, 166/167, 178/179, 184/185, 194, 217
physische Karte	38/39	Stern	16/17		
Pilzfelsen	202, 204	Stockwerkbau	200/201	Zulieferbetrieb	166/167, 179

Lösungshilfen

1 Geographie – dein neues Fach

Seite 8/9

1 Ihr könnt z. B. über Kontinente, Länder, Landschaften, Städte, Pflanzen, Tiere, … berichten.

2 a) Verwendet z. B. die Begriffe Trockenheit, Wüste, feuchte Gebiete, Regenwald, Gletscher, Millionenstädte, Pflanzen, Tiere.
b) Kennt ihr schon einzelne Landschaften, Tiere oder Pflanzen?

3 **A** Wa _ _ _
W _ _ _ _ _
L _ _ _ _
A _ _ _ _ _ _ _ _ _

3 **B** Nenne die günstigen Voraussetzung, die auf der Erde herrschen.

4 **A** Beginne so: „Ich kann … erkennen. Das Weiße sind … Die Farben des Festlandes … Die blauen Flächen …

4 **B** In der Mitte erkennst du den Kontinent, auf dem wir leben. Einzelne Länder auf diesem Kontinent oder andere Kontinente kannst du an ihren Umrissen erkennen.

5 Überlege dir, wie du Notizen übersichtlich darstellen kannst.

Seite 10/11

1 Beginne so: „Geographie ist ein neues Fach, das ganz vielfaltig ist. Wir lernen … Zu den Inhalten gehört …

2 **A** Lege eine Tabelle an:

Ursprüngliche Landschaft	Vom Menschen geprägte Landschaft
ausgedehnte Waldflächen	…
…	größere Siedlung
…	…

2 **B** Beschreibe zunächst M 2: „In der ursprünglichen Landschaft gibt es viel … In der Mitte der Abbildung …" Stelle anschließend dar, was der Mensch verändert hat: „Wo früher Wald war, gibt es jetzt … Der Fluss … "

3 **A** a) Du findest diese in M 1.
b) Beginne so: „Nachhaltig handeln bedeutet, dass heutige Generationen …"

3 **B** a) Beginne so: „Beim Prinzip der Nachhaltigkeit leben heutige Generationen so, dass …"
b) Wähle ein Beispiel aus (z. B. Neubaugebiet, größeres Skigebiet) und erläutere, welche Bedeutung die Bereiche Ökologie, Ökonomie und Soziales jeweils haben. Beispiel: Ein Neubaugebiet schafft Wohnraum für Familien (…), Wiesen und Acker werde mit Straßen und Häusern zugebaut (…), es können mehr Menschen in die Stadt ziehen (…)

4 a+b) Achte auf die Bebauung, Verkehrswege, den Fluss, Waldflächen, den Untergrund, …

Seite 12/13

1 –

2 –

3 Lies in M 3, wie Anuk das Leben heute und früher beschreibt.

4 Gebt online in eine Suchmaschine für Kinder die Begriffe „Inuit + Leben" ein.

2 Unsere Erde

Seite 16/17

1 Beachte die fett gedruckten Anfangsbuchstaben:
Mein = Merk_ _
Vater = Ve_ _ _
erklärt = _ _ _ _
…

2 Beginne so: „Auf der Erde betragt die Oberflächentemperatur durchschnittlich _ _ °C. Bei den Planeten, die näher an der Sonne liegen …"

3 **A** Lege eine Tabelle an und notiere jeweils zwei Eigenschaften von Sternen und Planeten. Beschreibe dann den Unterschied.

3 **B** siehe A 3.

4 **A** In M 3 erkennst du eine Galaxie. Sie enthält zahlreiche Sonnensysteme. M 4 zeigt, dass unser Sonnensystem weitere Himmelskörper enthält. Was hat also die größte Ausdehnung, was die zweitgrößte, …?

4 **B** siehe A 4
Wenn zum Beispiel die Sonne ein Gymnastikball mit einem Meter Durchmesser wäre, dann hätte die Erde nur noch die Größe einer Kirsche. Wenn man die Entfernung berücksichtigt, dann wäre die Kirsche (Erde) etwa 100 m vom Medizinball (Sonne) entfernt. Könntest du beides gut in einem Bild darstellen?

5 Wie würden deine Grußworte lauten? Würdest du auch Tiergeräusche oder Musik ins Weltall schicken?

Seite 18/19

1 Beginne so: „Auf dem Satellitenbild sehe ich, dass die Erde rund ist. Außerdem fällt mir auf, …"

2 **A** Beweise findest du in M 2 und vor allem in M 4.

2 **B** Sieh dir genau an, wie das Boot verschwindet. Es wird nicht einfach nur kleiner …

3 **A** a) Verwende für deine Beschreibung die Beschriftung am Globus M 3.
b) Stelle Globus (M 3) und Satellitenbild (M 1) in einer Tabelle gegenüber. Vergleiche Farben, sichtbare Linien, Schrägstellung

Globus	Satellitenbild
– Äquator ist eingezeichnet	– Äquator ist nicht erkennbar
– Nordpol und Südpol …	– …

3 **B** Stelle Globus (M 3) und Satellitenbild (M 1) in einer Tabelle gegenüber.

	Globus	Satellitenbild
Gemeinsamkeiten	– beide verdeutlichen die Kugelgestalt der Erde – …	
Unterschiede	– Äquator ist eingezeichnet – …	– Äquator ist nicht erkennbar – …

4 Zeichne mit deinem Zirkel einen Kreis mit dem Radius 4 cm. Zeichne die Erdachse ein, sie muss durch den Mittelpunkt deines Kreises gehen. Beschrifte deine Zeichnung mit den fettgedruckten Begriffen aus M 3.

5 Beginne so: Auf der Weltkarte ist Afrika ungefähr … wie Grönland. Auf dem Globus ist Afrika …

Seite 20/21

1 a) Das Mädchen in Deutschland schläft, denn es ist … Uhr. Auch das Mädchen in … schläft. In China … Neuseeland …
b) Bedenke, dass es nur auf dem der Sonne zugewandten Teil der Erde hell ist.

2 a) Beginne so: „Auf der Seite, die von der Taschenlampe beleuchtet wird, ist …"
b) Beschreibe die Drehung der Erde an einem Tag. Bedenke, dass sich die Sonne immer an derselben Stelle befindet.

3 **A** a–c) Suche zunächst die Stadt Tokyo auf der Karte S. 268/269 Tokyo liegt an der Ostküste Japans. Schaue dann in Karte M 1 und finde heraus, in welcher Zeitzone Tokyo liegt und wie groß der Zeitunterschied im Vergleich zu Deutschland ist. Diesen Zeitunterschied musst du dann zu 7 Uhr addieren. Verfahre ähnlich bei Kapstadt und San Francisco. Aber bei San Francisco musst du den Zeitunterschied abziehen.

3 **B** Bedenke: Wenn jemand um 16 Uhr mit dem Flugzeug in Köln startet und nach New York fliegt, kommt er dort nach etwa sechs Stunden an. Zu Hause ist es dann schon 22 Uhr. In New York ist es aber erst …

4 **A** Notiere dir zunächst stichwortartig das Wichtigste aus T 2 und vom Text in der Randspalte. Klappe nun dein Buch zu und formuliere dazu eigene Sätze.

4 **B** siehe A 4

5 Bedenke, dass die Drehrichtung der Erde gegen den Uhrzeigersinn verläuft.

Seite 22/23

1 a) Suche auf der Karte zuerst die blaue Linie, auf der „Äquator" steht.
b+c) Der Äquator grenzt die Nord- von der Südhalbkugel ab.
d) Es gibt zwei Kontinente, die vollständig von Wasser umgeben sind.

2 Zähle in Abbildung M 1 wie viele Teile des Kreises blau (= Wasserflächen) und wie viele Teile gelb (= Kontinente) sind. Setze diese Teile ins Verhältnis zueinander. Decke in M 2 zunächst den Teil südlich des Äquators und dann den Teil nördlich des Äquators mit einem Blatt Papier ab. Vergleiche den Anteil der Wasser- und Landflächen.

3 **A** Nimm dir die Karte M 2 zu Hilfe.
3 **B** siehe A 3

4 **A** Beispiel: Der Indische Ozean liegt südlich von Asien.

4 **B** So könnt ihr die Quizkarten herstellen: Notiert auf der Vorderseite einer kleinen Karte die Frage und auf der Rückseite die richtige Antwort.

5 Schau dir die Zahlen in der Tabelle M 3 genau an. Zum Beispiel ist Afrika 30 Millionen km² und Asien 44 Millionen km² groß. Damit ist Asien größer als … Suche ähnliche Beispiele.

6 Formuliere zum Beispiel so: „Ich stehe südlich vom Eingang. Nördlich von mir liegt …"

Seite 24/25

1 Gehe genau nach der Schrittfolge auf den beiden Schulbuchseiten vor. So prägen sich die Grundfunktionen des Programms ein.

2 Diese Aufgabe bezieht sich auf den 3. Schritt auf Seite 25 in deinem Schulbuch. Beschreibe, wie sich die Helligkeit und die Dunkelheit über Europa bewegen.

3 Nutze im Atlas die Karte „Europa Staaten".

3 Sich orientieren

Seite 32/33

1 Verwende folgende Satzanfänge: Im Vordergrund …/Im Hintergrund …, um die Kirche, …

2 **A** Lege folgende Tabelle an:

	Schrägluftbild	Senkrechtluftbild
gut zu erkennen		

2 **B** Wähle im Schrägluftbild einzelne Gebäude, Straßenzüge, Grünflächen, … aus und vergleiche, wie diese im Senkrechtluftbild aussehen.

3 a) Mithilfe der Farben, Linien und Symbole aus der Legende könnt ihr den Stadtplan lesen.
b) Wählt im Senkrechtluftbild einzelne Gebäude aus und schaut nach, wie diese in der Karte dargestellt sind. Verfahre ähnlich mit Grünflächen, Straßen, usw. Vergleiche M 3 und M 4 genau. Sehen Häuser, Straßen und Bäume in M 3 und M 4 gleich aus?

4 **A** Buchstabe
A = _ _ _ _ t _ _
B = R _ _ _ _ _ _ _ _ _ p _ _ _ _ _ _ _ _
C = _ _ n _ _ _ _ _ _ _ _

4 **B** Orientiere dich an gut erkennbaren Gebäuden bzw. Grünflächen und Straßen bzw. Plätzen.

5 Lies T1 bis T3 genau und verfolge die Aussagen mit M1 und M3. Notiere anschließend deine Zusammenfassung.

Seite 34/35

1 a) Beginne so: „Eine Wegeskizze ist eine einfache Karte …"
b) Beginne so: „Ich gehe von der Schule aus nach rechts durch die Straße Am Sohlgraben. An der ersten Kreuzung biege ich links ab auf den … Nach etwa 200 m komme ich wieder an eine Kreuzung und biege rechts ab in die … Neben mir fließt der kleine Fluss Usa. Ich gehe …

2 A Verfolge Melissas Schulweg auf der Wegeskizze und auf dem Stadtplan. Welche Informationen enthält die Wegeskizze, aber der Stadtplan nicht und umgekehrt?

2 B Vergleiche M1 und M3 hinsichtlich des Umfangs der Informationen, der Legende, des Maßstabs, …

3 A Gib die Planquadrate an wie in Tabelle M3.

3 B Das Rathaus liegt im Planquadrat B 4.

4 Sucht euch auffällige Punkte aus dem Stadtplan aus, zum Beispiel mithilfe der Legende.

5 A Zeichne deine Wegeskizze ähnlich wie Melissa in M1.

5 B Gib zuerst den Namen deines Schulortes ein. Gib dann unter „Route berechnen" Ausgangs- und Zielstraße ein. Zoome hinein und verfolge deinen Schulweg.

Seite 36/37

1 Schau genau hin, worauf das Auto in M4 steht. Lies dann T1 und erkläre.

2 A Diese Umrechnungsbeispiele können helfen:
3 (km) × 1000 = 3 000 (m) × 100 = 300 000 (cm) bzw.
300 000 (cm) : 100 = 3 000 (m) : 1000 = 3 (km)

2 B Umrechnungsbeispiel:
3 (km) × 1000 = 3 000 (m) × 100 = 300 000 (cm). Achte in M1 und M5 auf die Maßstäbe.

3 Achte jeweils auf die Maßstabsleiste, den Kartentitel und die Informationen, die du über Deutschland (blaue Farbe) bekommst.

4 a) Wenn 1 cm auf der Karte 500 km in Wirklichkeit entspricht, dann entsprechen 2 cm … km.
b) Miss mit einem Lineal die Strecke zwischen Berlin und Kiew. Lege die Strecke dann an die Maßstabsleiste an und ermittle die tatsächliche Entfernung in Kilometern.

5 a) Teile die Maßstabszahl erst durch 100 (ergibt Meter), dann durch 1000 (ergibt Kilometer). Multipliziere nun mit der Anzahl an Zentimetern (hier 4).
b) –

Seite 38/39

1 –

2 A Achte besonders auf die Legenden der verschiedenen Karten.

	physische Karte
– spezielles … – …	– Bedeutung der Farben immer … – …

2 B Was bedeutet die Abstufung der Farbe Gelb in einer physischen Karte?

3 A Die Farben in einer physischen Karte zeigen die Höhen und Tiefen einer Landschaft.

3 B Beachte vor allem das Höhenschichten-Modell M3.

4 A a) In welcher Karte erkennst du besonders gut Städte?
b) Welche Karteninformationen und welcher Maßstab sind für die Planung einer Wanderung wichtig?
c) Welche Karte zeigt die landwirtschaftliche Nutzung?

4 B Es handelt sich um eine Sonderform der thematischen Karte. Sie setzt das Höhenschichten-Modell anders um als eine physische Karte.

5 a) Überlege, wofür du eine Outdoor-App nutzen könntest.
b) Achte darauf, dass die App kostenlos ist, und beachte, welchen Einstellungen du zustimmst.
c) Suche Informationen zur Länge und Schwierigkeit der Tour, zu den Höhenunterschieden, …

Seite 40/41

1

Ort bzw. Land	Atlasseite	Feld im Gitternetz	Land/Kontinent
Tinghir	…	…	Marokko/Afrika
…	…	…	…

2 Das Register befindet sich auf den letzten Seiten des Atlas.

	Ist was?	Liegt wo?
Honolulu	Hauptstadt des US-Bundesstaates …	Im Pazifischen Ozean westlich von …
…	…	…

3 a + b) Auf den ersten Seiten des Atlas findest du die Kartenübersicht, das Inhaltsverzeichnis und die Themenübersicht.

Seite 42/43

1 a) Überlege, welchen Gefahren Laura Dekker ausgesetzt war. Denke an die Orientierung auf dem Meer, das Wetter, die Versorgung, das Alleinsein, …
b) Lies M1 und arbeite heraus, wie sie ihre Position auf dem Weltmeer bestimmte.
c) Gib folgende Suchbegriffe ein: Laura + Dekker + Karte + Weltumsegelung

2 A a) Nutze M2.
b) Nutze M3.
c) Nutze M3.
d) Nutze M2.

2 B Beschreibe zunächst mithilfe von M2, wie die Breitenkreise verlaufen. Von wo ausgehend werden sie nummeriert? Beschreibe

234

dann den Verlauf der Meridiane mithilfe von M 3. Wo verläuft der Nullmeridian? Verwende folgende Fachbegriffe: Breitenkreise, Äquator, Nordhalbkugel, Südhalbkugel, Meridiane, Nullmeridian, Westhalbkugel, Osthalbkugel

3 **A** Nutze die Himmelsrichtungen. Hilfreich sind auch folgende Fragen: Ist der Punkt auf der Nord- oder Südhalbkugel? Befindet sind der Punkt auf der Ost- oder Westhalbkugel?

3 **B** Stelle dir einen Breitenkreis wie eine lange Straße vor. Du möchtest dich mit Freunden verabreden. Wie kannst du ihnen klarmachen, wo der Treffpunkt ist?

4 a) Verwende die Karte auf S. 266. Die Galapagos-Inseln liegen westlich von Südamerika. Bestimme zunächst die Breitenlage, dann die westliche Länge.
b) Verwende die Karte „Staaten Europas". Die Shetlandinseln liegen nördlich von Großbritannien. Bestimme zunächst die nördliche Breite, dann den Längengrad.

Seite 44/45

1 Lies Text T1 genau durch.

2 **A** Folgt diesen beiden Schritten:
– Geht auf die Website eurer gewählten Smartphone-App. Bound ist das englische Wort für ein digitales Abenteuer):
– Klickt rechts oben „Öffentliche Bounds" an. – Zoomt in die Karte hinein und sucht euren Schulort oder gebt den Schulort rechts oben in das Suchfeld ein.

2 **B** siehe 2 A. Beschreibt dann den anderen Kleingruppen die Erfahrungen mit eurer jeweils gewählten App.

3 –

Seite 48/49

1 Suche im Text Beispiele für Beobachtungen der Natur.

2 Überlege, welche Fähigkeiten ein Navigator brauchte und wie er diese lernte. Lies dazu den Text ab Zeile 36 noch einmal.

3 a) Wo startete die Hōkūle'a und wo endete ihre Fahrt? Suche die Inseln in der Karte. Du kannst dir eine Atlaskarte „Australien und Ozeanien" zu Hilfe nehmen. Lies in M3 die Entfernung mithilfe der Maßstabsleiste ab.
b) Arbeite mit der Maßstabsleiste und ermittle die Entfernung von Tahiti bis nach Australien, Südamerika (z. B. Peru) und Nordamerika (z. B. Mexiko).
c) Betrachte die Inseln im Dreieck der Karte M3.

4 Deutschland im Überblick

Seite 52/53

1 a) Achte darauf, ob die Landschaft eben, hügelig bzw. bergig ist oder ob steile Felsen zu sehen sind.
b) Achte auf die Merkmale der Landschaft. Beispiel für Foto A: eben, Meer …
c) Lies den Namen der Großlandschaft und die Höhe in M3 ab.

2 **A** Deine Ergebnisse aus Aufgabe 1 können dir weiterhelfen.

2 **B** siehe A 2

3 a–d) Die Antworten befinden sich entweder in M3 oder darunter.
e) Nutze zusätzlich den Atlas. Orientiere dich evtl. auch an der nächstgrößeren Stadt, die auch in M3 genannt wird.

Seite 54/55

1 Pause nicht die Karte M1 ab, sondern nutze eine Karte aus dem Atlas (wie im 1. Schritt beschrieben).

2 Nutze auch hier den Atlas. Gehe der Größe nach vor.

3 Denke an die richtigen Farbstifte: Schwarz für die Namen von Städten, Gebirgen und Landschaften sowie Blau für Flüsse.

4 Ein Beispiel könnte lauten: Wiesbaden ist die Landeshauptstadt Hessens und liegt am Rhein.

5 Zeichne die Kartenskizze eines Flächenstaates deiner Wahl.

Seite 56/57

1 a) Nutze die Legende in der Lernkarte M4 und suche die Buchstaben und Zahlen in der Karte.
b) Es handelt sich um die Flüsse d, e, h, k, um die Mittelgebirge C und D und um die Großlandschaft IV.
c) Suche die Mittelgebirge auf einer Atlaskarte „Deutschland Physisch". Orientiere dich vorher noch einmal auf der Karte M4, wo die Mittelgebirge in Deutschland zu finden sind.

2 Beispiel:

(Heißt wie?)	(Ist was?)	(Liegt wo?)
Brocken	Berg	im Harz
…	…	…

3 Nutze auch die Deutschlandkarte im Anhang S. 257. Hinweis: Beim längsten Fluss ist nur die Länge des Flussabschnitts in Deutschland angegeben.

Seite 58/59

1 Die Fotos ähneln sehr den Zeichnungen in der Karte.

2 Fertige mit T1 eine Liste an. Wer und welche Institution haben in Berlin ihren Sitz, die für ganz Deutschland wichtig sind?

2 **B** –

3 **A** Beschreibe dazu auch den zurückgelegten Weg anhand der Straßennamen.

3 **B** In T1 werden einige Gebäude (indirekt) aufgezahlt.

4 Informiere dich im Internet zum Beispiel über die Lage, das Alter, die Große, die geschichtliche Bedeutung und Besonderheiten deiner Sehenswürdigkeit.

5 Bedenke, dass Berlin einmal eine geteilte Stadt war.

Seite 60/61

1 Nimm eine physische Karte von Deutschland zu Hilfe (zum Beispiel auf S. 257). Das Elbsandsteingebirge liegt in der Nähe von

Dresden. Schloss Neuschwanstein liegt in Alpennähe.
2 a) Eine erste Orientierung bietet die Fläche. Die drei kleinsten Bundesländer sind Stadtstaaten.
b) –
3 A a) Es sind die drei kleinsten Bundesländer, da sie nur aus einer Stadt bestehen.
b) In der Mitte liegen die Bundesländer, die keine Grenze zu einem Nachbarstaat haben.
c) Gemeint ist: Welche Bundesländer liegen an der Nordsee und/oder Ostsee? Zwei Stadtstaaten liegen in der Nähe der Küste, aber nicht direkt am Meer.
3 B Es sind die Bundesländer in der Mitte von Deutschland.
4 A Die Tabelle kann alphabetisch angeordnet sein oder zum Beispiel die Lage der Bundesländer von Nord nach Süd widerspiegeln. Die Hauptstädte findest du zum Beispiel auf der Deutschlandkarte im Anhang (S. 2). Es sind die unterstrichenen Städte.
4 B Du übst mit dieser Aufgabe, die Lage von Orten zu beschreiben.
5 Im Norden liegt nur ein Nachbarstaat. Im Osten sind es zwei, im Süden auch zwei und im Westen vier Nachbarstaaten.

Seite 62/63
3 Beginne so: „Mit einem Säulen- oder Balkendiagramm kann man gut … darstellen."
4 M1 und M3 helfen dir, die Aussagen der Kinder dem jeweils passenden Bundesland zuzuordnen.

Seite 66/67
1 a–d) Erstelle eine Tabelle wie folgt:

Name	Land	Kennzeichen	Spezialität
Corinne	Luxemburg	L	Kachkéis

2 Die Zeichnung arbeitet mit übertriebenen Darstellungen. Natürlich essen nicht alle Deutschen täglich Laugenbrezeln. Auch die Belgier essen nicht jeden Tag Pommes frites.

5 Leben in der Stadt, Leben auf dem Land
Seite 70/71
1 Mache dir klar, wie Politik stattfindet und was man unter Kultur versteht. Ordne dann die in T1 und T2 genannten Einrichtungen und die Bilder M3 – M6 richtig zu.
2 A Suche Gebäude, deren Namen die Begriffe Ministerium, Staat oder Land enthalten.
2 B Suche Namen von Gebäuden, die zur Regierung gehören und die für große Kulturveranstaltungen geeignet sind.
3 A Bestimme drei Sehenswürdigkeiten deiner Wahl und plane den günstigsten Weg, an dem diese drei Ziele liegen. Nenne die Straßennamen und eventuell markante Gebäude, an denen der Weg vorbeiführt.
3 B Siehe A3 und ergänze den Weg um zwei weitere Ziele.
4 a) Erinnere dich an die Arbeit mit dem Methoden-Kapitel S. 24 im Schulbuch: Mit der Schrittfolge dort kannst du auch einen Stadtrundgang in Wiesbaden machen.
b) Du kannst so schreiben, Beispiel M3: Der Hessische Landtag liegt im Zentrum der Fußgängerzone von Wiesbaden, nah am Schloss, am Rathaus und einer der beiden großen Kirchen in der Innenstadt.
5 Gib im Suchfeld eines Browsers einfach die Frage ein: Warum ist Wiesbaden Landeshauptstadt?

Seite 72/73
1 a) Betrachte die Bildinhalte.
b) Halte in M2 Ausschau nach dargestellten oder ähnlichen Gebäuden auf den Fotos in M1.
2 A a) Erstelle zunächst eine kleine Stichwortliste mit den Begriffen aus T2.
b) –
2 B a) Beginne so: „Die City ist … In der City gibt es …An die City schließen … an."
b) –
3 A Trage in die linke Spalte die Begriffe Wohngebiet, Mischgebiet, City und Gewerbegebiet ein.
3 B Nutze die Methodenseite auf S. 24/25.
4 Erstellt eine Liste mit Vor- und Nachteilen am Stadtleben.

Seite 74/75
1 Beschreibe die Lage z. B. mit Google Earth (Methode S. 24/25).
2 1. Schritt: Stelle Vermutungen zur Jahreszeit und Tageszeit der Aufnahme des Bildes an.
3 Unterteile das Bild wie folgt: Vordergrund: Ein flaches Tal mit Wiesen und kleinen Gehölzen, einer Straße und links einem Wald. Mittelgrund: Eine Ortschaft hauptsächlich am linken Talrand bis zum beginnenden Wald. Hintergrund: Höhere Waldkuppen, die aus einem dichten Talnebel herausschauen.

Seite 76/77
1 a) Schaut die Bildinhalte genau an und ordnet sie verschiedenen Funktionen für das Leben in einem Ort zu.
b) Sagt vor allem etwas über die Unterschiede in der Vielfalt der Funktionen aus.
2 A a) Lest T1 genau und nenne die wichtigsten Veränderungen in Breuna in den letzten Jahren.
b) Die Gründe für das Wachstum von Breuna werden im T1 ebenfalls deutlich genannt. Du kannst fünf Gründe finden.
2 B Lies T1 aufmerksam, du kannst dort fünf Begründungen für das Wachstum von Breuna in den letzten Jahren finden.

3 A Lege eine Tabelle an und entnimm dann aus den Texten M 3 – M 6 in Stichworten die Vor- und Nachteile.

Vorteile	Nachteile
Nähe zur Natur …	fehlendes Kulturangebot …

3 B Stellt in eurer Radiowerbung die Vorteile des Landlebens und der Lage von Breuna mit lebendigen Worten heraus.

4 Nenne die für dich stärksten Argumente für das Stadt- oder Landleben und begründe damit deine Meinung.

Seite 78/79

1 a) Das Schlüsselwort für eure Überlegungen sollte das Wort „Anziehungskraft" sein.
b) Stelle aus M 1 und T 1 eine kleine Liste von Gründen zusammen, die Darmstadt zu einem „Magneten" für die Menschen macht.

2 A a) Du kannst in T 2 fünf Probleme finden, die das Pendeln schafft.
b) Frau Röder will in Kombination mit dem E-Bike und dem ÖPNV fahren. Überlege, welche Vorteile und Nachteile das gegenüber dem Pendeln mit dem Auto bringt.

2 B a) Ihr könnt eine Tabelle dazu anlegen:

Verkehrsmittel	Vorteile	Nachteile
Auto	fährt ab Haustür, …	Stehen im Stau, …
ÖPNV	…	
…		

3 A Schau dir die Legende und die Bezeichnungen an den Achsen des Diagramms genau an und werte dann die Anteile bei den verschiedenen Verkehrsmitteln der Pendler aus.

3 B Die Aufgabe zielt auf den unterschiedlichen Gebrauch der Verkehrsmittel zwischen Pendlern in der Großstadt und Pendlern auf dem Land.

4 a) Macht eine Umfrage mit Strichliste für die Verkehrsmittel in eurer Klasse.

Verkehrsmittel	Auto	Zu Fuß	Bus oder Bahn	Fahrrad
Anzahl	…	…	…	…
Prozentanteile	…	…	…	…
Strecken	…, …	…, …	…, …	…, …
Durchschnitt	…	…	…	…

b) Stellt die Ergebnisse eurer Befragung in einer gemeinsamen Liste zusammen.
c) Beachtet beim Vergleich, ob euer Schul- und Wohnort eine Stadt ist oder im ländlichen Raum liegt. Die Streckenlängen könnt ihr nicht vergleichen, weil diese in M 4 nicht angegeben sind. Ihr könnt aber z. B. die durchschnittlichen Pendelstrecken ausrechnen.

Seite 80/81

1 a) und b) Achte bei M 1 in der Legende jeweils auf das Zeichen mit der richtigen Einwohnerzahl für deine beiden Städtelisten.

2 a) Das Bundesland mit den meisten Großstädten erkennst du in M 1 sofort an der dichten Ballung der Kartenzeichen.
b) Arbeite wieder mit dem Kartenanhang. Einige der gesuchten Städte sind mit ihrem Autokennzeichen in M 1 eingetragen.

3 Tipp: Es gibt nur drei Millionenstädte in Deutschland.

4 Schätze bei jedem Bundesland ab, ob städtisch oder ländlich geprägte Gebiete überwiegen.

5 a) Achte in der Legende auf die Zeichen für die Stadtgrößen.
b) Die Städtenamen findest du alle in M 2. Die Landschaftsnamen musst du in der Karte von Hessen im Kartenanhang noch aufspüren.

6 Suche das Bundesland Hessen (M 2) in Karte M 1 und vergleiche die Einträge der beiden Karten.

Seite 84–87

1 A Überlegt zuerst, welche Ideen ihr gut, welche ihr weniger gut findet. Was fällt euch noch ein?
2 –

6 Europa im Überblick

Seite 90/91

1 Folge der Grenze in M 2. Sie ist als dunkelgraue Linie eingezeichnet.

2 A a), b) Miss auf der Karte mit dem Lineal jeweils die größte Ausdehnung. Achte auf den Maßstab

2 B Überlege, warum sich andere Kontinente, wie Australien oder Afrika besser abgrenzen lassen.

3 A Inseln sind ganz vom Wasser umgeben, Halbinseln haben eine Verbindung zum Festland.

3 B –

4 Tipp: In den Diagrammen sind große Zahlen mit hohen Balken dargestellt.

Seite 92/93

1 a) Das Land liegt in Mitteleuropa
b) Notiere die Länder in der Reihenfolge: Dänemark, Polen, …

2 A Zum Vergleich: die Fläche von Deutschland beträgt etwa 358 000 km².

2 B Nutze auch den Atlas.

3 Schreibt zuerst alle Autokennzeichen auf, die zu eurem Teilraum gehören. Nutzt auch den Kartenanhang, Atlas und das Internet.

4 a) Geht wie in M 3 vor und nutzt dafür auch das Internet.
b) –

Seite 94/95

1 a) Beschreibe das Relief der Landschaften in den Fotos und die Pflanzenwelt.

b) Finde Polen, Tschechien und Frankreich, Andorra und Spanien auf einer geeigneten Karte und beschreibe die Lage.

2 **A** Suche zu jeder Großlandschaft Angaben zur maximalen Höhe, dem Relief und den Pflanzen.

2 **B a)** Siehe A 2
b) Die Donau ist der zweitlängste Fluss Europas und durchfließt/berührt 10 Länder.

3 **A a und b)** Orientiere dich an markanten Formen, z. B. der Küstenlinie oder Flüssen

3 **B** Beschreibe z. B. auf welcher Halbinsel die Städte oder Gebirge liegen, an welchem Fluss oder an welchem Meer.

4 **a und b)** Schau dir die Landhöhen in Karte M 3 an und suche Staaten, die z. B. durchgehend die Farbe (grün) für Tiefland haben.

Seite 96/97

1 **a)** Die Auswertung sollte sich vor allem darauf beziehen, welche Bevölkerungsdichte in dem jeweiligen Gebiet der Fotos vorliegt.
b) London und Warschau findest du direkt in M 2, die Lofoten und Island findest du im Atlas.

2 Schreibe wie bei den angefangenen Texten in kurzen, klaren Sätzen. Wenn du Namen von bestimmten Regionen oder Staaten in Europa nennen willst, hilft der Atlas.

3 Arbeite mit einer Staatenkarte von Europa.

4 **a)** Suche Karten zum Thema Bevölkerung in anderen Regionen.
b) Du findest beim Blättern im Atlas zahlreiche thematische Karten zu vielen Regionen der Erde.

Seite 100/101

1 Ordne den Fotos die Rekorde zu. Über die höchste Schlucht führt z. B. eine Brücke.

2 Finde die Namen der nahegelegenen Orte im Register deines Atlas oder im Kartenanhang (z. B. Durmitor) und ordne sie einem Land zu.

3 Wähle einen Rekord aus oder finde einen eigenen Rekord. Recherchiere im Internet nach Merkmalen, Lage, Besonderheiten etc.

7 Landwirtschaft heute

Seite 106/107

1 Gehe M 3 von links nach rechts durch und formuliere zu jedem Bild einen Satz.

2 Tipp: Unterschiedliche Pflanzen entziehen dem Boden unterschiedliche Nährstoffe. Deshalb …

3 Die fett gedruckten Wörter in T 1 sind Schlüsselwörter für deine Beschreibung. Nenne auch wichtige Zahlen zum Weizenanbau.

4 Lies zuerst M 6 genau und dann den ersten Absatz von T 2.

5 **a)** Arbeite mit einer Atlaskarte „Deutschland Landwirtschaft".
b) Tipp: Hessen hat Anteil an vier Börden/Gäulandschaften.

Seite 108/109

1 **a)** Beginne so: „Als Sonderkulturen bezeichnet man …, die einen hohen … erfordern." …
b) Erstelle eine Liste zu den Pflanzen in M 5.

2 Bedenke im Vergleich zu Getreide, dass bei den Sonderkulturen keine großen Maschinen zum Einsatz kommen können.

3 Gehe M 3 von links in Richtung der Pfeile durch und formuliere zu jedem Bild einen Satz. Beginne so: „Die Landwirtin kauft Erdbeerpflanzen, Folien, Dünger und Pflanzenschutzmittel bei Zulieferbetrieben. …

4 Lies M 4 aufmerksam und achte auf die Monatsnamen. Schreibe zu jedem Monat dann Stichworte in deine Tabelle.

Seite 110/111

1 Fange bei M 3 mit der Zulieferung an und folge den Pfeilen. Bilde zu jedem Bild einen Satz.

2 Werte die angegebenen Materialien genau aus und notiere in Stichworten die typischen Merkmale der Massentierhaltung. Beginne so. – Tausende von Tieren pro Stall, – …

3 Folgende Stichworte sind wichtig: Bodenqualität, Flächen und Arbeitsaufwand

4 Wichtige Gesichtspunkte des Vergleichs sind: Zahl der Tiere, Automatisierung, Preise, Tierwohl, staatliche Förderung

5 Überlege: Wer hat Vorteile von viel Billigfleisch und wo liegen die Nachteile?

Seite 112/113

1 Achtet auf Platz für jedes Tier und Möglichkeit für Auslauf.

2 **a)** Lies T 1 genau und notiere Stichworte zur ökologischen Landwirtschaft: – geschlossener Kreislauf, – …
b) Beginne beim Boden und folge den Pfeilen: Auf den hofeigenen Flächen werden Pflanzen angebaut, …

3 **a)** Werte die angegebenen Materialien genau aus und notiere in Stichworten die Regeln der artgerechten Tierhaltung. Beginne so. – großer, gut durchlüfteter Stall mit Tageslicht, – …
b) Gehe das Leben eines Mastschweines in Massentierhaltung und eines Bio-Mastschweines Woche für Woche im Vergleich durch.

4 In T 3 werden zwei entscheidende Gründe genannt.

5 Es gibt ein entscheidendes Merkmal für den Erhalt des staatlichen Biosiegels.

Seite 116/117

1 Beispiel: „Südwestlich von Hamburg haben die Böden eine schlechte Qualität. Was wird dort angebaut?"

2 Suche die Angaben zu Obst, Wein und Hopfen in der Legende und finde das jeweilige Symbol auf der Karte.

3 a) Wie wird Wald in der Legende ausgezeichnet? Suche die Farbe auf der Karte.
b) Recherchiere auf den Seiten der Umwelt- bzw. Landwirtschaftsministerien der Bundesländer.
4 Nenne alle landwirtschaftlichen Produkte, die laut der Kartensymbole in kurzer Entfernung zur Stadt Leipzig produziert werden.
5 Geht vor wie in der Sprechblase am linken Seitenrand.

Seite 118/119

1 a) Lies M 4 genau und suche die Anbaubedingungen für die Orangen heraus, z.B.: Schutz vor Kälte, …
b) Lies den Text von Maria noch einmal durch. Was ist wichtig für den Orangenanbau? Welche besonderen Bedingungen bietet Südspanien dafür?
2 A Arbeite mithilfe der Legende von M 5.
2 B Mithilfe der Legende von M 5 kannst du die landwirtschaftliche Nutzung in den Gebieten ablesen. Überlege auch, welche besonderen Anbaubedingungen die Subtropische Zone bietet.
3 Überlege, wie viel Wasser für die Landwirtschaft in Südeuropa und Spanien verwendet wird. Wie wirkt sich dies auf die Flüsse und Böden aus?
4 A a) Orientiere dich für die Begriffserklärung im Text am fett markierten Wort.
b) Die zwei Bewässerungsarten sind in M 6 abgebildet. Welche Unterschiede kannst du erkennen? Achte auf die Wassermengen und Pflanzenverteilung.
4 B Siehe A 4. Vergleiche das Bild M 3 mit der Abbildung M 6.
5 Achte auf die richtigen Monatsabkürzungen A für April und S für September.

Seite 120/121

1 –

2 A a) Verfolge die Produktionsschritte, die in M 2 beschrieben werden und in Grafik M 3 abgebildet sind.
b) Tipp: Achte auf die Hintergründe der Fotos.
2 B Der 2. Schritt ist … → „Netzinhalt auf dem Fangdeck ausleeren" → … Tipp: Jetzt geht es unter Deck weiter.
3 A a) Ergänze: Von Überfischung spricht man, wenn … Fisch aus dem Meer gefangen wird, als … Deshalb …
b) siehe 3 A a). Lies den 2. Absatz von T1 noch einmal aufmerksam durch.
4 Recherchiere mit den Begriffen „MSC-Siegel", „Überfischung" und „Fischarten".

Seite 122/123

1 M 4 hilft euch bei möglichen Fragestellungen.

Seite 124/125

1 Arbeitet mit dem Namenregister in eurem Atlas und sucht die genannten Ortsangaben.
2 a) Nutzt bei eurer Beschreibung geographische Begriffe aus der Karte und weitere Begriffe wie Namen von Regionen und Himmelsrichtungen (z.B. die Grenze verläuft von Westen nach Osten durch …)
b) Recherchiere mit den Suchbegriffen „Wachstumsbedingungen" und jeweils dem Namen einer der vier Nutzpflanzen.
3 Wählt für eure Fragen die Landwirtschaftsprodukte aus der Legende der Karte M 5 aus.
4 Ihr könnt Karten zu Hilfe nehmen, z.B. die Karte „Europa Staaten" im Anhang eures Schulbuches.

Seite 128/129

1 Überlegt, welche Arbeiten die Roboter den Landwirten und Landwirtinnen abnehmen können.
2 Du findest die Zahl in T 2.
3 a) Eines der Felder in M 3 gibt Auskunft.

b) Bedenke, dass jeder Landwirtschaftsbetrieb einen Gewinn erarbeiten muss.
4 Beginne bei der Milchsorte und erläutere die Grafik weiter im Uhrzeigersinn.
5 Überlegt, wie oft und welche Milchprodukte in eurer Familien verzehrt werden. Auch der Kassenzettel eines Wochenendeinkaufs kann hilfreich sein.

8 Tourismus und Freizeit

Seite 132/133

1 a) Wenn du ein Bild wählst, das dich an einen Urlaub erinnert, kannst du leichter begründen, warum du das Bild gewählt hast.
b) Hier kann es dir helfen, wenn du dich an der gleichen Klimazone orientierst, wie deine gewählte Urlaubsform.
c) Lies in T1 genau, denke aber auch daran, warum du verreist.
2 A In T2 findest du den Unterschied zwischen Individualreise und Pauschalreise.
2 B Schreibe in gut verständlichen Sätzen auf, was du einem Freund erklären würdest.
3 A Ergänze: Um 1900 … Ab 1950 … Auto … Ausland. Ab 1990 …
3 B Denke an das Dreieck der Nachhaltigkeit.
4 –

Seite 134–137

Ihr könnt eine Tabelle anlegen:

	Nordsee	Ostsee
touristisches Potenzial	…	…
Besonderheiten	…	…
Schutz des Raumes	…	…
Lösungsansätze	…	…

Seite 136/137

1 a+b) –
2 a) Am einfachsten lässt sich die Steilküste identifizieren.

239

b) Welche der Küstenformen findet ihr im Foto M3 und in der Karte M6 wieder?
c) Geht darauf ein, was Rügen für Touristen attraktiv macht: die Natur, Freizeiteinrichtungen, Kulturangebote …
d) –

3 a+b) Teilt alles Wichtige mit. Formuliert klare Aussagen, denn die anderen beiden Schüler/innen kennen eure Informationen noch nicht.
c) Hört genau zu. Schreibt das Wesentliche in die Tabelle.

Seite 138/139
1 a) Ein Stadtplan hat auch immer ein Register. Gib dort nacheinander die Orte ein, die du suchen möchtest.
b) Nutze die Schritte 1 bis 4.
2 a) Öffne die Reiseführer-App und gib in das Suchfeld DOM ein.
b) Du kannst M3 und M4 als erste Hilfen und dann deine Apps nutzen.
3 Beginne so: „Es gibt zahlreiche Attraktionen wie …"
4 Berücksichtige bei deiner Antwort auch, dass Apps nicht von alleine entstehen. Sie kosten und die Ersteller wollen etwas verdienen. Also muss entweder … oder …
5 Beginne so: „Ich würde Familie Lang empfehlen, …" Nutze zum Beispiel: eine Reiseführer-App, Stadtplan-App und/oder ÖPNV-App.

Seite 140/141
1 a) Auch Aktivurlaub gehört zur Erholung.
b) Nimm auch eine Atlaskarte zu Hilfe: Tourismus in Europa.
2 a) Nutze zur besseren Orientierung auch die Atlaskarte Tourismus in Europa.
b) Viele Städte eignen sich auch für Tourismus im Winter.
3 Sucht für den Steckbrief zum gewählten Urlaubsort im Internet nach geeigneten Informationen.

4 Folgt dem Fluss in Fließrichtung, also zum Beispiel auf der Donau von Passau bis zum Schwarzen Meer oder auf dem Rhein von Köln bis zur Nordsee.

Seite 142/143
1 Ihr könnt bei eurer Antwort von den Empfindungen ausgehen, die das Bild bei euch auslöst.
2 a) Lege das Lineal quer an und versuche die größte Ost-West-Entfernung auszumessen. Verfahre bei der Nord-Süd-Ausdehnung genauso von oben nach unten (bzw. von Nord nach Süd). Lies die Ausdehnung jeweils an der Maßstabsleiste ab.
b) Es gibt acht Staaten inklusive der Fürstentümer Liechtenstein und Monaco.
3 A a) Schreibe kurz auf, was du in den einzelnen Höhenstufen siehst. Achte für die Höhenangaben auf die gestrichelten Linien und die schwarz-weiße Leiste in der Mitte der Grafik.
b) –
3 B Gib im Internet ein: die jeweilige Höhenstufe + Vegetation und Tierwelt, zum Beispiel „Mattenstufe Vegetation Tierwelt".
4 A Die touristische Infrastruktur umfasst zum Beispiel Seilbahnen, …
4 B Gehe auf die möglichen Aktivitäten im Sommer und im Winter ein.
5 Touristen kommen nicht nur im Sommer oder Winter, sondern …
6 Denkt über die touristische Infrastruktur nach und stellt euch vor, was das alles mit der Landschaft anstellt.

Seite 144/145
1 Nutze den SP-Tipp in der Randspalte. Suche zunächst Gebäude, Straßen, o. Ä., die auf beiden Bildern vorhanden sind.
2 A Im Sommer können Touristen wandern, … Im Winter …
2 B Durch welche Angebote wird Serfaus bei Touristen attraktiv?

3 A Decke am besten die Spalte 1985 ab. So kannst du dich leichter auf die Jahre 1955 und 2020 konzentrieren.
3 B a) Achte vor allem auf die Anzahl an Übernachtungen pro Jahr.
b) Denke auch an den Begriff „Doppelsaison", der in der Randspalte erklärt wird.
4 Bewerten heißt auch Stellung beziehen. Denkt daran, dass eine Verbesserung im Verkehr auch immer eine Steigerung des Verkehrs bedeutet.
5 Fünf Schülerinnen und Schüler, fünf Rollen, fünf Meinungen. Vielleicht wechselt ihr nach einiger Zeit die Rollen?

Seite 146/147
1 a) und b) –
2 A a) Verwende eine Schale o. a., um das Mehl aufzufangen.
b) Welche Bedeutung haben die Nagel, das Mehl, die gekippte Unterlage?
2 B Betrachte auch M3.
3 Unterscheide natürliche und künstliche Schutzmaßnahmen.
4 A Wer gilt besonders als Verursacher von Lawinen?
4 B siehe A4
5 Betrachte das Bild in M5. Arbeite aus dem Text heraus, wodurch die Hauser zerstört wurden.

Seite 148/149
1 a) Vergleicht jeweils die Bilder M1 und M3, sowie M2 und M4 direkt miteinander. Welche Unterschiede werden deutlich?
b) Im Einklang bedeutet hier: Die Natur schätzen und schützen.
2 A Überlege, was der Massentourismus für die Umwelt und die Bewohner bedeutet.
2 B a) –
b) Welche Vorteile ergeben sich für die Touristen?
3 A a) –
b) Vergleiche die Kriterien in M6 mit den in T3 genannten Maßnahmen der Alpine Pearls.

240

3 **B** a) Beschreibt erst, was man unter nachhaltigem Tourismus versteht, und gleicht dies mit dem Beispiel Alpine Pearls ab.
b) Auf welche Fahrten mit dem Auto könntet ihr im Alpenurlaub verzichten – auf alle? Oder gibt es eurer Meinung nach Ausnahmen?
4 Der nachhaltige Tourismus bietet an, die Touristen müssen handeln. Handeln setzt Denken voraus.

Seite 150/151
1 a) Beschreibe, was du im Vordergrund, im Mittelgrund und im Hintergrund siehst.
b) Schreibe alles auf, was die Touristen anzieht.
2 Du sollst kurz, aber genau formulieren, was Massentourismus bedeutet.
3 **A** Vergleiche die Entwicklung der blauen bzw. der orangefarbenen Säulen. Was fällt dir auf?
3 **B** Strukturiere so: „Von 1970 bis 2000 … Von 2000 bis 2010 … Von 2010 bis 2018 …"
4 **A** Welche Vor- und Nachteile erkennst du? Liste diese in einer Tabelle auf.
4 **B** Überlege, welchen Einfluss der Massentourismus für die Einwohner und die Umwelt Mallorcas hat.
5 a) Orientiere dich an den großen gelben Quadraten in M 5.
b) Überlege: Was könnte die Touristen an der Küste anziehen?

Seite 152/153
1 Benutzt auch weitere Seiten des Schulbuchs zum Thema für eure Vorbereitung.
2 –
3 –
4 –

Seite 156/157
1 –
2 a) Die Probleme sind umso schlimmer, je mehr die Touristenzahlen steigen.
b) Begründe deine Meinung zum Lösungsansatz von Dubrovnik.

3 Betrachte M 5. Die Säulen zeigen die Passagierzahlen in Millionen. Gibt es einen Trend?
4 Betrachte bzw. lies noch einmal T 1, M 4 und M 6 genau.

9 Industrie und Dienstleistungen

Seite 160/161
1 Ordne richtig zu: Chemielaborant, Gärtner, Industriemechaniker, Lehrerin, Lkw-Fahrer, Müllwerker, Postbote, Redakteurin, Stahlarbeiter/Stahlarbeiterin
2 **A** Deine Übersicht könnte so aussehen:

primärer Sektor	sekundärer	tertiärer
↓	↓	↓
Land…, …	…	Dienst…
↓	↓	↓
Landwirt, …	…	Lehrer/in, …

2 **B** Die Zeichnungen sollten das Wesentliche der Wirtschaftssektoren zum Ausdruck bringen: für den primären Sektor den Abbau oder die Erzeugung von Rohstoffen, für den sekundären Sektor die Erbringung von die Herstellung von Produkten und für den tertiären Sektor Dienstleistungen.
3 a) Überlege: Wer arbeitet in der Industrie? Wer erbringt eine Dienstleistung?
b) Lege eine Tabelle an:

Name	Wirtschaftssektor
Alois Esser	… Sektor
…	…

4 Beginne so: Von 1960 bis 2021 ging der Anteil der im … Sektor beschäftigten Personen von … auf … Prozent zurück. Zwischen … und … halbierte sich der Anteil der im … Sektor beschäftigten Personen. … verdoppelte sich … … halbierte sich … … waren etwa die Hälfte aller Beschäftigten im … Sektor tätig. … waren etwa zwei Drittel aller Beschäftigten im … Sektor tätig.

Seite 162/163
1 a) Gliedere das Foto, indem du zum Beispiel Wohngebiete, Industriegebiete und landwirtschaftlich genutzte Gebiete unterscheidest; indem du Flüsse, Straßen oder Eisenbahnlinien als Orientierungslinien verwendest; indem du Vordergrund, Hintergrund, rechten oder linken Bildrand beschreibst.
b) Suche im Kartenregister/Atlasregister nach dem Ort Ludwigshafen. So findest du eine passende Karte. Gehe bei deiner Beschreibung auf das Bundesland, die nächsten großen Städte und die Lage am Fluss ein.
2 **A** Im zweiten Abschnitt von T 2 und in M 2 findest du die wichtigsten Standortfaktoren.
2 **B** Liste auf, wofür das Wasser des Rheins benötigt wird.
3 **A** Liste auf: Farbstoffe, Kunst…, …
3 **B** Nenne Beispiele: Die Elektroindustrie benötigt Kunststoffe für die Herstellung von … Die Möbelindustrie benötigt …
4 Du kannst eine Tabelle anlegen:

Unternehmensbereiche	Werksbereiche auf dem BASF-Gelände
Forschung und Entwicklung	4 Kunststofflaboratorium
Fertigung und …	10 Kunststoffproduktion …
…	1 Landeshafen Nord …
…	…

5 Arbeite mit der Atlaskarte „Deutschland Wirtschaft". Suche zunächst in der Legende das Symbol für chemische Industrie. Suche dann das Symbol in der Karte und schreibe die Wirtschaftsregion bzw. die Städte auf.

Seite 164/165
1 Erkläre beide Begriffe jeweils mit nur einem Satz.

241

2 **A** Berücksichtige die Qualität und die Preise des Eisenerzes.
2 **B** a) siehe 2A.
b) Arbeite mit einer Atlaskarte von Nordeuropa.
3 **A** Beginne so: Zuerst wird das Eisenerz abgebaut. Dann wird es per Eisenbahn und Schiff zu den Hüttenwerken transportiert. …
3 **B** Vervollständige die Produktionsschritte nach T2, M5 hilft.
4 a) Arbeite mit der Atlaskarte „Welt Staaten".
b) Arbeite mit der Atlaskarte „Europa Wirtschaft". Notiere die Länder, in denen die Signatur für Eisenerz zu finden ist.

Seite 166/167

1 M1: Wer baut das Auto zusammen? Wie viele Personen sind auf den Fotos zu sehen?
T1: Erkläre den Begriff Automatisierung.
2 **A** Folge den Produktionsschritten und Pfeilen: 1. In der … werden die Pläne für das Auto … 2. Bei der … werden die Stahlbleche … 3. Bei der … wird die Karosserie … usw.
2 **B** Nenne Teile des Autos, die der Automobilhersteller von Zulieferbetrieben einkauft: Scheinwerfer, …
3 **A** In M4 sind die Firmensitze der Automobilhersteller mit Farben, die in der Legende erläutert sind, gekennzeichnet.

	Standorte
BMW	München, Landshut, Dingolfing, …
…	…

3 **B** a) Vergleiche Nord- und Süddeutschland sowie die westlichen und die östlichen Bundesländer.
b) Die Zulieferbetriebe sind in der Karte mit einem kleinen blauen Quadrat eingezeichnet.
4 a) Vor welchen technischen Herausforderungen steht die Automobilindustrie? Wie verändert sich unter Umständen die Nutzung von Autos?
b) Lege eine Tabelle an:

Vorteile	Nachteile
– kein Verbrauch von Erdöl	– …
– …	– …

Seite 168/169

1 Die Bilder zeigen zwei Industriezweige und zwei Dienstleistungsbereiche.
2 Du kannst etwa 15 Staaten finden. Die Erdgas- und Erdölförderung in der Nordsee geschieht durch alle Anliegerstaaten.
3 Trage alle Standorte ein, die die großen Symbole für Wirtschaftszentren aufweisen (s. Legende).

Seite 170/171

1 a) Beginne so: „Als Standortfaktoren werden sämtliche Gründe bezeichnet, warum sich ein Unternehmen …"
b) „Harte Standortfaktoren kann man genau … Weiche Standortfaktoren beruhen dagegen auf den eigenen …"
c) Beachte die Legende bei M2.
2 a) „Conny Croissant möchte ein … eröffnen, Harry Schnell hat ein …"
b) Beginne so: „Conny prüft Standorte auf dem Land, in der … und …"
c) Lege eine Tabelle an:

	Land	…	…
Standortvorteile	– spart Transportkosten – Ausflugsziel	…	…
Standortnachteile	…	…	…

d) Entscheidet danach, welche Standortfaktoren für Connys Vorhaben am wichtigsten sind.
e) Für Harry Schnell ist nicht der Kontakt zu den Kunden entscheidend, sondern …
3 Berücksichtige, dass die Stadt auch für die Mitarbeiter/innen der Unternehmen und deren Familien attraktiv sein möchte.
4 Viele Leute sollen den Supermarkt gut erreichen können. Auch Waren müssen angeliefert werden.

Seite 172/173

1 a) Es sind die vier Hauptverkehrsmittel überhaupt.
b) Denke an die Lage und an die Verkehrswege.
2 **A** Achte auf die Zahl der Beschäftigten und die Zahl der dort ansässigen Unternehmen.
2 **B** Siehe 2A. In M2 werden die wichtigsten Bereiche im Flughafen genannt. Denke an die vielen notwendigen Tätigkeiten dort.
3 **A** Erläutere mithilfe der Fluggastzahl und dem Rang des Flughafens in Deutschland bzw. in Europa.
3 **B** Siehe 3A. Für die Darstellung der Zahlen von M3 oder M4 bietet sich ein Säulendiagramm an (siehe Seite 63).
4 Erkläre die Aussage mit der Vielzahl der Arbeitsplätze im Dienstleistungsbereich.
5 In T2 kommt eine aussagekräftige Zahl dazu vor.

Seite 174/175

1 a) Wähle aus den drei verschiedenen Signaturen für Verkehrsknoten in der Legende jeweils mindestens zwei aus.
b) Nenne Beispiele, die die Teile Europas (z.B. West- und Osteuropa) miteinander verbinden.
c) Die Antwort hat etwas mit der Lage und den Bevölkerungszahlen der beiden Regionen zu tun.
2 Lege dazu eine Tabelle an:

Verkehrsmittel	Vorteile	Nachteile
Straßenverkehr	dichtestes Netz, …	häufig Staus, …
…		

3 a) Erläutere die Anteile der einzelnen Verkehrsarten nach ihrer Größe.

b) Lies M 3 und achte auf die Hinweise zur Umweltfreundlichkeit der einzelnen Verkehrsmittel.

Seite 178/179

1 –

2 Überlege zunächst einmal selbst. Wenn dir keine Vorteile und Nachteile einfallen, lies in T1 nach.

3 In der Karikatur sind Roboterarme, zum Beispiel in der Automobilindustrie, zu sehen. Früher haben Menschen Autos zusammengebaut. Heute übernehmen diese Arbeit …

4 „Personalabbau" bedeutet, dass Arbeitnehmer entlassen werden, „beim Personalaufbau" werden neue Arbeitnehmer eingestellt.

5 Schreibe in der Mitte deiner Mindmap das Wort „Digitalisierung". Hauptäste könnten zum Beispiel „Vorteile" und „Nachteile" sein, aber auch Bereiche, die von der Digitalisierung betroffen sind, zum Beispiel die „Kommunikation", „Gesundheit", …

10 Energie

Seite 182/183

1 Gehe deinen typischen Schultag vom Aufstehen bis zum Schlafen in Gedanken durch.

2 Denke auch an die vielen Geräte, die nur selten gebraucht werden. Schaue z. B. in die Küchenschränke, in den Keller, …

3 **A** Die Energieverbraucher sind bereits gegen den Uhrzeigersinn nach Größe geordnet. Beginne mit deiner Erläuterung also oben links. Nenne möglichst zu jedem Bild auch weitere Beispiele oder z. B. eine typische Anzahl der jeweiligen Geräte in einem Durchschnittshaushalt.

3 **B** a) siehe 3 A
b) Die wichtigsten fehlenden Energieverbraucher in M 4 haben mit der Mobilität zu tun.

4 **A** Stelle den Inhalt von T1 dem Inhalt von T2 gegenüber.

4 **B** Stelle bei deiner Begründung den technischen Fortschritt in den Mittelpunkt.

5 a) Lies T3 genau und erläutere die kurzen Energiespartipps in M 5 der Reihe nach ausführlicher.
b) Denke vor allem an die Gedankenlosigkeit und Bequemlichkeit vieler Menschen.

Seite 184/185

1 M1 und M3 zeigen die beiden wichtigsten Gründe für die weiter steigende Bedeutung des Stroms im Alltag.

2 **A** Die beiden Erklärungstexte in der Randspalte links erläutern die Begriffe genau.

2 **B** Siehe A 2. Zur Erläuterung von M 2 lies zuerst den Text links genau durch. Gehe dann das Schema von links nach rechts durch und erläutere es mit den dort genannten Fachbegriffen.

3 **A** a) In T1 und T2 werden drei entscheidende Gründe genannt.
b) Du findest die Erklärung am Anfang von T2.

3 **B** Du kannst drei entscheidende Gründe für die Energiewende weg von Wärmekraftwerken finden.

4 **A** a) In T3 werden fünf wichtige Anstrengungsbereiche der Energiewende genannt.
b) Achte in M 4 auf die sich ändernden Anteile der Energieträger in der jüngeren Zeit.

4 **B** Siehe A 4. Denke daran, dass Norwegen durch seine Gebirge viel mehr Möglichkeiten für die Anlage von Pumpspeicherwerken hat als Deutschland.

Seite 186/187

1 Nutze eine Atlaskarte „Europa Wirtschaft" und suche in der Legende die Signaturen für die Stichworte Bergbau/Rohstoffe/Energierohstoffe. Beschreibe dann die Lage wichtiger Fördergebiete in Europa.

2 **A** Werte die Materialien aus und gib dann M 3 mit eigenen Worten wieder.

2 **B** Überlege, welche Fragen Helges 11-jähriger Sohn stellen könnte und wie der Vater darauf antworten würde.

3 **A** Du findest die Probleme etwa in der Mitte des Textes T1.

3 **B** Lies T1 genau, dann findest du im Text drei technische Herausforderungen und eine Umweltbelastung bei der Gewinnung von Erdöl und Erdgas aus der Nordsee.

4 Gehe in Richtung der Pfeile vor und nutze die Begriffe in M 5.

5 a) Beschreibe, warum Erdöl für uns so wertvoll wie Gold ist.
b) Bedenke, was man aus Erdöl alles herstellen kann (siehe letztes Bild in M 5).

Seite 188/189

1 Arbeite mit einer Atlaskarte „Deutschland Energie". Suche in der Legende die Stichworte Energierohstoffe/Lagerstätten/Braunkohle. Suche dann die Namen der Braunkohle-Regionen in Deutschland.

2 **A** Beschreibe den Vordergrund und den Hintergrund des Bildes. Achte auf die verschiedenen Farben des Bodens, sie sind wichtig für das Verständnis des Braunkohlentagebaus.

2 **B** Gehe das Schaubild M1 von links nach rechts durch und gebrauche bei deiner Erklärung die genannten Fachbegriffe.

3 **A** Die Überschrift von T2 macht deutlich, worauf deine Beschreibung zielen muss.

3 **B** Denke an die hohen Kosten für die Umgestaltung ganzer Landschaften und an die Lage der Menschen in einem Ort, der für den Braunkohleabbau „verschwinden" muss.

4 a) Nutze für deine Messung die Maßstabsleiste von Karte M 3.
b) Es handelt sich um die Dörfer zwischen dem jetzigen Tagebau Garzweiler (Nord und Süd) und der geplanten Abbaugrenze von Garzweiler II.

c) Lies T3 genau. Du findest die heutigen Nutzungen auch teilweise in Karte M3 eingezeichnet.

5 Stelle dir vor, du und deine Familie müsstet euer Wohnhaus verlassen, weil die Braunkohlebagger kommen. Welche Gedanken würden dir durch den Kopf gehen?

Seite 190/191

1 Lies Text T1 genau. Beachte besonders die Bedeutung der Sonne.
2 Lege die Tabelle so an:

Erneuerb. Energie	Vorteile	Nachteile
Fotovoltaik	direkte Umwandlung von Sonnenlicht in Strom	große Spiegelflächen in der Landschaft
…		

3 **A** Der Einleitungstext zum Kapitel gibt die wichtigste Antwort.
3 **B** Wenn du noch einmal alle Argumente für die erneuerbaren Energien überdenkst, wird dir die richtige Antwort nicht schwerfallen.
4 **A** Unterscheide bei deiner Auswertung zwischen fossilen und erneuerbaren Energieträgern.
4 **B** Siehe A4. Für die Berechnung des Anteils der erneuerbaren Energien musst du erst die gesamte Stromerzeugung durch Addition aller Werte berechnen (= 100 %). Dann musst du die Werte der erneuerbaren Energien addieren und diese Zahl dann als Prozentsatz der gesamten Stromerzeugung berechnen.
5 Arbeite mit einer Karte „Europa Energie" und darin mit den Signaturen für Windparks und Sonnenenergieanlagen. Nenne Gebiete, wo du viele dieser Signaturen findest.

Seite 194/195

1 –
2 Legt die Tabelle wie folgt an:

Art der Energiegewinnung	Beschreibung/ Erklärung	Gründe für die Errichtung	Vorteile für den Landwirt
Biogasanlage			
Solarpark			

3 Ergänzt die Tabelle rechts um eine weitere Spalte „Nachteile".
4 Entscheidet euch für oder gegen eine Art der Energiegewinnung. Plant dementsprechend. euren Brief an Herrn Meyer, Helmer oder Kölling. Nutzt eure Ergebnisse in der Tabelle aus den Aufgaben 2 und 3.

11 Leben in der kalten und in der heißen Zone

Seite 198/199

1 a) Lies dir den Text M2 genau durch und notiere das, was für dich am Tropischen Regenwald außergewöhnlich ist.
b) Nutze die Atlaskarten „Welt Vegetationszonen" und „Welt Staaten".
2 **A** a)

Tagesablauf	Wettererscheinungen
7 – 10 Uhr	Wasser verdunstet. Die Luft ist feucht.
…	…

b) Beginne so: Um 6 Uhr geht die Sonne auf. Zwischen 7 – 10 Uhr verdunstet das Wasser durch die Warme. Die Luft ist feucht.
2 **B** a) siehe 2A.
b) Vergleiche M4 mit dem Tagesablauf im Tropischen Regenwald in M3.
3 **A** Ergänze die Sätze: Tageszeitenklima im Tropischen Regenwald: Die Temperaturunterschiede zwischen … und … sind größer als innerhalb eines … Es gibt keine …. Jahreszeitenklima wie bei uns: Bei uns ändern sich die Temperaturen im Verlauf eines … erheblich. Es gibt verschiedene …
3 **B** Wie verändert sich die Vegetation bei uns während der Jahreszeiten? Lies den letzten Abschnitt in T1. Wie sind die Auswirkungen des Tageszeitenklimas auf die Vegetation.
4 Entscheide dich für eine Präsentationsform. Nutze die fett gedruckten Begriffe in T1. Schreibe sie auf und notiere Informationen dazu. Deine Ergebnisse zu den Aufgaben 1 – 3 helfen dir.
5 Die Erdachse ist geneigt. Dadurch ist die Erde bei ihrem Weg um die Sonne mal mit dem einen und mal mit dem anderen Pol näher an der Sonne. Das hat bei uns (Gemäßigte Zone) die Unterschiede zwischen Sommer und Winter zur Folge und bestimmt auch die unterschiedlichen Tageslangen (siehe M3). Direkt am Äquator, also im Tropischen Regenwald, ist der Abstand zur Sonne fast immer gleich und sind die Tageslängen im Vergleich zur Gemäßigten Zone …

Seite 200/201

1 Notiere, was dir im Vergleich zu unserem Wald besonders auffällt.
2 **A** a+b) Konzentriere dich auf den mittleren Bereich von M2 und schau dir die Bäume genau an. Beachte die Höhenangaben links dieses Bereiches.
2 **B** Beschreibe die Verteilung des Lichteinfalls in % mithilfe der gelben Säule in M2. Beschreibe die Temperaturentwicklung vom Boden bis zur Höhe mithilfe der roten Säule und die Luftfeuchtigkeit mithilfe der blauen Säule. Die Anzahl der Tiere vom Boden bis zur Höhe kannst du mithilfe der grünen Säule ablesen.
3 **A** Gib mit eigenen Worten wieder, was in Text T3 steht. Beginne damit, dass abgestorbene Pflanzenteile zu Boden fallen.
3 **B** Beginne so: „Die tropischen Böden speichern nur wenige Nährstoffe …"

4 Lies Text T 4 noch einmal durch. Beschreibe, wie sich das Ökosystem im Tropischen Regenwald zusammensetzt. Erkläre an einem Beispiel, wie empfindlich es auf Einflüsse von außen reagiert.

Seite 202/203

1 a) Achtet in M1 auf jedes Detail.
  b) Beschreibt alle Details möglichst genau.
2 Hier könnt ihr außer euren Vermutungen auch euer Vorwissen einbringen.
3 Merkt euch eure Vermutungen, damit ihr sie später überprüfen könnt.

Seite 204/205

1 Gehe vor allem auf die Form und die Farbe der Gesteine ein.
2 A a) Beschreibe die Form und Größe der Gesteinsteile in M 5 – M 9 und in der Grafik M 7.
  b) Orientiere dich an den Felsformen in M 4 und M 7.
2 B a) Siehe 2 A.
  b) Lies T1 genau und achte darauf, was dort zur Wirkung von Sonne, Wind und Wasser ausgesagt wird.
3 Beziehe dich auf Vegetation, Temperatur und Niederschlag.
4 Nutze M1 oder die Karte „Erde" und die Karte „Erde Staaten" im Anhang.
5 Du findest die Erklärung in T1 im Zusammenhang mit dem Stichwort „Sandstürme".

Seite 206/207

1 a) Beschreibe, was du im Vordergrund, im Mittelgrund und im Hintergrund des Fotos siehst.
  b) Was gibt es in den Oasen, was es in der Wüste nicht gibt?
2 A Unterscheide drei Schichten.
2 B Betrachte M1 und M2 und zeichne dann die drei Schichten.
3 A Trage die Teile der Dattelpalme in die Tabelle links ein: Stamm, Blätter, Palmwedel, Datteln, Saft aus dem Stamm. Schreibe nun die jeweilige Verwendung rechts daneben.

3 B Gehe auf die Größe der Dattelpalme ein.
4 A Betrachte die Abbildungen in M4 und überlege, wo das Wasser herkommt.
4 B Beschreibe die unterschiedliche Art der Wassergewinnung.
5 Bedenke, dass das Wasser für die Bewässerung der Felder sehr kostbar ist.

Seite 208/209

1 Schau dir die Lage von Tromsø auf der Pilotkarte M1 genau an.
2 A a) Achtet darauf, dass die Erdachse des Globus z. B. immer zur Wand mit der Tür zeigt. Beobachtet die beiden Polarregionen.
  b) Zuerst berichtet jeder seine Beobachtungen. Schreibt auf, was ihr alle für richtig haltet.
2 B Im Winterhalbjahr wird der Nordpol … Hier herrscht …
3 a) Lest nicht mehr als fünf Zeilen vor. Stellt nur Fragen, die ihr auch selbst beantworten könnt.
  b) Nutzt folgende Begriffe: Erde, Sonne, Erdachse, Polargebiete, Nordpolargebiet, Südpolargebiet, Nordhalbkugel, Südhalbkugel
4 a) Beginne z. B. so: Wenn ich Schüler/in der Klasse im Norden von Norwegen wäre, …
  b) Die Begründung findest du im Text von M7.
5 Es ist der Tag, der bei uns der kürzeste im Jahr ist.

Seite 210/211

1 Mache dir klar, dass du bei beiden Karten senkrecht von oben auf den jeweiligen Pol schaust.
2 A Die drei gesuchten Eisformen stehen fett gedruckt in T1 und T2, die Erklärungen stehen jeweils direkt dabei.
2 B Siehe Lösungshilfe zu 2 A. Formuliere zu jeder Eisform einen Satz, der alles Wichtige enthält.
3 A Überlege dir wichtige Vergleichspunkte: Lage auf der Erde, im Meer oder auf dem Land, Durchschnittstemperatur, …

3 B Siehe Lösungshilfe zu 3 A. Beachte beim zweiten Teil der Aufgabe die 1000 km-Entfernungsleisten in M1 und M 4.
4 Die Lösungen von Aufgabe 2 helfen beim Ausfüllen der Tabelle.
5 a) In Atlaskarten der Arktis sind die umliegenden Staaten eingetragen.
  b) Nutze das Internet.

Seite 212/213

1 a) Gehe genau nach den Schritten 1–2 der Methode vor. An einigen Stellen kannst du selbst über die Gestaltung entscheiden. Betrachte die Beispielfolien M1–M 4 und lege sie in deinem Präsentationsprogramm in ähnlicher Form an. Gestalte die Folien 5 und 6 (und eventuell noch weitere) mit selbst ausgewählten Materialien und Texten. Für den Vortrag gehe nach den Methodenschritten 3–5 vor.
  b+c) Gehe hier ebenfalls wie bei 1a) beschrieben vor, gestalte alle Folien selbst.

Seite 216/217

1 Du kannst zur genaueren Beschreibung der Lage noch eine Karte von Nordamerika und eine Klimakarte hinzuziehen.
2 Finde die Zahlenangaben und setze sie in Beziehung zueinander:
  – Wievielmal ist Nunavut größer als Deutschland?
  – Wie groß ist die Einwohnerzahl von Nunavut im Vergleich zu Deutschland?
3 Lege die Tabelle so an:

Silas	ich
– wohnt in einem Holzhaus in einem Dorf weit im Norden von Kanada.	– Ich wohne in …
– …	– …

4 Sammle Stichwortsätze zum traditionellen und zum modernen Leben der Inuit.
5 Recherchiere im Internet.

Methoden im Überblick (Auswahl)

Gemeinsam lernen
(Band 1, Seite 12)

1. Schritt: Alleine arbeiten
Bearbeite das Thema oder die Aufgabe zunächst allein und mache dir Notizen.

2. Schritt: Austauschen und verbessern
Suche dir einen Lernpartner B oder bilde mit anderen eine kleine Gruppe C. Gemeinsam vergleicht ihr eure Ergebnisse und verbessert euch gegenseitig.

3. Schritt: Mitteilen und festhalten
Nun informiert ihr die anderen Gruppen. Gestaltet dafür zum Beispiel ein Plakat und bereitet einen Galeriegang vor (M 2).
Wählt einen Gruppensprecher oder eine Gruppensprecherin. Er oder sie präsentiert die Ergebnisse.
Fasst die Ergebnisse im Plenum zusammen und besprecht sie gemeinsam.

Wie du mit dem Atlas arbeitest
(Band 1, Seite 40)

Geographische Namen auffinden

1. Schritt: Namen im Register suchen
Suche zuerst den Namen im Register, zum Beispiel Sydney. Hinter dem Namen stehen zwei Angaben: die Atlasseite mit Kartennummer und das Feld im Gitternetz, in dem das geographische Objekt zu finden ist.

2. Schritt: Lage in der Karte finden
Schlage die Atlasseite auf und suche das Feld im Gitternetz. Finde den Namen.

3. Schritt: Lage beschreiben
Entnimm der Karte Informationen. Nutze dazu die zugehörige Zeichenerklärung.

Bestimmte Karten auffinden

1. Schritt: Karte suchen
Schlage das Inhaltsverzeichnis im Atlas auf und suche nach der gewünschten Karte, zum Beispiel „Europa" und „Staaten". Schlage die Seitenzahl auf.

2. Schritt: Karte prüfen
Prüfe, ob die Karte die benötigten Informationen enthält.

Eine Kartenskizze zeichnen
(Band 1, Seite 54)

1. Schritt: Kartenausschnitt wählen
Suche im Atlas eine physische Karte, zum Beispiel von Hessen. Lege Transparentpapier darauf und befestige es mit Büroklammern. Zeichne auf das Transparentpapier zuerst einen Rahmen, der den Kartenausschnitt deiner Skizze begrenzen soll.

2. Schritt: Flüsse einzeichnen
Zeichne nun die Flüsse mit einem blauen Farbstift nach. Dabei kannst du großzügig den wichtigsten Flussläufen folgen. Die vielen Flussbiegungen zum Beispiel des Mains begradigst du einfach ein bisschen.

3. Schritt: Gebirge einzeichnen
Wähle für Gebirge einen braunen Farbstift. Damit markierst du zunächst die Grenze zwischen den Großlandschaften, zum Beispiel zwischen dem Mittelgebirgsland und dem Tiefland. Male die Fläche südlich dieser Linie braun an und hebe einzelne Gebirge durch kräftigere Brauntöne hervor, zum Beispiel den Taunus.

4. Schritt: Grenzen und Städte markieren
Markiere mit einem roten Stift die Landesgrenzen und Städte. Am besten zeichnest du nur die Städte mit mehr als 100 000 Einwohnern ein.

5. Schritt: Karte beschriften
Beschrifte nun deine „stumme" Karte. Übertrage dazu die Namen aus dem Atlas. Verwende für Städte, Gebirge und Landschaften einen schwarzen Farbstift, für Flussnamen einen blauen Farbstift.

Tabellen und Diagramme auswerten
(Band 1, Seite 62)

Eine Tabelle auswerten

1. Schritt: Das Thema erfassen
Nenne das Thema und evtl. das Jahr oder den Zeitraum. Achte darauf, in welcher Einheit Zahlen angegeben werden, zum Beispiel in Quadratkilometern (km²) oder Tonnen (t).

2. Schritt: Tabelle lesen und Inhalte klären
Jede Tabelle hat einen Tabellenkopf und eine Vorspalte: Den Inhalten, die in der Vorspalte aufgelistet sind, werden andere Punkte des Tabellenkopfes gegenübergestellt. Kläre die Art der Darstellung. Handelt es sich zum Beispiel um eine Liste, die nach Größenverhältnissen angeordnet ist?

3. Schritt: Zahlen vergleichen
Betrachte die Zahlen einer Zeile oder einer Spalte und werte sie aus. Achte auf besonders große und kleine Werte.

4. Schritt: Aussagen formulieren
Formuliere die wichtigsten Aussagen der Tabelle. Achte auf Entwicklungen wie Wachstum, Rückgang, Stillstand, Schwankungen.

Ein Diagramm auswerten

1. Schritt: Sich orientieren
Nenne das Thema sowie den Ort und den Zeitraum, für die das Diagramm Angaben macht.

2. Schritt: Beschreiben
Formuliere die wichtigsten Aussagen, vor allem höchste und niedrigste Werte oder eine Entwicklung, die du ablesen kannst.

3. Schritt: Erklären
Versuche nun, typische Zusammenhänge aus dem Diagramm herauszulesen.
Erkläre diese auch mithilfe anderer Informationsquellen.

Ein Bild beschreiben
(Band 1, Seite 74)

1. Schritt: Überblick verschaffen
Betrachte das Bild und verschaffe dir einen Überblick. Was ist dargestellt? Gibt es eine Bildunterschrift? Wo wurde das Bild aufgenommen? Enthält es Hinweise auf den Aufnahmezeitpunkt (Jahr, Jahreszeit, Tageszeit)?
Nutze eventuell das Internet für weitere Informationen.

2. Schritt: Gliedern und beschreiben
Unterteile das Bild. Eine Möglichkeit ist die Gliederung in Vordergrund, Mittelgrund und Hintergrund. Zeichne eine Skizze, in der die Gliederung deutlich wird. Betrachte nun die drei Bildteile und beschreibe sie.

3. Schritt: Fragen an das Bild stellen
Stelle Fragen an das Bild, zum Beispiel:
Welche …? Wo …? Was …? Wie …?
Notiere die Antworten in ganzen Sätzen.

4. Schritt: Kernaussagen formulieren
Äußere wichtige Aussagen des Bildes oder schreibe sie auf.

Eine thematische Karte auswerten
(Band 1, Seite 96)

1. Schritt: Raum und Inhalt erkennen
Welcher Raum ist dargestellt?
Welches Thema hat die Karte?

2. Schritt: Die Legende der Karte lesen
Welche Bedeutung haben die Farben, Linien und Kartensymbole in der Legende? Welchen Maßstab hat die Karte?

3. Schritt: Karteninhalt beschreiben
Welche Unterschiede in der Verteilung der Kartensymbole kannst du beobachten?
Erkennst du Regelmäßigkeiten oder Besonderheiten?

4. Schritt: Karteninhalt erklären
Welche Ursachen hat die unterschiedliche Verteilung der Kartensymbole?
Nutze evtl. weitere Karten oder andere Informationsquellen zur Erklärung.

Ein Gruppenpuzzle durchführen
(Band 1, Seite 104)

1. Schritt: Stammgruppen bilden und Experten bestimmen
Setzt euch in Gruppen mit mindestens drei und maximal sechs Schülerinnen und Schülern zusammen und bildet die Stammgruppe.
Verschafft euch einen Überblick über die Teilthemen und macht euch mit dem Arbeitsauftrag vertraut. Bestimmt dann jeweils einen oder auch zwei Experten für jedes Teilthema.

2. Schritt: In den Expertengruppen sich Wissen erarbeiten
Setzt euch nun mit den anderen Experten eures Teilthemas zusammen. Erarbeitet euch Expertenwissen, in dem ihr den Arbeitsauftrag gemeinsam bearbeitet. Haltet die Ergebnisse schriftlich fest. Nach der Erarbeitung des Expertenwissens setzt ihr euch wieder mit eurer Stammgruppe zusammen.

3. Schritt: In der Stammgruppe das erworbene Expertenwissen weitergeben
Jeder Experte trägt in seiner Stammgruppe sein erworbenes Wissen vor. Die anderen Gruppenmitglieder sollen aufmerksam zuhören und bei Bedarf nachfragen.

4. Schritt: In der Stammgruppe die Ergebnisse zusammenfassend darstellen
Wenn alle Stammgruppenmitglieder über die unterschiedlichen Teilthemen informiert sind und alles verstanden haben, werden die Ergebnisse zusammengefasst. Das kann über eine anschauliche Darstellung (z. B. Plakat, Skizze, Tabelle) erfolgen. Vergleicht abschließend die Ergebnisse aller Stammgruppen und diskutiert über mögliche Unterschiede in den Arbeitsergebnissen der einzelnen Stammgruppen.

Ein Erklärvideo auswerten
(Band 1, Seite 170)

1. Schritt: Eigene Fragestellung formulieren
Zu welchem Thema oder zu welcher Frage benötigst du das Erklärvideo? Formuliere eine möglichst genaue Frage oder auch mehrere Fragen.

2. Schritt: Film ansehen
Sieh dir das Video an und mache dir stichwortartig Notizen. Du kannst das Video komplett oder in Teilen wiederholen und jederzeit stoppen.

3. Schritt: Das Video in Abschnitte einteilen
Versuche, das Video in Abschnitte zu gliedern und kurz darzulegen, was gesagt wird.

4. Schritt: Informationen entnehmen und Frage/n beantworten
Sieh dir das Video eventuell ein weiteres Mal an und ergänze deine Notizen.

5. Schritt: Die Notizen sortieren und übersichtlich darstellen
Schau dir deine Notizen noch einmal an und ordne sie, zum Beispiel in Form einer Auflistung, Tabelle oder Mindmap. Dann hast du hinterher einen besseren Überblick.

6. Schritt: Das Erklärvideo bewerten
Konntest du mithilfe des Erklärvideos alle deine Fragen beantworten? Falls etwas offengeblieben ist, nutze noch andere Quellen.

Mit Apps planen
(Band 1, Seite 138)

1. Schritt: Sich über die App informieren
Gib im Suchfeld des App Stores ein, wonach du suchst. Wähle aus den Angeboten eine geeignete App aus. Kontrolliere, ob die App kostenpflichtig ist. Kläre gegebenenfalls, wer bezahlt. Die meisten Apps für eine Reise sind kostenlos, auch Reiseführer-Apps für den Städtetourismus. Das ist erstaunlich, weil sie aufwendig erstellt wurden, zum Beispiel die Hamburg-App.

2. Schritt: Die App installieren
Wenn du dir klar darüber bist, dass du die App nutzen möchtest, tippe auf „Herunterladen".
Achtung! Viele kostenlose Apps verlangen jetzt ein Einverständnis für den Zugriff auf zum Beispiel deinen Standort oder die Kamera.
Auch die Hamburg-App verlangt Zugriff auf solche Daten. Eventuell solltest du deine Eltern oder den Lehrer/die Lehrerin fragen.

3. Schritt: Die App anwenden
Mache dich vor der eigentlichen Nutzung mit der App vertraut. Dafür gibt es meist zu Anfang eine Kurzanleitung.
In der Hamburg-App kannst du als Übung beispielsweise nach Informationen über die Speicherstadt suchen.

4. Schritt: Die App bewerten
Prüfe, ob die Informationen der App nützlich und sinnvoll für dich sind. Hilft die App dir nicht weiter, dann entferne sie gleich wieder von deinem Gerät.

Ein Rollenspiel durchführen
(Band 1, Seite 152)

1. Schritt: Situation erfassen
Macht euch mit der Situation vertraut.
Worum geht es? Wertet alle dazu vorhandenen Materialien aus.

2. Schritt: Rollen verteilen
Bildet Arbeitsgruppen zu den einzelnen Rollen und stellt Rollenkarten her, auf denen ihr kurz die Person beschreibt und ihre Argumente notiert. Anschließend bestimmt jede Gruppe einen Rollenspieler als Vertreter.

3. Schritt: Rollenspiel durchführen
Die Interessenvertreter tragen nun die verschiedenen Argumente vor und diskutieren darüber. Dabei solltet ihr beachten, dass die Teilnehmenden des Rollenspiels nicht ihre eigene Meinung vertreten, sondern die zuvor auf den Rollenkarten notierten Argumente vorbringen. Alle anderen Schülerinnen und Schüler übernehmen eine beobachtende Rolle und notieren sich überzeugende Argumente für die Auswertung. Auch die Beobachtenden dürfen sich zu Wort melden. Am Ende stimmen alle über den Streitfall ab.

4. Schritt: Rollenspiel auswerten
Tauscht euch nun über eure Erfahrungen im Rollenspiel aus:
Wie habt ihr euch in euren Rollen gefühlt? Was ist euch leicht-, was schwergefallen?
Diskutiert Verhalten und Argumente der Rollenspieler:
Haben sie die Situation so dargestellt, wie ihr sie selbst verstanden habt?
Was hat euch besonders überzeugt? Welche Erkenntnisse hat das Rollenspiel gebracht?

Eine Computerpräsentation erstellen
(Band 1 Seite 212)

1. Schritt: Vorbereitungen treffen
Das Beispielthema lautet: „Leben in der Arktis".
Überlege, wie du deine Präsentation aufbauen möchtest, z.B.: Thema vorstellen, Gliederung, Zusammenfassung. Denke darüber nach, wie du bei deinen Zuschauern Interesse wecken kannst, und scanne passende Materialien wie Fotos, Karten und Diagramme ein. Vergiss beim Sammeln deiner Materialien nicht die Quellenangaben! Lege für diese eine extra Folie an und nummeriere deine Quellen durch. Lege dann die Anzahl deiner geplanten Folien fest.

2. Schritt: Folien aufbauen und gestalten
- Wähle im Präsentationsprogramm eine geeignete Entwurfsvorlage aus oder gestalte deine Folien selbst.
- Achte auf einen guten Kontrast zwischen Textfarbe und Hintergrundfarbe.
- Wähle Schrifttyp und Schriftgröße so, dass sie auch aus der Entfernung gut lesbar sind, z.B. für die Überschriften 24 pt und für die Fließtexte 18 pt. Auch Materialien dürfen nicht zu klein sein. Wichtiges kannst du mit Markierungen hervorheben, aber sei sparsam damit.
- Füge nun Texte und Materialien in der gewünschten Anordnung in die Folien ein.
- Formuliere in klaren Stichworten oder kurzen Sätzen. Beschränke dich auf die wichtigsten Informationen, denn du erläuterst ja die Folien beim Vortrag noch genauer.
- Gib jeder Folie eine treffende Überschrift.

3. Schritt: Generalprobe durchführen
Übe deinen kompletten Vortrag mehrmals.
Eine „Generalprobe", z.B. vor Freunden, gibt dir Sicherheit im Umgang mit den Medien und im Vortragen. Die ersten Sätze solltest du dir auswendig einprägen.
Bitte deine Zuschauer um eine Einschätzung.
Stimmt der Aufbau der Präsentation? Gibt es Fehler? Ist alles lesbar? Ist etwas unklar? Welche Fragen könnten die Zuschauer stellen? Wurde die vereinbarte Zeit eingehalten?

4. Schritt: Computerpräsentation vortragen
Prüfe vor der Präsentation in der Klasse, ob die benötigte Technik (Laptop, Tablet, Beamer, Whiteboard) funktioniert. Erläutere deine präsentierten Folien, so wie du es geübt hast. Sprich langsam und möglichst frei.
Nutze deine ausgedruckten Folien (vier pro DIN A4-Seite!) wie einen „Spickzettel" für deinen Vortrag.

5. Schritt: Reflexion
Überlege nach deiner Präsentation: Was hat gut geklappt? Was kannst du beim nächsten Mal besser machen? Sammle Feedback aus der Klasse und schätze dich selbst ein.

Abbildungsverzeichnis

Cover.oben F1online digitale Bildagentur, Frankfurt (Heroe Images/Avenue Images); **Cover.unten** F1online digitale Bildagentur, Frankfurt (Bildagentur Thurner/ Getty/ Avenue Images) **6.M1** ShutterStock.com RF, New York (f11photo); **6.M2** ShutterStock.com RF, New York (Fotokostic); **7.M3** ShutterStock.com RF, New York (EricLiu08); **7.M4** ShutterStock.com RF, New York (Mizzick); **7.M5** ShutterStock.com RF, New York (Minerva Studio); **8.M1.A** PANOS Pictures, London (Pascal Maitre); **8.M1.B** stock.adobe.com, Dublin (mojolo); **8.M1.C** MEV Verlag GmbH, Augsburg; **8.M1.D** stock.adobe.com, Dublin (doris oberfrank-list); **8.M1.E** Blickwinkel, Witten (fotototo); **8.M1.F** Thinkstock, München (Hemera); **9.M2** ShutterStock.com RF, New York (Lightspring); **10.M1** creanovo – motion & media design GmbH, Axel Kempf, Hannover; **11.M3** + **M4** Schaar, Wolfgang, Grafing; **12.M1** Oser, Liliane, Hamburg; **13.M3 mitte** laif, Köln (Arcticphoto/Bryan and Cherry Alexander); **13.M3 oben** IMAGO, Berlin (Design Pics/Jeff Schultz); **13.M3 unten** Alamy stock photo, Abingdon (Sabena Jane Blackbird); **14.M1** Alamy stock photo, Abingdon (Sasa Kadrijevic); **15.M2** Picture-Alliance, Frankfurt/M. (Alexander Gerst/ESA); **15.M3** IMAGO, Berlin (ZUMA Press); **16.M1** Alamy stock photo, Abingdon (William Radcliffe); **17.M3** + **M4** Schaar, Wolfgang, Grafing; **18.M1** stock.adobe.com, Dublin (Guillaume Le Bloas); **18.M2** Schaar, Wolfgang, Grafing; **19.M3** Rausch, Marion, Linsenhofen; **19.M4 links** Picture-Alliance, Frankfurt/M. (Austrian Archives); **19.M4 mitte** ShutterStock.com RF, New York (Everett Historical); **19.M4 rechts** IMAGO, Berlin (ITAR-TASS); **20.M1** Ernst Klett Verlag GmbH, Stuttgart; **20.M1.1** ShutterStock.com RF, New York (Fotokostic); **20.M1.2** ShutterStock.com RF, New York (Monkey Business Images); **20.M1.3** iStockphoto, Calgary, Alberta (lisafx); **20.M1.4** Getty Images, München (JGI / Jamie Grill); **20.M1.5** Thinkstock, München (David De Lossy); **20.M1.6** ShutterStock.com RF, New York (bikeriderlondon); **20.M2** Ernst Klett Verlag GmbH, Stuttgart; **21.M3** creanovo – motion & media design GmbH, Axel Kempf, Hannover; **21.M4** Storz, Robert, Reutlingen; **22.M1** Hungreder, Rudolf, Leinfelden-Echterdingen; **22.M2** Ernst Klett Verlag GmbH, Stuttgart; **23.M4** Thinkstock, München (Mike_Kiev); **23.M5** ShutterStock.com RF, New York (Photobank gallery); **23.M6** Ernst Klett Verlag GmbH, Stuttgart; **24.M1** Thinkstock, München (iStock/1xpert); **25.M3** ShutterStock.com RF, New York (Capitano Footage); **26.M1** Ernst Klett Verlag GmbH, Stuttgart; **27.M2** Ernst Klett Verlag GmbH, Stuttgart; **27.M3** Ernst Klett Verlag GmbH, Stuttgart; **27.M5** Hungreder, Rudolf, Leinfelden-Echterdingen; **28.M1** IMAGO, Berlin (UPI photo); **29.A** iStockphoto, Calgary, Alberta (AZ68); **29.B** iStockphoto, Calgary, Alberta (ltos); **29.C** ShutterStock.com RF, New York (Pichugin Dmitry); **29.D** stock.adobe.com, Dublin (Oleg Gekman); **29.E** Alamy stock photo, Abingdon (Marc Muench); **29.F** stock.adobe.com, Dublin (Volker Haak); **29.G** iStockphoto, Calgary, Alberta (alicenerr); **29.H** iStockphoto, Calgary, Alberta (Phototreat); **30.M1** stock.adobe.com, Dublin (kerkezz); **31.M2** stock.adobe.com, Dublin (crimson); **31.M3** Alamy stock photo, Abingdon (weedezign); **32.M1** Hungreder, Rudolf, Leinfelden-Echterdingen; **32.M1** Schaar, Wolfgang, Grafing; **32.M1** Schaar, Wolfgang, Grafing; **32.M1** Schaar, Wolfgang, Grafing; **32.M2** stock.adobe.com, Dublin (Roman); **33.M3** Esri Deutschland GmbH, Kranzberg (Esri Community Maps Contributrors, Bayerische Vermessungsverwaltung, HVBG, Esri, HERE, Garmin, Foursquare, GeoTechnologies, Inc, METI/NASA, USGS; BVV- geodaten.bayern.de, HLBG, Maxar, Microsoft; **33.M4** Ernst Klett Verlag GmbH, Stuttgart; **33.Randspalte** Hungreder, Rudolf, Leinfelden-Echterdingen; **34.M1** Wagener, Dietmar, Hofgeismar; **34.M1** Ernst Klett Verlag GmbH, Stuttgart (Archiv Geografie); **M2** Ernst Klett Verlag GmbH, Stuttgart; **36.M1** + **M2** Ernst Klett Verlag GmbH, Stuttgart; **36.M3** iStockphoto, Calgary, Alberta (shaunl); **36.M4** Thinkstock, München (belory4ka); **37.M5** - **M7** Ernst Klett Verlag GmbH, Stuttgart; **38.M1** dreamstime.com, Brentwood, TN (Chepko); **38.M2** Bergfex GmbH, Graz; **38.M3** Ernst Klett Verlag GmbH, Stuttgart; **39.M4** + **M5** Ernst Klett Verlag GmbH, Stuttgart; **40.M1** Alamy stock photo, Abingdon (Steffan Hill); **40.M3** Ernst Klett Verlag GmbH, Stuttgart; **41.M4** stock.adobe.com, Dublin (Francisco Javier Gil); **41.M5** Thinkstock, München (iStock/shirophoto); **41.M6** stock.adobe.com, Dublin (robnaw); **41.M7** Getty Images Plus, München (E+/FG Trade); **42.M1** Picture-Alliance, Frankfurt/M. (dpa / EPA / Jerry Lampen); **43.M2** - **M4** Ernst Klett Verlag GmbH, Stuttgart; **44.M1** ShutterStock.com RF, New York (Ground Picture); **44.M2** Actionbound GmbH, Berlin; **45.M3** Actionbound; **45.M3** laif, Köln (Ralf Brunner); **45.M3** Actionbound/OpenStreetMap; **45.M3** ShutterStock.com RF, New York (YURY LEDENTSOV); **45.M3** https://creativecommons.org/licenses/by-sa/4.0/deed.de, Mountain View (Eleanor Milano; https://de.m.wikipedia.org/wiki/Datei:Bietigheim_Hauptstr_51_Alte_Stadtapotheke.jpg); CC-BY-SA-4.0 Lizenzbestimmungen: https://creativecommons.org/licenses/by-sa/4.0/legalcode, siehe *3; **45.M3** stock.adobe.com, Dublin (Sina Ettmer); **45.M3** Lenz, Christina, Kißlegg; **46.M1** ullstein bild, Berlin (VWPics); **46.M2** Hungreder, Rudolf, Leinfelden-Echterdingen; **46.M2** Ernst Klett Verlag GmbH, Stuttgart; **46.M2** Ernst Klett Verlag GmbH, Stuttgart; **46.M2** Ernst Klett Verlag GmbH, Stuttgart; **46.M2** Ernst Klett Verlag GmbH, Stuttgart; **46.M2** Ernst Klett Verlag GmbH, Stuttgart; **47.M3** Schaar, Wolfgang, Grafing; **47.M4** Ernst Klett Verlag GmbH, Stuttgart; **47.M5** Ernst Klett Verlag GmbH, Stuttgart; **48.M1** ShutterStock.com RF, New York (Phillip B. Espinasse); **48.M2** Schaar, Wolfgang, Grafing; **49.M3** Ernst Klett Verlag GmbH, Stuttgart; **50.M1** stock.adobe.com, Dublin (Jenny Sturm); **50.M2** ShutterStock.com RF, New York (Wolfilser); **51.M3** ShutterStock.com RF, New York (r.classen); **51.M4** stock.adobe.com, Dublin (tilialucida); **52.M1** Schaar, Wolfgang, Grafing; **52.M2 A** Picture-Alliance, Frankfurt/M. (ZB/euroluftbild.de/Martin Elsen); **52.M2 B** Alamy stock photo, Abingdon (Hans P. Szyszka / Novarc Images); **52.M3** Schaar, Wolfgang, Grafing; **53.M2 C** Mauritius Images, Mittenwald (Martin Siepmann); **53.M2 D** stock.adobe.com, Dublin (T. Linack); **54.M1** Schaar, Wolfgang, Grafing; **54.M2** Oser, Liliane, Hamburg; **55.M3** Schaar, Wolfgang, Grafing; **55.M4** Hungreder, Rudolf, Leinfelden-Echterdingen; **56.M1** stock.adobe.com, Dublin (Adrian72); **56.M3** stock.adobe.com, Dublin (flocu); **57.M4** Ernst Klett Verlag GmbH, Stuttgart (Klett-Perthes); **58.M1 A** iStockphoto, Calgary, Alberta (querbeet); **58.M1 B** iStockphoto, Calgary, Alberta (TommL); **58.M1 C** MEV Verlag GmbH, Augsburg; **58.M2** Ernst Klett Verlag GmbH, Stuttgart; **58.M3** Schaar, Wolfgang, Grafing; **59.M1 D** ShutterStock.com RF, New York (Patrick Poendl); **59.M1 E** IMAGO, Berlin (Hoch Zwei/Angerer); **59.M1 F** Mauritius Images, Mittenwald (MNTravel / Alamy); **60.M1** stock.adobe.com, Dublin (kameraauge); **60.M3** ShutterStock.com RF, New York (Wolfgang Zwanzger); **60.M4** www.panthermedia.net, München (manni81); **60.M4** stock.adobe.com, Dublin (davis); **61.M5** Ernst Klett Verlag GmbH, Stuttgart; **62.M2** Wieland, Tobias, Celle; **62.M2** Wieland, Tobias, Celle; **62.M2** Wieland, Tobias, Celle; **62.M2** Wieland, Tobias, Celle; **63.M3** Jäckel, Diana, Erfurt; **63.M4** Oehler, Sandra, Remseck; **63.M4** Oehler, Sandra, Remseck;

63.M4 Ernst Klett Verlag GmbH, Stuttgart; **64.Bilderrätsel** Jähde, Steffen, Sundhagen; **64.M1** Alamy stock photo, Abingdon (Werner Otto); **65.M3** Ernst Klett Verlag GmbH, Stuttgart (Klett-Perthes); **66.M1** Butz, Steffen, Karlsruhe; **68.M1** ShutterStock.com RF, New York (f11photo); **69.M2** ShutterStock.com RF, New York (Harald Lueder); **70.M1** Schaar, Wolfgang, Grafing; **70.M2** Hessisches Ministerium des Innern und für Sport, Wiesbaden; **70.M3** www.panthermedia.net, München (Martin Jung); **70.M4** stock.adobe.com, Dublin (Kristan); **70.M5** Alamy stock photo, Abingdon (Branko Srot); **70.M6** stock.adobe.com, Dublin (Branko Srot); **71.M7** Ernst Klett Verlag GmbH, Stuttgart; **72.M1** Schaar, Wolfgang, Grafing; **72.M2.A** IMAGO, Berlin (Norbert Schmidt); **72.M2.B** Alamy stock photo, Abingdon (LademannMedia); **72.M2.C** ShutterStock.com RF, New York (Sina Ettmer Photography); **72.M2.D** ullstein bild, Berlin (Robert Grahn / euroluftbild.de); **73.M3** By Fritz Geller-Grimm - Own work, CC BY-SA 3.0, https://commons.wikimedia.org/w/index.php?curid=3332018 Lizenzbestimmungen: https://creativecommons.org/licenses/by-sa/4.0/legalcode, siehe *3; **73.M4** Jäckel, Diana, Erfurt; **74.M1** ShutterStock.com RF, New York (Dmitry Eagle Orlov); **75.M2** Schaar, Wolfgang, Grafing ; ShutterStock.com RF, New York (Dmitry Eagle Orlov); (Rüdesheim im Rheingau-Taunus-Kreis mit Bildbearbeitung: Gliederung); **76.M1** Schaar, Wolfgang, Grafing; **76.M2** Gemeinde Breuna, Breuna (Ingo Kiesling); **76.M2** Gemeinde Breuna, Breuna (Ingo Kiesling); **76.M2** Gemeinde Breuna, Breuna (Ingo Kiesling); **76.M2** Gemeinde Breuna, Breuna (Ingo Kiesling); **78.M.1A** ShutterStock.com RF, New York (travelview); **78.M.1B** Alamy stock photo, Abingdon (Peter Schickert); **78.M2** Schaar, Wolfgang, Grafing; **78.M3** Butz, Steffen, Karlsruhe; **79.M.1C** stock.adobe.com, Dublin (greenpapillon); **79.M1 D** Mauritius Images, Mittenwald (Alamy Stock Photos); **79.M4** Jäckel, Diana, Erfurt, nach BMVI, infas: Mobilität in Deutschland 2017; **80.M1** Ernst Klett Verlag, Stuttgart nach Statistisches Bundesamt (Hrsg.): Städte nach Einwohnerzahlen (Stand 31.12.2019), Wiesbaden 2020, unter: https://www.destatis.de (Zugriff 12.07.2021); **81.M2** Ernst Klett Verlag GmbH, Stuttgart; **82.4a + 4b** Jähde, Steffen, Sundhagen; **82.M1** Wieland, Tobias, Celle; **83.M2** stock.adobe.com, Dublin (reises); **83.M3** Jäckel, Diana, Erfurt; **83.M4** Jäckel, Diana, Erfurt; **83.M5** Picture-Alliance, Frankfurt/M. (ZB/euroluftbild.de/Hans Blossey); **84.M1** Oser, Liliane, Hamburg; **86.M1** Oser, Liliane, Hamburg; **88.M1** stock.adobe.com, Dublin (NicoElNino); **90.M1** Jäckel, Diana, Erfurt; **90.M2** Ernst Klett Verlag GmbH, Stuttgart; **90.M3** ShutterStock.com RF, New York (Blue Cat Studio); **91.M4** Klett-Perthes; **91.M5** Jäckel, Diana, Erfurt nach: Soziale und demografische Daten weltweit, DSW-DATENREPORT 2022/Population Reference Bureau; **92.M1** Ernst Klett Verlag GmbH, Stuttgart; **93.M2** gemeinfrei; **93.M2** ShutterStock.com RF, New York (Gil C); **93.M2** ShutterStock.com RF, New York (megastocker); **93.M2** 123rf Germany, c/o Inmagine GmbH, Nidderau (alejandro lozano campana); **93.M2** 123rf Germany, c/o Inmagine GmbH, Nidderau (alejandro lozano campana); **93.M2** Ernst Klett Verlag GmbH, Stuttgart; **94.M1 A** iStockphoto, Calgary, Alberta (Tokarsky); **94.M1 B** iStockphoto, Calgary, Alberta (ZU_09); **94.M1 C** Getty Images Plus, München (The Image Bank/O. Alamany & E. Vicens); **94.M2** stock.adobe.com, Dublin (photoplace); **95.M3** Ernst Klett Verlag GmbH, Stuttgart; **96.M1 A** ShutterStock.com RF, New York (Luciano Mortula - LGM); **96.M1 B** ShutterStock.com RF, New York (Wirestock Creators); **96.M1 C** ShutterStock.com RF, New York (f11photo); **96.M1 D** ShutterStock.com RF, New York (Summit Art Creations); **97.M2** Ernst Klett Verlag GmbH, Stuttgart; **98.M1** Schaar, Wolfgang, Grafing; **99.M2** Ernst Klett Verlag GmbH, Stuttgart; **99.M3** ShutterStock.com RF, New York (DOPhoto); **99.M4** Thinkstock, München (ventdusud); **99.M5** Getty Images Plus, München (DigitalVision/Scott E Barbour); **99.M6** ShutterStock.com RF, New York (Ververidis Vasilis); **100.M1** stock.adobe.com, Dublin (Bergfee); **101.A** ShutterStock.com RF, New York (Naeblys); **101.B** ShutterStock.com RF, New York (Hike The World); **101.C** ShutterStock.com RF, New York (Venchelana); **101.D** ShutterStock.com RF, New York (lapissable); **101.E** ShutterStock.com RF, New York (NicoElNino); **101.F** ShutterStock.com RF, New York (Stanislav Simonyan); **101.G** ShutterStock.com RF, New York (Maykova Galina); **101.H** stock.adobe.com, Dublin (Evgeniya); **102.M1** ullstein bild, Berlin (Jens Köhler); **103.M2** Getty Images Plus, München (Imgorthand); **103.M3** Alamy stock photo, Abingdon (Hackenberg-Photo-Cologne); **104.M1** Oser, Liliane, Hamburg; **104.M2** Oser, Liliane, Hamburg; **105.M3 + M4** Oser, Liliane, Hamburg; **106.M1** Getty Images Plus, München (iStock/clubfoto); **106.M3** Jähde, Steffen, Sundhagen; **106.M4** Hungreder, Rudolf, Leinfelden-Echterdingen; **107.M5** Ernst Klett Verlag GmbH, Stuttgart; **107.M6** stock.adobe.com, Dublin (eliasbilly); **108.M1** Picture-Alliance, Frankfurt/M. (Heinz-Dieter Falkenstein); **108.M2** Ernst Klett Verlag GmbH, Stuttgart (Sebastian Pungel, Bonn); **109.M3** Jäckel, Diana, Erfurt; **109.M5** Ernst Klett Verlag GmbH, Stuttgart; **109.M5** Reich, Bettina, Zwenkau/Leipzig; **109.M6** Getty Images Plus, München (Photodisc/Gado Images); **110.M1** Picture-Alliance, Frankfurt/M. (dpa/Ingo Wagner); **110.M2** ullstein bild, Berlin (CARO / Marius Schwarz); **111.M3** Jähde, Steffen, Sundhagen; **111.M5** Jäckel, Diana, Erfurt; **112.M1** Getty Images Plus, München (fotografixx); **112.M2** ShutterStock.com RF, New York (l i g h t p o e t); **113.M3** Schaar, Wolfgang, Grafing; **113.M4** Jäckel, Diana, Erfurt; **113.M5** Bundesanstalt für Landwirtschaft und Ernährung, Bonn; **114.M1** Getty Images Plus, München (DigitalVision/Alistair Berg); **115.M2** Kühnert, Sebastian, Lahnstein; **115.M3** Jähde, Steffen, Sundhagen; **116.M1** Ernst Klett Verlag GmbH, Stuttgart; **117.M2** stock.adobe.com, Dublin (onepony); **117.M3** ullstein bild, Berlin (Ulrich Baumgarten); **117.M4** ddp media GmbH, Hamburg (Joerg Koch); **118.M1** Schaar, Wolfgang, Grafing; **118.M2** ShutterStock.com RF, New York (hanapon1002); **118.M3** 123rf Germany, c/o Inmagine GmbH, Nidderau (joserpizarro); **119.M5** Ernst Klett Verlag GmbH, Stuttgart; **119.M6** Schaar, Wolfgang, Grafing; **120.M2 A** IMAGO, Berlin (Andia); **120.M2 B** IMAGO, Berlin (Koall); **121.M3** Wolfgang Schaar; **121.M4** floriangrill.com, Hamburg, ÜBERGROUND GmbH, Hamburg, MSC, Berlin; **122.M1** Oser, Liliane, Hamburg; **123.M3** Oser, Liliane, Hamburg; **124.M1** ShutterStock.com RF, New York (Shaiith); **124.M2** stock.adobe.com, Dublin (jeancliclac); **124.M3** ShutterStock.com RF, New York (smereka); **124.M4** Picture-Alliance, Frankfurt/M. (ZB/Tom Schulze/Transit); **125.M5** Ernst Klett Verlag GmbH, Stuttgart; **126.M1** Ernst Klett Verlag GmbH, Stuttgart; **126.M2 A** stock.adobe.com, Dublin (by-studio); **126.M2 B** stock.adobe.com, Dublin (felinda); **126.M2 C** stock.adobe.com, Dublin (Jacek Chabraszewski); **126.M2 D** Thinkstock, München (iStock/morningarage); **127.Bilderrätsel** Jähde, Steffen, Sundhagen; **127.M4** Alamy stock photo, Abingdon (age fotostock/Marcelo Quaglia); **127.M5** ShutterStock.com RF, New York (Alex Tihonovs); **128.M1** stock.adobe.com, Dublin (amixstudio); **128.M2** Alamy stock photo, Abingdon (Andrew Linscott); **129.M3** Jäckel, Diana, Erfurt; **129.M4** Schaar, Wolfgang, Gräfing, nach https://www.bzfe.de/inhalt/schaubilder-milch-und-milcherzeugnisse-2471.html, Zugriff: 3.3.2020; **130.M1** ShutterStock.com RF, New York (powell'sPoint); **130.M2** ShutterStock.com RF, New York (Sina Ettmer Photography); **131.M3** ShutterStock.com RF, New York (Yevhenii Chulovskyi); **131.M4** ShutterStock.com RF, New York (r.classen);

132.M1 stock.adobe.com, Dublin (Stefan Vollrath); **132.M2** Statistisches Bundesamt (Destatis), 2023; **132.M3** stock.adobe.com, Dublin (Henry Czauderna); **133.M4** Getty Images Plus, München (Westend61); **133.M5** ShutterStock.com RF, New York (Wirestock Creators); **133.M6** Jäckel, Diana, Erfurt ; nach: Reiseanalyse 2020; (Reiseziele der Deutschen 2019); **134.M1** Schaar, Wolfgang, Grafing; **134.M2** akg-images, Berlin (euroluftbild.de/Martin Elsen); **135.M3** stock.adobe.com, Dublin (Henry Czauderna); **135.M4** Ernst Klett Verlag GmbH, Stuttgart; **135.M5** Alamy stock photo, Abingdon; **136.M1** Schaar, Wolfgang, Grafing; **136.M2** stock.adobe.com, Dublin (karnizz); **136.M3** stock.adobe.com, Dublin (Claudia Schwardt); **137.M4** Image Professionals, München (Lookphotos / Thomas Grundner); **137.M5** Schaar, Wolfgang, Grafing; **137.M6** Ernst Klett Verlag GmbH, Stuttgart; **138.M1** stock.adobe.com, Dublin (powell83); **139.M3** HVV, Hamburg; **139.M4** Hamburger Verkehrsverbund GmbH, Hamburg 2019. https://geofox.hvv.de/jsf/showLineScheduleResult.seam?LANGUAGE=de_DE&language=de_DE&cid=13472.; **140.M1 A** ddp media GmbH, Hamburg (Julien Garcia / hemis); **140.M1 B** Getty Images Plus, München (Moment/Christopher Chan); **140.M1 C** Thinkstock, München (Photodisc/Steve Mason); **140.M1 D** Alamy stock photo, Abingdon (parasola.net); **141.M2** Ernst Klett Verlag GmbH, Stuttgart; **142.M1** Schaar, Wolfgang, Grafing; **142.M2** stock.adobe.com, Dublin (EKH-Pictures); **143.M3** Schaar, Wolfgang, Grafing; **143.M4 links** ShutterStock.com RF, New York (Petr Pohudka); **143.M4 rechts** ShutterStock.com RF, New York (Olga Gavrilova); **143.M5** iStockphoto, Calgary, Alberta (SeppFriedhuber); **143.M6** stock.adobe.com, Dublin (wolfgang67); **144.M1** Schaar, Wolfgang, Grafing; **144.M2** Picture-Alliance, Frankfurt/M. (arkivi); **144.M4** Jäckel, Diana, Erfurt; **145.M5** ShutterStock.com RF, New York (EXlenka); **145.M6 oben** Picture-Alliance, Frankfurt/M. (Hauke-Christian Dittrich); **145.M6 unten** By Twanrebel - Own work, CC BY-SA 4.0, https://commons.wikimedia.org/w/index.php?curid=91197975; Lizenzbestimmungen: https://creativecommons.org/licenses/by-sa/4.0/legalcode, siehe *3; **146.M1** Alamy stock photo, Abingdon (StockShot); **146.M2** Schaar, Wolfgang, Grafing; **147.M3** IMAGO, Berlin (Geisser); **147.M4** Mauritius Images, Mittenwald (Westend61); **147.M5** Picture-Alliance, Frankfurt/M. (Reuters/Andreas Meier); **148.M1** ShutterStock.com RF, New York (Sasimoto); **148.M2** Picture-Alliance, Frankfurt/M. (Franz Neumayr); **148.M3** TVB Werfenweng, Werfenweng (Schartner); **148.M4** stock.adobe.com, Dublin (ARochau); **149.M5** ALPINE PEARLS/ Dr. Peter Brandauer, Werfenweng; **150.M1** Schaar, Wolfgang, Grafing; **150.M2** Picture-Alliance, Frankfurt/M. (Clara Margais/dpa); **150.M3** Jäckel, Diana, Erfurt; **150.M4** Jäckel, Diana, Erfurt; **151.M5** Agència d'Estratègia Turística de les Illes Balears (AETIB): Estadístiques del turisme, Anuaris de turisme - Dadeses/informatives 2021. Unter: http://www.caib.sites/estadistiquesdelturisme/ca/anuaris_de_turisme-22816/ (Zugriff 13.01.2023); **151.M6** ShutterStock.com RF, New York (zixia); **152.M1** ShutterStock.com RF, New York (Liderina); **153.M2** Thinkstock, München (Amos Morgan); **153.M2** Thinkstock, München (Photodisc); **153.M2** Thinkstock, München (Fuse); **153.M2** ShutterStock.com RF, New York (Diego Cervo); **153.M2** Avenue Images GmbH, Hamburg (StockDisc); **153.M2** stock.adobe.com, Dublin (TomS); **154.M1** Ernst Klett Verlag GmbH, Stuttgart; **155.M3 A** stock.adobe.com, Dublin (Michael Rosskothen); **155.M3 B** stock.adobe.com, Dublin (Omm-on-tour); **155.M3 C** stock.adobe.com, Dublin (Michael Fritzen); **155.M3 D** stock.adobe.com, Dublin (Stockr); **155.M4** Jäckel, Diana, Erfurt; **156.M1** Schaar, Wolfgang, Grafing; **156.M3** stock.adobe.com, Dublin (Tamme); **157.M4** ShutterStock.com RF, New York (Fortgens Photography); **157.M5** Jäckel, Diana, Erfurt nach: Statista 2023 (CLIA/2022 State Of The Cruise Industry Outlook, Seite 5); **157.M6** ShutterStock.com RF, New York (Ekaterina Kupeeva); **158.M1** ShutterStock.com RF, New York (Jenson); **159.M2** ShutterStock.com RF, New York (Gorodenkoff); **160.M1** Oser, Liliane, Hamburg; **161.M3** BPK, Berlin (Abisag Tüllmann); **161.M3** Süddeutsche Zeitung Photo, München (Martina Hengesbach / JOKER); **161.M3** ShutterStock.com RF, New York (Ground Picture); **161.M3** ShutterStock.com RF, New York (Krakenimages.com); **161.M3** Getty Images Plus, München (E+/Tashi-Delek); **161.M3** ShutterStock.com RF, New York (insta_photos); **161.M3** ShutterStock.com RF, New York (Drazen Zigic); **161.M3** ShutterStock.com RF, New York (hedgehog94); **162.M1** Schaar, Wolfgang, Grafing; **162.M2** BASF SE, Ludwigshafen/Rhein; **163.M3** BASF SE, Ludwigshafen/Rhein; **163.M4 mitte oben** BASF SE, Ludwigshafen/Rhein; **163.M4 mitte unten** BASF SE, Ludwigshafen/Rhein; **163.M4 oben** BASF SE, Ludwigshafen/Rhein; **163.M4 unten** BASF SE, Ludwigshafen/Rhein; **164.M1** Wolfgang Schaar; **164.M2** ShutterStock.com RF, New York (Tommy Alven); **164.M3** ShutterStock.com RF, New York (Leonid Andronov); **165.M4** ShutterStock.com RF, New York (Panksvatouny); **165.M5** Jähde, Steffen, Sundhagen; **165.M6** ShutterStock.com RF, New York (Pnor Tkk); **166.M1 A** Alamy stock photo, Abingdon (Erich Andres); **166.M1 B** Alamy stock photo, Abingdon (Image Source); **167.M2** Jähde, Steffen, Sundhagen; **167.M4** Ernst Klett Verlag GmbH, Stuttgart; **168.M1 A** Getty Images Plus, München (The Image Bank Unreleased/Michael Reinhard); **168.M1 B** Getty Images Plus, München (E+/FG Trade Latin); **168.M1 C** iStockphoto, Calgary, Alberta (Necip Yanmaz); **168.M1 D** ShutterStock.com RF, New York (Laurence Gough); **169.M2** Klett-Perthes; **170.M1 links** creanovo – motion & media design GmbH, Axel Kempf, Hannover; **170.M1 rechts** creanovo – motion & media design GmbH, Axel Kempf, Hannover; **171.M2** creanovo – motion & media design GmbH, Axel Kempf, Hannover; **172.M1 links** ShutterStock.com RF, New York (Markus Mainka); **172.mitte** ShutterStock.com RF, New York (M. Volk); **172.rechts** ShutterStock.com RF, New York (Sina Ettmer Photography); **173.M5** ShutterStock.com RF, New York (Nick N A); **173.M6** Jäckel, Diana, Erfurt nach Daten: Bundesagentur für Arbeit Statistik: Regionalreport über Beschäftigte, Frankfurt 2023; **174.M1** Jäckel, Diana, Erfurt nach: Bundesministerium für Verkehr (BMVI): Verkehr in Zahlen 2020/21, S. 218/219; **174.M2** Jäckel, Diana, Erfurt nach: Eurostat: KEY FIGURES ON EUROPEAN TRANSPORT 2023 EDITION (Creative Commons Attribution 4.0 International (CC-BY 4.0) licence (https://creativecommons.org/licenses/by/4.0/).; **175.M4** Ernst Klett Verlag GmbH, Stuttgart; **176.Bilderrätsel** Jähde, Steffen, Sundhagen; **176.Bilderrätsel** Jähde, Steffen, Sundhagen; **176.Bilderrätsel** Jähde, Steffen, Sundhagen; **176.M1** stock.adobe.com, Dublin (hedgehog94); **176.M2** ShutterStock.com RF, New York (industryviews); **176.M3** Getty Images Plus, München (Stone/Peter Cade); **176.M4** Jäckel, Diana, Erfurt, nach Statistisches Bundesamt: Erwerbstätige im Inland nach Wirtschaftssektoren; **177.M5** Schaar, Wolfgang, Grafing; **177.M6** Jäckel, Diana, Erfurt; **178.M2** Picture-Alliance, Frankfurt/M. (Jan-Peter Kasper / FSU); **178.M3** Getty Images Plus, München (monkeybusinessimages/ iStock); **179.M6** Picture-Alliance, Frankfurt/M. (Christian Möller); **179.M7** Jäckel, Diana, Erfurt; Quelle: Ahlers 2018, WSI-Betriebsrätebefragung 2016; Daten: bit.do/impuls1201; **180.M1** Getty Images Plus, München (iStock / Hello my names is james,I'm photographer.); **180.M2** ShutterStock.com RF, New York (Clare Louise Jackson); **181.M3** ShutterStock.com RF, New York (Michael von Aichberger); **181.M4** ShutterStock.com RF, New York (pixel creator); **182.M1** ShutterStock.com RF, New

York (OlScher); **182.M2** Hungreder, Rudolf, Leinfelden-Echterdingen; **182.M3** Mauritius Images, Mittenwald (imageBROKER / Ulrich Niehoff); **183.M4** Nach IEA Energy efficiency indicators database 2014: Breakdown of OECD energy consumption in the residential sector (2011); **184.M1** ShutterStock.com RF, New York (Darunrat Wongsuvan); **184.M2** Schaar, Wolfgang, Grafing; **184.M3** ShutterStock.com RF, New York (Planprophoto); **185.M4** Jäckel, Diana nach Tkarcher, CC BY-SA 3.0 <https://creativecommons.org/licenses/by-sa/3.0>, via Wikimedia Commons based on data from de:Arbeitsgemeinschaft Energiebilanzen; **186.M1** ShutterStock.com RF, New York (Arild Lilleboe); **186.M2** Hungreder, Rudolf, Leinfelden-Echterdingen; **186.M4** ShutterStock.com RF, New York (AzmanMD); **187.M5** Jähde, Steffen, Sundhagen; **188.M1** Schaar, Wolfgang, Grafing; **188.M2** ShutterStock.com RF, New York (Ewa Studio); **189.M3** Ernst Klett Verlag GmbH, Stuttgart; **190.M1** ShutterStock.com RF, New York (AlyoshinE); **190.M3** Getty Images Plus, München (Moment/wecand); **191.M3** ullstein bild, Berlin (CARO/Rupert Oberhäuser); **191.M3** ShutterStock.com RF, New York (Kletr); **191.M5** Jäckel, Diana, Erfurt; **192.M1** Ernst Klett Verlag GmbH, Stuttgart; **192.M1.A** ShutterStock.com RF, New York (RenataP); **192.M2.B** ShutterStock.com RF, New York (curraheeshutter); **193.Bilderrätsel** Jähde, Steffen, Sundhagen; **193.M1.C** ShutterStock.com RF, New York (guentermanaus); **193.M1.D** ShutterStock.com RF, New York (fokke baarssen); **193.M1.E** ShutterStock.com RF, New York (Evgeny_V); **193.M3** Nach IEA Energy efficiency indicators database 2014: Breakdown of OECD energy consumption in the residential sector (2011); **194.M1** Schaar, Wolfgang, Grafing; **194.M1 rechts oben** Thinkstock, München (iStock / vschlichting); **194.M1 rechts unten** Mauritius Images, Mittenwald (Zoonar GmbH / Alamy); **195.M2** stock.adobe.com, Dublin (Henry-Martin Klemt); **195.M3** ShutterStock.com RF, New York (Werner Lerooy); **196.M1** ShutterStock.com RF, New York (pixuberant); **196.M2** ShutterStock.com RF, New York (BorneoRimbawan); **197.M3** ShutterStock.com RF, New York (rontav); **197.M4** ShutterStock.com RF, New York (Jonas Tufvesson); **198.M1 links oben** stock.adobe.com, Dublin (Racamani); **198.M1 links unten** ShutterStock.com RF, New York (Edwin Verin); **198.M1 rechts oben** ShutterStock.com RF, New York (guentermanaus); **198.M1 rechts unten** Picture Press, Hamburg (Friedrich Kalcher); **199.M3** Schaar, Wolfgang, Grafing; **199.M4** Getty Images Plus, München (Corbis Documentary/Yannick Tylle); **200.M1 A** Mauritius Images, Mittenwald (Nick Turner / Alamy); **200.M1 B** ShutterStock.com RF, New York (Dirk Ercken); **200.M1 C** ShutterStock.com RF, New York (Rivina); **201.M2** creanovo – motion & media design GmbH, Axel Kempf, Hannover; **204.M1** Schaar, Wolfgang, Grafing; **204.M4** ShutterStock.com RF, New York (Dmitry Pichugin); **204.M5** ddp media GmbH, Hamburg (Andrew Michael); **205.M6** ShutterStock.com RF, New York (hermitis); **205.M8** Alamy stock photo, Abingdon (Avraham Kushnirov); **205.M9** Getty Images Plus, München (hadynyah); **206.M1** laif, Köln (Christian Heeb); **206.M2** Alamy stock photo, Abingdon (frans lemmens); **208.M1** Schaar, Wolfgang, Grafing; **208.M2** VISUM Foto GmbH, München (Hendel); **209.M4** Schaar, Wolfgang, Grafing; **209.M7** Picture-Alliance, Frankfurt/M. (Bob Strong/ Reuters); **210.M1** Schaar, Wolfgang, Grafing; **210.M2** Ernst Klett Verlag GmbH, Stuttgart; **210.M3** ShutterStock.com RF, New York (Ondrej Prosicky); **211.M4** Schaar, Wolfgang, Grafing; **211.M5** ShutterStock.com RF, New York (Vadim_N); **211.M6** Ernst Klett Verlag GmbH, Stuttgart; **212.M1** Picture Press, Hamburg (RIZZOLI / Borghi Fiorenz); **213.M3** Ernst Klett Verlag GmbH, Stuttgart; **213.M4** iStockphoto, Calgary, Alberta (Maxime Vige); **214.M1** Ernst Klett Verlag GmbH, Stuttgart; **214.M2** Hungreder, Rudolf, Leinfelden-Echterdingen; **215.Bilderrätsel** Jähde, Steffen, Sundhagen; **215.M2 A** Getty Images, München (Josef F. Stuefer / Moment Open); **215.M2 B** Mauritius RF, Mittenwald (Corbis); **215.M2 C** iStockphoto, Calgary, Alberta (Jan Rihak); **216.M1 + M2** Schaar, Wolfgang, Grafing; **216.M3** laif, Köln (Arcticphoto / B. & C. Alexander); **216.M5** laif, Köln (Arcticphoto/Bryan & Cherry Alexander); **217.M6** Okapia, Frankfurt (imagebroker / Olaf Krüger); **217.M7** iStockphoto, Calgary, Alberta (JamesPearsell); **218.M1** Getty Images Plus, München (iStock/Irina Kashaeva); **220.M1** ShutterStock.com RF, New York (Gil C); **221.M1** ShutterStock.com RF, New York (Janathong); **252.M1** Getty Images Plus, München (iStock/demaerre); **253.M1** Ernst Klett Verlag GmbH, Stuttgart; **253.M2** Ernst Klett Verlag GmbH, Stuttgart; **254.M1** Ernst Klett Verlag GmbH, Stuttgart; **255.M1** Ernst Klett Verlag GmbH, Stuttgart; **256.M1** Ernst Klett Verlag GmbH, Stuttgart; **258.M1** Ernst Klett Verlag GmbH, Stuttgart; **260.M1** Ernst Klett Verlag GmbH, Stuttgart; **262.M1** Ernst Klett Verlag GmbH, Stuttgart; **264.M1** Ernst Klett Verlag GmbH, Stuttgart; **266.M1** Ernst Klett Verlag GmbH, Stuttgart; **hinterer Vorsatz** Oser, Liliane, Hamburg;

*3 Lizenzbestimmungen zu CC-BY-SA-4.0 siehe: http://creativecommons.org/licenses/by-sa/4.0/legalcode

Textquellenverzeichnis

64.M2 Statista, unter: https://de.statista.com/statistik/daten/studie/1187610/umfrage/bevoelkerung-der-laender-europas/; **144.M3** Serfaus Fiss Ladis Marketing GmbH vom 20.02.2021; **160.M2** https://www.destatis.de/DE/Themen/Wirtschaft/Konjunkturindikatoren/Lange-Reihen/Arbeitsmarkt/lrerw13a.html (Zugriff: 01.02.2023); **178.M1** Christian Buck: Dr. Algorithmus. WELT.de v. 26.02.2019, unter: https://www.welt.de/wirtschaft/bilanz/article189418949/Dr-Algorithmus-Kuenstliche-Intelligenz-in-der-Medizin.html (Zugriff: 12.02.2020).;

13 Haack-Kartenteil

Die folgenden Karten bieten dir eine schnelle Orientierung. Sie zeigen einen Überblick über die Räume, die im Unterricht behandelt werden. Mit dem Register kannst du geographische Objekte suchen, ganz so, wie du es von der Arbeit mit dem Atlas gewohnt bist.

Für alle physischen Karten gilt die Kartenlegende auf dieser Seite. Interessierst du dich für Einzelheiten oder Karten mit bestimmten thematischen Inhalten, so schlage in deinem Haack Weltatlas nach.

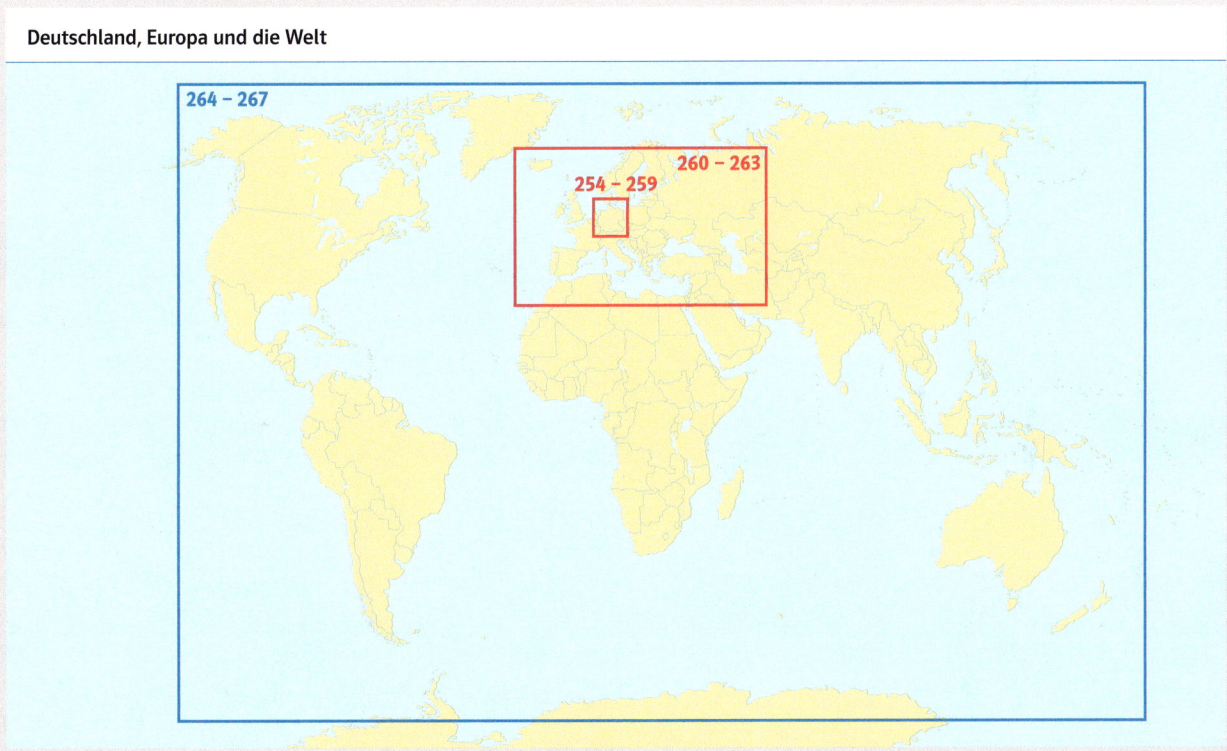

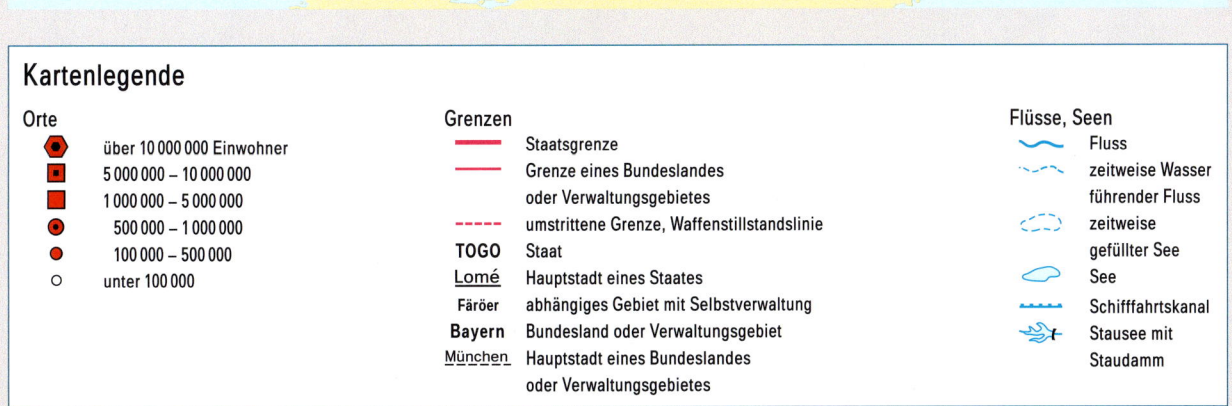

Deutschland, Europa und die Welt

264 – 267
260 – 263
254 – 259

Kartenlegende

Orte
- ⬢ über 10 000 000 Einwohner
- ■ 5 000 000 – 10 000 000
- ■ 1 000 000 – 5 000 000
- ● 500 000 – 1 000 000
- ● 100 000 – 500 000
- ○ unter 100 000

Grenzen
- ⎯⎯ Staatsgrenze
- ⎯⎯ Grenze eines Bundeslandes oder Verwaltungsgebietes
- ----- umstrittene Grenze, Waffenstillstandslinie
- TOGO Staat
- Lomé Hauptstadt eines Staates
- Färöer abhängiges Gebiet mit Selbstverwaltung
- **Bayern** Bundesland oder Verwaltungsgebiet
- München Hauptstadt eines Bundeslandes oder Verwaltungsgebietes

Flüsse, Seen
- ～ Fluss
- ⁓⁓ zeitweise Wasser führender Fluss
- ⌒ zeitweise gefüllter See
- ⌒ See
- ≈≈ Schifffahrtskanal
- Stausee mit Staudamm

Hessen

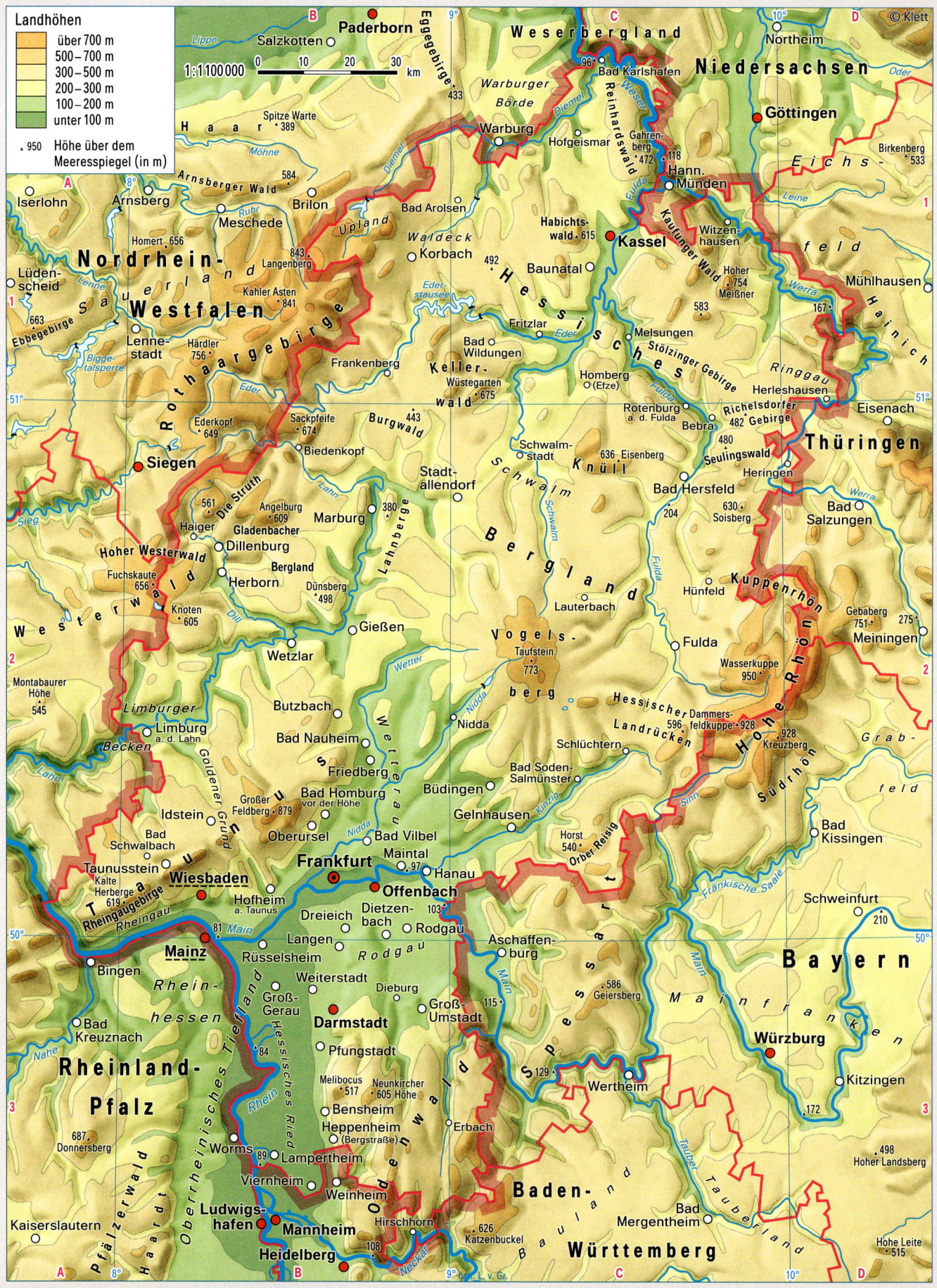

Landhöhen
- über 700 m
- 500–700 m
- 300–500 m
- 200–300 m
- 100–200 m
- unter 100 m

• 950 Höhe über dem Meeresspiegel (in m)

1 : 1 100 000

Deutschland

Deutschland (Nordteil)

Map of Northern Germany and Poland

Bodies of water and regions:
- Ostsee
- Kieler Bucht
- Mecklenburger Bucht
- Lübecker Bucht
- Fehmarnbelt
- Pommersche Bucht
- Greifswalder Bodden
- Stettiner Haff

Islands:
- Fünen
- Langeland
- Ærø
- Lolland
- Falster
- Møn
- Seeland
- Fehmarn
- Poel
- Hiddensee
- Rügen
- Usedom
- Wollin

Denmark locations:
- Rødbyhavn
- Gedser
- Aborrebjerg ▲143
- Møns Klint

German coastal locations:
- Kiel
- Plön
- Bungsberg ▲168
- Holsteinische Schweiz
- Timmendorfer Strand
- Lübeck
- Bad Oldesloe
- Wismar
- Rostock ● 130
- Graal-Müritz
- Ahrenshoop
- Darßer Ort
- Darß
- Zingst
- Stralsund
- Kap Arkona
- Piekberg ▲161
- Sassnitz
- Binz
- Greifswald
- Zinnowitz
- Heringsdorf
- Swinemünde (Świnoujście) ● 115
- Kolberg (Kołobrzeg)

Inland Germany:
- Lüneburg
- Schwerin
- Schweriner See
- Schaalsee
- Güstrow
- Kummerower See
- Neubrandenburg
- Helpter Berge ▲179
- Mecklenburgische Seenplatte
- Plauer See
- Müritz ▲62
- Ruhner Berge ▲177
- Prignitz
- Wendland ▲8
- ▲142
- Wittenberge
- Neuruppin
- Uckermark
- Schwedt
- Eberswalde ▲158
- Oranienburg
- Oder-Havel-Kanal
- Stendal ▲160
- Altmark
- Biese
- Colbitz-Letzlinger Heide
- Wolfsburg
- Peine
- Braunschweig
- Salzgitter ▲323
- Wolfenbüttel
- Elm
- Mittellandkanal ▲38
- Brandenburg
- Berlin ■
- Potsdam ●
- Ludwigsfelde
- Frankfurt
- Oder-Spree-Kanal ▲37
- Scharmützelsee
- Eisenhüttenstadt ▲162
- Magdeburg ●
- Fläming ▲200
- ▲178
- Elbe
- Roßlau ▲57
- Wittenberg
- Dessau
- Wolfen
- Bitterfeld
- Dübener Heide
- Schwarze Elster
- Spree ▲50
- Lübbenau
- Cottbus
- Forst ▲184
- Niederlausitz
- Guben ▲32
- Senftenberg
- Hoyerswerda ▲214
- Bautzen
- Görlitz
- Lauban (Lubań)
- Oberlausitz ▲1124
- Isergebirge
- Halle ●
- Merseburg ▲298
- Leipzig ●
- Leipziger Tieflandsbucht
- Collmberg ▲312
- Riesa ▲84
- Meißen
- Coswig
- Dresden ●
- Freiberg
- Borna
- Weißenfels
- Altenburg
- Zwickauer Mulde
- Zschopau
- Freiberger Mulde
- Erfurt ●
- Weimar
- Unstrut
- Thüringer Becken
- Hainich
- Hainleite ▲474
- Kyffhäuser ▲522
- Dün
- Goslar
- Halberstadt ▲314
- Bode ▲241
- Brocken ▲1142
- Rappbodetalsperre
- Harz ▲582
- Wipper
- Aller
- Saale
- Weiße Elster
- Elbe-Lübeck-Kanal ▲35
- Elbe-Havel-Kanal
- Elbe-Seitenkanal ▲80

Poland (POLEN):
- Stettin (Szczecin) ● ▲134, ▲148, ▲171
- Stargard
- Greifenhagen (Gryfino)
- Madüsee
- Neumark
- Landsberg (Gorzów Wielkopolski) ● ▲140
- Warthe ▲11
- Oderbruch
- Warthebruch ▲25
- Obra
- Buchwald ▲227
- Grünberg (Zielona Góra) ●
- Bober ▲229
- Neiße
- Rega ▲76

Deutschland (Südteil)

Map of southeastern Germany, Czech Republic (Tschechien), and parts of Austria (Österreich) and Poland (Polen).

Labels visible on the map:

Countries: POLEN, TSCHECHIEN, ÖSTERREICH, (Deutsch)LAND

Cities (Germany): Halle, Merseburg, Weißenfels, Leipzig, Borna, Riesa, Meißen, Coswig, Dresden, Hoyerswerda, Bautzen, Görlitz, Eisenach, Gotha, Erfurt, Weimar, Jena, Altenburg, Gera, Freiberg, Chemnitz, Rudolstadt, Suhl, Meiningen, Greiz, Zwickau, Annaberg-Buchholz, Plauen, Sonneberg, Hof, Bad Kissingen, Schweinfurt, Coburg, Bamberg, Bayreuth, Herzogenaurach, Erlangen, Fürth, Nürnberg, Ansbach, Neumarkt, Hesselberg, Weiden, Amberg, Schwandorf, Regensburg, Straubing, Ingolstadt, Pfaffenhofen, Landshut, Passau, Freising, Erding, Augsburg, Fürstenfeldbruck, München, Starnberg, Landsberg, Memmingen, Kaufbeuren, Kempten, Rosenheim, Reit im Winkl, Berchtesgaden, Garmisch-Partenkirchen

Cities (Czech Republic): Elbsandsteingebirge, Tetschen (Děčín), Aussig (Ústí n.L.), Brüx (Most), Reichenberg (Liberec), Jungbunzlau (Mladá Boleslav), Kladno, Prag (Praha), Karlsbad (Karlovy Vary), Eger (Cheb), Pilsen (Plzeň), Příbram, Klattau (Klatovy), Tábor, Neuhaus (Jindřichův Hradec), Budweis (České Budějovice), Grafenau

Cities (Austria): Linz, Wels, Steyr, Salzburg, Innsbruck

Cities (Poland): Lauban (Lubań)

Mountains / Regions: Hainleite, Hainich, Dün, Kyffhäuser, Thüringer Finne, Thüringer Becken, Leipziger Tieflandsbucht, Collmberg, Thüringer Wald, Oberlausitz, Isergebirge, Lausitzer Gebirge, Erzgebirge, Fichtelberg, Keilberg, Böhmisches Mittelgebirge, Duppauer Gebirge, Fränkische Saale, Haßberge, Steigerwald, Frankenwald, Vogtland, Fichtelgebirge, Schneeberg, Fränkische Schweiz, Fränkische Alb, Tepler Hochland, Brdywald, Oberpfälzer Wald, Böhmerwald, Bayerischer Wald, Großer Arber, Einödriegel, Plöckenstein, Weinsberger Wald, Frankenhöhe, Hallertau, Niederbayern, Oberbayern, Hausruck, Totes Gebirge, Salzkammergut, Chiemgauer Alpen, Bayerische Alpen, Salzburger Alpen, Kitzbüheler Alpen, Gesäuse, Eisenerzer Alpen, Niedere Tauern, Mädelegabel, Zugspitze, Watzmann, Dachstein, Hochgolling, Ries

Rivers / Lakes: Unstrut, Werra, Saale, Weiße Elster, Zwickauer Mulde, Freiberger Mulde, Elbe, Spree, Neiße, Iser, Eger, Beraun, Moldau, Sazawa, Luschnitz, Main, Regnitz, Pegnitz, Main-Donau-Kanal, Altmühl, Naab, Waldnaab, Haidenaab, Mies, Angel, Wotau, Regen, Donau, Isar, Lech, Amper, Ammer, Inn, Alz, Traun, Enns, Mur, Salzach, Iller, Bleilochtalsperre, Ammersee, Starnberger See, Chiemsee, Königssee, Attersee, Traunsee, Lippener Stausee

Elevation points (selection): 522, 474, 298, 312, 84, 214, 1124, 105, 275, 916, 547, 679, 661, 1215, 1244, 759, 934, 536, 638, 793, 726, 155, 504, 795, 983, 1051, 576, 231, 614, 682, 498, 688, 652, 771, 1042, 862, 744, 347, 862, 579, 430, 338, 1456, 1121, 1453, 1362, 1378, 1125, 1060, 530, 876, 245, 801, 624, 533, 584, 518, 2523, 2244, 2365, 1838, 2344, 2713, 2299, 2962, 2749, 2047, 2558, 2645, 2995, 2941, 2449, 2863

© Klett

261

Europa

Landhöhen
- über 5000 m
- 2000 – 5000 m
- 1000 – 2000 m
- 500 – 1000 m
- 200 – 500 m
- 100 – 200 m
- 0 – 100 m
- unter 0 m

Inlandeis, Gletscher

• 4810 Höhe über dem Meeresspiegel (in m)

1 : 20 000 000
0 100 200 500 km

Europäisches Nordmeer

nördl. Polarkreis

Island
Reykjavik
Hvannadalshnúkur ▲2119

Färöer
Shetlandinseln
Hebriden
Orkneyinseln

Trondheim
Galdhøpiggen ▲2469
Bergen
Skandi...
Oslo
Göteborg
Nordsee
Skagerrak
Kattegat

▲1343
Glasgow
Belfast
Newcastle upon Tyne
Slea Head
Dublin
Manchester
Sheffield
Nottingham
Cork
Birmingham
Land's End
Bristol
Southampton
London
Der Kanal
Kopenhagen
Hamburg
Amsterdam
Rotterdam
Berlin
Brüssel
Köln
Dortmund
Brest
Bretagne
Normandie
Paris
Luxemburg
Frankfurt
Prag
Nantes
Loire
Tours
Seine
Rhein
Donau
Vogesen
Zürich
München
Bern
Mailand
Ljubljana

ATLANTISCHER OZEAN

Azoren
Ponta Delgada • São Miguel

La Coruña
Kap Finisterre
Galicien
Kantabrisches Gebirge
Bilbao
Golf von Biscaya
Limoges
Bordeaux
Zentralmassiv
Lyon
Mont Blanc ▲4810
Alpen
Porto
Duero
Pyrenäen ▲3404
Toulouse
Rhône
Marseille
Turin
Genua
Apennin
Nizza
Korsika
Lissabon
Tejo
Madrid
Zaragoza
Ebro
Barcelona
Valencia
Balearen
Palma Mallorca
Sardinien
Rom
Neapel
Sevilla
Málaga ▲3478
Murcia
Gibraltar
Straße von Gibraltar
Cagliari
Palermo
Sizilien
Ätna
Catania

Funchal • Madeira

Casablanca
Rabat
Fès
Oran
Algier
Tellatlas
Tunis
Valletta
Malta
Marrakesch
Mittlerer Atlas
Maghreb
Sfax
Kanarische Inseln
Teneriffa
Pico de Teide ▲3718
Gran Canaria
Las Palmas
Fuerteventura
Agadir ▲4165
Hoher Atlas
Antiatlas
Saharaatlas ▲2328
Kleine Syrte
Tripolis
Laayoune
Béchar
Hamada des Draa
Westlicher Großer Erg
Ouargla
Tripolitanien
Östlicher Großer Erg

Sahara

nördl. Wendekreis

westl. L. 0° östl. L. v. Gr.

262

Europa (Staaten)

ABKÜRZUNGEN:
- BOS. U. HERZEG. — BOSNIEN UND HERZEGOWINA
- LIECHT. — LIECHTENSTEIN
- LUX. — LUXEMBURG
- NORDM. — NORDMAZEDONIEN
- SLOW. — SLOWENIEN

1 : 20 000 000
0 100 200 500 km

Europäisches Nordmeer

nördl. Polarkreis

Reykjavik — ISLAND

Färöer (dän.)

Shetlandinseln

Orkney-Inseln

Hebriden

NORWEGEN
Oslo

ATLANTISCHER OZEAN

IRLAND
Dublin
Man (brit.)

VEREINIGTES KÖNIGREICH
London

Nordsee

DÄNEMARK
Kopenhagen

NIEDER-LANDE
Amsterdam

Brüssel
BELGIEN

Kanalinseln (brit.)

Luxemburg
LUX.

Paris
Seine
Loire

DEUTSCHLAND
Berlin
Elbe
Rhein
Donau
Prag

FRANKREICH

Golf von Biscaya

Rhône

Bern
SCHWEIZ

Vaduz
LIECHT.
ÖST...
Ljublja...

Azoren (port.)

PORTUGAL
Lissabon
Tajo
Duero
Ebro

ANDORRA

MONACO

Po

SAN MARINO

Korsika

ITALIEN
VATIKAN-STADT
Rom

Madrid
SPANIEN
Guadalquivir

Balearen

Sardinien

Madeira (port.)

Gibraltar (brit.)
Ceuta (span.)
Melilla (span.)

Rabat
Moulouya

Algier

Tunis

Sizilien

Valletta
MALTA

Kanarische Inseln (span.)

MAROKKO

TUNESIEN

Tripo...

nördl. Wendekreis

Laayoune
WEST-SAHARA (marokkanische Verwaltung)

ALGERIEN

MAURETANIEN

MALI

westl. L. 0° östl. L. v. Gr.

Erde

266

Maßstab ca. 1 : 75 000 000

Erde (Staaten)

AL.	ÄLBANIEN	EST.	ESTLAND
AND.	ANDORRA	GEO.	GEORGIEN
AR.	ARMENIEN	GR.	GRIECHENLAND
E.	Eriwan	ISR.	ISRAEL
AS.	ASERBAIDSCHAN	Je.	Jerusalem
B.	BELGIEN	JORD.	JORDANIEN
Br.	Brüssel	K.	KOSOVO
BO.	BOSNIEN UND HERZEGOWINA	KR.	KROATIEN
Sa.	Sarajewo	Z.	Zagreb
		L.	LUXEMBURG
BUL.	BULGARIEN	Lux.	Luxemburg
DÄN.	DÄNEMARK	LET.	LETTLAND

268

Maßstab ca. 1 : 75 000 000

269

Kartenregister

A

Aachen 258/259 B1
Aalen 258/259 D2
Aare 258/259 B3
Abidjan 264/265 F3
Aborrebjerg 256/257 E1
Abu Dhabi 266/267 H3
Abuja 266/267 G3
Accra 264/265 F3, 266/267 F3
Aconcagua 264/265 D5
Adana 260/261 H5
Addis Abeba 264/265 H3, 266/267 H3
Adelaide 264/265 K5
Aden 264/265 H3
Adriatisches Meer 260/261 F4
Ærø 256/257 D1
Afghanistan 266/267 I3
Afrika 264/265 F3-H3
Agadir 260/261 D5
Ägäisches Meer 260/261 G5
Ägypten 266/267 G3-H3
Ahaggar 264/265 G3
Ahrenshoop 256/257 E1
Ahrgebirge 258/259 B1
Ahwas 260/261 I5
Akaba 260/261 H6
Åland; Inseln 260/261 G2
Åland; Verwaltungseinheit 262/263 G2
Alaska 266/267 A1-B1
Alaskakette 264/265 A1-B1
Albanien 262/263 F4-G4
Al-Basra 260/261 I5
Albertkanal 258/259 A1
Albstadt 258/259 C2
Aleppo 264/265 H2
Aleuten 264/265 L2-M2
Alexanderarchipel 264/265 B2
Alexanderinsel 264/265 D6
Alexandria 264/265 G2
Algerien 266/267 F3-G3
Algier 264/265 G2, 266/267 G2
Alkmaar 256/257 A2
Aller 256/257 D2
Allgäu 258/259 C3-D3
Allgäuer Alpen 258/259 D3
Almaty 264/265 I2
Almere 256/257 A2
Alpen 258/259 D3-F3
Alpenvorland 255 D5-E4
Alsen 256/257 C1-D1
Altai 264/265 I2
Altenburg 256/257 E3
Altmark 256/257 D2
Altmühl 258/259 D2
Alz 258/259 E2
Amazonas 264/265 E4-E3
Amazonastiefland 264/265 D4-E4
Amberg 258/259 D2
Ameland 256/257 B2
Amman 264/265 H2, 266/267 H2
Ammersee 258/259 D3
Amper 258/259 D2
Amrum 256/257 C1
Amsterdam 256/257 A2, 262/263 E3
Amsterdaminsel 264/265 I5
Amu-Darja 260/261 J4-K4
Amur 264/265 K2
Anadyr 264/265 L1
Anadyrgebirge 264/265 L1-M1
Anatolien 260/261 H4-I5
Anchorage 264/265 A1-B1
Andamanen 264/265 I3-J3
Anden 264/265 D4
Andorra 262/263 E4
Angelburg 254 B2
Ångermanälv 262/263 F2
Angola 266/267 G4
Ankara 260/261 H4-H5, 262/263 H5
Annaberg-Buchholz 258/259 E1
An-Nadschaf 260/261 I5
Ansbach 258/259 D2
Antalya 260/261 G5
Antananarivo 264/265 H4, 266/267 H4
Antarktis 264/265 F6-K6
Antarktische Halbinsel 264/265 D6-E6
Antiatlas 260/261 D6-D5
Antigua und Barbuda 266/267 D3-E3
Apeldoorn 256/257 A2
Apenninen 260/261 F4
Appalachen 264/265 D2
Aqtau 260/261 J4
Aqtöbe 260/261 J3
Äquatorialguinea 266/267 G3
Arabisches Meer 264/265 H3-I3
Arafurasee 264/265 K4
Aralsee 264/265 H2-I2
Ararat 260/261 I5
Archangelsk 260/261 I2
Ardant 260/261 I5

Ardennen 258/259 A2-B1
Arequipa 264/265 D4
Argentinien 266/267 D4-D5
Argonnen 258/259 A2
Arktisches Kap 264/265 I1-J1
Armenien 266/267 H2
Armenisches Hochland 260/261 I4-I5
Arnheim 256/257 A2-A3
Arnhemland 264/265 K4
Arnsberg 256/257 C3
Ascension; Insel 264/265 F4
Ascension; Verwaltungseinheit 266/267 F4
Aschaffenburg 258/259 C2
Aschgabat 266/267 H2
Aserbaidschan 266/267 H2
Asien 264/265 I2-J2
Asmara 266/267 H3
Assad-Stausee 260/261 H5
Assuan 266/267 H3
Asunción 264/265 E4, 266/267 E4
Atacama 264/265 D4
Athen 260/261 G5, 262/263 G5
Äthiopien 266/267 H3
Atlanta 264/265 D2
Atlantischer Ozean 264/265 D3-F4
Atlasgebirge 264/265 F3-G2
Ätna 260/261 F5
Attersee 258/259 E3
Auckland 264/265 L5
Augsburg 258/259 D2
Aussig 258/259 E1-F1
Australien; Staat 264/265 K4
Australien; Kontinent 264/265 J4-K4
Azoren 260/261 B5

B

Bad Arolsen 254 C1
Baden-Baden 258/259 C2
Baden-Württemberg 255 C4-C5
Bad Hersfeld 254 C2
Bad Homburg 254 B2
Bad Honnef 258/259 B1
Bad Karlshafen 254 C1
Bad Kissingen 258/259 D1
Bad Kreuznach 258/259 B2
Bad Nauheim 254 B2
Bad Oldesloe 256/257 D2
Bad Schwalbach 254 B2
Bad Soden-Salmünster 254 C2
Bad Vilbel 254 B2
Bad Wildungen 254 C1
Baffin Bay 264/265 D1
Baffininsel 264/265 D1
Bagdad 264/265 H2
Bahamas 266/267 D2
Bahrain 266/267 H3
Baikalsee 264/265 J2
Baku 264/265 H2, 266/267 H2
Balearen 260/261 E5-E4
Balkan 260/261 G4
Balleny-Inseln 264/265 L6
Balqaschsee 264/265 I2
Bamako 264/265 F3, 266/267 F3
Bamberg 258/259 D2
Bandar Seri Begawan 266/267 J3-K3
Bandung 264/265 I4
Bangkok 264/265 J3, 266/267 J3
Bangladesch 266/267 I3
Bangui 264/265 G3, 266/267 G3
Banjul 266/267 F3
Baotou 264/265 J2
Barbados 266/267 E3
Barcelona 260/261 E4
Barentssee 260/261 H1-I2
Barranquilla 264/265 D3
Basel 258/259 B3
Bastogne 258/259 A1
Baunatal 254 C1
Bautzen / Budyšin 256/257 F3
Bayerische Alpen 258/259 D3-E3
Bayerischer Wald 258/259 E2
Bayern 255 D4-E4
Bayreuth 258/259 D2
Beaufortsee 264/265 A1-B1
Bebra 254 C2
Béchar 260/261 D5
Beirut 264/265 H2
Belarus 262/263 G3
Belém 264/265 E4
Belfast 260/261 D3
Belfort 258/259 B3
Belgien 255/257 A3, 262/263 E3
Belgrad 260/261 G4, 262/263 G4
Belize 266/267 D3
Belmopan 266/267 D3
Belo Horizonte 264/265 E4

Bengasi 264/265 G2
Benin 266/267 G3
Bensheim 254 B3
Beraun 258/259 E1
Berchtesgaden 258/259 E3
Bergen 260/261 E2
Bergisches Land 258/259 B1
Bergland von Guayana 264/265 D3-E3
Beringmeer 264/265 L2-M2
Beringstraße 264/265 M1
Berkel 258/259 B2-B3
Berlin; Stadt 256/257 E2, 262/263 F3
Berlin; Bundesland 255 E2
Bermuda-Inseln 264/265 D2
Bern 260/261 E4, 262/263 E4
Biberach a. d. Riß 258/259 C2
Biedenkopf 254 B2
Bielefeld 256/257 C2
Biese 256/257 D2
Biggetalsperre 256/257 B3-C3
Bilbao 260/261 D4
Bingen 258/259 B2
Binz 256/257 E1
Birmingham 260/261 D3
Bischkek 266/267 I2
Bismarck-Archipel 264/265 K4-L4
Bissau 266/267 F3
Bitterfeld-Wolfen 256/257 E3
Bleilochtalsperre 258/259 D1
Bober 256/257 F3
Böblingen 258/259 C2
Bochum 256/257 B3
Bode 256/257 D3
Bodensee 258/259 C3
Bogotá 264/265 D3, 266/267 D3
Böhmen 258/259 E1-F1
Böhmerwald 258/259 E2
Böhmisches Mittelgebirge 258/259 E1-F1
Bolivien 266/267 D4
Bonininseln 264/265 K3
Bonn 258/259 B1
Bordeaux 260/261 D4
Borkum 256/257 B2
Borna 256/257 E3
Borneo 264/265 J4
Bosnien und Herzegowina 262/263 F4
Bosporus 260/261 G4-H4
Boston 264/265 D2
Botsuana 266/267 G4
Bottnischer Meerbusen 260/261 F2-G2
Brandenburg; Stadt 256/257 E2
Brandenburg; Bundesland 255 E2-F3
Brasilia 264/265 E4, 266/267 E4
Brasilianisches Bergland 264/265 E4
Brasilien 266/267 D4-E4
Bratislava 260/261 F4, 262/263 F4
Braunschweig 256/257 D2
Brazzaville 266/267 G4
Brdywald 258/259 E2
Breda 256/257 A3
Breg 258/259 C3
Bregenzer Wald 258/259 C3-D3
Breisgau 258/259 B3-B2
Bremen; Stadt 256/257 C2
Bremen; Bundesland 255 C2
Bremerhaven 256/257 C2
Brenner D5
Brest 260/261 D4
Bretagne 260/261 D4
Brisbane 264/265 L4
Bristol 260/261 D3
Britische Inseln 264/265 F2
Brocken 256/257 D3
Brookskette 264/265 A1-B1
Bruchsal 258/259 C2
Brunei Darussalam 266/267 J3
Brunsbüttel 256/257 C2
Brüssel 258/259 A3, 262/263 E3
Brüx 258/259 E1
Buchwald 258/259 C2
Budapest 260/261 F4, 262/263 F4
Büdingen 254 C2
Budweis 258/259 F2
Buenos Aires 264/265 E5, 266/267 E5
Bukarest 260/261 G4, 262/263 G4
Bulgarien 262/263 G4
Bungsberg 256/257 D1
Burgundische Pforte 258/259 B3
Burgwald 254 B2
Burkina Faso 266/267 F3
Bursa 260/261 G4-G5
Burundi 266/267 G4-H4
Butzbach 254 B2

C

Cabo Verde 266/267 F3
Cagliari 260/261 E5

Cali 264/265 D3
Calw 258/259 C2
Canal de l'Est 258/259 B3-B2
Canberra 266/267 K5
Caracas 264/265 D3, 266/267 D3
Carpentariagolf 264/265 K4
Casablanca 264/265 F2
Catania 260/261 F5
Cebu 264/265 K3
Celle 256/257 D2
Ceuta 262/263 D5
Chabarowsk 264/265 K2
Changsha 264/265 J3
Chanty-Mansijsk 260/261 K2
Charkiw 260/261 H3-H4
Chaumont 258/259 A2
Chemnitz 258/259 E1
Chengdu 264/265 J2-J3
Chicago 264/265 D2
Chiemgauer Alpen 258/259 E3
Chiemsee 258/259 E3
Chile 264/265 D4-D5
China 266/267 I3-J3
Chisinau 260/261 G4, 262/263 G4
Chittagong 264/265 J3
Christchurch 264/265 L5
Chur C5
Churchill 264/265 C2
Chuukinseln 264/265 K3-L3
Cincinnati 264/265 D2
Cloppenburg 256/257 C2
Coburg 258/259 D1
Cochem 258/259 B1
Colbitz-Letzlinger Heide 256/257 D2
Collmberg 258/259 E3
Colmar 258/259 B2
Colombo 264/265 I3, 266/267 I3
Comodoro Rivadavia 264/265 D5
Conakry 264/265 F3, 266/267 F3
Constanța 260/261 G4
Córdoba 264/265 D5
Cork 260/261 D3
Costa Rica 266/267 C3-D3
Coswig 256/257 E3
Côte d'Ivoire 266/267 F3
Côtes de Moselle 258/259 A2-B2
Cottbus / Chóśebuz 256/257 F3
Crailsheim 258/259 D2
Crozetinseln 264/265 H5
Curitiba 264/265 E4
Cuxhaven 256/257 C2
Cyrenaika 260/261 G5

D

Dakar 264/265 F3, 266/267 F3
Dallas 264/265 C2
Dalmatien 260/261 F4
Damaskus 264/265 H2, 266/267 H2
Dänemark 256/257 C1-D1, 262/263 E3-F3
Dänemarkstraße 264/265 E1-F1
Danzig 260/261 F3
Daressalam 264/265 H4
Darling 264/265 K5
Darmstadt 258/259 C2
Darß 256/257 E1
Darßer Ort 256/257 E1
Darwin 264/265 K4
Daşoguz 260/261 J4
Daun 258/259 B1
Davao 264/265 K3
Davisstraße 264/265 E1
Deister 256/257 C2
Dekkan 264/265 I3
Delhi 264/265 I3
Delmenhorst 256/257 C2
Demokratische Republik Kongo 266/267 G3-H4
Demokratische Volksrepublik Korea 266/267 K2
Denali 264/265 A1
Den Helder 256/257 A2
Denver 264/265 C2
Der Kanal 260/261 D4-E3
Dessau-Roßlau 256/257 E3
Detmold 256/257 C3
Detroit 264/265 D2
Deutsche Bucht 256/257 B1
Deutschland 262/263 E3-F3
Deventer 256/257 B2
Dhaka 264/265 J3, 266/267 J3
Diedenhofen 258/259 B2
Diego Garcia 264/265 I4
Diemel 254 C1
Die Struth 254 B2
Dietzenbach 254 B2
Dieburg 254 B3
Dili 266/267 K4
Dill 254 B2

Dillenburg 254 B2
Dillingen/Saar 258/259 B2
Diyarbakır 260/261 H5-I5
Dnipro; Stadt 260/261 H4
Dnipro; Fluss 260/261 H4
Dnister 262/263 G4
Dnjepr 264/265 H2
Dodoma 266/267 H4
Doha 264/265 H3, 266/267 H3
Dollart 256/257 B2
Dominica 266/267 D3-E3
Dominikanische Republik 266/267 D3
Don 260/261 I4
Donau 258/259 F2
Donaueschingen 258/259 C3
Donezk 260/261 H4
Donnersberg 258/259 B2
Donon 258/259 B2
Dortmund 256/257 B3
Dortmund-Ems-Kanal 256/257 B2
Douala 264/265 G3
Doubs 258/259 B3
Drakensberge 264/265 G4
Drakestraße 264/265 D6-D5
Drau 255 E5
Dreieich 254 B2
Dresden 256/257 E3
Dschibuti; Stadt 266/267 H3
Dschibuti; Staat 266/267 H3
Dschidda 264/265 H3
Dschuba 266/267 H3
Dubai 264/265 H3
Dübener Heide 256/257 E3
Dublin 260/261 D3, 262/263 D3
Duero 260/261 D4
Duisburg 256/257 B3
Dümmer 256/257 C2
Düna 258/259 G3
Düna 260/261 G3
Dünsberg 254 B2
Duppauer Gebirge 258/259 E1
Durban 264/265 H4
Düren 258/259 B1
Duschanbe 266/267 I2
Düsseldorf 256/257 B3

E

Ebbegebirge 256/257 B3
Eberswalde 256/257 E2
Ebro 260/261 D4
Eckernförde 256/257 C1
Ecuador 266/267 D4
Ede 256/257 A2
Eder 254 C1
Ederstausee 254 B1
Edmonton 264/265 C2
Eger; Fluss 258/259 F1
Eger; Stadt 258/259 E1
Eggegebirge 256/257 C3
Eider 256/257 C1
Eifel 258/259 B1
Eindhoven 258/259 A1
Einödriegel 258/259 E2
Eisenach 258/259 D1
Eisenberg (Knüll) 254 C2
Eisenerzer Alpen 258/259 F3
Eisenhüttenstadt 256/257 F2
Elbe 255 D2
Elbe-Havel-Kanal 256/257 D2-E2
Elbe-Lübeck-Kanal 256/257 D2
Elbe-Seitenkanal 256/257 D2
Elbrus 260/261 I4
Elbsandsteingebirge 258/259 E1-F1
Elburs 260/261 I5-J5
Elde 256/257 D2
Ellesmereland 264/265 D1
Elm 256/257 D2
Elmshorn 256/257 C2
El Salvador 266/267 C3-D3
Elsass 258/259 B3-B2
Elstergebirge 258/259 E1
Emden 256/257 B2
Emmen 256/257 B2
Ems 256/257 B2
Emsland 256/257 B2
Enns 258/259 F3
Enschede 256/257 B2
Enz 258/259 C2
Épinal 258/259 B3
Erbach 254 B3-C3
Erbeskopf 258/259 B2
Erding 258/259 D2
Erft 256/257 B3
Erfurt 258/259 D1
Eritrea 266/267 H3
Eriwan 264/265 H2, 266/267 H2
Erlangen 258/259 D2
Erzgebirge 258/259 E1
Esch 258/259 A2-B2

Essen 256/257 B 3
Esslingen 258/259 C 2
Estland 262/263 G 3
Eswatini 266/267 H 4
Euphrat 264/265 H 2
Europa 264/265 G 2-H 2
Europäisches Nordmeer 260/261 D 2-E 2
Euskirchen 258/259 B 1

F

Falklandinseln; Inseln 264/265 E 5
Falklandinseln; Verwaltungseinheit 266/267 E 5
Falster 256/257 D 1-E 1
Färöer; Inseln 260/261 D 2
Färöer; Verwaltungseinheit 262/263 D 2
Fehmarn; Insel 256/257 D 1
Fehmarn; Stadt 256/257 D 1
Fehmarnbelt 256/257 D 1
Feldberg 258/259 C 3
Fès 260/261 D 5
Feuerland 264/265 D 5-E 5
Fichtelberg 258/259 E 1
Fichtelgebirge 258/259 D 1-E 2
Finne 256/257 D 3
Finnische Seenplatte 260/261 G 2
Finnland 262/263 G 2
Fläming 256/257 E 2-E 3
Flensburg 256/257 C 1
Flevoland 256/257 A 2
Föhr 256/257 C 1
Forbach 258/259 B 2
Forst (Lausitz) / Barść (Łužyca) 256/257 F 3
Fortaleza 264/265 E 4
Frankenberg 254 B 1
Frankenhöhe 258/259 D 2
Frankenwald 258/259 D 1
Frankfurt (Oder) 256/257 F 2
Frankfurt a. Main 254 B 2
Fränkische Alb 258/259 D 2
Fränkische Saale 258/259 C 1-D 1
Fränkische Schweiz 258/259 D 2
Frankreich 258/259 A 2-B 2, 262/263 E 4
Franz-Josef-Land 264/265 H 1-I 1
Französisch-Guayana 266/267 E 3
Freetown 266/267 F 3
Freiberg 258/259 E 1
Freiberger Mulde 258/259 E 1
Freiburg i. Breisgau 258/259 B 2-B 3
Freising 258/259 D 2
Friedberg 254 B 2
Friedrichshafen 258/259 C 3
Fritzlar 254 C 1
Fuchskaute 258/259 B 1-C 1
Fudschijama 264/265 K 2
Fuerteventura 260/261 C 6
Fukuoka 264/265 K 2
Fulda; Stadt 254 C 2
Fulda; Fluss 254 C 1
Funchal 260/261 C 5
Fünen 256/257 D 1
Fürstenfeldbruck 258/259 D 2
Fürth 258/259 D 2
Fushun 264/265 K 2

G

Gaborone 266/267 G 4
Gabun 266/267 G 4
Gahrenberg 254 C 1
Galápagosinseln 264/265 C 3-D 3
Galdhøpiggen 260/261 E 2
Galicien 260/261 D 4
Gambia 266/267 F 3
Ganges 264/265 I 3
Garmisch-Partenkirchen 258/259 D 3
Gedser 256/257 D 1
Gelbes Meer 264/265 J 2-K 2
Gelnhausen 254 C 2
Gelsenkirchen 256/257 B 3
Genk 258/259 A 1
Genua 260/261 E 4
Georgetown 264/265 E 3, 266/267 E 3
Georgien 266/267 H 2
Gera 258/259 E 1
Gesäuse 258/259 F 3
Ghana 266/267 F 3
Gibraltar; Stadt 260/261 D 5
Gibraltar; Verwaltungseinheit 262/263 D 5
Gießen 254 B 2
Gitega 266/267 G 4
Gizeh 260/261 H 5-H 6
Gladenbacher Bergland 254 B 2
Glasgow 260/261 D 3
Gobi 264/265 J 2
Goiânia 264/265 E 4
Goldener Grund 254 B 2

Golf von Aden 264/265 H 3
Golf von Alaska 264/265 B 2
Golf von Bengalen 264/265 I 3-J 3
Golf von Biscaya 260/261 D 4
Golf von Mexiko 264/265 C 3-D 3
Golf von Oman 264/265 H 3-I 3
Goose Bay 264/265 D 2
Göppingen 258/259 C 2
Görlitz 256/257 F 3
Goslar 256/257 D 3
Göteborg 260/261 F 3
Gotha 258/259 D 1
Gotland 260/261 F 3-G 3
Göttingen 256/257 C 3
Gqeberha 264/265 G 5
Graal-Müritz 256/257 E 1
Grafenau 258/259 E 2
Gran Canaria 260/261 C 6
Gran Chaco 264/265 D 4-E 4
Great Dividing Range 264/265 K 4-L 4
Great Plains 264/265 C 2
Greifenhagen 258/259 F 2
Greifswald 256/257 E 1
Greifswalder Bodden 256/257 E 1
Greiz 258/259 E 1
Grenada 266/267 D 3
Griechenland 262/263 G 5
Groningen 256/257 B 2
Grönland 264/265 E 1-F 1
Große Antillen 264/265 D 3
Große Australische Bucht 264/265 K 5
Große Ebene 264/265 J 2
Großer Arber 258/259 E 2
Großer Beerberg 258/259 D 1
Großer Belchen 258/259 B 3
Großer Feldberg 254 B 2
Großer Hinggan 264/265 J 2-K 2
Große Sandwüste 264/265 J 4-K 4
Großes Becken 264/265 C 2
Große Seen 264/265 C 2
Große Syrte 260/261 F 5
Große Victoriawüste 264/265 K 4
Groß-Gerau 254 B 3
Großglockner 255 E 5
Groß-Umstadt 254 B 3
Grünberg 256/257 F 3
Guadalajara 264/265 C 3
Guadalquivir 262/263 D 5
Guatemala; Staat 266/267 C 3-D 3
Guatemala; Stadt 264/265 C 3, 266/267 C 3
Guayaquil 264/265 D 4
Guben 256/257 F 3
Guinea 266/267 F 3
Guinea-Bissau 266/267 F 3
Gummersbach 256/257 B 3
Güstrow 258/259 E 2
Gütersloh 256/257 C 3
Guyana 266/267 D 3-E 3

H

Haar 256/257 B 3-C 3
Haardt 258/259 B 2-C 2
Haarlem 256/257 A 2
Habichtswald 254 C 1
Hagen 256/257 B 3
Hagenau 258/259 B 2
Hagendingen 255 B 4
Haidenaab 258/259 D 2-E 2
Haiger 254 B 2
Hainan 264/265 J 3
Hainich 258/259 D 1
Hainleite 258/259 D 1
Haiti 266/267 D 3
Halberstadt 256/257 D 3
Halbinsel Kola 260/261 H 2
Halbinsel Krim 260/261 H 4
Halbinsel Malakka 264/265 J 3
Halbinsel Sinai 260/261 H 6
Halifax 264/265 D 2
Halle; Stadt in Sachsen-Anhalt 258/259 D 1
Halle; Stadt in Nordrhein-Westfalen 256/257 D 3
Hallertau 258/259 D 2
Halligen 256/257 C 1
Hamada des Draa 260/261 D 6-D 5
Hamburg 256/257 C 2-D 2
Hameln 256/257 C 2
Hamm 256/257 B 3
Hammerfest 260/261 G 1
Hanau 254 B 2
Hangzhou 264/265 J 2-K 3
Hannover 256/257 C 2
Hannoversch Münden 256/257 C 3
Hanoi 264/265 J 3, 266/267 J 3
Harare 264/265 H 4, 266/267 H 4
Harbin 264/265 K 2
Harz 256/257 D 3

Hase 256/257 B 2
Haßberge 258/259 D 1-D 2
Hausruck 258/259 E 2
Havanna 264/265 D 3, 266/267 D 3
Havel 256/257 E 2
Hebriden 260/261 D 3
Heide 256/257 C 1
Heidelberg 258/259 C 2
Heidenheim 258/259 D 2
Heilbronn 258/259 C 2
Helgoland 256/257 B 1-C 1
Helgoländer Bucht 256/257 C 1-C 2
Helpter Berge 256/257 E 2
Helsinki 260/261 G 2, 262/263 G 2
Hengelo 256/257 B 2
Heppenheim (Bergstraße) 254 B 3
Herborn 254 B 2
Herford 256/257 C 2
Heringen (Werra) 254 D 2
Heringsdorf 256/257 F 2
Herleshausen 254 D 1
Herzogenaurach 258/259 D 2
Hesselberg 258/259 D 2
Hessen 255 C 3
Hessische Landrücken 254 C 2
Hessisches Bergland 254 C 1-C 2
Hessisches Ried 254 B 3
Hiddensee 256/257 E 1
Hildesheim 256/257 C 2
Hils 256/257 C 3
Himalaya 264/265 I 2-J 3
Hindukusch 264/265 I 2
Hindustan 264/265 I 3
Hirschhorn 254 B 3
Hispaniola 264/265 D 3
Hobart 264/265 K 5
Hochgolling 258/259 E 3
Ho-Chi-Minh-Stadt 264/265 J 3
Hochland von Adamaoua 264/265 G 3
Hochland von Äthiopien 264/265 H 3
Hochland von Mexiko 264/265 C 2-C 3
Hof 258/259 D 1
Hofgeismar 254 C 1
Hofheim a. Taunus 254 B 2
Hohe Acht 258/259 B 1
Hohe Eifel 258/259 B 1
Hohenloher Ebene 258/259 C 2
Hoher Atlas 260/261 D 5
Hoher Dachstein 258/259 E 3
Hohe Rhön 254 C 2-D 2
Hoher Meißner 254 C 1
Hoher Westerwald 254 A 2-B 2
Hohes Venn 258/259 A 1-B 1
Hohe Tauern 255 E 5
Hokkaido 264/265 K 2
Holland 256/257 A 2
Holsteinische Schweiz 256/257 D 1
Homberg (Efze) 254 C 1
Homburg 258/259 B 2
Homel 260/261 H 3
Hondsrug 256/257 B 2
Honduras 266/267 D 3
Hongkong 264/265 J 3
Honiara 264/265 L 4
Honshu 264/265 K 2
Hornisgrinde 258/259 C 2
Horst 254 C 2
Houston 264/265 C 2-C 3
Hoyerswerda / Wojerecy 256/257 F 3
Huang He 264/265 J 2
Hudson Bay 264/265 C 1-D 2
Hudsonstraße 264/265 D 1
Hümmling 256/257 B 2
Hünfeld 254 C 2
Hunsrück 258/259 B 2-B 1
Hunte 256/257 C 2
Husum 256/257 C 1
Hvannadalshnúkur 260/261 C 2

I

Idarwald 258/259 B 2
Idstein 254 B 2
IJssel 256/257 B 2
IJsselmeer 256/257 A 2
Iller 258/259 D 3
Indien 266/267 I 3
Indischer Ozean 264/265 I 4-J 4
Indonesien 266/267 J 4-K 4
Indus 264/265 I 3
Ingolstadt 258/259 D 2
Inn 258/259 E 2
Innsbruck 258/259 D 3
In Salah 264/265 G 3
Insel Man 262/263 D 3
Iquitos 264/265 D 4
Irak 266/267 H 2
Iran 266/267 H 2

Irkutsk 264/265 J 2
Irland 262/263 D 3
Irtysch 264/265 I 2
Isar 258/259 E 2
Ischewsk 260/261 J 3
Isfahan 264/265 H 2
Isergebirge 258/259 F 1
Islamabad 266/267 I 2
Island; Insel 260/261 B 2-C 2
Island; Staat 262/263 C 2
Israel 266/267 H 2
İstanbul 260/261 G 4
Italien 262/263 F 4
Ith 256/257 C 2
İzmir 260/261 G 5

J

Jablonowygebirge 264/265 J 2-K 2
Jadebusen 256/257 C 2
Jagst 258/259 C 2
Jaipur 264/265 I 3
Jakarta 264/265 I 4, 266/267 J 4
Jakutsk 264/265 K 1
Jamaika; Staat 266/267 D 3
Jamaika; Insel 264/265 D 3
Jangtsekiang 264/265 J 3
Jan Mayen 264/265 F 1
Japan 266/267 K 2
Japanisches Meer 264/265 K 2
Jaroslawl 260/261 H 3
Jaunde 264/265 G 3, 266/267 G 3
Java 264/265 J 4
Jekaterinburg 260/261 K 3
Jemen 266/267 H 3
Jena 258/259 D 1
Jenissei 264/265 I 1
Jerusalem 260/261 H 5
Jinan 264/265 J 2
Johannesburg 264/265 G 4
Jordanien 266/267 H 3-H 2
Juárez 264/265 C 2
Juist 256/257 B 2
Jungbunzlau 258/259 F 1

K

Kabul 264/265 I 2, 266/267 I 2
Kahler Asten 256/257 C 3
Kairo 264/265 H 2-H 3, 266/267 H 3
Kaiserslautern 258/259 B 2
Kaiserstuhl 258/259 B 2
Kalaallit Nunaat 266/267 E 1-F 1
Kalahari 264/265 G 4-H 4
Kaliningrad [Königsberg] 260/261 G 3
Kalmit 258/259 C 2
Kalte Herberge 254 B 2
Kama 260/261 J 3
Kambodscha 266/267 J 3
Kamerun 264/265 G 3
Kampala 264/265 H 3, 266/267 H 3
Kampen 256/257 A 2
Kamtschatka 264/265 L 2
Kanada 266/267 B 2-D 2
Kanadischer-arktischer Archipel 264/265 B 1-D 1
Kanalinseln 262/263 D 4
Kanarische Inseln 260/261 C 6
Kansas City 264/265 C 2
Kantabrisches Gebirge 260/261 D 4
Kanton 264/265 J 3
Kap Arkona 256/257 E 1
Kap Batterbee 264/265 H 6
Kap der Guten Hoffnung 264/265 G 5
Kap Finisterre 260/261 D 4
Kap Hoorn 264/265 E 5
Kapstadt 264/265 G 5
Kap Tscheljuskin 264/265 J 1-K 1
Kapverdische Inseln 264/265 E 3-F 3
Kap-York-Halbinsel 264/265 K 4
Karachi 264/265 I 3
Karakorum 264/265 I 2
Karasee 264/265 I 1
Karelien 260/261 G 2-H 2
Karibisches Meer 264/265 D 3
Karlsbad 258/259 E 1
Karlsruhe 258/259 C 2
Karolinen 264/265 K 3-L 3
Karpaten 260/261 G 4
Kasachensteppe 266/267 I 3-H 4
Kasachstan 266/267 H 3-I 3
Kasan 260/261 I 3
Kaspische Senke 264/265 H 2
Kaspisches Meer 264/265 H 2
Kassel 254 C 1
Kathmandu 266/267 I 3
Kattegat 260/261 F 3
Katzenbuckel 258/259 C 2

Kaufbeuren 258/259 D 3
Kaufunger Wald 254 C 1
Kaukasus 260/261 H 4
Kayseri 260/261 H 5
Kehl 258/259 B 2
Keilberg 258/259 E 1
Kellerwald 254 B 1-C 2
Kempten 258/259 D 3
Kenia 266/267 H 3-H 4
Kerguelen 264/265 I 5
Khartum 264/265 H 3, 266/267 H 3
Kiel 256/257 D 1
Kieler Bucht 256/257 D 1
Kiew [Kyïv] 260/261 G 3-H 3, 262/263 H 3
Kigali 264/265 G 4-G 5, 266/267 G 4-H 4
Kilimandscharo 264/265 H 4
Kimberleyplateau 264/265 K 4
Kingston 266/267 D 3
Kinshasa 264/265 G 4, 266/267 G 4
Kinzig; Fluss in Baden-Württemberg 258/259 B 2-C 2
Kinzig; Fluss in Hessen 254 C 2
Kirgisistan 266/267 I 2
Kirkuk 260/261 I 5
Kirow 260/261 I 3
Kitzbüheler Alpen 258/259 D 3-E 3
Kızılırmak 260/261 H 5-H 4
Kladno 258/259 F 1
Klagenfurt a. Wörthersee 255 F 5
Klarälv 262/263 F 2
Klattau 258/259 E 2
Kleine Antillen 264/265 D 3
Kleine Syrte 260/261 F 5
Knoten 254 B 2
Knüll 254 C 2
Koblenz 258/259 B 1
Kocher 258/259 C 2
Kodiak 264/265 A 2-B 2
Kolberg 256/257 F 2
Kolkata 264/265 I 3
Köln 256/257 B 3
Kölner Bucht 256/257 B 3
Kolumbien 266/267 D 3
Kolyma 264/265 K 1-L 1
Komoren; Staat 266/267 H 4
Komoren; Inseln 264/265 H 4
Kongo 264/265 G 3-G 4
Kongobecken 264/265 G 3-G 4
Königsberg [Kaliningrad] 260/261 G 3
Königsee 258/259 E 3
Konstanz 258/259 C 3
Konya 260/261 H 5
Kopenhagen 260/261 F 3, 262/263 E 3-F 3
Korallensee 264/265 K 4-L 4
Korbach 254 B 1
Korea 264/265 K 2
Korsika 260/261 E 4
Kosovo 262/263 G 4
Kozhikode 264/265 I 3
Kraichgau 258/259 C 2
Krakau [Kraków] 260/261 G 3-G 4
Kraków [Krakau] 260/261 G 3-G 4
Krasnodar 260/261 H 4
Krefeld 256/257 B 3
Kreta 260/261 G 5
Kroatien 262/263 F 4
Kuala Lumpur 264/265 J 3, 266/267 J 3
Kuba 266/267 D 3
Kummerower See 256/257 E 2
Kunlun Shan 264/265 I 2-J 2
Kunming 264/265 J 3
Kuppenrhön 254 C 2-D 2
Kurilen 264/265 K 2-L 2
Küstengebirge 264/265 B 2-B 1
Küstenkanal 256/257 B 2
Küstenkette 264/265 C 2-B 2
Kuwait; Staat 266/267 H 3
Kuwait; Stadt 264/265 H 3, 266/267 H 3-H 2
Kyffhäuser 258/259 D 1
Kyïv [Kiew] 260/261 G 3-H 3
Kykladen 260/261 G 5
Kyll 258/259 B 1

L

Laayoune 266/267 F 3
Labradorsee 264/265 E 2
Ladogasee 260/261 G 2-H 2
Lagos 264/265 G 3
Lahn 254 B 2
Lahnberge 254 B 2
Lahore 264/265 I 2
Lakshadweepinseln 264/265 I 3
Lampertheim 254 B 3
Landau i. d. Pfalz 258/259 C 2
Landsberg 256/257 F 2
Landsberg a. Lech 258/259 D 2
Landshut 258/259 E 2
Langeland 256/257 D 1

271

Langen 254 B3
Langenberg 254 B1
Langeoog 256/257 B2
Lanzhou 264/265 J2
Laos 266/267 J3
La Paz 264/265 D4
Lappland 260/261 G2
Laptewsee 264/265 J1-K1
Las Palmas 260/261 C6
Lauban 256/257 F3
Lausitzer Gebirge 258/259 F1
Lauterbach 254 C2
Lech 258/259 D2
Leeuwarden 256/257 A2
Leine 256/257 C2
Leipzig 256/257 E3
Leipziger Tieflandsbucht 256/257 E3
Lek 256/257 A3
Lemberg; Stadt 260/261 G4
Lemberg; Berg 258/259 C2
Lena 264/265 K1
León 264/265 C3
Lesotho 266/267 G4-H5
Lettland 262/263 G3
Leverkusen 256/257 B3
Libanon 266/267 H2
Liberia 266/267 F3
Libreville 264/265 G3, 266/267 G3
Libyen 266/267 G3
Libysche Wüste 264/265 G3
Liechtenstein 262/263 E4-F4
Lilongwe 266/267 H4
Lima 264/265 D4, 266/267 D4
Limburg a. d. Lahn 254 B2
Limburger Becken 254 B2-A2
Limoges 260/261 E4
Linz 258/259 F2
Lipezk 260/261 H3
Lippe 256/257 C3
Lippener Stausee 258/259 F2
Lissabon 260/261 D5, 262/263 D5
Litauen 262/263 G3
Ljubljana 260/261 F4, 262/263 F4
Lofoten 260/261 F2
Loire 260/261 E4
Lolland 256/257 D1
Lomé 260/265 G3, 266/267 G3
London 260/261 D3, 262/263 D3-E3
Lörrach 258/259 B3
Los Angeles 264/265 C2
Lothringen 258/259 B2
Luanda 264/265 G4, 266/267 G4
Lübbenau / Lubnjow 256/257 E3
Lübeck 256/257 D2
Lübecker Bucht 256/257 D1
Lubumbashi 264/265 G4
Ludwigsburg 258/259 C2
Ludwigsfelde 256/257 E2
Ludwigshafen a. Rhein 258/259 C2
Luhansk 260/261 H4
Lüneburg 256/257 D2
Lüneburger Heide 256/257 C2-D2
Lusaka 264/265 G4, 266/267 G4
Luschnitz 258/259 F2
Lüttich 258/259 A1
Luxemburg; Staat 258/259 A1-B2, 262/263 E4
Luxemburg; Stadt 258/259 B2, 262/263 E4
Luzern 255 C5
Luzon 264/265 J3
Lyon 260/261 E4

M

Maas 255 A4-B4
Maastricht 258/259 A1
Macdonnellkette 264/265 K4
Madagaskar; Staat 266/267 H4
Madagaskar; Insel 266/267 H4
Madeira; Insel 260/261 C5
Madeira; Fluss 264/265 D4
Mädelegabel 258/259 D3
Madras 264/265 I3
Madrid 260/261 D4, 262/263 D4
Madüsee 256/257 F2
Magadan 264/265 L1-L2
Magdeburg 256/257 D2
Maghreb 260/261 D5-E5
Mailand 260/261 E4
Main 254 B2
Main-Donau-Kanal 258/259 D2
Maintal 254 B2
Mainz 258/259 C1-C2
Makassar 264/265 I4
Malabo 266/267 G3
Málaga 260/261 D5
Malawi 266/267 H4
Malawisee 264/265 H4

Malaysia 266/267 J3
Male 266/267 I3
Malediven; Staat 266/267 I3
Malediven; Inseln 264/265 I3
Mali 266/267 F3-G3
Mallorca 260/261 E5
Malta 262/263 F5
Manado 264/265 K3
Managua 264/265 D3, 266/267 D3
Manama 266/267 H3
Manaus 264/265 E4
Manchester 260/261 D3
Mandschurei 264/265 J2-K2
Manila 264/265 K3, 266/267 K3
Mannheim 258/259 C2
Manytschniederung 260/261 I4
Maputo 264/265 H4, 266/267 H4
Maracaibo 264/265 D3
Marburg 254 B2
Mar del Plata 264/265 E5
Marianen 264/265 K3
Marne 258/259 A2
Marokko 266/267 F2
Marrakesch 260/261 D5
Marseille 260/261 E4
Marshallinseln 266/267 L3
Maseru 266/267 G4
Maskat 266/267 H3
Masuren 260/261 G3
Mauretanien 260/261 F3
Mauritius 266/267 H4-I4
Mbabane 266/267 H4
Mbuji-Mayi 264/265 G4
Mecklenburger Bucht 256/257 D1
Mecklenburgische Seenplatte 256/257 D2-E2
Mecklenburg-Vorpommern 255 D2-E2
Medan 264/265 J3
Medellín 264/265 D3
Medina 264/265 H3
Meiningen 258/259 D1
Meißen 258/259 E3
Mekka 264/265 H3
Mekong 264/265 J3
Melbourne 264/265 K5
Melibocus 254 B3
Melilla 262/263 D5
Melsungen 254 C1
Memmingen 258/259 D2-D3
Merauke 264/265 K4
Mérida 264/265 D3
Merseburg 256/257 D2-E3
Meschhed 264/265 H2
Mesopotamien 260/261 I5
Metz 258/259 B2
Mexiko; Stadt 264/265 C3, 266/267 C3
Mexiko; Staat 266/267 C3
Miami 264/265 D2
Mies 258/259 E2
Mikronesien 266/267 K3-L3
Mindanao 264/265 J3-K3
Minden 256/257 C2
Mindoro 264/265 J3
Minsk 260/261 G3, 262/263 G3
Mississippi 264/265 C2-D2
Mittelgebirgsland 255 B3-C4
Mittellandkanal 256/257 C2
Mittelmeer 260/261 E5-H5
Mittlerer Atlas 260/261 D5
Mogadischu 266/267 H3, 266/267 H3
Moldau; Staat 262/263 G4
Moldau; Fluss 258/259 F2
Molukken 264/265 K4-K3
Mombasa 264/265 H4
Møn 256/257 E1
Monaco 262/263 E4
Mönchengladbach 256/257 B3
Mongolei 266/267 J3
Monrovia 264/265 F3, 266/267 F3
Møns Klint 256/257 E1
Mont Blanc 260/261 E4
Montenegro 262/263 F4
Monterrey 264/265 C3
Montevideo 264/265 E5, 266/267 E5
Montréal 264/265 D2
Moroni 266/267 H4
Mosambik 266/267 H4
Mosel 258/259 B2
Moskau 260/261 H3, 262/263 H3
Mosul 260/261 I5
Moulouya 262/263 D5
Mount Everest 264/265 I3
Mount Menzies 264/265 I6
Mulde 254 B3
Mülhausen 258/259 B3
Mülheim 256/257 B3
Mumbai 264/265 I3
München 258/259 D2
Münster 256/257 B3
Mur 258/259 F3

Murcia 260/261 D5
Müritz 256/257 E2
Murmansk 260/261 H2
Murray 264/265 K5
Myanmar 266/267 J3

N

Naab 258/259 D2-E2
Nabereschnyje Tschelny 260/261 J3
Nagoya 264/265 K2
Nagpur 264/265 I3
Nahe 258/259 B2
Nairobi 264/265 H4, 266/267 H4
Namib 264/265 G4
Namibia 266/267 G4
Namur 258/259 A1
Nancy 258/259 B2
Nanjing 264/265 J2
Nan Shan 264/265 J2
Nantes 260/261 D4
Narodnaja 260/261 K2
Nassau 266/267 D3
Natal 264/265 E4
Naypyidaw 266/267 J3
N'Djamena 264/265 G3, 266/267 G3
Neapel 260/261 F4
Neckar 258/259 C2
Neiße 256/257 F3
Nepal 266/267 I3
Neubrandenburg 256/257 E2
Neufundland 264/265 E2
Neuguinea 264/265 K4
Neuhaus 258/259 F2
Neukaledonien 264/265 L4
Neumark 256/257 F2
Neumarkt i. d. Oberpfalz 258/259 D2
Neumünster 256/257 C1
Neunkirchen 258/259 B2
Neunkircher Höhe 254 B3
Neuruppin 256/257 E2
Neuseeland; Staat 266/267 L5
Neuseeland; Inseln 264/265 L5
Neusibirische Inseln 264/265 K1-L1
Neuss 256/257 B3
Neustadt a. d. Weinstraße 258/259 C2
Neu-Ulm 258/259 D2
Neuwerk 256/257 C2
Neuwied 258/259 B1
Newcastle upon Tyne 260/261 D3
New Delhi 266/267 I3
New Orleans 264/265 C2-D2
New York 264/265 D2
Niamey 264/265 G3, 266/267 G3
Nicaragua 266/267 D3
Nidda; Fluss 254 B2
Nidda; Stadt 254 C2
Niederbayern 258/259 D2-E2
Niedere Tauern 258/259 E3-F3
Niederguinea 264/265 G4
Niederlande 256/257 A2-B3, 262/263 E3
Niederlausitz 256/257 E3-F3
Niedersachsen 255 B2-D2
Nienburg 256/257 C2
Niger 264/265 G3, 266/267 G3
Nigeria 266/267 G3
Nikobaren 264/265 I3-J3
Nikosia 260/261 H5, 262/263 H5
Nil 264/265 H3
Nimwegen 256/257 A3
Nizza 260/261 E4
Nordamerika 264/265 C2-D2
Norddeutsches Tiefland 255 C2-E2
Norden 256/257 B2
Norderney 256/257 B2
Norderstedt 256/257 C2-D2
Nordfriesische Inseln 256/257 C1
Nordfriesland 256/257 C1
Nordinsel 264/265 L5
Nordkap 260/261 G1
Nördliche Dwina 260/261 I2
Nordmazedonien 262/263 G4
Nord-Ostsee-Kanal 256/257 C1
Nordpolarmeer 264/265 K1-M1, 266/267 K1-L1
Nordrhein-Westfalen 255 B3-C3
Nordsee 256/257 A1-B1
Norilsk 264/265 I1
Normandie 260/261 D4-E4
Norwegen 262/263 E2-F2
Nottingham 260/261 D3
Nouakchott 264/265 F3, 266/267 F3
Nowaja Semlja 264/265 H1
Nowosibirsk 264/265 I2
Nukus 260/261 J2
Nullarborebene 264/265 K5
Nürnberg 258/259 D2
Nuuk 264/265 E1

Murcia 260/261 D5
Müritz 256/257 E2
Murmansk 260/261 H2
Murray 264/265 K5
Myanmar 266/267 J3

O

Ob 260/261 K2
Obbusen 264/265 I1
Oberbayern 258/259 D3-E3
Oberguinea 264/265 F3-G3
Oberhausen 256/257 B3
Oberlausitz 256/257 F3
Oberpfälzer Wald 258/259 E2
Oberrheinisches Tiefland 254 B3
Oberschwaben 258/259 C3-C2
Oberursel 254 B2
Obra 256/257 F2
Ochotskisches Meer 264/265 K2-L2
Odenwald 254 B3-C3
Oder 256/257 F2
Oderbruch 256/257 F2
Oder-Havel-Kanal 256/257 E2
Oder-Spree-Kanal 256/257 F2
Odessa 260/261 H4
Offenbach 254 B2
Offenburg 258/259 B2
Ohio 264/265 D2
Oldenburg 256/257 C2
Oman 266/267 H3
Omsk 264/265 I2
Onegasee 260/261 H2
Oran 264/265 F2
Oranienburg 256/257 E2
Oranje 264/265 G4
Orber Reisig 254 C2
Orenburg 260/261 J3
Orinoco 264/265 D3
Orkney-Inseln 260/261 D3-E3
Orlando 264/265 D3
Osaka 264/265 K2
Osburger Hochwald 258/259 B2
Oslo 260/261 F2-F3, 262/263 F2-F3
Osnabrück 256/257 C2
Ostalpen 255 D5-F5
Ostanatolien 260/261 H5-I5
Ostchinesisches Meer 264/265 K3
Oste 256/257 C2
Osterinsel 264/265 C4
Österreich 258/259 E2-F3, 262/263 F4
Ostfriesische Inseln 256/257 B2
Ostfriesland 256/257 B2
Ostghats 264/265 I3
Östlicher Großer Erg 260/261 E6-E5
Ostsee 256/257 E1-F1
Ostsibirische See 264/265 L1-M1
Ottawa 264/265 D2, 266/267 D2
Ouagadougou 266/267 F3
Ouargla 260/261 E5
Oulu 260/261 G2
Ourthe 258/259 A1

P

Paderborn 256/257 C3
Pakistan 266/267 I3
Palau 266/267 K3
Palawan 264/265 J3
Palembang 264/265 I4
Palermo 260/261 F5
Palikir 266/267 L3
Palma 260/261 E5
Palmerarchipel 264/265 D6
Pamir 264/265 I2
Pampa 264/265 D5-E5
Panama; Stadt 264/265 D3, 266/267 D3
Panama; Staat 266/267 D3
Papenburg 256/257 B2
Papua-Neuguinea 266/267 K4-L4
Paraguay 266/267 E4
Paramaribo 266/267 E3
Paraná 264/265 E4
Paris 260/261 E4, 262/263 E4
Passau 258/259 E2
Patagonien 264/265 D5
Patna 264/265 I3
Pazifischer Ozean 264/265 K3-L5
Peene 256/257 E2
Pegnitz 258/259 D2
Peine 256/257 D2
Peipussee 260/261 G3-H3
Peking 264/265 J2, 266/267 J2
Pellworm 256/257 C1
Peloponnes 260/261 F5-G5
Pensa 260/261 I3
Perm 260/261 J3
Persischer Golf 264/265 H3
Perth 264/265 J5
Peru 266/267 D4
Petropawl 260/261 K3
Petschora 260/261 J2
Pfaffenhofen a. d. Ilm 258/259 D2
Pfälzerwald 258/259 B2
Pfänder 258/259 C3
Pforzheim 258/259 C2

Pfungstadt 254 B3
Philadelphia 264/265 D2
Philippinen; Staat 266/267 K3
Philippinen; Inseln 264/265 K3
Phnom Penh 264/265 J3, 266/267 J3
Phoenix 264/265 C2
Pico de Teide 260/261 C6
Piekberg 256/257 E1
Pilsen 258/259 E2
Pirmasens 258/259 B2
Pitcairn 266/267 B4
Pittsburgh 264/265 D2
Pjöngjang 264/265 K2, 266/267 K2
Plauen 258/259 E1
Plauer See 256/257 E2
Plöckenstein 258/259 E2
Plön 256/257 D1
Po 260/261 F4
Podgorica 260/261 F4, 262/263 F4
Poel 256/257 D1
Pohnpei 264/265 L3
Polen 256/257 F2, 262/263 F3-G3
Pommern 256/257 E2-F2
Pommersche Bucht 256/257 F1
Ponta Delgada 260/261 B5
Pontianak 264/265 J3
Pontisches Gebirge 260/261 H4-I4
Port-au-Prince 266/267 D3
Portland 264/265 B2
Port Louis 266/267 I4
Port Moresby 264/265 K4, 266/267 K4
Porto 260/261 D4
Porto Alegre 264/265 E4
Port-of-Spain 266/267 D3
Porto Novo 266/267 G3
Port Said 266/267 H2
Portugal 262/263 D4
Posen [Poznań] 260/261 F3
Potsdam 256/257 E2
Poznań [Posen] 260/261 F3
Prag 258/259 F1, 262/263 F3-F4
Praia 266/267 F3
Pretoria 266/267 G4
Příbram 258/259 E2-F1
Prignitz 256/257 D2-E2
Prinz-Eduard-Inseln 264/265 H5
Pristina 264/265 G4, 262/263 G4
Puebla 264/265 C3
Punjab 264/265 I2-I3
Punta Arenas 264/265 D5
Pyrenäen 260/261 D4-E4

Q

Qingdao 264/265 K2
Qin Ling 264/265 J2
Qiqihar 264/265 K2
Qom 264/265 J5
Qostanai 260/261 K3
Quetta 264/265 I2
Quito 264/265 D4, 266/267 D4

R

Rabat 264/265 F2, 266/267 F2
Rangun 264/265 J3
Rappbodetalsperre 256/257 D3
Rascht 260/261 I5
Rastatt 258/259 C2
Ravensburg 258/259 C3
Recife 264/265 F4
Recklinghausen 256/257 B3
Recknitz 258/259 E2-E1
Rega 256/257 F2
Regen 258/259 E2
Regensburg 258/259 E2
Regnitz 258/259 D2
Reichenberg 258/259 F1
Reinhardswald 254 C1
Reit i. Winkl 258/259 E3
Republik Kongo 266/267 G4-G3
Republik Korea 266/267 K2
Réunion 266/267 H4-I4
Reutlingen 258/259 C2
Reykjavik 260/261 B2, 262/263 B2
Rhein 260/261 E4
Rheingau 254 A2-A3
Rheingaugebirge 254 A2-A3
Rheinland-Pfalz 255 B4
Rhein-Marne-Kanal 258/259 A2
Rhodopen 260/261 G4
Rhön 258/259 C1
Rhône 260/261 E4
Riad 264/265 H3, 266/267 H3
Richelsdorfer Gebirge 254 C1-D2
Ries 258/259 D2
Riesa 256/257 E3
Riga 260/261 G3, 262/263 G3
Ringgau 254 C1-D1

Rio de Janeiro 264/265 E4
Rio Negro 264/265 D4
Rjasan 260/261 H3
Rocky Mountains 264/265 C2-B2
Rødbyhavn 256/257 D1
Rodgau; Stadt 254 B2
Rodgau; Landschaft 254 B3
Rom 260/261 F4, 262/263 F4
Röm 256/257 C1
Rosario 264/265 D5
Rosenheim 258/259 E3
Rostock 256/257 E1
Rostow 260/261 H4
Rotenburg a. d. Fulda 254 C2
Rotes Meer 264/265 H3
Rothaargebirge 256/257 C3
Rotterdam 260/261 E3
Ruanda 266/267 G4
Rudolstadt 258/259 D1
Rügen 256/257 E1
Ruhner Berge 256/257 D2
Ruhr 256/257 B3
Rumänien 262/263 G4
Rur 256/257 B3
Rüsselsheim 254 B3
Russische Föderation 262/263 I2-J3

S

Saale 258/259 D1
Saar 258/259 B2
Saarbrücken 258/259 B2
Saarland 255 B4
Saar-Nahe-Bergland 258/259 B2
Sabha 264/265 G3
Sachalin 264/265 K2-L2
Sachsen 255 E3
Sachsen-Anhalt 255 D2-E3
Sackpfeife 254 B2
Sahara 264/265 F3-G3
Saharaatlas 260/261 D5-E5
Sahel 264/265 F3-G3
Saint John's 264/265 E2
Saint Kitts und Nevis 264/265 D3
Saint Louis 264/265 C2
Saint Lucia 264/265 D3
Saint-Paul-Insel 264/265 I5
Saint Vincent und die Grenadinen 266/267 D3-E3
Sajan 264/265 J2
Salomonen 266/267 L4
Salomoninseln 264/265 L4
Saloniki 260/261 G4
Salvador 264/265 E4
Salzach 258/259 E3
Salzburg 258/259 E3
Salzburger Alpen 258/259 E3
Salzgitter 256/257 D2
Salzkammergut 258/259 E3
Samara 260/261 J3
Sambesi 264/265 G4-H4
Sambia 266/267 G4
Samsun 260/261 H4
Sanaa 264/265 H3, 266/267 H3
San Diego 264/265 C2
San Francisco 264/265 B2
San José 264/265 D3
Sankt Gallen 258/259 C3
Sankt Helena 264/265 F4
Sankt-Lorenz-Insel 264/265 M1
Sankt Peter-Ording 256/257 C1
Sankt Petersburg 260/261 G3-H3
San Marino 262/263 F4
San Miguel de Tucumán 264/265 D4
San Salvador 264/265 D3, 266/267 D3
Santa Cruz 264/265 D4
Santiago de Chile 264/265 D5, 266/267 D5
Santo Domingo 264/265 D3, 266/267 D3
São Francisco 264/265 E4
São Miguel 260/261 B5
São Paulo 264/265 E4
São Tomé 266/267 G3
São Tomé und Príncipe 266/267 F3-G3
Sapporo 264/265 K2
Sarajewo 260/261 F4, 262/263 F4
Saratow 260/261 I3
Sardinien 260/261 E5-F5
Sargassosee 264/265 D2
Sassnitz 256/257 E1
Saudi-Arabien 266/267 H3
Sauer 258/259 B2
Sauerland 256/257 B3-C3
Save 262/263 F4
Sazawa 258/259 F2
Schaalsee 256/257 D2
Schaffhausen 258/259 C3
Scharmützelsee 256/257 E2-F2
Schiermonnikoog 256/257 A2-B2
Schiras 264/265 H3

Schlei 256/257 C1
Schlesien 260/261 F3
Schleswig 256/257 C1
Schleswig-Holstein 255 C1-D1
Schlüchtern 254 C2
Schneeberg 258/259 D1
Schneifel 258/259 B1
Schönbuch 258/259 C2
Schwäbische Alb 258/259 C2-D2
Schwäbischer Wald 258/259 C2
Schwäbisch Gmünd 258/259 C2
Schwäbisch Hall 258/259 C2
Schwalm; Landschaft 254 C2
Schwalm; Fluss 254 C2
Schwalmstadt 254 C2
Schwandorf 258/259 E2
Schwarze Elster 256/257 E3
Schwarzes Meer 260/261 H4
Schwarzkopf 258/259 C3
Schwarzwald 258/259 C3-C2
Schweden 262/263 F2
Schwedt 256/257 F2
Schweinfurt 258/259 D1
Schweiz 258/259 B3-C3, 262/263 E4
Schweizer Jura 258/259 B3-C3
Schweizer Mittelland 255 B5-C5
Schwerin 256/257 D2
Schweriner See 256/257 D2
Seattle 264/265 B2
Sedan 258/259 B1
Seeland 256/257 D1-E1
Seine 260/261 E4
Semois 258/259 A2
Senegal 266/267 F3
Senftenberg / Zly Komorow 256/257 E3-F3
Seoul 264/265 K2, 266/267 K2
Serbien 262/263 F4-G4
Seulingswald 254 C2
Sevilla 260/261 D5
Sewastopol 260/261 H4
Sewernaja Semlja 264/265 J1
Seychellen; Inseln 264/265 H4-I4
Seychellen; Staat 266/267 H4
Shanghai 264/265 K2
Shantou 264/265 J3
Sheffield 260/261 D3
Shenyang 264/265 K2
Shetlandinseln 260/261 D2-E2
Sibirien 264/265 I1-K1
Sichote-Alin 264/265 K2
Siebenbürgen 260/261 G4
Sieg 258/259 B1
Siegen 258/259 C1
Sierra Leone 266/267 F3
Sierra Nevada 264/265 C2-B2
Simbabwe 266/267 G4-H4
Singapur 264/265 J3, 266/267 J3
Singen 258/259 C3
Sizilien 260/261 F5
Skagerrak 260/261 E3-F3
Skandinavisches Gebirge 260/261 F2-G2
Skopje 260/261 G4, 262/263 G4
Slea Head 260/261 C3
Slowakei 262/263 F4-G4
Slowenien 262/263 F4
Soest 256/257 C3
Sofia 260/261 G4, 262/263 G4
Soisberg 254 C2
Solingen 256/257 B3
Solling 256/257 C3
Soltau 256/257 C2
Somalia 266/267 H3
Somali-Halbinsel 264/265 H3
Sonderburg 256/257 C1
Sonneberg 258/259 D1
Soonwald 258/259 B2-B1
Sorong 264/265 K4
Sotschi 260/261 H4
Southampton 260/261 D3
Spanien 262/263 D5
Spessart 254 C3-C2
Speyer 258/259 C2
Spiekeroog 256/257 B2
Spitzbergen 264/265 G1
Spree 256/257 E2-E3
Sri Lanka; Staat 266/267 I3
Sri Lanka; Insel 264/265 I3
Stadtallendorf 254 C2
Stanowoigebirge 264/265 K2
Stargard 256/257 F2
Starnberg 258/259 D3
Starnberger See 258/259 D3
Steigerwald 258/259 D2
Steinhuder Meer 256/257 C2
Stendal 256/257 D2
Stettin 256/257 F2
Stettiner Haff 256/257 F2
Steyr 258/259 F2

Stockholm 260/261 F3, 262/263 F3
Stölzinger Gebirge 254 C1
Stralsund 256/257 E1
Straßburg 258/259 B2
Straße von Gibraltar 260/261 C5-D5
Straße von Mosambik 264/265 H4
Straubing 258/259 E2
Stromberg 258/259 C2
Stuttgart 258/259 C2
Sucre 266/267 D4
Südafrika 266/267 G4-G5
Südamerika 264/265 D4-E4
Sudan 266/267 G3-H3
Südchinesisches Bergland 264/265 J3
Südchinesisches Meer 264/265 J3
Südgeorgien 264/265 E5
Südinsel 264/265 L5
Südkarpaten 260/261 G4
Südorkney-Inseln 264/265 E6
Südpolarmeer 264/265 C6-D6
Südsandwichinseln 264/265 E5-F5
Südshetlandinseln 264/265 D6-E6
Südsudan 266/267 G3-H3
Suhl 258/259 D1
Sulawesi 264/265 J3-K4
Sulu-Inseln 264/265 J3-K3
Sumatra 264/265 J3-J4
Surabaya 264/265 I4
Surgut 260/261 L2
Suriname 266/267 E3
Swinemünde 256/257 F2
Sydney 264/265 L5
Sylt; Insel 256/257 C1
Sylt; Gemeinde 256/257 C1
Syr-Darja 260/261 K4
Syrien 266/267 H2

T

Tábor 258/259 F2
Täbris 260/261 I5
Tadschikistan 266/267 I3
Taipeh 264/265 K3, 266/267 K3
Taiwan 264/265 J3-K3, 266/267 K3
Tallinn 260/261 G3, 262/263 G3
Tanganjikasee 264/265 H4
Tansania 266/267 H4
Tarimbecken 264/265 I2
Taschkent 264/265 I2, 266/267 I2
Tasmanien 264/265 K5
Tasmansee 264/265 L5
Taufstein 254 C2
Taunus 254 A2-B2
Taunusstein 254 B2
Taurus 260/261 H5
Tegucigalpa 266/267 D3
Teheran 264/265 H2, 266/267 H2
Tejo (Tajo) 260/261 D5
Tel Aviv-Jaffa 260/261 H5
Tellatlas 260/261 D5-E5
Teneriffa 260/261 C6
Tepler Hochland 258/259 E2-E1
Teresina 264/265 E3
Terschelling 256/257 A2
Tetschen 258/259 F1
Teutoburger Wald 256/257 B2-C3
Texel 256/257 A2
Thailand 266/267 J3
Thimphu 266/267 I3
Thüringen 255 D3-E3
Thüringer Becken 258/259 D1
Thüringer Wald 258/259 D1
Tianjin 264/265 J2
Tian Shan 264/265 I2
Tibesti 264/265 G3
Tibet 264/265 I2
Tiefland von Turan 264/265 H2-I2
Tiflis 264/265 H2, 266/267 H2
Tigris 264/265 H2
Tilburg 255 A3
Timmendorfer Strand 256/257 D2
Timor-Leste 266/267 K4
Timorsee 264/265 K4
Tirana 260/261 F4, 262/263 F4
Tjumen 264/265 K3
Tobol 260/261 K3
Tocantins 264/265 E4
Togo 266/267 G3
Tokyo 264/265 K2, 266/267 K2
Torneälv 262/263 G2
Toronto 264/265 D2
Totes Gebirge 258/259 E3-F3
Toulouse 260/261 E4
Tours 260/261 E4
Trabzon 260/261 H4
Transhimalaya 264/265 I2-J2
Traun 258/259 E2
Traunsee 258/259 E3
Trier 258/259 B2
Trinidad und Tobago 266/267 D3-E3

Tripolis 264/265 G2, 266/267 G2
Tripolitanien 260/261 F5
Tristan da Cunha; Insel 264/265 F5
Tristan da Cunha; Verwaltungseinheit 266/267 F5
Tschad; See 264/265 G3
Tschad; Staat 266/267 G3
Tschechien 258/259 E2-F2, 262/263 F4
Tscheljabinsk 260/261 K3
Tübingen 258/259 C2
Tunesien 266/267 G2
Tunis 264/265 G2, 266/267 G2
Turin 260/261 E4
Türkei 262/263 H5
Turkmenistan 266/267 H3-I3

U

Uckermark 256/257 E2
Uecker 256/257 E2
Ufa 260/261 J3
Uganda 266/267 H3
Ukraine 262/263 G3-H4
Ulan-Bator 264/265 J2, 266/267 J2
Uljanowsk 260/261 I3
Ulm 258/259 C2
Ungarn 262/263 F4-G4
Ungava-Halbinsel 264/265 D1-D2
Unstrut 258/259 D1
Upland 254 B1
Uppsala 260/261 F3
Ural 260/261 J3
Uralgebirge 260/261 J2-J3
Urmia 260/261 I5
Urmiasee 260/261 I5
Uruguay; Fluss 264/265 E5-E4
Uruguay; Staat 266/267 E5
Ürümqi 264/265 I2
Usbekistan 266/267 H3-I3
Usedom 256/257 E1-E2
Utrecht 256/257 A2

V

Vaduz 262/263 E4
Valencia 260/261 D5
Valletta 260/261 F5, 262/263 F5
Vancouver 264/265 B2
Vancouverinsel 264/265 B2
Vansee 260/261 I5
Vanuatu 266/267 L4
Varna 260/261 G4
Vatikanstadt 262/263 F4
Vechta 256/257 C2
Vechte 256/257 B2
Velmerstot 256/257 C3
Venezuela 266/267 D3
Venlo 256/257 B3
Verdun 258/259 A2
Vereinigte Arabische Emirate 266/267 H3
Vereinigtes Königreich 262/263 D3-E3
Vereinigte Staaten 266/267 C2-D2
Verviers 258/259 A1
Victoria 266/267 H4
Victoria-Insel 264/265 C1
Victoriasee 264/265 H4
Viernheim 254 B3
Vietnam 266/267 J3
Villach 255 E5
Ville 256/257 B3
Villingen-Schwenningen 258/259 C2
Vilnius [Wilna] 260/261 G3
Vlieland 256/257 A2
Vogelsberg 254 C2
Vogesen 258/259 B3-B2
Vogtland 258/259 D1-E1
Vulkaninseln 264/265 K3

W

Waal 256/257 A3
Waiblingen 258/259 C2
Walachei 260/261 G4
Waldaihöhe 260/261 H3
Waldeck 254 B1-C1
Waldnaab 258/259 E2
Wangerooge 256/257 B2
Warnow 256/257 E2
Warschau [Warszawa] 260/261 G3, 262/263 G3
Warszawa [Warschau] 260/261 G3
Warthe 256/257 F2
Warthebruch 256/257 F2
Washington, D.C. 264/265 D2, 266/267 D2
Wasserkuppe 254 C2
Watzmann 258/259 E3
Weddellmeer 264/265 E6-F6
Weichsel 260/261 F3

Weiden i. d. OPf. 258/259 E2
Weimar 258/259 D1
Weinsberger Wald 258/259 F2
Weiße Elster 256/257 E3
Weißenfels 256/257 D3
Weißes Meer 260/261 H2
Weiterstadt 254 B3
Wellington 264/265 L5, 266/267 L5
Wels 258/259 E2-F2
Wendland 256/257 D2
Werchojansk 264/265 K1
Werchojansker Gebirge 264/265 K1
Werra 254 D1
Wertheim 258/259 C2
Wesel 256/257 B3
Weser 254 C1
Weserbergland 256/257 C2-C3
Wesergebirge 256/257 C2
Westanatolien 260/261 G5
Westerwald 254 A2-B2
Westfälische Bucht 256/257 B3
Westfriesische Inseln 256/257 A2-B2
Westfriesland 256/257 A2-B2
Westghats 264/265 I3
Westlicher Großer Erg 260/261 D6-E5
Westsahara 266/267 F3
Westsibirisches Tiefland 260/261 K2-K3
Wetter 254 B2
Wetterau 254 B2
Wetzlar 254 B2
Whitehorse 264/265 B1
Wiehengebirge 256/257 C2
Wien 260/261 F4, 262/263 F4
Wiesbaden 254 B2
Wildspitze 255 D5
Wilhelmshaven 256/257 C2
Wilna [Vilnius] 260/261 G3, 262/263 G3
Wilseder Berg 256/257 C2
Windhuk 264/265 G4, 266/267 G4
Winnipeg 264/265 D2
Winterthur 258/259 C3
Wipper 256/257 D3
Wismar 256/257 D2
Wittenberg 258/259 E3
Wittenberge 256/257 D2
Witzenhausen 254 C1
Wladiwostok 264/265 K2
Wolfenbüttel 256/257 D2
Wolfsburg 256/257 D2
Wolga 260/261 I4
Wolgograd 260/261 I4
Wollin 256/257 F2-F1
Wolynien 260/261 G3
Workuta 260/261 K2
Worms 258/259 C2
Woronesch 260/261 H3
Wotau 258/259 F2
Wrangelinsel 264/265 L1-M1
Wuhan 264/265 J2
Wuppertal 256/257 B3
Würzburg 258/259 C2
Wüstegarten 254 C1

X

Xi'an 264/265 J2

Y

Yamoussoukro 266/267 F3
Yukon 264/265 B1
Yunnanplateau 264/265 J3

Z

Zagreb 260/261 F4, 262/263 F4
Zagrosgebirge 260/261 I5-J5
Zaragoza 260/261 D4
Zentralafrikanische Republik 266/267 G3
Zentralmassiv 260/261 E4
Zhengzhou 264/265 J2-J3
Zingst 256/257 E1
Zinnowitz 256/257 F1
Zschopau 258/259 E1
Zugspitze 258/259 D3
Zürich 258/259 C3
Zürichsee 258/259 C3
Zweibrücken 258/259 B2
Zwickau 258/259 E1
Zwickauer Mulde 258/259 E1
Zwolle 256/257 B2
Zypern; Staat 262/263 H5
Zypern; Insel 260/261 H5

SP Mit Operatoren arbeiten

Operatoren sind Verben, die dir signalisieren, wie du eine Aufgabe bearbeiten sollst.
Achte auf inhaltliche und sprachliche Anforderungen.
Die Operatoren sind in drei Anforderungsbereiche gegliedert.

Anforderungsbereich I
Informationen erfassen, Inhalte wiedergeben
(Wissen und Reproduktion)

Informationen erfassen und richtig benennen

Operator	Beschreibung
zähle auf, liste auf, nenne, benenne	• Entnimm aus dem Material (z. B. Bild, Karte, Tabelle) die gesuchten Begriffe oder Informationen. • Führe sie nacheinander auf. • Verwende, wenn möglich, Fachbegriffe. · *Folgende Punkte kann ich nennen: …* · *… heißt …* · *… wird … genannt.*
definiere, bezeichne	• Formuliere kurz und genau (ohne Beispiele), was der Begriff bedeutet. · *Mit … bezeichnet man …* · *… bedeutet: …*

Prozesse, Ereignisse und Sachverhalte widerspiegeln

Operator	Beschreibung
beschreibe	• Gib wieder, was du auf dem Bild oder im Text wahrnimmst. • Achte auf wesentliche Merkmale (d. h., erfasse den Kern einer Sache). • Verwende, wenn möglich, Fachbegriffe. • Beachte bei Vorgängen die zeitliche Reihenfolge. · *Ich sehe/erkenne …* · *Das Material/Bild zeigt …* · *Im Vordergrund befindet sich …* · *Dahinter/davor/neben …* · *Zuerst …, dann …, danach …*
arbeite heraus	• Lies den Text oder betrachte das Material unter einer bestimmten Fragestellung. • Gib die wichtigsten Gedanken dazu mit deinen Worten wieder. · *In dem Text/Bild geht es um …* · *Der Zeichner stellt dar, wie …* · *Die Autorin ist der Ansicht, dass …*
verorte/ lokalisiere	• Sage/schreibe auf, wo der Ort liegt. • Nutze dazu eine Karte. • Verwende Bezugspunkte wie Himmelsrichtungen, die Lage im Gradnetz der Erde, Großlandschaften, Staaten, Flüsse oder Gebirge. · *… befindet sich in/bei …* · *… liegt in der Nähe von …* · *… im Norden/Westen/östlich/südlich von …* · *… grenzt an …*

Anforderungsbereich II
Wissen verarbeiten und anwenden
(Reorganisation und Transfer)

Prozesse, Ereignisse oder Strukturen erklären und erläutern

Operator	Beschreibung
erkläre	• Setze dich vertieft mit den Einzelheiten einer Sache auseinander. • Formuliere Ursachen bzw. Gründe, Folgen und Gesetzmäßigkeiten. • Stelle die Sache so dar, dass ein anderer sie versteht. · *Dies kann man erklären mit …* · *Es bedeutet, dass … / Das heißt, …* · *Da/weil/aufgrund …* · *Infolgedessen …*
charakterisiere	• Beschreibe Sachverhalte und Vorgänge mit typischen Merkmalen.
begründe	• Gib den Grund / die Ursache für etwas an. • Stütze eigene oder fremde Aussagen durch Argumente (das sind stichhaltige und plausible Belege). · *Da … / weil … / denn …* · *Deshalb … / dadurch …* · *Aufgrund … / Aus diesem Grund …*
erläutere, charakterisiere	• Stelle Prozesse oder Ereignisse ausführlich dar. • Wie beim Erklären sollst du Ursachen, Folgen und Gesetzmäßigkeiten deutlich machen. • Gib zusätzliche Informationen, Belege und Beispiele an. · *Aufgrund von …* · *Das ist darauf zurückzuführen, dass …* · *Infolge von …, sodass …* · *Deshalb/dadurch …* · *Zum Beispiel …*
analysiere/ untersuche, arbeite heraus	• Werte ein Material (z. B. eine Abbildung oder einen Text) gezielt aus. • Stelle (in Gedanken) Fragen an das Material nach festgelegten oder eigenen Kriterien. • Suche nach wichtigen Merkmalen bzw. Antworten. • Stelle diese Merkmale strukturiert bzw. übersichtlich dar. · *Betrachtet man …, dann …* · *Folgende Merkmale kann ich ablesen: …* · *Daraus geht hervor, dass …* · *Besonders wichtig ist …*